[英]詹姆斯·库克/著　　陶萍　李汐/译

# 库克船长三下太平洋

重庆出版集团 重庆出版社

图书在版编目(CIP)数据

库克船长三下太平洋/(英)詹姆斯·库克著；陶萍,李汐译.—重庆：重庆出版社,2018.1
ISBN 978-7-229-12382-6

Ⅰ.①库… Ⅱ.①詹… ②陶… ③李… Ⅲ.①库克(Cook,James 1728—1779)—人物研究 Ⅳ.①K835.615.89

中国版本图书馆CIP数据核字(2017)第226382号

### 库克船长三下太平洋
KUKE CHUANZHANG SAN XIA TAIPINGYANG
[英]詹姆斯·库克 著　　陶萍　李汐 译

责任编辑：刘　嘉
责任校对：刘　艳
装帧设计：侯　建

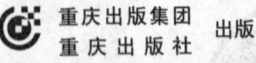 出版

重庆市南岸区南滨路162号1幢　邮编：400061　http://www.cqph.com
重庆出版社艺术设计有限公司制版
重庆市国丰印务有限责任公司印刷
重庆出版集团图书发行有限公司发行
邮购电话：023-61520646

开本：880mm×1230mm　1/32　印张：13.75　字数：350千
2018年1月第1版　2018年1月第1次印刷
ISBN 978-7-229-12382-6
定价：45.00元

如有印装质量问题，请向本集团图书发行有限公司调换：023-61520678

版权所有　侵权必究

/ 出版说明 /

1763年，旷日持久的"七年战争"结束了，英国成为了海外殖民地霸主，开始迈向"日不落帝国"的传奇。英国政府开始将注意力转移到发展国内工商业和改善人民生活水平上。这时，英国人渴望探索未知世界的愿望也凸显出来，尤其是当时的英国国王乔治三世。在他的大力支持下，海军准将拜伦和瓦利斯船长以及卡特雷特船长分别率领两支队伍开始了远征，远征队发现并考察了南大西洋上的许多岛屿。当他们穿过麦哲伦海峡、跨过太平洋返回英国时，航海家们并没有完全按照前辈们的航线行驶。他们在返航途中完成了许多新的发现，这些发现极大地激发了英国人的好奇心，他们相信地球上一定存在一块与北方大陆相对应的南方大陆。

1767年下半年，英国皇家学会决定派遣人员前往南海上的某些地方观察金星凌日。根据天文学家们的测算，这一现象将发生在1769年。马克萨斯群岛、鹿特丹岛或者阿姆斯特丹岛被认为是进行这一观测的最佳地点。

库克中尉被皇家学会任命为此次远征的总指挥官，他最近才出色地完成了纽芬兰地区的测绘工作，大家一致认为他是执行此次任务的不二人选。即将与库克中尉同行的还有查尔斯·格林先生，他是格林威治皇家天文台布兰得利博士的得力助手。

就在大家为此次任务挑选船只的时候，瓦利斯船长回到了英国。他表示，自己最新发现的乔治王岛（即现在的塔希提岛）才是金星凌日的最佳观测地。英国皇家学会最终采纳了瓦利斯的建议。

负责这次远征的是一艘名叫"奋进号"的三桅帆船，这艘重达370吨的船最初是为煤炭运输而建造的。库克船长十分中意这艘运煤船，认为它不亚于任何出色的航海船。与同样大小的船只相比，奋进号可以提供更多的空间、配备更少的人员，可以更加安全地登陆或者靠岸。

除了库克船长以外，奋进号上一共有84名船员，其中包括后来的皇家学会主席约瑟夫·班克斯爵士，以及著名博物学家林奈先生的学生索兰德博士，他们在航海途中发现了许多新奇的植物，为自然科学的发展做出了卓越的贡献。除此之外，奋进号上还储备了充足的粮食和弹药。

库克船长接到的指示是，完成必要的天文观测之后，对南海进行一定的探索，最后再经好望角返回英国。结果证明库克船长率领的这次远航取得了巨大的成功，其发现远远超出了大家的预期，同时也大大激发了英国民众的兴趣。

于是，在国王乔治三世的授意下，库克船长随后又进行了第二次和第三次远航，并完成了一系列新的发现，这些发现对后来的航海事业做出了卓越的贡献。

/ 编者的话 /

詹姆斯·库克（1728年11月7日—1779年2月14日），人称库克船长（Captain Cook），是英国历史上伟大的航海家、探险家和制图师，同时也是一名皇家海军军官，他三次奉命南下太平洋，带领船员成为登陆澳洲东岸和夏威夷岛的首批欧洲人，同时，也创下了欧洲船只首次环绕新西兰航行的纪录。

库克年少时曾服役于英国商船队，凭借其优异的表现屡获擢升。1755年，英国准备发动七年战争，刚刚擢升为友谊号（Friendship）商船船长的库克选择投身皇家海军。加入皇家海军后，库克先是在老鹰号（Eagle）舰船上任职大副，随后又在不同的舰只上担任过水手长、船长以及航海长。

七年战争期间，库克在军中展现出了测量学和地图学方面的才能，他负责在魁北克围城战役期间绘制圣劳伦斯河河口大部分地区的地图。战争胜利后，擅于测绘的库克往来于英国和纽芬兰两地，历时五年，为纽芬兰海岸绘制出了首批大规模精确的地图，这些地图成为此后近200年船只出入该地的主要参考。

库克的这一才能引起了海军部和英国皇家学会的注意。此时英国正积极向海外探索，这位野心勃勃的航海家便抓住此次机遇，开启了自己的航海探险生涯。

1768年至1771年的三年间，库克率领奋进号（Endeavour）完成了第一次航海探险。虽然此次未能寻找到"未知的南方大陆（即现在的南极洲）"，库克依旧完成了许多前所未有的新发现，他成为历史上首位环绕新西兰航行的探险家，并绘制了新西兰全域的海岸线，由此发现新西兰由南北两座岛屿组成。除此之外，库克还发现澳洲大陆与新几内亚并不相连，他率领的远征队也成为首批登陆新南威尔士的欧洲人。

第一次探索返国后不久，库克获擢升为海军中校。1772年，库克再次受皇家学会所托，展开第二次航海旅程，继续探索传闻中"未知的南方大陆"。此次旅程除了库克指挥的决心号（Resolution）以外，还有托拜厄斯·弗诺指挥的伴舰探险号（Adventure）同行。此次航海探险，库克率领船只三度驶入南极圈，并抵达了离南极洲不远的海域，这也是18世纪航海家们所到过的最南端。可是，因为恶劣的天气环境，尚未找到南极洲的库克不得不带领船队折返，寻找神秘大陆的希望也就此落空。

1776年，库克终于获得第三次前往太平洋的机会，他此次出行的任务是寻找连接太平洋和大西洋的西北航道。途中，库克和船员们发现了夏威夷群岛，成为历史上首次登陆该岛的欧洲人。随后，库克的船队在太平洋向东北方进发，他一边探索一边绘图，成功地绘制了北美洲西北岸的绝大部分海岸线。从此以后，阿拉斯加的延伸部分首次被世界地图所确定，而俄罗斯以东和上加利福尼亚西班牙聚落以北之间一大片空白的太平洋海岸线，也因为库克的考察成果而得以填补和连接起来。最后，库克的船队驶入北极圈。不过，受到冰山和冰封海面的阻隔，几次尝试之后的库克始终无法继续北往，最后止步于北纬70度44分，这也是库克整个旅程中到过的最北的地方。

返程时，库克率领船队再次造访夏威夷群岛，正是在这里，船员们与当地的土著人发生了冲突，库克也在冲突中遇害身亡，这次航海成为他人生最后一次探险。

在前后12年间，库克三次探索太平洋，走过了不少未为欧洲人所知的领域，虽然他没能找到"未知的南方大陆"和西北航道，不过在他的带领下，欧洲人仍然首次踏足了澳洲东岸和夏威夷群岛等西方人未曾登陆过的领域，由他命名的地方更是遍布太平洋各地。他以更精确的航海技术制作航海图，成为当时航海史上的一大突破。

本书以库克船长和他朋友的航海日志为依据，生动地重现了库克船长在历次旅程中的种种遭遇和有趣经历，全面展现了18世纪太平洋诸岛的风土人情。库克船长在探险过程中表现出的超强领导能力、危机应变能力以及对船员们无微不至的关心和爱护，足以将他推上历史的高峰，被世人永远铭记。

# 目 录

库克船长的第一次远航 …………………………… 1
库克船长的第二次远航 …………………………… 131
最后的远航 ………………………………………… 246

## / 库克船长的第一次远航 /

在过去的一年里,所有文明国家的政府和科学家们相继展开了激烈的竞争,谁都想为观测那些最罕见有趣的天文现象做出最大的贡献。于是,在政府、学术团体以及一些慷慨人士的大力支持和金钱赞助下,无数远征队被派遣到一些人迹罕至的地方,观察金星在太阳表面的移动,即天文学上所说的金星凌日。

跟现在相比,一个多世纪以前人们对这一天文观测做出的努力显得微不足道,但正是由于那些不懈的努力和持续的探索,世人才得以知晓那位了不起的船长,他的伟大事迹更是被同胞们永远铭记于心。事实上,关于这位伟人,前贤们曾写下了很多的传记,他的航海事迹已经被许多人编撰出版,但是这些作品似乎比《库克船长和国王》最初的版本逊色了许多。这里我们对原文进行了自由的缩写,由于最初的版本中有些语言已经过时,我们在必要时加入了一些现代用语。

科学家们已经计算出,在1769年,人们可以在地球上观测到金星从太阳表面越过。在国王乔治三世的大力支持下,英国皇家学会向政府提议派遣合适的人员和船只前往马克萨斯群岛或者汤加群

---

本书原著是根据库克船长的日志改写的文字,前两次航行都是以第三人称的口吻叙述,第三次航行因为直接引用了库克船长的航海日志,所以是以"我"的口吻展开叙述。——译者注

岛，进行此次观测。不过，刚刚结束环球旅行返回英国的瓦利斯船长提出了不同的看法，他建议观察员们去往社会群岛的塔希提岛进行观测，而这个建议最终被采纳。于是，英国政府委托皇家海军上尉休·帕利斯尔爵士为这次远征挑选合适的船只。库克船长在"老鹰号"上服役时，就曾在休·帕利斯尔爵士的手下做事，当时那条船上配备了60门火炮。在查看了无数船只之后，休·帕利斯尔爵士最终选择了重达370吨的运煤船"奋进号"。海军部部长斯蒂芬斯先生举荐库克担任"奋进号"的船长，而休·帕利斯尔爵士也对自己的这位老朋友赞赏有加。于是，在1768年5月25日这一天，海军部委员们委任年近40岁的库克为远征队总指挥官，并授予他皇家海军上尉军衔。同时，他们还委派皇家天文学家布兰得利先生的助手——查尔斯·格林先生协助库克做天文观察。远征队队员们还包括皇家学会会长班克斯先生（即后来的约瑟夫爵士）和他带领的两名绘图员、一位秘书和四个仆人，以及在大英博物馆工作的索兰德博士。索兰德博士是一位聪明博学的瑞典人，精通自然史和哲学。好了，现在我们来看一下奋进号上的大致情况吧：船上一共有乘客84人，装载了18个月的粮食储备、整整10箱零12挺回转机枪、丰富的弹药以及各种各样的储备物资。船上的主要工作人员有希克斯中尉和戈尔少尉、专家莫利纳先生（后来不幸于1771年4月15日死去，皮克斯吉尔先生接替了他的工作）、大副查尔斯·克拉克、外科医生蒙克豪斯（死于1770年11月5日，佩里先生接替了他的职务）。

1768年7月30日，库克船长指挥奋进号从德特福德出发，8月18日在普利茅斯湾抛锚。几天之后，远征队正式向大海进发。9月

2日，奋进号在离开英吉利海峡之后第一次驶近陆地，并于13日抵达马德拉岛。在那里，他们不幸失去了亲爱的威尔先生——专家莫利纳先生的助手，他不慎从船上掉入水中淹死了。停留大约一周之后，9月19日，奋进号离开了马德拉岛。23日，船员们望见了特讷律弗峰，这座伟大的山峰高耸入云，在海上很远的地方都能看见其身影。29日，奋进号经过了佛得角群岛之一的波那维斯达。10月25日，他们越过了边界线，并举行了简单的庆典仪式。这时，船上的一些补给已经快消耗完了，库克船长决定在里约热内卢抛锚，然后上岸采购补给品。11月13日，奋进号终于顺利抵达里约热内卢，船员们按照吩咐下船去采购必需品。一切置办妥当之后，大船于12月8日重新起锚。22号那天，船员们在奋进号周围发现了许多海豚，这种神奇的海洋生物身长约15英尺，全身呈灰色，它们在大船四周欢乐地跳跃着，大伙的心情仿佛也受到了感染，变得愉悦起来。第二天，船员们又观察到了月食。早晨7点钟，西方天空出现了一小块白云，只见云里发出一连串亮光，突然，云彩消失了，整个月亮又露出脸来。此后，一直到1768年结束，再没有发生什么值得关注的事情了。

1769年1月4日，奋进号上的伙伴们看到了一块陆地，他们误以为那是佩皮岛，于是迫不及待地改变航道朝它驶去，待靠近之后才发现自己上当了，哪有什么陆地，大家都被水手们常常提到的"雾堤"欺骗了。14日，奋进号驶入了勒梅尔海峡，不料汹涌澎湃的海浪生生将船推了出来。几番折腾之后，大船终于在一个小海湾的入口处停靠下来，库克船长把这个海湾叫作"圣·文森特湾"。索兰德博士和班克斯先生上了岸，直到晚上9点左右才返回船上，他们得意扬扬地向大家展示在岸上找到的一百多种不同的植物和花卉，当时它们还尚未被欧洲植物学家所发现。

1月15日，星期日，库克船长将奋进号停泊在火地岛附近的一个小海湾前，此处距离海岸大约1英里（1英里约等于1.61公里——译者注），海水深度约为12英寻（1英寻＝2.8288米——译者注），海底铺着大片的珊瑚岩。这时，岸上出现了两个火地岛人，他们以为这群陌生人要在这里上岸，于是走下海滩来，准备迎接他们。不过队员们发现这里并没有可以落脚的地方，于是不得不再次起航，火地岛人也失望地折返回去了。当天下午，奋进号在好结果湾抛锚，库克船长、班克斯先生和索兰德博士上岸去寻找淡水，同时希望能和当地的土著人交流一下。班克斯先生和索兰德博士走在前面，库克船长在后面保持着大约100码的距离。两名土著人正坐在地上，看见他们后立刻站了起来，为了表示友好，他们把手上类似回飞棒的小棍子扔给班克斯等人。随后，他们决定带着三个陌生人去见自己的同伴，那个地方离这里还有一段路程。于是，两名土著人在前面带路，边走边留下记号，以便班克斯他们跟上。不久，他们抵达了目的地，果然见到了许多土著人，这些土著人友好地接待了三位从英国远道而来的客人。为了感谢对方的盛情，库克船长送给他们一些纽扣和珠子。很快，双方就获得了彼此的信任，船上的其他队员们得到消息，也纷纷走上岸来，与土著人亲切地交谈起来。库克船长和朋友们将三名土著人带到奋进号上，给他们穿上衣服，分给他们食品。这中间发生了一件十分有趣的事情，英国人热情地邀请土著人品尝朗姆酒和白兰地，没想到他们只喝了一小口就立刻放下了酒杯，表情怪异地向英国朋友们比比画画，意思是说他们的喉咙快要烧起来了,英国绅士们不禁被这一举动逗乐了。这里的土著人身高不超过5.8英尺,四肢短小,体格健壮。他们面部宽阔扁平,高颧骨,塌鼻梁,鼻孔粗大,眼睛又黑又小,宽大的嘴巴,牙齿小而无光泽,又黑又直的头发耷拉在耳朵和前额上。额头上涂着棕色和红色的颜料,和所有美洲原始居民一样,他们也没有胡须。这些土著人肩上披着海豹和骆马的皮毛,男人们头上戴着纱线,一部分耷拉在额头上,另一部分则用动物的筋绑在脑后。男男女女都在身体的不同部位涂上红色、棕色和白色的颜料,他们通常会在脸颊和鼻子上涂上三四条垂直线。妇女们的两个脚踝上戴着一小串饰品,饰品上还绑着一小片动物皮。她们把小孩背在背上,每天都在埋头苦干,做着那些似乎永远做不完的家务活和苦差事。

火地岛人居住的棚屋(01)

班克斯先生、索兰德博士和巴肯先生以及几名仆从准备出发了，他们打算深入这个国家作更多的考察，并计划于当天晚上返回船上。早上的天气相当不错，可惜没过多久气温就开始急剧下降，寒风刺骨，大雪纷飞，天气糟糕透了。尽管如此，大家还是按照计划继续前进，同时希望能找到一条更好的路径，因为他们现在经过的这条路上沼泽密布，举步维艰。偏巧这时候又发生了一件意外，让大家的心情变得更加不安，那就是巴肯先生的癫痫病突然发作了，似乎是由于过度疲劳引起的。经过一番商议之后，大伙决定留下几名同伴照顾巴肯先生，班克斯先生、索兰德博士和蒙克豪斯则继续前进。三人沿途发现了许多新奇植物，这让他们感到疲劳的同时得到了巨大的满足。当他们冒着大雪返回同伴身边时，发现巴肯先生已经恢复了许多。现在已经是晚上八点钟了，天气极度寒冷，队员们已经疲惫不堪，根据以往的经验，索兰德博士十分清楚这意味着什么。于是，他恳求朋友们无论感到多么疲惫也要坚持往前走，一刻也不能停下。他对朋友们说道："你们一旦坐下来就想要睡觉，一旦睡着就再也醒不过来了。"听了这番话，大家的步伐变得坚定了许多。不过，气温还在急剧下降，可怕的严寒极大地摧毁了大家的意志，刚刚还义正词严告诫同伴的索兰德博士，竟然第一个提出要停下来休息。他不顾伙伴们的极力劝阻，在雪地中躺了下来，大家费了好大的劲儿才使他保持清醒。这时，一位黑人仆从也已经疲惫不堪、浑身乏力，眼看就要像博士一样倒下了。为了走出目前的困境，巴肯先生提议一部分人先去前面寻找一处宽敞的地方，生起柴火取暖，然后再回来接应后面的伙伴。大家对这一计划纷纷表示赞同，于是，巴肯先生带领几名伙伴先行离去了，班克斯先生和另外四个人则走在后面，负责照看博士和黑人仆从里奇蒙，里奇蒙在大家的鼓励下艰难地挪动着脚步。穿过无数沼泽地之后，博士和里奇蒙都表示再也走不动了。伙伴们告诉里奇蒙，如果他停止不前的话，很快就会被冻死，没想到他竟然答道："我实在太累了，这时候死亡对于我来说简直是一种解脱。"索兰德博士则表示自己不是不愿意走，只是需要稍稍睡一会儿，这种态度与他之前那番说教简直背道而驰。于是，两人不顾大家的再三劝阻，倚靠在一些灌木上面，很快睡了过去。这时，前面一行人传来了消息，他们已经在距离此处四分之一英里的地方生起了柴火。班克斯先生叫醒了博士，没想到他才坐下短短几分钟时间，四肢就差点失去了功能，他勉强站了起来，同意继续往前走。不过里奇蒙的情况就不太乐观了，大家用尽各种办法企图唤醒他，结果都无济于事，他依然一动不动地坐在那里。没办法，大家只好留下一名水手和另外一位黑人仆从照看他，这两人是目前受严寒影响最小的。他们商量好其余人先去前面火堆旁取暖，等身体足够暖和之后，再回来替换他们。一群人历尽千辛万苦，终于带着博士来到了救命的火堆旁。此时，巴肯先生等人身上已经暖和了许多，他们立刻派人前去接替照看里奇蒙的两人，结果，派出去的人很快回来报告说没有找到对方。

大雪已经持续了快两个小时，大家对找到里奇蒙三人彻底失去了信心。这时已经是晚上十二点了，正当大家感到无比沮丧的时候，远处传来了大声的呼喊，班克斯先生和另外四人顺着声音传来的方向走去，终于找到了那名水手，他已经连走路的力气都快没有了。大家迅速将他带到火堆旁，然后继续出去寻找其余两人。最后，他们终于在雪地里发现了他们，只见里奇蒙坐在地上，双腿已经完全不能活动了；那位黑人仆从则躺在地上，仿佛已毫无知觉。大家想要把两人抬回火堆那里，最后发现那根本不可能，此时两人身边已经堆起厚厚的积雪，漫天大雪依旧狂舞着，想要在他们身边生起柴火也不可能。无奈之下，大家只好折下一些树枝，铺在两人的身下，又用厚厚的藤条盖住他们的身体，希望他们不至于冻死。最后，大家万般无奈地离开了两名可怜的同伴。由于他们刚刚一直在试着搬动两人，不知不觉中，他们的双手已经在严寒中暴露了一个半小时，而现在一些人也开始像雪地里的黑人同伴一样，受到了严寒的折磨，尤其是布里斯科——班克斯的另一名仆从已经开始逐渐失去知觉。最后，他们终于回到了火堆旁，大家在煎熬中度过了一夜。

这支队伍从大船上出发时一共是12人，现在两人已经被判定死亡，第三个人能不能活着回到船上还是未知数，而巴肯先生的癫痫病似乎又犯了。大家打算穿过一片僻静的树林返回船上，他们预计这大概还需要一天的时间，而队伍出发的时候只携带了几个小时的干粮，现在他们剩下的东西已经不够所有人吃一餐了。

17日破晓，大家仍然身在一片白茫茫的大雪之中，冰冷的寒风呼呼地吹着，猛烈而急切，返回的计划只怕又要落空了。不过，早上六点钟左右，大家似乎看到了一丝希望的曙光，此时阳光已经依稀穿过云层，天就要放晴了！大伙一边计划着回去的路线，一边派人去打探两名黑人仆从是否还活着，很快便传来了令人悲痛欲绝的消息，两个可怜的人儿已经死在了冰天雪地中。大家强忍着悲伤，于早上十点钟再次出发了，令大伙感到既惊讶又欣喜的是，仅仅三个小时以后,他们就抵达了岸边,原来他们和大船的距离并没有想象中的那么远。他们出发的时候并不是爬山直接穿过这个国家,而是绕着它几乎走了一圈,所以觉得远了许多。

20日,班克斯先生和索兰德博士再次踏上海岸,两人采集到一些从未见过的贝壳和植物。晚饭后,他们出发前往一个印第安人居住的小镇。小镇坐落在树木茂密的小山上,与山脚的垂直距离大约为两英里。镇上一共有十几座木屋,建造得毫无艺术性和规律性可言,仅仅由一些枝干靠在一起,搭成塔糖的形状。向风的那一面覆盖着干草和树枝,以便遮挡风雨,背风面则开着一道门,供人进出,门内放置着壁炉。床和椅子仅仅用干草铺成,生活器具也十分简单,只有一个挎篮、一个背包和一个装水的囊。水囊上方有一个小孔,印第安人就通过这个小孔喝水。小镇上一共居住着五十名左右的印第安人,他们用高度抛光的木头做成弓箭,这些弓箭干净整洁,十分精美,箭头有的用玻璃制成,有的用火石打磨而成,都巧妙地安装在箭杆上。不难发现,跟这里的布匹、戒指和纽扣一样,这些箭头也并非产自镇上。人们纷纷猜测着这些东西的由来:印第安人偶尔也会北上,由于没有船只,他们花费了几年时间才回到了火地岛上。他们最初在其他地方看到弓箭这类武器的时候并未感到吃惊,而是很快学会了怎样使用它们。这些印第安人几乎与世隔绝,过着非常原始的生活,贝类是他们唯一的食物来源。他们连最简单粗糙的工具都没有,甚至没有器皿盛放食物。

1月20日,这天风和日丽,奋进号从合恩角起锚出发。班克斯先生乘坐一条小船出去打猎,结果收获了一些海鸥和几只体形庞大的信天翁,这些信天翁经过烹饪之后十分美味。当时的航海家们都认为通过合恩角的旅程充满了重重危险，而如果从麦哲伦海峡穿过则要安全得多，尽管如此，奋进号还是绕过了合恩角，就像水手们所说的，两次经过了这个"角"，而其间遇到的危险并没有比经过肯特海岸的北福兰时更多。此时天气晴朗，微风徐徐，气候舒适，当船靠近岸边时，队员们有幸欣赏到了岸上独特的风景。库克船长一边指挥船只沿着好结果湾的海岸航行，一边对其进行测量。他携带的火地岛地图几乎没有任何用处，这些地图是1624年根据荷兰海军上将埃尔米特的粗略草图绘制的，而探险家斯考滕和勒梅尔绘制的地图就更加糟糕了。

25日，船上一名约莫20岁的年轻船员被人诬告盗窃东西。面对指责，年轻人脆弱的心灵受到了巨大的打击。最后，他在黄昏中纵身跳进了大海，不幸溺水而亡了。

4月4日10时左右，班克斯先生的仆人彼得·布里斯科发现南边三四里格（1里格约等于5.556公里——译者注）远的地方出现了陆地，库克船长立即下令朝那块陆地驶去。抵达目的地之后，他们发现那原来是个椭圆形的岛屿，岛屿中央镶嵌着一个湖泊，库克船长于是将该岛屿命名为湖泊岛。湖泊岛周围大部分地方地势极低且狭窄无比，尤其是分布着礁石的南边海岸，北边也有三处地方是这样的地貌，所以整个岛屿看起来像是被分割成了几个丛林小岛。湖泊岛北边一英里海域内，海水深不可测，船员们在130英寻的深度依然没发现海底，那里也没有任何可以供船停靠的地方。大伙还在岸边发现了一些土著人，他们身材高挑，脑袋看起来异常的大，或许是头上装饰物的原因。这些土著人还拥有古铜色的皮肤和乌黑的头发。库克船长望见几个土著人站在岸上跟船并排的位置，手里拿着长矛,这些长矛足足是他们身高的两倍长。这些土著人全都赤裸着身体,不过当船经过岛屿时,他们身上已经多了一些遮盖物。岛上的棕榈树丛为这些土著人提供了住处。

4月5日,奋进号继续乘风前进,三点钟左右船员们在西边发现了另一块陆地。这块陆地地势较低,形状像一张弓,周长大约10或12里格,长度约为三四里格,宽200码。船员们发现岛上有炊烟升起,貌似有人居住,他们给这个岛取名弓岛。

4月10日,在经历了一个暴风雨的夜晚之后,奋进号上的船员们终于看见了当地马艾提人口中的"粗口袋布岛"。这座岛呈圆形,周长约四英里,岛上有的地方被岩石覆盖,有的地方则树木葱茏。

11日,塔希提岛终于出现在了大家眼前,也就是瓦利斯船长所说的"乔治三世岛",它是社会群岛中最大也最重要的岛屿。1606

塔希提岛(02)

年,西班牙人奎罗斯首次发现了这座岛屿,并将其命名为"人马座岛"。

1767年,瓦利斯船长成为第二个访问这里的欧洲人。由于那位西班牙航海家对于这座岛屿的描述实在糟糕,我们的同胞瓦利斯船长竟没能将它认出来。库克船长此次率领远征队来访,成为第三个拜访这里的人。

社会群岛由五座主要岛屿和众多小岛组成。这五座岛屿分别是塔希提岛、埃梅奥岛、梅黑蒂亚岛、麦阿威提岛和蒂图阿罗岛,它们地处南纬16°30′~17°54′、西经148°153′。目前塔希提岛是当地政府所在地,当然,作为征服者的法国人也驻扎在这里。塔希提岛主要由两座高山组成,其山峰高达6000~8000英尺,两山中间隔着一条宽约3英里的地峡。塔希提岛周长110~113英里,海岸周围环绕着珊瑚礁。虽然两座高山均为火山,山谷和山坡上的土壤却极其肥沃。岛上气候温和,即使在夏天,气温也维持在华氏68度~86度之间。据说1797年第一个传教士来到这里时,岛上的人口数量在20000以下,二十年之后,人口数量急剧下降到5000。从1820年开始,随着杀婴禁令的施行和宗教信仰的影响,当地人口数量又逐渐攀升到1797年的水平,达到了20000人。

由于海上风平浪静,奋进号直到4月12日上午才抵达塔希提岛。大船刚一出现,便有几条独木舟在微风中划了过来。靠近之后,只有少数船只来到了大船边上,独木舟上的土著人也没有打算登上大船。他们手上拿着新鲜的大蕉和细小的树枝,从大船边上递了上去,他们以这种方式向英国人表达和平友好之情。随后,船员们纷纷购买了他们带来的各种商品,包括椰子、香蕉、面包果、苹果和无花果，这些东西在船员中间大受欢迎。

那天晚上，奋进号时而离岸时而靠岸，这样度过了整整一夜。13号上午，大船驶入塔希提岛的皇家港口，并在离岸边半英里的地方抛锚。很快，又有许多当地人坐船围了过来，船上载着面包果、椰子、苹果和猪，他们打算用这些东西向英国人换取珠子等其他饰品。面包果是一种长在面包树上的水果，面包树和马栗树差不多大，树叶呈椭圆形，长约一英尺半，跟无花果树叶很相似。面包果外面有一层很薄的皮，果核有人的拇指那么大，它的果肉是杏白色的，吃起来就像新鲜出炉的面包，经过烘烤过后的面包果味道更加香甜。

登上奋进号的土著人当中，有一位名叫欧霍的老人，曾跟随瓦利斯船长访问该岛的戈尔先生认出了他。船员们认为欧霍能够给他们此次拜访塔希提岛提供很大的帮助，于是千方百计地讨好他，满足他所有的要求。

为了更好地规范船员们与土著人的贸易往来，库克船长制定了几条规则，命令奋进号上的所有人都必须遵守。这些规则的基本内容如下："为了防止争吵和混乱，全体船员必须友好地对待塔希提岛上的居民，用一切正当的手段建立起双方的友谊；除了指定人员外，船上任何官员、水手及其他人员未经允许，不得与土著人进行商品交易，包括食品、水果等；任何人不得盗窃或者买卖船上的储备物资，除了食品以外，船上的以下东西均不得拿去交换：铁或者用铁打造的任何物件、各种布料以及其他有用的物品。"这些规则均由库克船长签署，船员们一旦违反了其中一条，不仅要受到海军的相关惩罚，还要承担额外的责任。

奋进号停靠稳妥之后，库克船长、班克斯先生和索兰德博士一起上了岸，跟随他们的还有欧霍老人和一支携带着武器装备的队伍。数百名土著人怀着无比敬畏的心情接待了他们，并与他们交换了代表和平的信物。土著人殷勤地向库克船长推荐了一个更加方便和舒适的落脚地，并声称那里比他们现在登陆的地方不知要好上多少倍。土著人还热心地表示愿意带他们去看看那个地方。于是，船长等人在土著人的带领下，穿过一片片茂密的面包树林和椰树林，迂回前行了四英里。土著人的小木屋就坐落在那些树林中间，所有屋子都没有墙壁。途中，他们还看到了几只鸡和几头猪。库克船长等人已经意识到目前他们所见到的岛上居民，包括他们的向导都是这里地位较低的阶层。那些曾跟随"海豚号"来到过塔希提岛的船员们认为，女王的住所肯定已经搬走了，这里没有发现她的任何踪迹。

第二天早上，他们正要走下大船，几条满载着土著人的独木舟划了过来。从这些人的衣着来看，他们应该属于当地人中地位较高的族群。其中两人走上大船来，他们分别选择了班克斯先生和库克船长作为他们"授权典礼"的对象。只见他们脱下身上的大部分衣服，将其献给自己选中的朋友。作为回报，两位绅士也赠予他们一些小饰品。随后，土著人示意英国人跟随他们去落脚的地方。为了尽快与当地人熟悉起来，也为了找到一个更好的港口停泊船只，队员们欣然接受了邀请，跟随他们出发了。在距离大船约三英里的地方，班克斯先生、索兰德博士等人在土著人的指示下登上了两条小船，船上有许多土著人，他们带领船员们抵达了一处很大的住所。在那里，船员们认识了一位中年男人，他便是这里的酋长图塔哈。

落座之后，图塔哈献给班克斯先生一只公鸡、一只母鸡和一块有香味的布料。为了感谢酋长的美意，班克斯先生也送了他一件礼物。随后，他们又参观了几处大的住所，并被允许在那些房子里头自由走动。当他们沿着岸边前进的时候，遇到了另一位酋长，他的名字叫作图博拉·塔麦德。双方也像前面那样，互相达成了和平相处的约定。酋长表示如果他们饿了，想吃东西的话，他那里有许多食物。于是，一群人痛痛快快地品尝了一番当地的美食，其中有面包果、大蕉和鱼。就在这时，索兰德博士发现自己丢失了一副小望远镜，他知道这必是当地人所为，于是向酋长报告了此事，欢乐的聚会也因此被打断了。班克斯先生从地上站了起来，用步枪的枪托敲打着地面，以此表达自己的不满。印第安人吓得惊慌失措，纷纷跑回了自己家里，只剩下酋长和其他几名地位较高的印第安人留在原地。面对如此尴尬的气氛，酋长觉得自己有必要缓和一下双方的矛盾，于是他当即表示，如果不能帮忙找回丢失的东西，他会赔给班克斯先生同等价值的布料。不过，这件事情很快就解决了，因为望远镜不久便失而复得了。这次旅行最终还是在愉快的氛围中结束了，当他们再次返回大船上时，已经是傍晚六点钟了。

　　15日，星期六。早上，几名印第安酋长来到了奋进号上，他们带来了猪、面包果和其他点心，船员们用亚麻布、珠子等其他饰品作为交换。库克船长在班克斯先生和其他几位官员的陪同下登上了小岛，他们要选择一处合适的地方修建堡垒，作为他们在此停留期间的驻扎地。地方很快就选好了，船员们将其做上了标记。许多当地人好奇地围上来观看，不过他们始终都表现得十分友好。

　　班克斯先生和他的朋友们发现在路上很少看到猪和其他家禽，

怀疑它们被赶进了村子深处，于是他们决定钻进树林里一探究竟，一名海军军官和一组海军陆战队员留下来把守帐篷。几名土著人陪着他们进了树林，当他们正在树林里穿梭时，突然从帐篷那里传来了两声枪响，大家立刻变得警惕起来。欧霍将班克斯等人召集起来，同时留下了三名可靠的印第安人，将其他印第安人全部遣散。当他们返回帐篷后，很快便了解到事情的来龙去脉。一名印第安人抢走了哨兵的一杆火枪，而当时负责指挥的是一名年轻的海军准少尉，他草率地发出了开火的命令，许多印第安人因此而受伤。看见罪犯还没有倒下，士兵们追上了他，最后将他击毙了。班克斯对军士们的行为感到十分恼怒，可事实已经无法改变，现在他们能做的只有尽最大努力去安抚那些印第安人。在一名老人的调解下，几名土著人最终谅解了英国人，他们走近军士们，递给对方象征友谊的信物。不过第二天早上，船员们发现岸上只出现了极少的印第安人，也没有印第安人再到大船上来。大家感觉印第安人并没有忘记昨天晚上的不愉快，而欧霍的离开更加证实了他们的猜测。为了避免发生意外，库克船长只得将船开近岸边，将它停靠在合适的位置，以便观察他们昨晚标记出的修建堡垒的地方。到了晚上，船长和几位绅士上了岸，没想到印第安人仍然像往常一样和他们做起了交易。

17日，巴肯先生不幸离开了人世。就在这一天，图博拉·塔麦德和图塔哈两位酋长同时来访，他们带来了大蕉树枝，直到对方收下这代表友谊的信物之后，他们才敢走上船来。岸上的堡垒于18日正式开始修建。

奋进号上的伙伴们有的修筑堑壕，有的砍削柴捆，忙得不亦乐乎，印第安人也加入了他们的工作。当地人又带来了许多面包果和椰子，大伙不得不告诉他们这两天他们都不再需要这些东西了。这天晚上，班克斯先生第一次在岸上过夜。尽管并没有印第安人试图接近他的帐篷，不过为了预防万一，他还是安排了哨兵在外面站岗。

　　堡垒的整体结构还没有搭建完成，那附近就已经形成了一个市场，土著人和船员们在市场上自由交易着各种商品。图博拉·塔麦德成了班克斯和其他英国绅士那里的常客，他是唯一一个愿意使用刀叉并且喜欢欧洲礼仪的土著人。外科医生蒙克豪斯傍晚出去散步，回来之后迫不及待地向大伙报告了他的见闻。他说自己看到了那天晚上被士兵们打死的印第安人的遗体，他被安放在一个棚屋里，棚屋紧挨着这名印第安人生前居住的房子。遗体被放在木头制成的棺材里，棺材下面由5英尺高的柱子支撑着。遗体上面铺着垫子，垫子上盖着白布。遗体旁边放着一根木制的权杖，朝向死者头部的一方摆放着两个椰壳，而朝双脚的那一方则放着一串树叶和捆绑好的若干小树枝。在离死者遗体不远处，一块椰子大小的石头插在地上，石头旁边种着一棵大蕉树的幼苗，幼苗外面挺立着一棵棕榈树，树干上放置着一个椰壳，里面盛满了水。石头和树的边上挂着一个小包，里面装着几片烤好的面包果。发现外科医生走近死者遗体，印第安人感到十分不悦，他们用戒备和仇恨的目光盯着他，仿佛连肢体都透着几分愤怒。

　　22日，他们有幸欣赏到了当地音乐家们的表演，音乐家们使用的乐器很像德国长笛，不过令人惊讶的是，表演者不是用嘴而是用鼻孔进行吹奏，其他的表演者跟着乐器的节奏哼唱起来，曲调十分单一。一些印第安人带来了他们的斧头,让英国人帮忙打磨和维修,这些斧头大部分是瓦利斯船长和"海豚号"上的船员们送给印第安人的。其中一把来自法国的斧头让大伙感到十分好奇,几经询问,他们终于弄清楚了斧头似乎是一个名叫布甘维尔的人留下的。

25日,船员们发现丢失了几把刀,其中也包括班克斯先生的,班克斯怀疑是图博拉·塔麦德拿走了那些刀。面对指责,酋长眼里噙满了泪水,他表示如果自己偷了那些刀的话,喉咙一定会被割断。尽管船员们相信酋长是无辜的,但是很明显其他的印第安人十分热衷于偷东西。最后,班克斯先生的仆人发现是自己在聊天的时候把刀放错了地方,而一名印第安人也在一天内将其他丢失掉的刀全部寻找了出来,还给了他们。

26日,他们在堡垒上面架起了六挺回转机枪,这对印第安人起到了一定的威慑作用。附近的几个渔民害怕机枪会伤害到自己,于是搬到其他地方去了。第二天,图博拉·塔麦德带着三个女人和一个朋友来堡垒里用餐,吃完饭后他便返回了自己的住处。可是没过多久,他又跑了回来,向大家抱怨说船上的一名屠夫扬言要割掉他妻子的喉咙,因为他妻子拒绝用一把石斧和屠夫交换钉子。事实很明显了,那位屠夫违反了库克船长亲自制定的用以约束船员和当地人进行交易的行为准则。屠夫被带了上来,在众人面前接受鞭刑。谁知第一鞭刚抽下去,印第安人便立即上前劝说,恳求船长原谅对方的过错。遭到拒绝之后,印第安人显得十分过意不去,以至于伤心地哭了起来。

专家莫利纳先生在岛上遇见了一位名叫欧贝尼的女人,他声称第一次和瓦利斯船长到这儿时曾见到过她,那时候他们从各种迹象推断出欧贝尼是岛上的女王。听到莫利纳先生如是说，所有人的目光都转向了欧贝尼，海豚号上的船员们和瓦利斯船长都曾对她进行过大量的描述，讲述了许多关于她的故事。欧贝尼身材高大，皮肤白皙，年纪大约四十岁上下，漂亮的双眸似乎饱含情感。不难看出她过去一定是个美人，可惜岁月不饶人，她的美貌也随着时光的流逝而渐渐消逝了。船员们热情地邀请欧贝尼到奋进号上做客，她爽快地答应了。到了船上，大家争先恐后地将礼物送给她，她对其中一个儿童玩偶表现得爱不释手。随后，库克船长陪着她上了岸，她回赠了船长一头猪和一些大蕉。士兵们排好队伍，将她送的东西带回堡垒，库克船长和欧贝尼则跟在队伍后面。路上，他们遇到了图塔哈。图塔哈虽然不是这里的国王，现在却拥有至高无上的权力。他无意中看到了欧贝尼手上的玩偶，表现得十分嫉妒，为了维护和他之间的友谊，大伙不得不送给他一个同样的玩偶。

30日，托米欧急急忙忙地跑进帐篷，拉着班克斯先生的胳膊，恳求他赶紧去看看图博拉·塔麦德，他说塔麦德因为吃了船员们给的某样东西，快要死了。班克斯跟着托米欧来到塔麦德的住处，发现他身体十分虚弱。仆人们说他刚刚一直在呕吐，还扔掉了一片树叶，据说那片叶子上有毒。班克斯先生捡起那片叶子仔细察看了一番，发现原来是一片烟叶，它应该是塔麦德从船上的朋友那里讨来的。班克斯嘱咐塔麦德喝下了一些椰奶，没过多久，这位酋长就恢复了健康。

5月的第一天，又有一位酋长登上了奋进号，不久前他和他的女人们才来拜访过船长，还和船长一起用了餐。当时的情形让库克船长记忆犹新，因为这位酋长吃饭不用自己动手，而是他的女人们一口一口地喂给他吃。他今天独自一人来到船上,女人们并没有跟随。晚饭的时候,船长把食物递给他,猜想他今天应该要自己吃饭了。可是那位酋长坐在饭桌前一动不动,根本没有要自己动手的意思。船长只得吩咐一位仆人喂给他吃,要不是这样的话,那位酋长恐怕要空着肚子离席而去了。

那天下午,军官们把天文象限仪等仪器搬上了岸。可是等到第二天他们准备用的时候,却发现象限仪不见了。大家在堡垒里面和四周进行了严密的搜查,并为找到它的人提供了优厚的赏金,可是最后还是没有任何线索。班克斯先生、格林先生和其他几个人出发去树林里寻找,希望能在那里打听到一些关于丢失的象限仪的消息。他们在回来的路上碰到了图博拉·塔麦德和几名印第安人。班克斯等人知道一定是某个印第安人偷走了象限仪,而塔麦德肯定知道藏匿地点。于是他们不停地追问对方,最后终于打听到了象限仪的消息。象限仪失而复得,虽然整个机器已经被拆散了,但好在并没有受到任何实质性的损坏。

傍晚,他们返回堡垒,惊讶地发现图塔哈被士兵们关了起来,而一群土著人正围在堡垒门口交头接耳,看样子十分着急。士兵们汇报了整件事情的经过:听说库克船长带领一队全副武装的士兵往山里去了,一些印第安人感到惶恐不安,他们趁着夜色离开了堡垒,打算坐上小船离开海湾。在此之前,奋进号上负责指挥的中尉已接到命令,不得让任何船只离开此处。于是,他派出一艘船只前去拦截那条小船,眼看快要成功了,不料小船上的印第安人纷纷跳进了海里。图塔哈就在那群印第安人中间,他们抓住了他并将其带到堡垒指挥官面前,指挥官认为有必要将他拘禁起来,可怜的酋长以为自己要被处死了。这时,库克船长及时赶了过来,释放了他。得知酋长已经获救,守在外面的印第安人欢呼雀跃。不过,这件事情好像深深伤害了他们的内心,第二天,他们没有再到市场上售卖食品了。

5月3日,大船上的供给明显不足了,图博拉·塔麦德给班克斯先生送来了几篮面包果,解了他们的燃眉之急。4日,图塔哈派人来索取一把斧头和一件衬衣,他说自己之前曾送给船员们一头猪,他们必须给予相应的报酬。于是,5日的早上,班克斯先生和索兰德博士陪同库克船长坐船前往图塔哈的住处伊帕雷,还带上了图塔哈的人作为向导。他们很快便抵达了目的地,库克船长发现很多印第安人早已在岸上等候,待他们上岸之后,热情的印第安人领着他们直奔酋长的住处。尽管最近和英国人的关系不十分融洽,印第安人仍然用自己的语言喊道:"图塔哈是你们的朋友!"此时,图塔哈正坐在一棵大树下,几位老人恭恭敬敬地站在他身边。示意船长等人坐下之后,图塔哈开始向他们索要斧子和衬衫。库克船长把他要求的东西给他之后,又额外送了他一件绒布衣服。图塔哈十分喜欢这件礼物,马上把它穿在了身上。随后,酋长带着他们来到了旁边的一座院子里,他们在这儿观看了当地的摔跤比赛。图塔哈坐在赛场的上方,左右两边分别坐着几个印第安人,他们都是应图塔哈的要求来当裁判的。

10个或者12个参赛人员进入赛场,一些简单的仪式之后,比赛正式开始。双方队员都想通过单纯的力量将对方撂倒,他们抓住对方的手或者身体其他部位。当更有力、更强壮的一方将另一方摔倒在地时,比赛宣告结束。整个比赛过程可以说毫无技巧和技术性可言。比赛结束时,老人们为胜利者鼓起掌来,嘴里用某种腔调重复着一些话,还喊了三声"万岁"。如果双方队员在一分钟之内还未将对方撂倒,两人必须自动分开,或者由双方的朋友将两人拉开。比赛的主持人手持一根棍子,负责维持比赛现场的秩序,对于那些挤进赛场的观众,他用棍子巧妙地将他们赶退。摔跤比赛进行的过程中,另一组人员会在一分钟的比赛间隙为大家表演舞蹈。舞蹈演员和摔跤选手们根本没有心思互相欣赏,他们都专注在自己的表演和比赛上,想借此讨得大家的欢心或者赢得胜利。欣赏完表演,库克船长本以为他们可以像古人一样,在摔跤比赛结束后尽情享用猪肉和面包果了。不料,主人并没有将两头烤猪抬上来,而是下令将其中一头抬到了船上。他们本来打算在这里尽情玩耍一番的,无奈图博拉·塔麦德已经在奋进号上恭候多时了,他们只得返回大船上去了。不过,离开之前,他们终于还是吃上了美味的食物,酋长和他的朋友们同他们自由分享着美食。这次行程对修复双方的友好关系起到了很大的作用,这不,堡垒那里很快就收到了印第安人送来的各种各样的供给品。

当熔炉建好并投入使用之后,印第安人每天又有新的热闹可以瞧了,同时,库克船长也接到了印第安人派给他的新任务。他们纷纷把以前从海豚号上获得的旧铁器拿过来,让船长帮忙加工。没有办法,船长只得命令打铁匠根据印第安人的要求,利用闲暇时间把那些旧铁重新打造成各种工具。

10日,他们在犁好的地里种上了瓜果蔬菜,最后只有芥菜发了芽。班克斯认为可能是这些种子暴露在空气中坏掉了,它们之前一直被密封在小瓶中,从未接触到空气。正是在那一天,他们才从印

塔希提岛的马塔维阿湾（03）

第安人口中得知了那座岛屿的名字——塔希提岛，这个名字现在已经被全世界的人所知晓。船员们试图教印第安人读他们的名字，结果发现那是一项根本不可能完成的任务。他们一次又一次地将名字读给印第安人听，教他们如何发音，最后依然毫无成效。印第安人给船员们起了新的名字，他们称呼库克船长图特，把希克斯叫作赫特，专家的基督教名字叫作罗伯特，于是他们称呼他博巴，戈尔先生被他们叫作托阿若，而索兰德博士则被叫作托亚罗，班克斯先生被称为塔盘尼。除此之外，他们还给其他大部分船员都起了新的名字。

13日，图博拉·塔麦德做了一件事情，冒犯了班克斯先生。事情的经过是这样的：塔麦德从班克斯手中抢走了他的手枪，并朝空中开了一枪。这个举动让班克斯感到十分震惊，他原本以为塔麦德完全不懂得如何用枪。为了队友们的安全着想，班克斯认为绝对不能让印第安人接触枪支，于是他郑重其事地、带着些许威胁的口吻告诉塔麦德触摸别人的枪是对别人极大的冒犯和侮辱。这种谎话在其他人看来一定觉得好笑。塔麦德听后，没有回答班克斯的话，而是立即返回了伊帕雷的家中。班克斯十分清楚得罪了塔麦德对他们不会有任何好处，况且目前这个人还能给他们提供不少帮助，于是，他决定前去讲和。那天傍晚，在莫利纳先生的陪同下，班克斯先生从堡垒出发，前往塔麦德的住处。抵达之后，他们看见塔麦德坐在一大群人中间，样子十分悲伤，他的侍从们看起来也很难过。班克斯不失时机地向塔麦德表达了歉意，二人重归于好。他们坐上双桨舟，于晚饭之前一起返回了堡垒。为了表达和解的诚意，塔麦德和他的妻子那天晚上就住在了班克斯的帐篷里。

15日，那天是星期一，班克斯察觉图博拉·塔麦德偷了帐篷里的东西。他本来对这位酋长颇有好感，可是这位酋长看到放在帐篷角落里的满满一篮钉子，实在难以抵抗住诱惑。他承认自己偷了四颗钉子，但是当班克斯让他把钉子还回来时，他又说钉子在伊帕雷。班克斯有些愤怒了，塔麦德发现形势不妙，马上归还了一颗钉子，班克斯原谅了他，允许他留下其余的钉子。

27日，班克斯、索兰德和库克船长等人坐上舰载艇前去拜访图塔哈，他已经又搬到了一个叫阿塔厚罗的地方，那里离他原来居住的地方有六英里的路程。班克斯等人送给他一条黄色的裙子和一些小礼物，图塔哈则为他们准备了丰盛的晚餐，并邀请他们留宿一晚。尽管库克船长一行只有6人，供他们休息的房间和独木舟仍然显得十分拥挤。欧贝尼也在图塔哈的那群客人当中，和她一起的还有她的几个仆人。她邀请班克斯先生到她的船上休息，为了给伙伴们腾挪出更多空间，班克斯接受了欧贝尼的邀请，跟着她来到了船上。他脱下衣服后将其交给欧贝尼保管，尽管这个女人已经十分谨慎了，班克斯的衣服还是被偷走了，一同丢失的还有他马夹口袋里的手枪、火药瓶和其他一些东西。正在另一条船上的图塔哈接到了这个消息，他和欧贝尼一起出去搜寻小偷。班克斯仍然待在船上，他只穿着一条短裤和一件马夹，身边只有一支没装弹药的火枪。酋长和欧贝尼很快便一无所获地返回了船上，班克斯觉得有必要立刻把这件事情告诉他们的同伴们。他找到库克船长和其他三位绅士休息的地方，结果得知他们的袜子和衣物也被偷走了。第二天早上，他们和索兰德博士会合了，没想到博士竟然没有丢失一样东西，而他昨晚居住的地方离其他几人足足有一英里。

  观测金星凌日的准备工作已经就绪，他们决定分为两组人员从两个不同的地点进行观测。这样即便塔希提岛上的观测不成功，另一组观测小组还有机会。他们一边准备着观测仪器，一边教即将参与观测任务的伙伴们使用这些仪器。到了星期四，也就是6月1日这一天，戈尔先生、蒙克豪斯和斯柏林这组人员带上仪器，坐上大艇，向艾玛约进发，前面两位是这次的主要观测人员，而斯柏林是班克斯先生的朋友。另外一组人员则在他们现在驻扎的地点附近寻找合适的观测点。

  前往艾玛约的这组人员已经在海里航行了大半夜，仍然没有找到合适的观测点，于是他们拦下了一条独木舟，舟上的印第安人给他们说了一个地方，他们判断那里非常适合观测。那是一块伸出水面的岩石，离岸边大约140码，队员们迅速在石头上搭好了帐篷。

星期六，3日，金星凌日终于要到来了。天刚蒙蒙亮，班克斯先生就出去采购新鲜食品。此时太阳正冉冉升起，天空万里无云，班克斯先生感到十分高兴：真是个观测的好天气！不久，岛上的国王塔劳来拜访他，还带上了姐姐努娜。依照这里的风俗，会谈的时候一定要坐下，所以班克斯先生把他的印度头巾垫在地上，大家就坐在上面，这条头巾他平时可是当作帽子使用的。国王给班克斯带来了礼物——一头猪、一条狗、一些椰子和面包果，班克斯则回赠他一把扁斧、一件衬衫和一些珠子，国王对这些礼物十分满意。随后，国王和他的姐姐、三个漂亮女人以及仆人们跟随班克斯来到了观测点，班克斯向他们展示金星在太阳表面的运动，并告诉他们自己远航来此的唯一目的就是观测这一现象。最后，两组观测人员都圆满完成了任务，不过两组人员观测到的金星与太阳接触的时间存在着差异，且差异比他们预期的要大。格林先生观测到的数据结果如下：

上午

入凌外切　　　　　　　　9时25分4秒

入凌内切　　　　　　　　9时44分4秒

下午

出凌内切　　　　　　　　3时14分8秒

出凌外切　　　　　　　　3时32分10秒

观测点纬度：南纬17°29′15″

观测点经度：西经149°32′30″，格林威治

当绅士和军官们正密切观测金星运动时，有人闯进了船上的储藏室，偷走了大量的长钉。经过一番严密调查和审问之后，窃贼被

揪了出来，他被判24下鞭刑。

6月4日是英国国王乔治三世的生日，但是由于派出去做天文观测的人员还没有返回，库克船长将庆祝活动推迟到了第二天。6月5日，几名印第安酋长也来参加庆典，他们向国王表达了美好的祝福，祝愿他身体康健。他们称呼国王基希阿尔戈，这是他们能拼出的与乔治国王读音最相近的名字。12日，印第安人跑来抱怨说他们丢失了一些弓箭和编织好的皮毛，经过详查，犯事的船员被找到了，他们每人被罚了24下鞭刑，这似乎是库克船长对下属的最大体罚了。库克船长服役那会儿，士兵一旦犯错，海军指挥官们动辄鞭打他们几百下，而现在宽厚仁慈的库克船长与他们完全不同，他从不轻易处罚船员，即便惩罚也就是24下或者50下鞭刑。

19日傍晚，欧贝尼带着仆人们造访了奋进号，她刚从图塔哈的住处那里乘坐双桨舟过来。欧贝尼给船上的朋友们带来了猪、狗、面包果和其他礼物。她的随从图皮亚立刻把狗杀了，清洗干净，然后在地上挖了一个洞，把准备好的狗肉放进洞里烘烤。烤好的狗肉十分美味，大家都啧啧称赞。

21日，又有许多印第安人过来拜访他们，并给他们带来了很多礼物。这群访客中有一位名叫欧阿莫的酋长，跟他一起来的还有一名小男孩和一位年轻女性。欧贝尼和几个印第安人光着头，赤裸着上身，走出堡垒迎接他们，英国人判断他们此举是对地位尊贵的人的一种礼仪。

当欧阿莫准备进帐篷时，那位年轻女子似乎也对里面的情形充满了好奇，可是不管别人怎么劝说，她就是不愿意踏进帐篷半步。索兰德博士把小男孩带进了帐篷里面，那些印第安人一看到他，立刻紧张起来，接着小心翼翼地将他再送了出去。

眼前的情形极大地挑起了船员们的好奇心，他们纷纷向印第安人打听这几位陌生人的身份。原来欧阿莫是欧贝尼的丈夫，不过他们早已彼此达成协议，没有住在一起了，那个小男孩和小女孩是他们俩的孩子，小男孩名叫特里底里，显然他是岛上未来的统治者，等他到了一定年纪之后，就要与他的姐姐结婚。

23日早上，一名船员突然失踪了，伙伴们打听到他此时正在图塔哈的住处伊帕雷，于是派遣一位印第安人前去接他回来。安全返回之后，这位船员向大伙讲述了他的遭遇。原来他在堡垒里遭到了三名印第安人的袭击，他们把他带到海湾的高处，强迫他上了一条独木舟。最后，对方还脱掉了他的衣服，把他带到了伊帕雷。抵达图塔哈的住处后，那位酋长给了他一些衣服，并极力劝说他留在那里。大家听完这位船员的叙述，觉得他不像在撒谎，周围印第安人的表现也证实了这一点。因为他们一听说这位船员已经安全返回，马上仓皇逃走了。

6月26日一大早，库克船长和班克斯先生就坐上一艘舰载艇出发了。他们一直往东行驶，想环绕岛屿一周。当船来到一个大海湾附近时，印第安人向导提图保罗听说了他们的计划，立即表示自己不会陪他们去岛屿的另一边，他还极力劝说船长等人也不要去冒险。因为那里已经不属于图塔哈的领地，当地的土著人可能会杀害他们。尽管如此，库克船长和班克斯先生还是决定执行自己的计划，他们把枪都装上了弹药，提图保罗最后还是决定冒险跟他们同去。

他们在海上整整航行了一天，傍晚时分，队伍抵达一处狭窄的地峡，该地峡将岛屿分成了两部分，它们分别受不同政府的管辖。船员们在一位名叫马莱塔塔的酋长的领地登陆，马莱塔塔在印第安人的语言中代表墓地，而这位酋长的父亲名叫帕哈里德，是偷船贼的意思。尽管名字似乎不怎么好听，这位酋长却十分热情友好地接待了船长等人，还为他们准备了美味的晚餐。酋长用一头猪从船长那里换取了一把短柄小斧。

一群当地人得到消息，纷纷前来拜访几位英国绅士。队伍并没有因此而停止前进，他们继续向前航行，最后登上了酋长瓦希图阿的领地。他们沿着海岸走了相当长的一段距离，途中遇见了酋长本人，酋长身边跟着一位名叫托乌蒂蒂的女子，年纪约莫22岁，长得十分讨人喜欢。

船员们发现眼前的这片土地耕耘得比岛上其他地方都要好，上面的墓地也更多且看起来整齐干净，墓碑上雕刻着文字和图案。

继续往东航行了一段距离后，他们再次登上陆地，并在那里见到了酋长马西阿柏，他们之前并不认识这位酋长。马西阿柏送给他们一些面包果和椰子，还卖给他们一头猪。作为交换，船长等人拿出许多东西供他挑选，酋长一眼就挑中了一个玻璃瓶，拿起来就舍不得放下。船员们还在这里看到了一只火鸡和一只鹅，当地的土著人对这两只动物表现出无比的喜爱之情，船长等人猜测，它们应该是瓦利斯船长在这里的时候留下的。停留片刻之后，队伍打算离开了，马西阿柏亲自带着他们越过了浅滩。傍晚，他们来到了岛屿西北边的一个海湾，那里的酋长威乌若乌盛情款待了他们。在马西阿柏的陪伴下，他们与威乌若乌共进了晚餐。晚饭过后，船员们回到对方早已为他们准备好的房间休息。印第安人喜欢偷东西的毛病总是改不了，甚至包括他们的酋长，这不，马西阿柏就做了一个坏的典范。这位酋长从班克斯先生那里借了一件披风，说是要在睡觉的时候当被子用，可没想到他竟然带着那件披风偷偷溜走了。一名印第安人把这件事情告诉了班克斯先生和他的伙伴们，他们决定马上出去寻找马西阿柏。没走多远，大家就看到一名印第安人带着那件披风回来了，这人因为害怕，主动把酋长偷走的赃物给送了回来。

当船长等人再次返回昨晚休息的地方时，发现那里已经空无一人。早上四点钟，哨兵回来报告说他们的船也不见了。大伙感到情况十分不妙，目前他们的队伍一共只有四人，身边携带了一杆火枪和两把小手枪，里面还没有弹药。他们万分焦急地等待了好长时间，幸运的是，他们的船只是被潮水冲走了，而现在又被潮水带了回来。班克斯先生和同伴们觉得此地不宜久留，于是吃完早饭后他们便立刻踏上了回程。

星期五，30日，他们抵达欧塔霍拉，在那里遇见了老熟人图塔哈。图塔哈礼貌地接待了他们，并向他们提供了美味的食物和舒适的住处。不过，他们没有忘记上次和这位酋长相处时的不愉快经历——图塔哈趁他们睡着时无耻地偷走了他们的东西。于是，船员们整个晚上都时刻小心地提防着，第二天早上，他们发现衣服和其他东西都完整无缺。7月1日，他们回到了位于皇家港口的堡垒那里。

回到堡垒之后，早已饥肠辘辘的船员们四处寻找面包果充饥，印第安人朋友们很快满足了他们的愿望。

7月3日，班克斯先生沿着河流一直往山谷里面走，他打算追溯到这条河流的源头，顺便记录下沿途的各种情况。由于对此地比较陌生，他带上了许多印第安人作为向导。一路上，班克斯先生看到了许多土著人的房屋。在距离出发地点约六英里的地方，他们来到了一户人家，据说这是他们此次旅途中的最后一所房子，再往前走就没有人烟了。房子的主人给他们献上了椰子和其他水果，道谢之后，他们继续赶路。班克斯注意到他们在途中经常会穿过一些拱形结构的石洞，印第安人说，一到天黑，那些赶路的旅人便可以在这些石洞里歇息。又顺着河流走了大约六英里之后，他们发现河的两岸堆积着许多岩石，这些石头有100英尺高，几乎与地面垂直，石头表面光秃秃的。班克斯本以为这些可能是某种矿石，结果发现它们其实就是些普通的石头，里面几乎不含任何矿物质。有迹象表明这些石头曾被大火烧过，这跟他们在塔希提岛上发现的石头情况一样。从土壤情况推断，这两个地方都明显发生过大火。

4日，班克斯先生在堡垒四周和树林里都撒上了西瓜、橙子、柠檬和其他植物的种子，这些种子是他们在里约热内卢购买的。不仅如此，班克斯还把许多种子分给了印第安人。等到他们准备离开时，最初种下的西瓜已经长出了西瓜苗，而且长势十分喜人。

远征队准备离开塔希提岛了，木工们将堡垒的木门和栅栏全部拆了下来，搬到奋进号上作为柴火。一名印第安人偷走了木门上的钉子和挂钩，大伙没能抓到这个窃贼，不过丢失的钉子和挂钩随后被图博拉·塔麦德送了回来。

8日到9日的夜间，两名海军士兵离开了堡垒，直到第二天早上大家才发现他们失踪了，所有船员都已经知道奋进号计划于当天或者第二天起航，所以库克船长不得不怀疑这两人是有意想留在岛上。可是如果这时候进行大事搜捕的话，势必要破坏与土著人的和谐关系，于是库克船长决定将出发日期推迟一天，希望两名士兵能主动归队。可是到了 10 日,大伙仍然没看见两人的踪影,他们不得不询问起印第安人来。印第安人给他们的答复是那两名士兵不打算跟队伍回去了,他们已经各自讨了老婆,在山上安了家,他们现在居住的地方也极难找到。听到印第安人如是说,船长觉得有必要采取行动了。此时,几名印第安酋长正在堡垒里面,包括图博拉·塔麦德、托米欧和欧贝尼等人。船长告诉他们,在那两名士兵回来之前,只好先委屈他们待在堡垒里面。几位酋长听了之后,没有表现出丝毫的恐惧或者不满,而是一再向船长保证那两名士兵一定能回来。同时,希克斯先生遵照船长的命令,驾驶舰载艇悄悄将图塔哈接到了奋进号上。天色渐渐暗下来,库克船长觉得把这些酋长们当作人质一直困在堡垒里似乎不太妥当,于是他下令将他们转移到大船上。这一举动让对方感到有些惊慌,尤其是女人们,早已吓得哭了起来。

  晚上,几名印第安人将一位失踪士兵送了回来,并扬言他们已经抓住了船长派出去寻人的另外两位船员。他们要求船长先放了图塔哈酋长,这样他们才会把另一名士兵和两位船员一起送回来。听到对方如是说,船长立即命令希克斯率领一队勇猛的士兵乘坐大艇前去救援被印第安人扣留的伙伴,同时,他还要求图塔哈命令自己的人立刻释放他们的队友,否则他将为此事承担一切后果。图塔哈丝毫不敢含糊,马上答应了船长的要求,希克斯顺利将人接了回来。当他们对两名失踪士兵进行审问时,才发现原来印第安人并没有撒谎。这两人果然在和印第安女人交往,而且打算和她们一起留在岛上生活。图皮亚曾是欧贝尼当权时期的总理和大祭司,对岛上的宗教信仰十分熟悉,他曾多次向船长提到想随他们一起离开这里。

7月12日，图皮亚带着约莫12岁的男侍从泰犹塔来到奋进号上，再三恳求库克船长让他留下来。考虑到他一路上或许能给大家带来很多帮助，船长答应了他的请求。于是，图皮亚最后一次踏上自己生活过的土地，与朋友们告别，并送给他们一些小礼物作为纪念。

图塔哈在伊帕雷的家中有一幅莫奈的画作，班克斯十分喜爱那幅画，临行前他想请求图塔哈将它送给自己。于是，在库克船长和索兰德博士的陪同下，班克斯乘坐舰载艇前往图塔哈的住处。由于求画心切，一下船他们就直奔图塔哈的住处，正好看到欧贝尼等人也在那里。班克斯向大家表明了来意，图塔哈爽快地答应了他的请求。图皮亚也在拜访的人群当中，得知奋进号明天就要起航的消息，欧贝尼告诉这位老伙计，明天早上她一定会去为他送行。

13日这天，友好的印第安人果然早早地登上了奋进号，许多阶级地位较低的印第安人也纷纷驾着独木舟过来与他们告别。上午十一点多，大船准时起锚开航。依依不舍的印第安人情不自禁地流下了眼泪，图皮亚努力控制着自己的情绪，但最后还是忍不住流下泪来，他的这一举动让船上的伙伴们也不禁为之动容。图皮亚跟着班克斯先生爬上船桅顶端，朝着岸上的同胞们不停地挥手，这是他最后一次向自己的祖国和家乡道别。塔希提岛渐渐消失在大家的视野之中，奋进号在这里只停留了短短三个月时间。

路上，图皮亚向船员们描述了塔希提岛的所有情况。他说这座岛上可以生活6000名以上的战士，岛上的主要产品有面包果、椰子、香蕉、甘薯、山药、甘蔗、构树（树皮可造纸）、各种无花果以及许多其他树木。这些植物大多是野生的，几乎不需要人类的培育和打理，除此之外，岛上看不到任何欧洲的水果、蔬菜、豆子或者谷物。这里的动物有印第安人饲养的猪、狗和家禽，当然还有野鸭、鸽子和鹦鹉等鸟类，四足动物除了猪狗之外就只有老鼠了，岛上没有发现过蛇的踪迹。岛屿周围的海水里生活着各种各样的新鲜鱼类，它们是岛民们取之不尽、用之不竭的伟大财富。

岛上大多数居民的体格比欧洲人更加魁梧，尤其是男人们。绝大多数男人身材高大、体格健壮且形体优美。身份尊贵的妇女们个头和欧洲女人差不多，而那些社会地位较低的妇女们则要矮一些，有的甚至非常矮小。这里的土著人肤色呈亮橄榄色，或者像我们所说的浅黑色。他们皮肤光滑柔软，面容俊秀美丽，眼睛漂亮有神，连牙齿也是异常的整齐洁白，大部分人的头发呈黑色。与美洲土著人不同的是，这里的居民长着长长的胡须，他们把胡须辫成各种形状，看起来十分特别。这些土著人动作轻快优雅，在没有受到挑衅和侵犯时，常常表现得谦恭有礼。塔希提岛上有一个与其他很多地方完全不同的风俗，那就是女人们通常把头发剪得很短，而男人们则留着长发。他们有时候把头发松散地披在肩头，有时候用绳子扎起来，盘在头上，并在上面插上各种颜色的羽毛。塔希提岛上还生产一种布料，男男女女们将其当作头巾使用。妇女们常常把剪下来的头发辫成一条条长长的辫子，绑在额头当作装饰。

塔希提岛人把骨头打磨成牙齿形状的工具，然后用这种工具在人的身上挖出小洞或者刺出小孔；接着将一种油性坚果燃烧后的烟灰和水混合在一起，调制成一种深蓝色或者黑色的颜料；最后将这种颜料涂在之前挖出的小洞或刺出的小孔里。他们把这个过程叫作纹身，我们今天也将其叫作纹身或者刺青。纹身的过程往往让人疼痛难忍，还会在皮肤上留下难以去除的印记。当塔希提岛人长到10岁或者12岁时，就要在身体的不同部位纹上图案。纹身的工具一共包括20颗"牙齿"，每刺一下，身上便立即流出血来。尽管如此，岛上的所有人，不管男人还是女人都必须要纹身。他们的衣服包括各种布匹和草席，布匹一般在天气晴朗的时候穿，而草席则在下雨天穿。这些布匹形状各异，没有统一的样式，更没有用针线缝在一起。地位较高的女人们一般有三到四块布匹，其中最长的一块通常被裹在腰间，缠绕几圈之后仍然可以垂到膝盖位置。对于其他两三片较短的布匹，他们则在中间剪出一个洞来，然后把布匹叠在一起，从脑袋上穿过去。当然，布匹较长的两端分别披在胸前和背后，较短的两端耷在身体两侧，这样身体前后便有了遮挡，而两只手臂也可以自由活动。

男人们的着装和女人差不多，唯一不同的是，女人们腰间裹着的那块布从前面一直垂到膝盖下方，而男人们的则是夹在两腿中间。无论地位高低，所有的男人都穿着这样的服装，只是地位越高的人拥有的衣服数量就更多。也许是因为岛上天气太热，每当到了中午，男人女人们就会脱掉大部分衣服，赤裸着身体，身上唯一剩下的就是腰间的那一小块布匹。他们戴上用棕榈树叶或者草席编成的帽子，躲避阳光的直射。这种帽子做法十分简易，当地人只需几分钟就可以编好一顶。男人们有时候还会戴上假发，这些假发有的是用人的头发或者狗的毛编织而成，有的则是用线将椰子串起来做成的。当地人都只有一只耳朵上戴着耳环，这些耳环材质不一，有贝壳的，有石头的，还有用浆果或者珍珠做成的。不过自从奋进号上的客人们给了他们一些珠子之后，他们全都戴上了这种珠子。岛上的小男孩们在七八岁之前完全赤裸着身体,而小女孩也要等到五岁以后才开始穿衣服。

塔希提岛上的土著人修建房子仅仅是为了睡觉或者避雨,他们平常很少在家里吃饭,而是到外面树荫下用餐。晚上睡觉时,他们只盖着平常穿的衣服。这些土著人的房子里也不分卧室和客厅,总共就只有一个房间。主人和他的妻子睡在中间,两边依次是家里未出嫁的女人和未结婚的男人。天气好的时候,仆人们也只能睡在户外。不过这只是普通人的住处,酋长们的房子就不一样了。他们的房子里有一间间隔开的小房间,房间四周用棕榈树叶遮挡起来,仿佛一条条独木舟,风偶尔还是会透过树叶钻进房间里来,这些房间是给酋长和他的妻子睡觉用的。当然,酋长那里还有给他领地里的其他土著人使用的房子,那些房子大多长200英尺,宽40英尺,高约70~80英尺。这些房子修建得很一般,房子一侧有一片栅栏围起来的空地,但是和其他所有房子一样,这些房子也没有墙壁。

当地人的烹饪方法似乎只有一种——烤。酋长如果宰杀了一头猪,他会把猪平均分给自己的下属们,不过这种情况不常发生,因为猪在这里算得上是奢侈食品了。在岛上,狗和鸡是土著人常吃的动物。面包果是这里的主食,当它还没有成熟时,人们就用椰子、香蕉、大蕉等水果替代。土著人将成熟的面包果烤得像粉质马铃薯一样,再将其与香蕉、大蕉以及某种酸味酱料混合在一起,这就是他们一天三顿的主食了,土著人把这种食物叫作马西。塔希提岛人喝的饮料也十分单一,只有水和椰奶。有些土著人第一次接触到英国人带来的美酒时,也像喝水和椰奶那样,毫无顾忌地开怀畅饮,结果醉到人事不省。从此以后,不管别人如何劝说,他们再也不敢尝试第二次了。据说岛上有一种名叫麻醉椒的植物，酋长们喝了它的汁液后也会变得醉醺醺的，但是在奋进号停靠的那段时间，岛上从未发生过这类事件，所以船员们也没有机会目睹这一有趣的情形。

　　酋长们通常都自己一个人吃饭，除非有客人来访，他们才会邀请客人一起用餐。酋长们席地而坐，面前铺着树叶当作桌布。许多仆人会提前在桌布上摆放好盛放食物的篮子，篮子里还有用椰壳装着的清水和盐水；紧接着，仆人们围坐在酋长身边，帮他漱口和洗手；洗漱完毕，酋长便开始正式用餐了。他拿起一撮面包果和鱼，在盐水里蘸一蘸，然后放进嘴里咀嚼，每吃完一口，他都会抿一小口盐水。面包果和鱼吃完之后，仆人们会端上剥了皮的大蕉或者苹果。最后一道菜是面包果做成的酱汁，仆人们将其盛在椰壳里送到酋长手上，酋长端起来一饮而尽。用餐完毕，酋长们又像刚开始那样，由仆人们伺候着洗漱一番。这些酋长们的食量往往特别大，班克斯等人就亲眼目睹了其中一位酋长吃饭时的情形。那名酋长先是吃了三条小鲤鱼般大小的烤鱼，接着吃了四个一般瓜类大小的面包果，最后又吃了十三四根大蕉，那些大蕉长约7英寸，直径大约3.5英寸。不仅如此，他每吃完一样食物，都要喝一夸脱的酱汁。如此大的食量，让班克斯和其他船员们感到无比震惊。

　　尽管塔希提岛人对社交活动表现出了极大的热爱，但是在吃饭的时候，他们绝对不会与任何人交流，这已经成为岛上所有人严格遵守的风俗习惯。即便是兄弟姐妹，他们每个人都有自己单独盛放食物的篮子。吃饭的时候，大家背对背坐着，相互之间间隔几码远，整个用餐过程中大家一句话也不会交流。那些地位较高的中年人吃完午饭后通常要小睡一会儿，年纪大一点的则从不午睡。

唱歌、跳舞、摔跤以及射箭是塔希提岛人最主要的消遣和娱乐活动，长笛和鼓是他们唯一的乐器。当地的土著人找来一块圆柱状的木头，将一头掏空，再在表面绷上鲨鱼皮，一个鼓就做成了。奏乐的时候，他们不用棍子，而是用双手敲打鼓面，使其发出声音。他们演唱的歌曲十分即兴且节奏明快，但是往往只有几句歌词。塔希提岛人一般在傍晚的时候才会唱歌，即太阳下山后到睡觉前的这段时间。在这段时间里，他们会点上用某种油性坚果制成的蜡烛。他们将这些蜡烛用棍子从中间穿起来，有些蜡烛燃烧得很旺且持续时间很长。当地人很注重个人卫生，他们一天要洗三次澡，早上起床后、中午和晚上睡觉前各洗一次。他们的衣服也随时保持干净整洁，所以即便同时有很多人聚集在一起，你也不会闻到臭烘烘的味道。

布是塔希提岛上的主要产品，这里生产的布主要分为三种，分别由三种不同的树皮做成。这三种树分别是桑树、面包树、一种类似西印度群岛野生无花果树的树木。其中，桑树皮制成的布质量最为上乘，基本上只有地位最高的人才能穿着这种布；面包树的树皮制成的布质量稍次；最后一种树皮做出的布最为粗糙，不过这种布也是岛上产量最少的。

各式各样的草席是岛上的又一产品，这种草席在很多方面远远超过了欧洲人的生产工艺和水准。当地人睡觉的时候往往使用较劣等的草席，下雨天则铺上质量较好的草席。他们擅长编制篮子和其他工艺品，不管男人还是女人对这项工作都相当投入。当地人用棕榈树的树皮制成大小和长短不一的细线，再用这些细线织成渔网。

他们还用椰子的纤维做成一节一节的绳子，这些绳子可以用来固定独木舟上的某些结构，根据不同的固定方法和位置，独木舟的样式也不尽相同。当地人用一种荨麻属植物织出的渔线被认为是世界上最坚韧的渔线。如果不幸被这种渔线网住，即使是最庞大、最活跃的鱼儿也难逃被抓住的命运，比如大马林鱼和长鳍金枪鱼。

当地人只需要一把石斧和凿子就可以完成很多工作，比如修建房屋、制造船只、开凿石头、砍树、劈柴、凿洞、打磨木材等。他们所使用的凿子通常是用人的臂骨打造而成的，如果要锉东西或者抛光东西，他们则使用珊瑚或者珊瑚砂做成的锉子。他们的石斧刀口十分坚韧，但却不够硬实。这些斧头大小不一，用来砍伐树木的斧头一般重达七磅，而用于雕刻的斧头只有几盎司重。

塔希提岛人有一种很小的船只，是用面包树的树干做成的，由于面包树材质松软，所以加工起来毫不费力。当地人不知道如何弯曲木板，但是他们可以很灵活地使用斧头，独木舟就是他们用斧头凿出来的。这些独木舟分为两种，一种用于短途旅行，一种则用于远航。独木舟长约六七十英尺，宽度还不到长度的1/30，长宽完全不成比例。每当战船出海时，印第安人用坚实的木棒横跨在每条船上，并通过这些木棒将船与船之间固定起来，每条船之间间隔几英尺。他们在所有船的前面部分架起10~12英尺长的平台，战士们手持投石器或者长矛等武器站立于平台上，平台的下面则坐着划船的人，他们可以同时在下面照顾受伤的战士。印第安人的航海船可以从一座岛屿航行至另一座岛屿，它们有时候会在外面连续航行一个月，但更多的时候是两个星期或者二十天。如果能装载更多食物和供给的话，它们可以在海上航行更长时间。这种船在靠岸或者起

华希内岛上的山谷（04）

锚的时候非常方便，因为它们的船身很长且船尾很高，在没有水的地方依然可以停靠，而像奋进号这样的船就无法做到。

当地的土著人如果生病了，只能向牧师寻求帮助。在这里，牧师这一职位是世袭的。他治病的方法就是不停地祷告和举行宗教仪式，直至病人康复或者死去。

当地人的宗教信仰似乎也有些不可思议。他们认为上帝可以掌控一切，还认为那些酋长和统治者们来生更可能变成地位低下的人，神对他们不会有任何的眷顾。

塔希提岛人所使用的武器主要包括投石器和长棍。他们可以十分娴熟地使用投石器，当他们用长棍残忍地与敌人战斗时，也丝毫不会手下留情。

1769年7月13日，奋进号驶离了塔希提岛。图皮亚告诉库克船长，在一两天之后，他们就可以抵达另外四座岛屿——华希内岛、尤里提亚岛、欧塔哈岛和博拉博拉岛。由于船上食物已经不多，他们计划在那里获取鲜活的牲畜和家禽以及其他新鲜食物饮料等。

16日，奋进号在华希内岛西北部附近停了下来，经过测量，他们发现那里的海水深度至少在70英寻以上。大船刚一停下来，几条独木舟就从岸边划了过来，舟上的印第安人最初似乎不太敢靠近大船，直到他们看到了图皮亚，才打消了顾虑。他们把独木舟停靠在大船边上，岛上的国王和王后登上了奋进号，船员们纷纷领着他们四处观看，他们似乎对船上的每样东西都充满了好奇。不过除了大家送给他们的礼物之外，他们并没有对所有东西进行一一询问。这位国王名叫欧里，为了表示友好，他提议和库克船长互相交换姓名，库克船长毫不犹豫地答应了。

库克船长将大船停靠在岛屿西边的一个小港湾上，港湾虽小，却十分便利，当地人把那个港湾叫作沃帕瑞。库克船长带着班克斯和几名工作人员跟随国王和图皮亚一同上了岸。一到岸上，图皮亚就把衣服脱到了腰间，他还要求班克斯和蒙克豪斯也照着他那样做。大家坐下之后，图皮亚发表了长达二十分钟的讲话，坐在他对面的国王不时地回应几句。在这个过程中，图皮亚先后给了对方一条手绢、一条黑丝的丝质围巾、一些大蕉和珠子，作为献给对方神灵的礼物；而国王则回赠了一头猪、一些小香蕉和两串羽毛，船长等人将这些礼物带回到大船上。通过这个仪式，英国人和华希内岛的国王之间达成了和平相处的约定。

19日，船员们又用几把斧头换取了三头膘肥肉厚的猪。他们计划于那天下午起航,欧里国王和一些当地人上船来给他们送行。库克船长送给国王一个小的白蜡碟子,上面印着一行字:"英国国王陛下隶属奋进号,指挥官库克,1769年7月16日"。船员们还送给国王一些纪念章、仿英国钱币的筹码以及其他一些小玩意儿,国王承诺他一定会妥善保管这些礼物。随后,奋进号便从距离塔希提岛六十英里的华希内岛重新出发了,他们准备前往下一个岛屿——距离此处七八里格的尤里提亚岛。

20日,奋进号在尤里提亚岛北边的小海湾抛锚,两条独木舟立刻从岸边靠拢过来,舟上的土著人用两头小猪跟他们交换了一些钉子和小珠子。在图皮亚的跟随下,库克船长、班克斯先生及其他绅士们登上了小岛,图皮亚用同华希内岛上同样的方式向当地人介绍了英国绅士们。库克船长以英王陛下的名义宣布尤里提亚岛及其附属岛屿为英国领土。

24日,奋进号再次启航。船员们驾驶船只往北而行,他们打算朝五六里格远的开阔洋面驶去。探测结果显示,目前的海水深度只有2英寻,大家猜测附近很可能有一块大的珊瑚礁,大船随时可能会撞上。在这片岛屿的周围,常常可以见到许多像墙壁一样笔直陡峭的珊瑚礁。

25日,奋进号距离欧塔哈岛只有不到一两里格的航程了,不过由于逆风的关系,大船一直到早上才得以靠近该岛。班克斯先生、索兰德博士和专家莫利纳先生坐上长艇,前往岛屿东边的一个港湾。经过测量,他们发现那里既安全又方便,是个理想的停靠地点。他们从那里上了岸,向当地人购买了许多大蕉以及猪和鸡等动物。

他们继续向北航行,结果发现在大船迎风的一面竟然可以看到尤里提亚岛西边的一个港湾。8月2日,他们在水深28英寻的海面上抛锚。许多当地人带着猪、鸡和大蕉围了过来,并用这些东西向船员们换取了许多小玩意儿。班克斯先生和索兰德博士登上了小岛,两人在岛上度过了愉快的一天。当地人十分尊敬他们,并带着他们参观了酋长们的住处。他们发现那些房子前面铺着一块很长的垫子,刚刚还在前面匆匆带路的土著人此时已经站到了垫子两旁,而酋长和他的家人们就坐在垫子的尽头。

在其中一所房子里,他们兴致勃勃地观看了以前从未见过的舞蹈表演。表演者在头上戴着一个很大的藤条编织物,这个头饰呈圆柱状,长约四英尺,表面插满了羽毛,圆柱顶端镶嵌着鲨鱼的牙齿。戴上这个头饰,表演者开始跳起舞来。只见他们动作十分缓慢,却不停地晃动着脑袋,像是要用头上的那顶"帽子"画出一个圆圈来。有时候,表演者会冷不丁地

土著人的舞蹈(05)

把"帽子"往围观者脸上凑,吓得他们直往后退。

土著人觉得这种表演方式十分有趣,每当表演者这样捉弄英国绅士们时,人群中就会爆发出由衷的笑声。3日那天,他们有幸见到了另一群舞蹈表演者,包括6个男人和2个女人。这群表演者们都是岛上地位较高的人,虽然他们也进行巡回表演,但是和塔希提岛上的巡回表演者不同的是,他们从不向观众收取任何酬劳。女人们头上戴着用许多辫子做成的假发,假发上还精心地插上了漂亮的鲜花,整个头饰看起来既大方又优雅。舞者们跟着响亮明快的鼓声,准确地踏着步子,向两边迈进。很快,他们开始摆出各种稀奇古怪的姿势:时而坐着,时而倒立,时而用膝盖和手肘着地,支撑起整个身体,同时手指以飞快的速度转动着。每段舞蹈中间会有一个短暂的休息时间,男人们会在这个时候开始一段类似戏剧的表演,表演中既有台词,又有舞蹈。班克斯他们自始至终也没能看懂这段表演到底讲述的是什么内容。

第二天,班克斯先生、索兰德博士和其他绅士们观看了一个更加正式的戏剧表演。参加演出的所有演员都是男性,他们分成两组,一组穿着棕色的服饰,另一组则穿着白色的衣服。图皮亚也在观众席上,他告诉班克斯等人穿棕色衣服的表演者扮演的是一位主人和他的仆人们,而穿白色衣服的表演者扮演的是一伙小偷。主人将一篮子肉交给仆人们看管,小偷千方百计地想偷走那些肉,而仆人们则想尽办法不让对方的阴谋得逞。过了一会儿,守护篮子的仆人们倒在篮子周围睡着了,小偷们赶紧抓住这个机会偷走了战利品。很快,仆人们醒了过来,发现篮子不见了,他们开始四处寻找,可惜最后还是没能找到。最后,表演者们再次跳起了轻快的舞蹈，表演也在舞蹈中结束了。

星期六，5日，博拉博拉岛的国王派人给库克船长送来了许多东西，包括几头猪、几只鸡、几匹长约四十到六十码的布料，除此之外，还有许多大蕉和椰子。博拉博拉岛就在欧塔哈岛的附近，国王派了三名年轻女性到船上索要船长回赠的礼物，并告诉船长此时他就在欧塔哈岛上，他很乐意和船长见上一面，不过国王又觉得自己亲自到大船上拜访似乎不太妥当。于是，晚饭过后，库克船长决定前往岛上拜访这位国王。船员们都迫不及待地想一睹其威严，因为他们听说这位国王凭一己之力征服了整个博拉博拉岛，附近岛屿的土著人都很惧怕他。不过，等他们真正见到这位国王时，却感到十分的失望和惊讶。站在他们面前的竟然是一位可怜巴巴、身体羸弱、年老昏聩之人，他的反应已经有些迟钝了，由于年纪和身体的原因，走路也开始颤颤巍巍。老人简单地接待了库克船长等人，省去了诸多见面的礼仪。

9日，待大伙修复了船上的裂隙并往上面增添了许多新鲜的补给之后，驾船驶出了港湾。他们自鸣得意地说道，光是船上的鸡和猪就足够他们这次旅行吃了。不过，船员们很快就要失望了。由于船上没有足够的粮食和饲料喂猪，他们很快便决定将猪全部杀掉了；而那些鸡一上船就染上了一种头部疾病，全部死掉了。由于当时在尤里提亚岛修复船只花了很长的时间，所以他们在博拉博拉岛没有再作停留。船长给包括塔希提岛在内的这群岛屿起了一个统一的名字——"社会群岛"。随后，在图皮亚的带领下，他们朝南边100里格外的一个小岛驶去。13日，船员们发现了那个小岛，图皮亚告诉他们那是欧希特瑞岛。8月14日，船员们正准备在小岛附近靠岸时，却发现许多手握长矛的印第安人很快在沙滩上聚集起来，几名印第安人还跳进海里，向着大船的方向游过来。奋进号马上离开了此地，将印第安人远远地甩在了后面。

过了一会儿，大船又返回到刚刚打算停靠的地方，船员们发现岸上出现了另一群印第安人，他们和之前见过的印第安人一样，手里也握着长矛。尽管如此，船长还是毅然决定在此抛锚。一条满载着印第安人的独木舟向他们驶了过来，图皮亚急于想让这群人知道英国人并不打算和他们开战，只是想和他们做一些交易。听完图皮亚的叙述之后，印第安人把独木舟停靠在大船边上，船员们把一些钉子递给他们，对方收下礼物之后似乎十分开心。可惜没过几分钟，就有几名印第安人冲上了奋进号，企图将它拖上岸去。船员们朝他们头顶放了几枪，对方受到了惊吓，迅速跳进海里，朝独木舟游过去，很快便和接应他们的同伴会合了。船员们想要继续追赶，无奈此处的海浪实在太大了，他们也只得作罢。最后，奋进号没有在那里抛锚，而是沿着海岸继续前进，希望能找到一处更加合适的停泊点。这时，船上有人提议，可以派人上岸去跟印第安人做交易，前提是要求对方全部放下武器。不过这个建议很快就被大家否定了，印第安人当然不会乖乖地放下武器，他们一定会要求英国人也放下武器，而且就算双方最终达成了协议，印第安人也随时可能出尔反尔。既然奋进号刚刚驶入的海湾不适合抛锚，而岛上其他地方也不能提供一个很好的停泊地，奋进号决定继续朝着南方前进。

15日，奋进号在微风中徐徐前行。一眨眼十天过去了，很快便到了25日，那一天正好是奋进号离开英国一周年的日子。为了庆祝这一天，船员们端出了特意准备的柴郡干酪，抬出了一桶用木塞封好的黑啤酒。品尝过后，大家纷纷对这桶啤酒赞不绝口，认为其保存得相当好。

10月7日，星期四，船员们终于发现了陆地。第二天早上，奋进号驶入了一片锚地，这个地方在一个小河口的对面，离岸边不超过半里格。那天晚上，库克船长、班克斯先生和索兰德博士等人坐上小船朝陆地驶去。上岸之后，他们来到几座小房子前面。几名印第安人本来躲在暗处，看见船长等人走下船后，他们立刻冲了出来，手上挥舞着木质的长矛。库克船长这边的舵手朝印第安人头顶上方开了一枪，这似乎并没有吓到他们，于是，舵手再次举起枪，瞄准其中的一名印第安人扣响了扳机，对方立刻倒在了地上，死了。其余的印第安人被眼前的情形吓坏了，他们惊慌失措地逃进了树林里。船长等人本来打算继续前进的，现在也只能返回大船上了。

9日，船员们发现昨天晚上他们登陆的地方又出现了许多的印第安人，不过这一次他们绝大多数人都没有携带武器。库克船长和图皮亚以及其他绅士们从河的对面上了岸，这次他们派出了长艇、舰载艇和小艇，还带上了许多海军士兵和水手。上岸之后，他们发现几名印第安人坐在河对岸，正好与他们隔河相望。印第安人也发现了船长等人，他们立刻从地上站了起来，同时举起武器向对方挥舞着。只见他们有的拿着长矛，有的握着石头做成的粗短棍子，棍子的一头通过绳子和手腕连在一起。船长让图皮亚用他自己的语言与对方交涉，没想到印第安人真的能听懂。不过他们一开始仍然充满了敌意，不停地挥舞着手中的武器，向英国人示威。为了让对方安静下来，英国人只好朝他们身旁开了一枪，子弹恰好落进了水里。印第安人被吓到了，不再朝英国人挥动武器，图皮亚趁机告诉他们英国人只是想从他们那里换取一些食物。印第安人答应了，但是却要求英国人跨过河流到他们那边去进行交易，英国人回答说如果对方肯扔掉武器的话，他们马上就过河，并再三保证他们绝不会伤害任何一个印第安人。尽管如此，印第安人依旧不愿意扔掉武器。考虑到贸然过河恐有危险，英国人于是提出让印第安人到他们这边来。不久，一名印第安人果然从河对面过来了。很快，又有几名印第安人跟了过来。英国人拿出珠子和铁器给他们瞧，可是他们对这些东西丝毫不感兴趣，而是要求对方用武器来交换食物。英国人果断拒绝了他们的要求，印第安人便想要强行夺取对方手中的武器，不过他们很快就发现那简直是白费力气。图皮亚告诉印第安人，如果他们坚持使用暴力的话，很快就会被英国人打死。尽管如此，还是有一名印第安人趁格林先生转过身时抢走了他的短剑。得手之后，他后退了几步，得意扬扬地在头顶挥舞着战利品。很快，他的冲动和鲁莽就让他付出了惨痛的代价。蒙克豪斯朝他开了一枪，顷刻便将他打死了。其余的印第安人慢慢退回到他们的领地，英国人也返回到大船上。印第安人的敌对情绪和船员们对淡水的渴求，迫使库克船长指挥奋进号继续绕着海湾航行。他希望能说服一些印第安人到大船上来，然后通过他们的热情招待，彻底打消对方心中的顾虑。很快发生了一件事情，尽管并不十分愉快，却帮他们实现了这一愿望。一天，船员们发现不远处有两条独木舟正往岸边驶去，库克船长指挥几艘船只前去拦截它们。其中一条独木舟逃脱了，而另一条舟上的印第安人发现无法脱身之后，抢起船桨向英国人打过来。奋进号上的船员们只得朝他们开了枪，四名印第安人当场被打死，另外三名年轻的印第安人则跳进了海里，想要游回岸边。船员们迅速抓住了他们，接着把他们带到了大船上。三个年轻人一开始感到很害怕，以为自己必死无疑了。图皮亚再三向他们强调英国人并没有恶意，最后终于消除了他们心中的恐惧和疑虑。那天晚上，三个年轻人在大船上睡得很安稳。第二天，库克船长准备将他们送回印第安人那里，让他们向自己的同胞描述他们在大船上的情形，同时表明英国人的善意。就在这时，库克船长发现他们第一次准备登陆的地方有船只靠近，船上的印第安人似乎带着几分敌意，直觉告诉他，把船停在此处不太安全。同时，他下定决心要保护三名年轻人的安全。当三人离开大船正要回到同胞身边时，两支印第安人队伍朝他们匆匆行驶过来，看起来似乎来者不善，于是他们迅速返回大船上寻求庇护。等那些印第安人离得近了，一名年轻人发现他的叔叔恰好在那群人中间。于是，双方隔着河流展开了对话。年轻人对英国人的热情招待做出了公正的评判，还兴致勃勃地向同胞们展示他获得的漂亮小礼物。待这些信息传达之后，那位年轻人的叔叔从河对岸游了过来，他给船长带来了一根代表和平的绿色树枝，船员们也送了他几件礼物。三位年轻人不愿意跟着同胞返回岸上，依旧选择了留在大船上。可是库克船长计划于第二天一早就起航，所以当天傍晚还是将三人送回到岸上，三名年轻人表现得极不情愿。

11日，奋进号扬帆起航，打算寻找一个更好的停泊点。谁知到了下午，海面变得风平浪静，大船也因此停了下来。这时，几条载满印第安人的独木舟从岸边驶了过来，对方用衣服、船桨等东西与船员们交换了许多欧洲的商品。交易结束之后，印第安人匆匆返回到岸上，没想到竟然将三名同伴忘在了大船上。三名印第安人感到十分害怕，图皮亚想尽各种办法试图安抚他们的情绪，可惜效果并不显著。三人战战兢兢地在船上度过了一夜，结果发现确实没有什么危险，英国人的态度也十分友好，他们这才打消了疑虑。第二天早上，一条独木舟划了过来，舟上坐着四名印第安人。奋进号上的印第安人同胞极力劝说对方登上大船，可是四人依旧犹豫不决。最后，他们从同胞那里得知了英国人并不吃人，这才放心大胆地走上大船来。

12日，又有几名印第安人乘坐独木舟向大船靠近。这些印第安人表现十分怪异，他们又唱又跳，时而看起来很温和，时而又充满了敌意。尽管图皮亚十分诚恳地邀请他们登上大船，却没有一个人愿意离开独木舟。当奋进号正打算驶离沙滩时，五条载满印第安人的独木舟靠拢过来，船上的印第安人挥舞着长矛，做出各种恐吓的动作，似乎在威胁大船上的人们。一门可以发射4磅重炮弹的大炮装上了霰弹，朝对方头顶发射了出去，气焰嚣张的印第安人这才被吓退了。奋进号再次抛锚之后，又有两条独木舟划了过来，这次，船上的印第安人态度非常友好，船员们送了他们一些礼物，可是这些印第安人仍然拒绝登上大船。

13日，星期五，奋进号继续往前航行。第二天早上，船员们终于看到了陆地上的国家。九条满载印第安人的独木舟从岸边驶了过来，经过一番商议之后，其中的五条独木舟开始追赶奋进号，舟上的印第安人明显不怀好意。库克船长命令图皮亚转达对方，如果他们继续穷追不舍的话，奋进号会立刻给予他们致命的打击。印第安人显然没有被这番言语吓到，他们仍然紧紧地跟在大船后面。为了让对方见识一下大船上武器装备的威力，大炮再次被架上，霰弹也打了出去。果然,印第安人立刻被这一声炮响吓得仓皇逃走了。图皮亚向逃跑的印第安人喊道:"大家别慌,如果你们态度友好,愿意扔掉武器的话,英国人是不会伤害你们的。"这些话起了一定的作用,一条独木舟果然划了回来,船员们送给舟上的印第安人许多礼物。

15日的下午,许多手执武器的印第安人驾驶一条独木舟向大船靠拢过来。一位身着动物皮的印第安人对船长说他愿意用身上的那块动物皮换取一块厚毛呢。可是等他拿到毛呢之后,并没有把动物皮交给船长,而是将它和毛呢卷在一起,迅速坐船离开了。船长再三向他表达了抗议,可他丝毫不理会。没过多久,这条独木舟又返回到大船附近,印第安人又像没事人一样和船员们做起了交易。在这次交易过程中,一名印第安人抓住了图皮亚的小男仆泰犹塔,并将他拉上了独木舟,接着以最快的速度将船划走了。船员们立刻拿起几杆火枪朝他们射击,一名印第安人受了伤,他们也因此放开了被按在船底的泰犹塔。泰犹塔趁着对方慌乱之际,迅速跳进了海里,拼命往大船这边游过来。他身上的衣服全部被海水打湿,变得异常沉重,当船员们将他救上奋进号时,可怜的男孩已经筋疲力尽,好在他身上并未受到任何伤害。因为这件事情,库克船长将此处的海角命名为"绑匪角"。

不久,奋进号又经过了一座小岛,船长根据岛上的景象将其命名为"荒凉岛"。17日,库克船长将看到的一座岬角取名"特纳盖恩角"。19日,他们经过了一个外观奇特的海角,库克船长将其叫作"盖博恩角(山墙端角)"。20日,星期五,船员们在北边两里格外的一个海湾抛锚。当地的土著人友好地邀请他们上岸,还告诉他们在哪里可以获取新鲜的淡水。两名身着短上衣的印第安酋长登上了奋进号，一位酋长的衣服上插着几簇鲜红的羽毛，另一位酋长则用狗皮作为衣服的装饰。奋进号上的伙伴们给了两位酋长一些亚麻布和钉子，不过他们并未觉得那些钉子有多稀罕，这点倒跟其他岛上的居民们表现得很不一样。其余的印第安人似乎不太愿意与英国人进行交易，船长授意图皮亚告诉他们，即使他们不交换任何东西，英国人也不会伤害他们。当天下午，两位酋长返回了岛上。快到傍晚时，库克船长、索兰德博士和班克斯先生一起上了岸。

上岸之后，他们受到了当地居民的亲切接待。这里的印第安人十分懂礼貌，他们并没有一窝蜂地出现在英国人面前，而且处处小心谨慎，生怕冒犯了客人们。英国绅士们非常愉快地在海湾附近转悠，值得高兴的是，他们发现了两股清泉。当天晚上，他们留在了岸上过夜。第二天，班克斯先生和索兰德博士在岛上发现了一些鸟类，其中有鹌鹑和大野鸽。他们还看到了当地人晾晒鱼干的坝子和几座用栅栏围起来的房子。当地的狗长着尖尖的耳朵，相貌十分丑陋。岛上生长着甘薯和野生的布树，附近的山谷里有种植园，里面栽种着各种粮食和蔬菜。他们还在海湾里捕捉到了许多螃蟹、龙虾和马鲭鱼，比在英国海岸捉到的要大许多。

这里的女人们把一种红色赭土和油的混合物涂抹在脸上，这让本来就不漂亮的她们变得更加难看了。男人们一般不在脸上涂抹这种东西，但是他们却从头到脚抹上了红色的干赭土，甚至连衣服上都有。尽管这里的土著人在个人卫生上没有塔希提岛人讲究，但是在某些特定方面还是要胜过对方。

22日的晚上，也就是星期天的晚上，奋进号起锚开航，朝着大海进发，可惜这时正值逆风，大船往南没走多远就在一个海湾停了下来。在海湾南端附近的一个小峡谷里，船员们发现了一处干净的水源，那里离大船停靠的地方只有大约一英里的距离。

23日，也就是星期一的下午，船员们上了岸，来到了取水的地方。他们发现那里的水十分甘甜，水源附近还有大量的树木，当地的土著人看起来也非常有礼貌。在一个地处两座高山中间的峡谷里，他们看到了一块神奇的石头，在大自然的鬼斧神工之下，这块石头形成了巨大的拱形石洞，石洞长约70英尺，宽30英尺左右，高度接近50英尺，从洞里可以欣赏到对面的海湾和高山上的美景。

他们在返回奋进号的途中遇到了一位老人，老人用斧头和长矛向他们展示了当地的军事表演。他们的长矛大约18~20英尺长，是用坚硬的木头做成的，两端都被削得很尖；斧头的用法和战斧差不多。一块木桩被当作了假想的敌人，老人先是一脸愤怒地走上前去，用长矛刺向敌人；刺穿敌人之后，他紧接着举起斧头砍向对方的脑袋。老人的力气很大，仿佛只需一击就可以劈开任何人的头颅。船员们在打水的地方听到印第安人唱起了战歌，那简直就是各种叹息声和喊叫声的混合，女人们还伴随歌曲做出各种奇怪的表情。第二天，库克船长和其他绅士们登上了海湾入口处的一座小岛，他们在岸边见到了一条长67英尺、宽6英尺、高4英尺的独木舟，舟底由三根树干组成，船两头看起来很尖，船身和船头都雕刻着古怪的花纹。

他们还看到了一座尚未修好的大房子，屋内的柱子上雕刻着许多图案，看起来不像是刚刻上去的。当地人似乎十分喜爱雕刻，这点从他们船上、木桨上和手杖上的花纹就可以看出来。他们最喜欢雕刻的是一种螺旋状图案，有时候只雕一个，有时候会同时雕上两个或者三个。尽管雕刻工具只有一把石斧和一个凿子，当地人仍然可以雕刻出精美细致的图案。他们雕刻的作品往往十分怪诞和夸张，几乎从不模仿自然界的事物。当地人把木屋建在树下，它们看起来就像一个个的长方体，门口很矮，开在屋子的侧面，窗户则开在背后。当地人用芦苇秆做成墙壁，并在上面铺上茅草。这座尚未完工的房屋的横梁还倒在地上，上面也铺着茅草。

10月29日，奋进号离开海湾向北驶去，在距离陆地东北角大约一英里的地方，他们发现了一座小岛，这座小岛应该是整块陆地最东边的部分了。于是，库克船长把此处的海角取名为"东海角"，而这座小岛则被叫作"东海岛"。继续往前行驶，奋进号又经过了被船长命名为"白岛"的岛屿。11月1日，40条独木舟向他们驶了过来，舟上的土著人扬言要袭击奋进号。一位酋长挥舞着长矛，对着英国人发表了一番高谈阔论，似乎在挑衅奋进号上的人们。尽管如此，船员们仍旧热情地邀请他们到大船上来。印第安人将独木舟又驶近了一点，不过他们并没有与英国人做交易的意思。刚刚发表讲话的那位酋长拿起一块石头，向大船扔了过来，其他人也立刻拿起了武器。图皮亚语重心长地劝诫对方，并告诉他们这种不友好行为可能导致的可怕后果，可惜印第安人对图皮亚善意的劝告仿佛置若罔闻，依旧不断地向英国人发起挑衅。最后，他们终于被船员们拿出的一块布吸引了，渐渐变得温和理性起来。他们开始拿出许多小龙虾和康吉鳗跟船员们交换。在最初的交易过程中，印第安人并没有任何的欺骗行为，可是和谐的交易氛围还是被后来的几名印第安人打破了，他们没有提供任何交换物就直接从大船上拿走东西。其中一名印第安人的行为尤为恶劣,然而他竟然还对自己的欺骗伎俩颇为得意。当他坐船离开的时候,船员们朝他头顶上方开了一枪,印第安人受到了惊吓,交易秩序这才暂时得以维护。然而,当他们与水手交易时,又开始故技重施了。其中一人扯下船上晾晒的亚麻布,带着它逃跑了。为了让他能够归还亚麻布,船员们拿起火枪朝他头顶放了一枪,可惜这并没有起到震慑作用,大伙又朝他背后发射了霰弹,印第安人被击中了,不过他竟然不屈不挠。他的同伴们目睹了这一情形,他们一边往后撤退,一边唱起了战歌。尽管他们并未打算袭击大船,但是他们的行为让船长感到十分不悦,于是他下令架起大炮朝水中开火,这次,印第安人着实被吓得不轻,他们慌忙逃离了现场。

4日破晓,至少十二艘以上的独木舟出现在大船附近,上面一共载着接近200名印第安人,他们手执长矛和石头,似乎想对奋进号发起进攻。因为之前已经有印第安人登上过奋进号,所以他们对奋进号上的情况比较熟悉,知道哪里易于进攻。可惜他们有所不知,在他们围绕奋进号转悠的时候,大船上的守卫们早已对他们的一举一动了如指掌。图皮亚应船长的要求与印第安人展开了对话,不管他如何好言相劝,对方就是无法冷静下来,直到船员们再次扣响了扳机。迫于火枪的威慑力,印第安人暂时收起了心中的敌意,开始与船员们做起交易来。这一次,他们再次使出了欺骗的伎俩。船员们拿布和一名印第安人交换了两件武器,后来,他们打算和那名印第安人交换第三件武器,谁知对方收到布料之后却拒绝交出武器,还无情地嘲笑了船员一番。船员们忍无可忍,朝他背后开了一枪。然而旁边的印第安人对于眼前发生的一切仿佛毫不在意,也没有感到惊慌，他们继续和船员们做着交易。

5日上午，印第安人再次来到大船上，他们这回的表现比前一天好了许多。尤其是一位名叫托爪哇的老人，看起来彬彬有礼。老人告诉船长，他们经常受到北方的强盗骚扰，强盗们所到之处往往被洗劫一空，有时候他们的妻子和小孩也会被抓走。所以英国人第一次抵达这里的时候，他们着实被吓了一跳，以为又是强盗来犯。现在，印第安人已经完全被英国人的友好打动了。托爪哇老人接着说道，为了保护自己，他们将房屋建在岩石上面，那样可以很好地抵御敌人入侵。印第安人在海湾捕到了很多鱼，但是无法将其拖上岸来，库克船长马上吊下长艇和舰载艇前去帮忙。双方的友谊因此又更进了一步，印第安人开始向船员们出售大量加工好的干鱼，还供给他们木柴和新鲜的淡水。有一次，英国绅士们带着枪上了岸，只留下一名伙伴看守小船，这个伙伴在岸边看见了十分有趣的一幕。两个当地人因为什么事情发生了争执，一开始双方都拿着长矛，后来几名年纪大一些的印第安人把他们的武器夺了下来，最后，争执的双方只好像英国人那样，用拳头决定输赢。

9日，印第安人带来了数量惊人的马鲭鱼，以非常低的价格卖给了船员们。船员们将这些鱼加工之后储藏起来，这些马鲭鱼足够他们一个月的口粮了。

这天的天气十分晴朗，天文学家格林先生和几位绅士来到了岸上，他们计划在这一天观测水星凌日。格林先生负责观测水星经过太阳表面的整个活动，而库克船长负责观察太阳的高度，以此确定水星凌日的各个时间。与此同时，一条满载货物的独木舟来到了大船边上，此时戈尔少尉在船上负责指挥。为了鼓励印第安人与自己进行交易，戈尔少尉拿出了一块塔希提岛上生产的布料，印第安人看到布料之后非常开心，因为他们还从未见过如此珍贵的东西。突然，一名印第安人上前抢走了这块布，他既不愿意归还也不愿意拿出任何东西交换。很快，这名印第安人就为自己的鲁莽行为付出了生命的代价，戈尔少尉下令当场将他打死了。其他印第安人感到万分惊恐，他们立即停止了与英国人的交易。托爪哇老人回到岸上将整件事情的详细经过告诉了同胞们，他强烈谴责了同伴的不当行为，印第安人也转变了态度，开始觉得死者似乎是罪有应得。

由于这天天气实在是太好了，空中万里无云，水星凌日的观测十分顺利。为了纪念这一天，船长将观测地附近的海湾命名"水星湾"。

这里的印第安人习惯在日落之前吃晚饭，他们常常用棍子将鱼类和鸟儿串起来，放在火堆旁边烤。一天，一位哀悼者出现在了他们用餐的地方。她坐在地上，不停地哭泣，同时悲痛欲绝地重复着一些话语，图皮亚也无法解释那些话的意思。每说完一段话，她都会拿起贝壳划向自己的胸脯、双手或者脸颊。这一骇人的场景让英国绅士们唏嘘不已，可是那些坐在女人身边的印第安人竟然丝毫不为所动。

船员们在一处海底捕捞到了许多的牡蛎，这些牡蛎味道非常鲜美。第二天，印第安人乘坐两条独木舟前来拜访奋进号上的人们，他们诚实地与船员们进行了交易。11月15日，库克船长指挥船只驶离了小岛，他以英王陛下的名义宣布这座小岛为英国所有。

18日上午，奋进号穿梭在大陆和一座小岛中间，只见这座小岛面积宽广，土地肥沃，大小和尤里提亚岛差不多。几条独木舟来到了大船附近，船上的印第安人唱起了战歌，船员们没有搭理他们。他们往大船上扔了一些石头之后，便划着独木舟离开了。没过多久，那群印第安人又折了回来，开始故技重施。图皮亚试图和他们展开交流，谁知对方却挥舞着武器，似乎想告诉英国人他们可以摧毁大船上的一切。傍晚时分，奋进号在附近抛了锚，第二天一早，它便开始沿着一条水湾上行。几条独木舟划了过来，一些印第安人登上了奋进号，他们认识托爪哇，还亲切地叫起了图皮亚的名字。收到一些礼物之后，他们愉快地返回了岛上，满意之情溢于言表。

20日，星期一，继续前行了五里格之后，大船在一个海湾抛锚，这个海湾被当地的土著人叫作欧阿豪拉吉。库克船长、班克斯先生和索兰德博士乘坐舰载艇在海湾周围进行考察。他们在海湾的西岸发现了许多参天大树，于是决定上岸考察一番。在一片树林入口处，他们看到了一棵笔直的大树，其高度达到了98英尺，树干周长约19英尺。继续往前走，他们发现了许多更加高大挺拔的树木。库克船长将这附近的河流命名为泰晤士河，跟英国的泰晤士河拥有相同的名字。

奋进号在22日一早便起航了，它一路乘风破浪，直到潮水再一次迫使它停下来。船长和索兰德博士从大船的西边海岸登陆，不过他们并没有在岸上发现什么有价值的东西。两人刚刚上岸不久，奋进号附近就出现了许多独木舟，班克斯先生此时正在大船上，他开始与这些印第安人做起了交易。对方带来了他们的武器和衣服，想向英国人换取一些纸。在交易过程中，绝大多数的印第安人十分诚实，当然仍有一些例外。一名印第安人看上了一面镜子，于是悄悄地拿走了它，不料最后还是被人发现了。班克斯先生准备罚他挨一顿九尾鞭,印第安人听说自己的同胞要受欺负了,纷纷返回到独木舟上,拿起武器,准备反抗英国人。不过,等他们明白了九尾鞭的真正含义之后,又全都扔掉了武器,并且表示对这样的惩罚没有任何意见。那位犯事的印第安人挨了12皮鞭之后,又被一位印第安老人狠狠地揍了一顿,大家猜测那位老人很可能是他的父亲。24日,奋进号继续沿着海岸前行,最后在潮汐中抛了锚。船员们在附近的海岸上没有看见任何土著人,可是到了晚上,他们发现陆地上出现了星星点点的火光,这才知道岛上原来有人居住。

26日傍晚,七条体形巨大的独木舟载着200名左右的印第安人朝大船划了过来,其中一些人登上了大船。随后,又过来了两条体形更大的独木舟,舟体上雕刻着精美的花纹。船上的印第安人经过商议之后,把独木舟划到了奋进号旁边。这些人看起来似乎比较尊贵,他们携带着各种各样的武器。船员们发现他们手中的斧头是用石头和鲸鱼的骨头做成的,上面装饰着狗毛,对方十分虔诚地拿着这些武器。

29日,大船顶风经过了陆地的一角,库克船长将其命名为"布雷特角"。绕过布雷特角之后,大船开始顺风而行,很快便进入了一个巨大的海湾。奋进号刚刚在几座岛屿的西南面抛锚,33条大型独木舟就围了过来,舟上有接近300个手持武器的印第安人。他们中的一些人被邀请到大船上来,库克船长送了一块绒面呢给一位酋长,还送了许多其他礼物给别的印第安人。印第安人看到了船员们佩带的枪支,虽然不知道这种武器的威力究竟有多大,他们仍然有几分惧怕,因此上船之后,这些印第安人一直表现得谦恭有礼。可惜好景不长,当库克船长开始用餐时,印第安人在一位酋长的示意下，纷纷走下了大船，他们企图拖走大船的航标。船员们拿出火枪朝对方头顶上空射击，结果没有起到任何震慑作用，他们仍旧拖走了航标。船员们又拿出手枪射击印第安人，可惜对方已经逃到了射程之外。最后，英国人再次拿起火枪，装上子弹，对准印第安人射击。一位酋长的儿子大腿中弹了，印第安人立刻将航标扔出了独木舟。当时有一颗子弹打到了岸上，印第安人一上岸就跑去寻找那颗子弹，他们急于弄清楚这个玩意儿到底是怎么伤人的。库克船长心想，这些人经过某些专业训练之后，很可能会成为一个可怕的敌人。

库克船长、班克斯先生和索兰德博士在岛上的一个小海湾登陆，他们刚一上岸，就被400名印第安人包围了起来，船长认为对方并没有任何敌意。英国绅士们在地上画了一条线，示意对方不要越过这条界线。印第安人最初确实照办了，不过紧接着，他们开始唱起了挑衅的歌曲，并伴随歌曲跳起舞来，一群印第安人还试图将奋进号拖上岸。最后，他们跨过了那条界线，英国绅士们觉得有必要进行正当防卫了。于是，库克船长举起装着霰弹的火枪对印第安人进行射击，班克斯先生和另外两人也开了枪。印第安人陷入了混乱之中，他们开始往后撤退。这时，一位酋长大声喊叫着，手里挥舞着斧头，又将印第安人召集了起来。正与别人战斗的索兰德博士将火枪对准了这位酋长，一枪便打中了他。这样一来，印第安人被迫退到了子弹打不到的地方，不过他们的一举一动仍然可以从大船上观察到。船员们将奋进号掉了个头，将它的侧面对准印第安人，接着朝对方头顶上开了火。印第安人很快就被驱散了。在这次冲突中，有两名印第安人受了伤，不过并没有任何人死亡。岛上再度恢复了平静,绅士们开始采集芹菜等植物。就在这时,他们发现好像有一些当地人鬼鬼祟祟地潜伏在周围,意欲图谋不轨。他们钻进山洞里,不想却发现了那天接受船长礼物的酋长,原来他带着自己的妻子和弟弟来到这里,想祈求绅士们的宽恕。在冲突中受伤的其中一位印第安人恰好是酋长的弟弟,他以为弟弟身上的伤是致命的,因此感到十分焦虑。绅士们向他解释了霰弹和子弹的区别,接着告诉酋长他弟弟所中的乃是霰弹,并无性命之忧。不过,绅士们也不忘告诫酋长,如果印第安人再次侵犯的话,他们就要使用子弹了,到时候后果将不堪设想。最后,绅士们拿出一些小礼物送给酋长和他的同伴们,这次会面在愉快的氛围中结束了。

英国绅士们返回了停泊在岸边的小船上,接着向小岛其他地方进发。第二次上岸之后,他们登上了一处高地,站在高地上可以欣赏到美丽而又浪漫的风景——无数小岛错落有致地镶嵌在大海之中,岛上散布着土著人的小屋和精耕细作的田野,一片生机盎然。绅士们碰到了附近村庄的一些村民,他们手无寸铁,看起来十分谦卑有礼。几名海军士兵闯进印第安人的种植园,挖走了一些土豆。库克船长知道以后,用鞭刑狠狠地惩罚了他们。其中一位士兵感到很不服气,他认为船长这样做实在有些小题大做,犯不着为了这点小事毒打英国人。见他如此冥顽不化,库克船长又给他加了六鞭子。

12月5日,星期二,奋进号开锚起航,可是没走多远就遇到了意外状况。一股强劲的海浪将大船迅速往岸边推去,几乎每一刻它都面临着碎浪的侵袭,每片浪花之间仅仅隔着一链的距离。实际上,奋进号离岸边已经相当近了。这时,图皮亚竟然完全忘记了危险,与岸上的印第安人交流起来。幸运的是,岸上很快刮来了一阵清风,解除了他们当下的危机。

7日,几条独木舟从岸边出发,跟上了奋进号,不过一阵微风吹来,奋进号加快了速度,很快将独木舟甩在了后面。17日,他们抵达了新西兰最北端,库克船长将那里命名为"北角"。到了27日,东方刮来一阵大风,暴雨也随之而来,船员们被迫挂上了主帆。这场大风直到28日凌晨两点才逐渐停歇下来,不承想到了八点钟,竟然又演变成了飓风,大海也开始变得面目狰狞。到了中午,风势有所缓和,不过仍然伴有狂飑。

1770年1月1日,早上六点钟,大船向着东方抢风航行。到了3日,船员们用望远镜观察到东南方向出现了陆地。奋进号只用了三周时间便向西航行了十里格,他们现在已经离开布雷特角五十里格,而整个行程只花了仅仅五周时间。

9日,他们在东北方向看到了一块高地,船长将其命名为"信天翁角"。在信天翁角东北面两里格外的地方,他们发现了一座高耸入云的山峰,其高度跟特讷律弗峰不相上下。这座山峰叫作"埃格蒙特山",山上的积雪常年不化。库克船长建议大船在这里抛锚,船员们可以修理一下船只,顺便获取一些新鲜的木柴和淡水,这个建议很快得到了采纳。15日破晓,他们将船驶入一个水湾,就在大船快要停下来时,汹涌的浪花又将它推出了岸边一链的距离。最后,在其他小船的帮助下,奋进号终于还是顺利进入了水湾。两点钟的时候,奋进号在海湾西北面一处安全的小湾抛锚,此处海水深约11英寻,海底十分柔软。这时,四条独木舟从岸边划了过来,大伙猜测它们是过来侦察情况的。一位身份似乎比较尊贵的老人打算冒险登上大船，其他印第安人极力反对他这样做，他们抓住老人不放，想尽各种办法阻止他登上大船，不过最终他们还是没能成功。老人来到了大船上，船员们以最大的热情接待了他。图皮亚遵照当地的风俗，和老人碰了碰鼻子。最后，大伙送给老人几件礼物，他带着礼物返回了同伴身边。印第安人看见老人安全返回之后，开始又笑又跳，接着，他们驾船返回了自己的营寨。

库克船长和其他绅士们上了岸，他们发现了大量的木材和一条清澈的小溪。撒网捕鱼也大获丰收，船员们在很短的时间内便打捞上来三英担鱼。

16日，船员们正在岸边修理船只，三条独木舟划了过来，只见上面载满了印第安人，其中还有几名妇女。船员们以为对方是过来向自己示好的，结果很快便发现自己的推断错了。这些印第安人企图拦下英国人的长艇，库克船长只得朝他们头顶上空放了一枪，印第安人这才被吓到了。图皮亚询问他们是否见过像奋进号这样的大船，他们回答说从来没有见过，甚至没有听说过。这片海岸生活着不计其数的鱼类，当地的土著人用一种圆柱形的渔网捕鱼，渔网下端用几个圆环绷起来，上方则可以收紧。无数的鱼儿纷纷涌进渔网里面争抢食物，最后全部难逃被捕捉的命运。这里还生活着各种各样的鸟类，其种类和数量都达到了惊人的程度。

库克船长、班克斯先生和索兰德博士又去拜访了距离大船两英里外的另一个村庄。他们走进了一户印第安人家里，印第安人对几位陌生人的到来感到十分惶恐。绅士们无意间发现了几块新鲜的人骨，心里不禁嘀咕起来：难道这群印第安人是食人族吗？图皮亚迫切想知道事情的真相，而结果证明他的猜想是正确的。印第安人并没有打算掩饰这一骇人的风俗，他们很平静地告诉图皮亚那是一个男人的骨头，还告诉他人肉是非常美味的食物。绅士们还看到这个家里的一名妇女四肢都被砍伤了，模样十分吓人。经过打听，他们才得知似乎这个女人的丈夫最近被敌人杀死并吃掉了，所以她才残忍地伤害自己。

有些印第安人一天要卖四个脑壳，每个脑壳的价格都十分昂贵。他们似乎对于自己的残忍和野蛮行径感到十分骄傲和自豪，而且非常喜欢向别人展示自己杀敌的英勇事迹——先用斧头将敌人打倒，再剖开他们的肚子。

20日早晨，班克斯先生从一位印第安老人那里购买了一个男人的头颅，老人似乎非常不舍得将其出售。这个头颅的头骨已经因为撞击而裂开了，脑髓被取了出来，老人将它像其他头骨一样保存起来，防止腐烂。印第安人总是小心翼翼地保存着这些头骨，不愿意将它们拿出来交换，因为他们把这些头骨视为战利品和对他们英勇行为的见证。几位船员在村里行走时看到了当地人的防御工事，他们并没有在村子外围修筑高墙，而是在四周挖了两三条很宽的沟渠，上面搭上吊桥。虽然看起来简单，但是这对抵挡土著人的进攻已经绰绰有余。在沟渠里面，印第安人还用木桩做成了一道栅栏。

24日，他们拜访了当地的一座城堡，城堡坐落在一块高高的岩石上，岩石下面是镂空的，形成了天然的拱形结构。岩石的一边与陆地相邻，另一边则立于海中。城堡里的土著人非常礼貌地接待了他们，还兴致勃勃地向他们展示各种稀奇古怪的东西。

25日，船长、班克斯先生和索兰德博士上岸打猎时遇见了当地一个人口众多的大家庭，这一家人正在小溪中捉鱼。他们在几位绅士面前表现得彬彬有礼，绅士们于是送给他们一些随身携带的小礼物。为了表示感谢，这一家子的男女老少纷纷拥抱并亲吻了绅士们。第二天，也就是26日，他们登上了一座山峰的顶端，以便观察那条穿越东西部海域的海峡。当绅士们准备离开那座山峰时，为了表明自己曾来过此地，他们在地上竖起了一堆金字塔状的石头，并在那里留下了一些子弹和珠子。27日和28日两天，他们的工作内容很简单，那就是维修船只、捕鱼、整修奋进号准备出发。

星期二，也就是30日一大早，几名船员被派出去采集芹菜。他们在路上遇见了大约20名印第安人，其中五六个女人的丈夫最近被敌人俘虏了。于是，船员们又目睹了令人匪夷所思的一幕：这几个女人全都坐在地上，拿起贝壳和尖锐的石头往自己身上狠狠地割下去，场面惨不忍睹。令人更加吃惊的是，其他印第安人对这一切仿佛视若无睹，依旧漠不关心地修葺着自己的棚屋。

为了纪念奋进号曾到过此地，木匠准备了两根木桩，上面刻着他们抵达这里的日期和奋进号的名字。船员们将一根木桩插在了打水的地方，上面还飘扬着英国国旗，另一根木桩则插在了最靠近大海的小岛上，当地人把这座小岛叫作"摩图阿拉岛"。船员们告诉了当地人这两块木牌的作用，对方向他们承诺永远不会毁坏这两块木牌。库克船长将这个海湾命名为"夏洛特王后湾"，并以英国国王的名义对它宣布了主权。

2月5日，大船重新起航，不过海风很快就消逝了，奋进号也在离摩图阿拉岛不远的地方再次抛锚。

第二天早上，奋进号驶出了海湾，船员们根据这里的野蛮风俗把这条海湾命名为"食人湾"。这里的居民有400人左右，全都分布在海岸边。他们一旦发现有危险，便立即退回自己修建的堡垒里。这些土著人生活贫困，他们的独木舟上没有任何装饰。船员们发现这些土著人带来交易的商品只有鱼，不过他们竟然对铁略知一二，这是其他地方的土著人们所不及的。

奋进号转向东边航行，不料却被湍急的海水冲到了夏洛特王后湾入口处的一座小岛附近，大船随时都有可能被岩石撞得粉身碎骨。好在离岩石群还有两链距离时，他们及时放出了150英寻的锚链，才得以将船停下。此时，他们唯一能做的就是静静地等待退潮，而潮水直到午夜以后才逐渐退去。

7日早上八点，奋进号开锚起航，此时海上风势正好，又赶上退潮，所以它很快就通过了海峡。

第二天早上，奋进号离开了帕利斯尔角，船员们发现这个海角延伸至特纳盖恩角的东北方。那天下午，三条独木舟从岸边出发，朝大船划了过来，它们装饰得颇有些像北部海岸那些船只。独木舟上的印第安人爽快地接受了大伙的邀请，来到大船上。他们表现得谦卑有礼，和大船上的人们互相交换了礼物。这些印第安人的穿着打扮有些像哈德逊湾的土著人。其中一位拥有奇怪纹身的老人引起了大家的注意，他的头发和胡须出奇地白，鼻子上画着一道红色的条纹。老人的上衣是亚麻布料的，还镶了边，下身是一条布裙。他的耳朵上戴着牙齿和绿色的石头。从老人的言谈举止可以看出，他在印第安人中拥有相当尊贵的身份。

14日，大约60名印第安人乘坐四条双桨舟向大船驶了过来，他们在离大船一箭之遥的地方停了下来，惊讶地打量着奋进号。不管图皮亚怎样努力劝说，对方就是不愿意再靠近大船一些。因为这个缘故，船员们将附近的岛屿命名为"旁观者岛"。

3月4日，奋进号上的船员们看见了几头鲸和海豹。9日，他们发现了一片礁石，随后在离岸边三里格的地方又看见了一些。晚上，大船经过这些礁石，一路往北而行。破晓时分，他们在船头下面再次发现了暗礁。大船继续向北航行，在离开陆地约15英里的地方，船员们突然看见一块高耸在海中的光秃秃的大石头，周长约有一英里，他们将其命名为"索兰德岛"。

13日，船员们发现了一条海湾，海湾附近分布着好几座岛屿，如果海水深度也适宜的话，它简直就成了天然的避风港。库克船长给它起了个名字叫"忧郁湾"。五块高高耸起的岩石构成了这里一道独特的风景线，大伙给这些岩石起了个形象的名字——"五指"。大船现在经过了托维波伊纳莫的整个西北海岸，这片海岸上只有一块块隆起的光秃秃的石头，表面覆盖着厚厚的白雪。一眼望出去，除了危岩峭壁，便是满目的苍凉。奋进号沿着这片荒凉的海岸行驶了很久，到了27日，船长终于决定离开此地。不过在离开之前，他们还要上岸做一些考察，并补充船上的供给。于是，船长寻找一处合适的地方将大船停靠下来，接着便坐上长艇上了岸。船员们在岸上发现了一处清澈的淡水，于是把大船上的桶全部拿了出来，打得满满的。木匠师傅则开始砍伐树木。船长、班克斯先生和索兰德博士乘坐舰载艇开始对整个海湾和附近岛屿的考察。他们在陆地上发现了几株植物，都是他们从未见过的新物种。绅士们还发现这里荒无人烟，仅有的几座木屋也似乎荒废很长时间了。不久，船上的木柴和淡水就补充完毕了。晚上，船长等人返回到奋进号上，这条大船早已做好了出发的准备。库克船长决定驶往新荷兰海岸，再经由东印度群岛返回英国。

3月31日，他们从东边的"送别角"出发，依次经过了"海军湾"、"斯蒂文斯角"和"杰克逊角"，后面两者都是根据英国海军部部长的名字命名的。他们把岛屿和送别角中间的海湾叫作"盲人湾"，这个名字的来历跟阿贝尔·扬松·塔斯曼命名的"凶手湾"来历相似。1642年12月，阿贝尔·扬松·塔斯曼首次发现了新西兰，他想以荷兰议会的名义占领它并将其命名为"斯塔滕地"，不过他还没上岸就遭到了印第安人的袭击，最后只得匆匆离去。现在，库克船长对这片海岸进行了更加细致的考察，他发现这块陆地分为南北两座岛屿（即现在的新西兰）。以前，人们普遍认为它们就是大家积极探索和寻找的南方大陆的一部分。这两座岛屿位于南纬34°~48°，西经181°~194°。北方的那座岛屿被当地人叫作"伊希诺毛威"，南方的岛屿就是前面提到的"托维波伊纳莫"。伊希诺毛威岛上虽然有些地方多山石，但是整个岛上树木繁茂，山谷里溪流潺潺，土壤肥沃，非常适合欧洲的水果、蔬菜和玉米等植物生长。

新西兰周围的海域拥有大量既美味又营养的鱼类，不管船停靠在哪里，人们都可以借助渔钩和渔线捕捉到许多鱼儿，要是用渔网的话，捕上来的鱼就更多了。船员们将打捞上来的鱼用盐腌制起来，足够船上所有人吃上几个星期了。这里的许多鱼类都是船员们以前从未见过的，他们根据自己的喜好和想法给这些鱼儿一一起了名字。

船员们还在这里发现了大约400种植物，除了龙葵、苦苣菜、两三种蕨类和一两种草类植物外，其他的都没有在英国见到过。他们还在海岸边发现了大量的野生芹菜和一种水芹植物。岛上还大规模栽种着许多可供食用的农作物，比如可可豆、山药和甘薯。

岛上只有一种树木可以结果子，这种树木结出的浆果几乎没有味道。不过，岛上生长着一种植物，具有大麻和亚麻两种植物的所有功能。这种植物分为两种，一种叶子呈黄色，另一种则呈深红色，两种叶子都很像无花果树叶。当地人用这两种树叶做成的线和绳子，比欧洲生产的任何绳索都要结实。他们把树叶织成相同粗细的线，再将这些线联结起来做成渔网。当地人平常穿的普通衣服也是用这种树叶经过简单加工做成的，而那些质量较好的衣服则用该种树叶的纤维另外加工做成。

当地人身材高大，跟欧洲最优秀的民族一样。他们的肤色呈棕色，但是比西班牙人的肤色要浅一些。当地人个个体格健壮、姿态优美。由于男人和女人的装束差不多，人们主要通过声音来辨别两者。男人们身手非常敏捷，拥有黑色的头发和洁白整齐的牙齿。当地人看起来性格温和，对待别人也十分宽厚，而事实恰恰相反，他们总是不断地挑起战争，每一块领地似乎都跟其他地方处于敌对状态，不管这块领地有多小。尽管他们残忍到要吃掉敌人，但是对于那些愿意在自己领地定居的人，他们却表现得十分友好。

岛上的印第安人用鱼或鸡的脂肪炼成的油涂抹在头发上。穷人们只能用那些已经腐烂的动物的脂肪，所以他们的头发常常发出难闻的气味；而地位较高的印第安人则往往使用新鲜的脂肪。他们用骨头或者木头做成梳子，并把它插在头发上当作装饰。男人们把头发绑成一束，再插上鲜艳的羽毛作为点缀；他们有时候也会在双鬓上插上羽毛。女人们有的留着过肩的长发，有的则把头发剪得很短。

新西兰土著人村庄（06）

男人和女人都把一种叫作阿莫科的黑色颜料涂抹在身上。女人们通常只在嘴唇上涂抹一些，偶尔会在身体其他部位涂上黑色的图案，而男人们则会不断地往身上涂抹新的图案，这样年复一年，等他们年岁大了之后，身上几乎已经被颜料所覆盖。除了阿莫科之外，他们还会在身上画上沟纹，这些沟纹颜色漆黑，边上呈凹陷状，看起来十分丑陋。他们两个脸颊上的图案一模一样，都呈螺旋状，身上其他地方的图案则像花丝织品和那些古老浮雕中的树叶形状。不过每个人脸上和身上的花纹都不一样。新西兰人也在身上画上各种图案，他们有时候用干的红色赭石，有时候用这种石头与油的混合物。他们的衣服是用香蒲的叶子制成的。土著人先将蒲叶撕成细线状，再将其编织成末端约七八英寸长的蒲席，挂在上身。其中一块蒲席拴在肩膀上，直垂到膝盖那里；另一块则缠在腰间，几乎垂到地上。男人们只有在特殊场合才会在腰间裹上蒲席。

除了上面提到的粗糙的蒲席外，当地人还有两种布料。其中一种也跟蒲席一样粗糙，但是却比英国生产的任何帆布都要坚韧；另一种则有点像我们今天吃饭时铺在桌上的桌布，它也是将植物纤维抽成丝线，再交叉编织而成的。

当地人有时候会用鸟儿的羽毛装饰衣服，船员们就曾看到有个男人浑身上下都披着红鹦鹉毛。

女人们从不把头发系在头顶，也不在头上佩戴羽毛，她们不像男人那么注重穿着打扮。她们的下装常常系得很紧，除非要出去打鱼，她们才穿得稍微宽松些，那个时候她们往往会非常小心，避免被男人们看见。

男人和女人都打了耳洞，耳洞大到可以穿过一个男人的手指。耳朵上佩戴的饰品常常有羽毛、布、骨头以及小片的木头，英国人送给他们的钉子也常常被戴在耳朵上，女人们有时候还把信天翁的白色绒毛做成耳环。除此之外，凿子、别针、狗的牙齿、已故朋友的牙齿和指甲，统统都成了他们耳朵上的饰品。女人的手臂和脚踝上常常戴着贝壳、骨头以及其他一切能用绳子穿起来的东西。男人们在脖子上挂着一个用滑石或者鲸鱼骨做成的坠子，上面还刻着字。船员们还看见一个男人在鼻子的软骨上打了洞，洞中间穿过一根羽毛，羽毛的两端正好在两个脸颊上。

当地人在房屋结构上是最无创意的，他们的房屋长约 16~24 英尺，宽约 10 或 12 英尺，高 6 英尺或者 8 英尺。房屋的框架用很轻的木杆搭成，墙壁和屋顶用紧紧编织在一起的干草铺成，有的还在里面衬上树皮。屋顶倾斜着，屋脊用一根树干搭起来，从房子这头到另一头。房子的门建得很低，只够一个人双膝跪地、双掌着地爬进去。屋门旁边开了一个方形的洞口，既当窗户又当烟囱，洞口不远处放着壁炉。一块木板固定在屋门上方，上面雕刻着花纹，土著人把这块木板当作屋里的装饰品。屋顶在每面侧壁上方拱起2~3英尺，形成一个门廊，下面搁着凳子。地板上有一个用木头或者石块堆砌起来的中空四方体，里面可以生火。土著人把稻草铺在靠近墙壁的地上，这便构成了他们睡觉的床。有名望的大家族或者富裕些的家庭往往在自家院子里修建了三四座房子。土著人将衣服、武器、羽毛和一些简单粗糙的工具统统放在一个箱子里，这些便是屋内所有的工具了。他们用来敲打蕨根的锤子、用来盛水的葫芦和放置食物的篮子都放在屋子外面。船员们在那里发现了一座房子，长约40英尺，宽约20英尺，高14英尺，墙壁上挂着雕刻着花纹的木板作为装饰，其手法和工艺明显优于别家，不过这座房屋似乎尚未完工便遭到废弃了。

当地人的独木舟又长又窄。一些大型独木舟似乎是专为打仗建造的，上面可以容纳30~100人不等。其中一种叫作拖拉迦的独木舟，长度接近70英尺，宽约6英尺，深4英尺。船的底部很尖，由三块牢牢绑在一起的木头构成，每块木头大约两三英寸厚。舟底的两侧由一整块木板构成，这块木板大约12英寸宽，1.5英寸厚，跟底部恰到好处地衔接起来。几块横梁牢牢地架在两侧船身之间，使独木舟变得更加牢固。水星湾和欧普拉哥的少数独木舟只用了一根树干来建造。土著人先用火将树干中心烧空，接着再进行后续的建造工作。除了大船，小一些的船只主要用来打鱼。小船的船头和船尾都有一个男人的画像，他的眼睛是白色的贝壳，巨大的舌头从嘴里伸出来,整个脸看起来十分狰狞。用来作战的大船则用透孔绣品作为装饰,上面还覆盖着黑色的羽毛,整座船看起来漂亮优雅。侧挡板雕刻得有些粗糙,不过也有一簇簇的白色羽毛作为点缀。这些船只靠划动船桨在水面上航行,船桨长约五六英尺,桨板是长长的椭圆形,越靠近桨杆的地方越窄。当地人划船的速度快到令人吃惊。船帆由席子或者渔网做成,挂在两根竖起的杆子中间,其中一根杆子牢牢固定在船的一侧。两根杆子上方都系着绳子,可以替代薄板的作用。两名男子坐在船尾,一人手持一把船桨,顺着风势划动起独木舟来,速度十分惊人。

新西兰人用来凿石砍树的工具有斧头、锛子和凿子。他们所使用的凿子通常用碧石或者人的臂骨打造而成,斧头和锛子则是用坚硬的石头做成。当小小的碧石凿子变钝之后,他们没有工具将其打磨锋利,所以只得扔掉。拖拉迦的印第安人曾向大家展示了一块中间钻了洞的玻璃片,他们把这块玻璃片戴在脖子上。大伙猜想玻璃片上的小洞就是用这小小的碧石钻出来的。

当地人的耕作方式十分先进,他们将一根又长又窄的木桩底部削尖,接着在底部上方横向固定一根木桩,方便他们用脚将木桩踩进地里,最后在木桩上绑上犁和铲子。这里的土壤土质疏松,耕作起来并不费劲,他们单单利用这种工具就可以犁六七英亩地呢。

捕鱼用的大网是当地人共同劳动的成果,可能也是全镇人共有的财产。他们用贝壳或者骨头做成渔钩,还编织了各种各样装鱼的篮子、箩筐。当地人用来作战的武器有长矛、飞镖、战斧和斧头。他们的长矛大约有16英尺长,一端被削得很尖,使用时他们握住长矛的中间,所以很难格挡开对方的攻击。无论他们在船上还是陆地上作战，都是短兵相接，此时他们依靠的主要作战工具是一把斧头。当地人用结实的绳子把斧头绑在手腕上，防止对方抢夺。那些地位较高的印第安人还将斧头绑在腰带上作为装饰品。杰出的战士们往往拥有一块勋章，这块勋章是用洁白的鲸鱼肋骨做成的，上面雕刻着花纹，还有羽毛和狗毛作为装饰。有时候，他们的勋章也可以是一根六英尺长的棍子，上面镶嵌着贝壳，装饰得像一件战斗工具。通常这些代表着威望的勋章都在老年人手里，就是那些身上涂满了阿莫科的人们。当地人袭击英国人时，每条独木舟上必定会坐着一名以上身份尊贵的老人。他们习惯在离大船50或者60码的地方停下来，这时，酋长会从他的座位上站起来，穿上一件狗皮做的上衣，举起他的勋章，指挥印第安人如何进攻。当他们离大船比较远，还不能使用武器攻击时，他们会冲着英国人喊叫起来，语气中充满了挑衅和轻蔑的味道；土著人在逐渐靠近大船的过程中，偶尔也会与英国人攀谈几句，这时，他们的态度变得十分温和，而且愿意回答对方提出的任何问题；没过多久，他们又开始恫吓起对方来，土著人往往以为英国人被自己吓到了，这时他们便欢欣鼓舞地唱起战歌、跳起战舞来。最后，他们终于打响了战斗的前奏，拿起一些石头往大船上扔去。不过，大船上的人们往往只需要放一枪，对方很可能就被吓退了。

当地人跳起战斗舞时，四肢奇怪地扭动着，面部表情也变得狰狞怪异：长长的舌头从口中伸出来，眼睛瞪得圆圆的。同时，他们还在空中摇晃着飞镖，挥舞着长矛，上下摆动着斧头。当地人唱起战歌时，十分注意时间和节奏的准确性，当60或者100支船桨同时拍打在船舷上时，他们才唱出一个音节。即使没有发生战争，当地人有时候也会唱起战歌，只是省去了舞蹈。女人们的声音十分优美柔和，她们唱起歌来既悦耳动听又带着几分哀伤。贝壳是当地人的乐器之一，用贝壳吹出的声音与一般号角吹奏的没有多大差别。他们还有一种乐器是一根小小的木管，吹出的声音并不比小孩子的口哨声更响亮。船员们注意到当地人唱歌似乎从来没有我们所说的曲调。

食人肉这一可怕的习俗在当地十分盛行，这里的许多洞穴里都可以发现人肉和人骨。英国人带上船的一些人头被装上了假眼，耳朵上还戴着饰品，看上去像这人还活着一样。印第安老人极不情愿地卖给班克斯先生的那个人头是个年轻人的头颅，头的一边有许多挫伤，应该是生前曾遭受过猛烈的撞击。

坐落在丰盛湾和夏洛特王后湾之间的一些村庄全都筑起了防御工事，当地人长期定居在那里，而在拖拉迦、霍克斯湾和波弗蒂湾（又名贫穷湾）附近，只能看到一些孤零零的房子，每座房子之间相隔甚远。

这里的人们不论男女都一起吃饭，男人们平常负责耕地、结网、猎鸟、坐上独木舟出去捕鱼，而女人们则负责织布、采集贝类以及准备食物。

至于宗教信仰，当地人信奉一位至高无上的神和几位地位稍低的神灵。船员们无法了解当地人拜神的具体方式，也没见到他们举行宗教仪式的场所。实际上，那就是用石头围起来的一小块地方，中间用锹挂着一篮子蕨根。他们说这是献给神灵的礼物，希望神灵能赐给他们丰盛的粮食。对于世界的起源和人类的繁衍，当地人的观点与塔希提岛人相同。

英国人发现无论是穿衣打扮、生活器具，还是乘坐的船只和打鱼的渔网，新西兰人和南太平洋诸岛的居民们都很相似，这似乎说明了他们都起源于同一个祖先。实际上，这些不同国家和地方的居民们都认为自己的祖先是在很多年以前从另一个国家迁徙过来的，并且他们都承认那个国家叫作希威格。尽管他们的方言有所不同，图皮亚却可以用自己国家的语言与当地人毫无障碍地交流，这是不是很好地证明了这一点呢？

1770年3月31日，星期六，天气晴朗，风向有利，奋进号从新西兰的送别角出发，朝着西方前进。4月2日，船员们看见了一只热带海鸟，这在高纬度地区是十分罕见的。15日，他们发现了一只塘鹅，船员们知道这种鸟儿决不会离开陆地太远。于是，整个晚上他们开始不停地测量海水深度，结果在130英寻处仍然没有发现海底。第二天，一只在陆地上生活的鸟儿飞过来停在了船索上，可惜船员们在120英寻的深度依旧没有发现海底。19日早晨，大家期盼已久的陆地终于出现了！希克斯中尉首先发现了这块陆地最南端的海角，为了表示纪念，船员们将它命名为"希克斯角"。

到了中午，他们在南纬37°5′、西经210°29′的地方看见了另一块巨大的海角，离他们现在的位置大约4里格。因为这个海角跟普利茅斯湾入口处的羊头角十分相像，所以库克船长也将它命名为"羊头角"。眼前的这块陆地地势较低，地面平坦，岸边铺着白色的细沙，岸上则树木葱茏，绿意盎然。就在这时，海上出现了三个水龙卷，场面十分壮观。到了傍晚6点钟，大船离陆地最北端的海角只有两里格了，船员们把那个海角叫作豪威角。27日，船员们发现几个当地人在岸边走动，其中四人肩上扛着一条独木舟，他们并没有要靠近大船的意思。船长带上班克斯先生、索兰德博士和图皮亚，坐上小艇朝那群当地人所在的位置划去，那里的沙滩上停靠着四条独木舟。印第安人本来在石头上坐着，当他们看见小艇逐渐靠近，最后离他们只有四分之一英里时，都纷纷跑进了树林里。这时，汹涌的浪花猛烈地拍打着海滩，船长等人无法将小艇抛锚。到了傍晚5点，他们返回到大船上。一阵轻风吹过来，船员们驾

两名土著人阻止库克船长登陆（07）

驶奋进号继续往北航行。这时，大伙又在岸边发现了几名当地人。他们驾驶着舰载艇前去测量海水深度，最后来到了几名印第安人所在地附近。一名印第安人躲进附近的岩石中藏起来，其他印第安人则退到了山里。舰载艇继续沿海岸测量，一些印第安人也在岸边跟着它一路前进，他们手上拿着长矛和一种类似短弯刀的武器。印第安人不断地比画着，嘴里还不停地说着什么，意思是邀请船员们上岸去。其余的印第安人看见大船逐渐向岸边靠近，于是挥舞着手中

的武器，向船员们发出了威胁的信号。

最后，奋进号停在了一座小村庄对面，村里大约只有八座房屋。库克船长带着图皮亚驾驶小船出发了，不一会儿他们就靠近了岸边。两个男人走上前来，像是要阻止他们上岸。库克船长扔给他们一些珠子、钉子和其他小东西，对方很开心地捡起了这些礼物。接着，船长向他们表示自己需要淡水，并努力向对方证明自己没有丝毫的恶意。印第安人终于被说服了，于是船长示意跟随他的船员们可以上岸了。谁知他刚刚发出指令，印第安人就开始抗议起来。船长朝他们开了一枪，其中一人吓得丢掉了手中的长矛，又匆忙地捡了起来；另一名印第安人则向他们的船只扔起了石头。船长下令将滑膛枪装上霰弹对准他们射击，年纪较大的印第安人腿部受了伤，他匆忙逃进了附近的一所房子里。船员们都上了岸，他们猜测印第安人应该不会再轻举妄动了。不过，他们马上就发现自己错了。受伤的印第安人很快又出现了，这次他手里拿着一块椭圆形的挡板，中间涂成了白色，上面有两个小洞，眼睛可以透过小洞观察外面的情况。现在，两名印第安人无所畏惧地朝船员们走了过来，开始用长矛攻击对方，不过船员们都没有受伤。他们再次向印第安人开了一枪，这次两人吓得丢掉了手中的长矛，接着便逃之夭夭了。随后，船员们走进了印第安人的木屋，他们在其中一间屋子里发现了躲藏在树皮后面的印第安小孩。船员们在屋子里扔下了几匹布、几条缎带、一些珠子和其他东西，作为交换，他们带走了印第安人的几支长矛。最后，大家都返回到船上。他们继续向海湾北端驶去，并在那里发现了大量新鲜的淡水。几位船员被派上岸去打水、砍柴。他们刚刚打好水返回船上吃饭时，一群当地人从山上跑了下来，围着那一桶桶装得满满的清水细细地查看，不过他们并没有打算将这些水搬走。下午，当船员们再次来到岸上时，大约20名手执武器的当地人走到他们附近停了下来，其中两人还壮着胆子朝他们走得更近了些。指挥官希克斯先生手里拿着礼物朝印第安人走了过去，他尝试了各种方法试图向对方表明自己的善意和友谊，但是没有起到任何作用。印第安人看见他走上前来，都急忙退了回去。傍晚时分，班克斯先生和索兰德博士跟随船长来到了海湾北边的一处小湾流，他们在那里打捞到了足足四网鱼，一共有三四英担重呢！

5月1日，星期二，船上一位名叫萨瑟兰的海军士兵死了，船员们将他埋在了岸上，同时也将这片海湾的南边一角命名为"萨瑟兰角"。船员们在印第安人的木屋里留下了更多的礼物，比如镜子、梳子等等，不过印第安人没有收下他们的镜子。船员们在这块陆地上穿梭行走，发现这里的树木长得又高又直，树下没有生长任何灌木。戈尔少尉正在岸边采捞牡蛎，突然瞥见了几名印第安人，他们招呼少尉到岸上去，戈尔少尉果断地拒绝了对方的邀请。采完牡蛎之后，少尉打发走了船只，自己则与一位海军准少尉一起上了岸，他们准备加入到打水的队伍当中。路上，他们遇见了二十几名当地人，那些人紧紧地跟在他们后面，离他们只有几码远的距离。戈尔少尉停住了脚步，转过身去盯着后面的印第安人。对方也马上停了下来，但是当少尉转过身去继续往前走时，他们又跟了上来。尽管手里都拿着长矛，这些印第安人却并没有攻击少尉。最后，印第安人远远地望见了船员们的水桶，他们在四分之一英里外站住了，戈尔先生和他的同伴安全加入了打水的队伍。两三名打水的船员朝印第安人走了过去，发现他们并没有后退的意思，于是贸然掉转身，匆忙地往回走。这在印第安人看来是十足胆怯的表现，他们的胆子也因此壮了起来，开始向对方扔过来四支长矛。长矛全部落在了几名船员的跟前，他们将长矛捡了起来，这下轮到印第安人往后退了，而就在这时，船长带着班克斯先生和索兰德博士走了过来。

图皮亚学会了打猎，他常常独自一人出去捕捉鹦鹉。每次印第安人看见他，就跟看见英国人一样，总是急急忙忙地逃走。班克斯先生和索兰德博士在这里采集到了许许多多的植物，于是给它起名"植物湾"。

当船长还停留在港湾时，岸上已经升起了英国国旗，奋进号的名字和它抵达这里的日期也被刻在了取水点附近的树上。5月6日，星期天，奋进号从植物湾出发，中午经过了杰克逊港，傍晚时分抵达了他们命名的"布罗肯湾"。翌日中午，他们发现了最北边的一块陆地，并给它起了个十分贴切的名字"三尖角"。船员们从植物湾出发后，一直往北而行，他们发现沿岸的陆地地势较高，上面覆盖着茂密的树林。13日下午，船员们发现了几座岩石密布的小岛。第二天，他们通过望远镜看到了二十名印第安人，那些人手上都拿着一捆长矛。

23日一大早，库克船长在几名绅士和图皮亚的陪同下，上岸去考察岛上的情况。他们在海湾的一个岬角登陆，这个岬角通向一个大的潟湖，潟湖周围是一片红树林。绅士们在树林里发现了许多蚂蚁的巢穴。这种蚂蚁长得很特别，全身上下都是草绿色的。当他们移开树枝时，大片的蚂蚁倾巢出动，狠狠地咬向这些入侵者们。这些树木还为无数绿色的毛毛虫们提供了栖身之所。

24日,星期四,大船驶出了海湾。第二天,船员们发现了一个与大船并排的海角,这个海角恰巧在南回归线上,于是船长将它命名为"南回归角"。船员们在海角西面发现了难以数计的大鸟,这些鸟儿长得很像鹈鹕鸟,有些快有5英尺高了。

28日,星期一,大船继续往北而行,不久便驶入了一片岛屿之中。突然,一阵海浪打了过来,将船推到了只有3英寻深的海面上,船员们被吓坏了,马上掉转船头,并立刻派遣船只出去寻找更深的水域。那天下午,船员们在大船周围进行了测量,发现那里的海水足够将它带出浅滩。于是,他们再次起锚朝西驶去,同时派遣一只小船在前面测量水深。傍晚6点钟,大船在10英寻深的海面上抛锚,那里离大陆约2英里远,海底铺满了沙子。

29日,星期二,库克船长打算将大船弄到岸上,清理一下船底的污垢。于是,他和专家一起上岸去寻找合适的地方,班克斯先生和索兰德博士也跟随在他们身边。最后,他们找到了几处比较满意的地方,可惜这些地方都没有淡水,这让他们大失所望。他们沿着小路继续往上走,在更里面的地方发现了桉树。白蚁在桉树的树枝上用黏土筑起了巢穴,那些巢穴有一蒲式耳那么大。他们还在另一棵树上看到了黑色的蚂蚁,那些蚂蚁不停地咬噬着嫩绿的树枝,直到把里面的树脂都吃光了,它们才在掏空的地方修建巢穴。尽管蚂蚁肆虐,这些树木依旧长得十分茂盛。绅士们还看到了数以万计的蝴蝶,它们几乎把所有大的树枝都停满了。

30日,星期三,库克船长和绅士们再次登上陆地,这次他们爬上了山顶,以便观察海岸线和附近的岛屿。考察结束后,船长和索兰德博士继续前往昨天发现的一处小水湾。不过这时候天气变得糟糕起来,他们害怕晚上在浅滩上迷路,于是停止前进,返回了大船上。一整天下来,船员们只见到了两名印第安人,这两人在岸上一直跟着大船走了好远。从不同方向回来的船员们都说没有发现水源,于是船长将他们停留的海湾起名"口渴湾"。

6月1日,奋进号开锚起航,很快驶入到西边的水湾,船员们给这条水湾起名"布罗德湾",西北入口处的海角则被他们称作"帕莫斯顿角",该海角位于南纬21°30′、西经210°54′。船员们还将帕莫斯顿角和汤森角之间的海湾命名为"入口湾"。晚上八点钟,大船在11英寻海水深处抛锚,此处距离大陆约2里格,海底多沙。

2日,星期六,奋进号再次起航,船员们看见了一个高高的岬角,将其命名为"希尔斯伯勒角",这个岬角位于大船西北45°方向、七英里开外的地方。那块陆地上似乎草木丛生,既有小山、平原,又有山谷、溪流,海岸附近和陆地下方分布着一连串大大小小的岛屿,船员们在岛屿上的不同地方都发现了袅袅升起的炊烟。

3日,星期日,船员们又发现了另一个海角,将其取名"康韦角",位于康韦角和希尔斯伯勒角之间的海湾则被叫作"里帕尔斯湾"。透过望远镜,船员们发现附近一座岛屿上有三名土著人——两个男人和一个女人,除此之外,还有一条装着舷外支架的独木舟,跟塔希提岛上的独木舟一模一样。为了纪念坎伯兰公爵,他们将附近的那片岛屿命名为"坎伯兰群岛"。船员们还发现了一条通道,并用发现这条通道的日期为其命名——"圣灵降临节通道"。到了星期一,也就是4日破晓,船员们将与大船并排着的海角命名为"格洛斯特角"。那天,他们还给好几个地方起了名字——"霍尔伯内岛"、"埃奇库姆湾"和"崛起角",其中崛起角因其在周围低矮的陆地中高高崛起而得名。这片海域的陆地上全是一些丘陵和山脉,和这儿的海角一样,荒凉而又贫瘠。

5日,星期二,奋进号距离陆地只有大约四里格了,船员们继续沿着大陆的分布图行驶,即向西、向北,再向西。到了6日中午,奋进号行驶到了南纬19°1′的位置,距离大船两里格远的地方有一片开阔的海湾,船员们将其命名为"克利夫兰湾",海湾东边的海角则被命名为"克利夫兰角",克利夫兰角现在是昆士兰殖民地的一部分。海湾西边有一座岛屿,船员们发现当大船靠近岛屿时,指南针便运转不灵了,于是他们把这座岛屿叫作"磁岛"。克利夫兰角和磁岛地势都很高,再加上中间的内陆,三者构成了这条海岸线上最荒凉的一道风景。别看这里如此贫瘠,却依然有人居住,船员们在海湾下面的几处地方都发现了炊烟。

星期四,也就是7日的拂晓,奋进号抵达了这块陆地的东边。下午,他们看到了几缕青烟、几条独木舟和一些树木。

星期五,8日,船员们往视线范围内最北端的海角驶去,他们给那个海角起名"希洛克角"。希洛克角和磁岛中间的海岸线形成了"哈利法克斯湾",这个海湾是一处完美的避风港。晚上6点钟,船员们抵达了另一个海角,并给它起名"桑威奇角"。陆地从这里开始往西延伸,接着再往北,形成了一个美丽漂亮的大型海湾,船员们将其命名为"罗金厄姆湾"。现在,大船沿着这条海岸线向北边的一片岛屿驶去。当他们经过其中一座岛屿时,看见四五十名土著人站在岸边,男女老少都有。这些人身上一丝不挂,都用无比好奇的目光打量着奋进号。到了中午，他们抵达了南纬17°59′，此时罗金厄姆湾的北海角就位于大船西边两英里的地方。海湾的边界上是一座地势极高的岛屿，船员们把它唤作"邓克岛"。

星期六，9日的上午，大船穿梭在几座小岛中间，船员们将这些小岛命名为"弗兰克兰群岛"。到了中午，大船通过了小岛中间那条海峡的一半路程，现在正与转弯处的岬角平行，库克船长将这座岬角命名为"格罗夫顿角"。绕过格罗夫顿角之后，他们在西边三英里远的地方发现了一个海湾。大船在那里靠了岸，船员们把海湾旁边的岛屿命名为"格林岛"。班克斯先生和索兰德博士从这里上了岸，打算从岛上获取一些新鲜的淡水。不过他们在岛上没有发现任何水源，于是很快便返回了船上。第二天，他们抵达了"特里尼蒂湾"，因为那一天是圣三一主日（英文中与特里尼蒂谐音——译者注），所以他们才给海湾起了这个名字。

星期天，10日，奋进号经历了惊心动魄的一天。

尽管海岸线上布满了危石险滩，远征队员们在超过1300英里的航程中还未曾遭遇过任何比较大的危险，因此他们发现的海角中也还没有出现以危难或者痛苦等字眼命名的地名。不过现在有了，船员们把刚刚发现的一座海角命名为"苦难角"，因为他们在这座海角遭遇了很大的危难和不幸。"苦难角"所处的地理位置是南纬16°6′、西经214°39′。

10日这天晚上六点，船员们发现前方出现了一些岩石，为了避免撞上这些岩石，他们把船帆降下了一些，在风中避开海岸而行。这样一直到了晚上九点，海上微风徐徐，夜空中出现了一轮皎洁的月亮，奋进号已经到了水深21英寻的海面上。突然，海水深度在

植物湾的杰克逊港（08）

短短几分钟之内降到了12英寻、10英寻，甚至到了8英寻。船长立即命令所有船员都回到自己位置上，正当他们准备抛锚时，底下的海水又变深了。船员们认为危险终于过去了，并且得出结论大船刚刚只是行驶到了一些浅滩的尾巴上，他们傍晚的时候还看见那些浅滩来着。然而，接下来的一小时内，海水深度又从20英寻降到了17英寻。船员们还没来得及再次测量海水深度，大船已经撞上了岩石，动弹不了了。所有人立刻跑到了甲板上，个个脸上都充满了恐惧。因为大船并未靠近岸边，所以大家推断它是撞上了珊瑚岩。这块岩石棱角尖锐，表面凹凸不平，任何东西只要与其产生轻微的摩擦，都可能会被磨碎。所有船帆都挂了起来，其他船只被派到水里查看情况。船员们发现原来大船在经过岩脊上方时，被卡在了一个中空的地方，无法动弹。他们找到船尾海水最深的地方，将锚从右舷后方抛出，再用尽全力扳动起锚机，想将大船拉起来，可惜他们费尽了九牛二虎之力也没能成功。大船还在猛烈地撞击着岩石，船员们几乎站不稳了。在明亮的月光下，他们看见大船底部的盖板已经浮了起来，最后连龙骨护板也漂起来了，船员们感觉大船很快就要沉了。目前唯一办法就是尽量减轻船体的重量，于是船员们开始将货舱中的水往外抽。

接着，变质的食品、油罐、酒桶、压舱物、六把枪和其他一些东西都被扔下了船。船员们一直忙活到了天亮，大家来不及起誓，满脑子想的都是如何摆脱目前的困境。

到了白天，他们看见在离大船8里格远的地方出现了陆地，不过大船和陆地中间没有一座小岛，不然他们可以让一部分人先留在岛上，其余人则乘坐小船登上大陆。看来，大船要一直被困在这里，遭受越来越大的破坏，直到最终被撕成碎片了。正当大家感到绝望的时候，奇迹发生了。中午之前，风渐渐散去，最后竟完全消失了。船员们预测11点钟的时候海水会上涨，于是又开始做好拯救大船的一切准备。可惜涨潮的时间太短了，尽管船员们已经扔掉了接近五十吨重的东西，大船总共上浮了还不到18英尺。船员们开始继续往外扔东西，所有能扔的都扔进了海里。退潮时海水不断地往船里猛灌，船员们启用了两台水泵也无济于事。此时，他们只能寄希望于午夜的涨潮了，船员们再一次做好了准备。凌晨五点钟，开始涨潮了，钻进船里的海水也越来越多，船员们又增加了两台水泵，不过只有一台可以正常运作。于是，三台抽水泵持续工作到了九点，船身终于摆正了，可是因为涨潮带进船里的海水实在太多了，只怕等到潮水将船从岩石中解救出来时，它会立刻沉入海底。

情况实在糟糕透了，船员们几乎失去了所有的希望。他们知道当最后一刻来临时，一切都结束了。其余的船只无法将所有人员带上岸去，他们必须做出决定，哪些人继续留在大船上，哪些人坐小船上岸，而这个决定的做出比沉船本身更令人感到害怕。因为那些上岸的伙伴们只能在岛上度过他们余下的一生，而陪伴他们的是这个世界上最粗暴最野蛮的人，只有枪支弹药能勉强支撑他们可怜地活下去。留在大船上的人命运或许要稍微好一些，要么最终得救，要么和大船一起沉入海底。十点二十分，大船浮了起来，船员们很高兴地发现海水往里渗透得没有那么厉害了，不过现在货舱里的水也已经达到3.75英尺高。此时，船员们已经身心俱疲，每个人只抽五六分钟的水，便倒在甲板上休息，下一个人再爬起来接着抽，如此循环往复，挣扎求存。可是，接下来的事情几乎让他们完全陷入了绝望之中。

船底部的内衬和外铺板之间有大约十七八英寸的空间，一直忙着测量水深的船员报告说，照目前的情况来看，海水不会没过内衬。而另一个观察外铺板淹没情况的船员推翻了这一说法，他说即使一直使用抽水泵，渗透进船里的海水依旧会超过内衬和外铺板之间的深度。听了这位船员的话，所有人都感到了深深的绝望。尽管随时面临着死亡的威胁，少数船员仍然觉得有必要努力争取更长的生存时间。不过很快大家就发现了那位船员的结论是错误的，这个意外之喜让大伙浑身充满了能量。早上八点钟之前，他们就已经抽出了船里的大部分海水。船员们现在谈论的唯一话题就是如何安全地把船驶入港湾以及如何保护好他们的锚。他们已经丢失了一只船锚，另一只锚的缆索也不见了。这时，海上吹起了微风。十一点钟，大船正式起航，往大陆方向驶去。由于大伙不知道船底的漏洞究竟在哪儿，所以也无法阻止海水继续往里渗透。这时，一位海军准少尉的提议被采纳了，这位军官曾见过别人成功地使用这种方法。他们拿出一条辅助帆，再将一把一把切碎的麻絮和羊毛尽可能轻地缝在辅助帆上，最后在上面撒上羊粪和其他脏东西。一切准备好之后，他们用绳子将辅助帆固定在船底，保证它在被海水淹没之前是舒展开的。当海水没过辅助帆之后，它的吸力就会将其表面的麻絮和羊毛吸进船里，这样大大减少了渗进船里的海水量。采用了这个办法之后，现在船员们只需要一个水泵就可以控制海水的渗入了，而原先则需要三个。

在这之前，船员们原本打算将船驶进某个港湾，用大船的材料重新建造一只新船，再驾驶新船前往东印度群岛。不过，既然现在情况有所好转，他们便打算找一个合适的地方修理破损的船只，然后再按最初计划的线路继续前进。晚上六点，大伙将船停泊在了离岸边七里格的地方。第二天早上，大船经过了两座小岛，船员们把这两座岛叫作"希望群岛"，因为他们之前遇难时的愿望就是能够顺利抵达这两座小岛。下午，船长委派专家带领两条船只前去测量和寻找方便修复船只的海港。太阳下山时，大船在离岸边两里格的地方停下来，此处的海水深度为4英寻。到了九点钟，派出去的一名船员回来了，他向大家报告说他们在离这里两里格远的地方找到了合适的港湾。

于是，船员们在星期三也就是13日一大早就出发了，很快便在离岸边一英里的地方停了下来。船长坐上小船前去测探情况，结果发现那条航道十分狭窄，不过船长认为这个港湾比其他所有港湾都要适合大船目前的情况。由于猛烈海风的关系，到了第二天晚上他们也没敢冒险进入港湾，而是连续两天停留在原地。

没想到祸不单行，这时候，船员们开始染上了坏血病。图皮亚病得相当严重，两条腿上都是铁青的瘀点，天文学家格林先生同样病得不轻。到了17日，风依然刮得很猛烈，他们决定还是将船开进港湾。途中，大船搁浅了两次，第二次还被紧紧地卡住了。船员们取下帆杠、帆桁和前桅楼桅杆，并在船边安上了筏。到了一点钟，海水涨潮了，大船终于再次漂浮起来。船员们很快将它开进了港湾，靠近海滩时，船员们迅速拿出了锚和锚链。

星期一，18日，船员们迅速在岸上支起了一顶帐篷，准备妥当之后，他们立即将病员们全部接了进去。船员们还搭建了另一顶帐篷，专门用来放置食物和其他储藏品。船长派人出去为病员们打捞鱼类，谁知对方竟然两手空空地回来了，一条鱼也没打到。不过，图皮亚开始自己钓起鱼来，他一日三餐都只吃自己钓到的鱼，没想到竟迅速恢复了健康。班克斯先生在这个岛上考察时，发现了几座木屋的框架。库克船长登上了这里最高的一座山峰，并从山上观察到陆地上的所有情况。只见这块陆地上布满石头，荒凉贫瘠，但是靠近河边地势较低的陆地则覆盖着茂密的红树林，每当涨潮时，海水便会流进树林里。

星期二，19日，锻工炉搭好了，军械士也开始准备修复船只必需的铁制品。22日，船员们将奋进号弄到了港湾更高处，防止海水再渗进来。一大早，潮水退去了，大伙开始检查船上的漏洞。他们发现岩石割穿了四块外板，损坏了构成大船主体的三块木板。不过受损的地方看不到任何的木头碎片，整个表面看起来还是很光滑，就像用什么工具切割开的一样。他们还发现大船底部被砸了一个很大的洞，这让大伙唏嘘不已，即使有八台抽水泵同时工作，这个大洞也足以让船沉入海底。幸运的是，洞口被岩石的碎块挡住了一部分，这块石头现在仍然插在船上。船员们在木材中间发现了一些麻絮和羊毛，它们挡住了洞里漏进来的海水。除了这个漏洞，船底还有很多地方都遭到了严重破坏。

铁匠们开始打造钉子和螺栓，木匠们开始着手修复船只，还有一些人被派到河对岸为病人们捕捉鸽子。他们在对岸发现了一条清澈的小溪，还看到了许多印第安人的房屋。一种跟老鼠颜色差不多的动物出现在他们眼前，这种动物大小和灰狗差不多，移动速度非常迅捷。23日，船员们乘坐小船出去撒网捕鱼，他们在港湾里看到了许多活蹦乱跳的鱼儿。可惜到了中午，他们一共只捕到了三条鱼，最后只得带着这三条鱼失望而归。这一天，许多船员又看到了前面提到的那种动物，他们发现那原来是一只巨大的黑色蝙蝠，大小和鹧鸪差不多。

木匠们已经完成了大船右舷的修复工作，现在要开始修理船首左舷了。这些工作都完成之后，他们又检查了船尾，发现它没有遭到多大的破坏。班克斯先生把他收集的所有植物转移到了面包房，它们全都被海水打湿了，有一些还被彻底摧毁了。尽管如此，在班克斯先生的精心照料下，大部分植物仍然被完好地保存了下来。25日，班克斯先生又在岸上发现了一种新的植物，它的叶子和菠菜一样绿油油的。他还发现了一种深紫色的水果，和苹果差不多大小，摘下来放置几天之后再吃，味道竟有些像李子。

星期二，26日，木匠们还在修复大船的漏洞，其他人也各司其职。27日，军械士继续在熔炉边忙活，木匠们依旧在船上修修补补。船长已经撒了好几次网了，虽然这个渔网很大，最后还是只捕到了二三十条鱼，这些鱼都分给了病人和那些正在逐渐康复的船员。大伙在这里发现了一棵被人攀爬过的树木和白蚁的巢穴，那些巢穴的高度从几英寸到五英尺的都有。他们还发现了人类的脚印以及三四种动物的足迹。

一位海军准少尉在岛上看见了一只狼，其种类和美洲的狼很相似。

6月29日到30日两天，船员们捕到了许多鱼，平均每人都分到了两磅半。他们还采集了大量的新鲜蔬菜，这些蔬菜和豌豆放在一起煮出来的食物简直美味无比。

7月1日，除了每队留下一人外，其余的船员都得到了上岸的批准，那些留下来的船员中有人再次被派出去捕鱼，最后又获得了大丰收。

3日，专家坐着舰载艇回来了，他向船长报告说自己发现了一条通向大海的航道，不过这条航道在布满珊瑚岩的浅滩中间，许多地方的水都很浅。专家还发现了一些个头很大的鸟蛤，一只那样的鸟蛤足够两个人填饱肚子。除此之外，他还看到了许多贝类并带回来一些。这天，船员们再次将奋进号放入海中进行测试，当看到它在高水位处浮起来时，大家高兴得手舞足蹈。很快，他们发现大船上之前被岩石穿过的地方有一块木板翘了起来，于是又把它弄上了岸。

5日，大船再次试航。船员们将它停靠在海滩边上，把所有的东西都装了上去。这天，他们通过了海港，并且发现了一个之前没有注意到的沙滩，沙滩上长满了果树，树上结着许多水果。船员们在这些水果当中发现了一种椰子,大家判断它正是荷兰人口中的克拉贝。6日,班克斯先生带领一组人员沿河上行,直到8日方才返回。他们经过的那条河道非常狭窄,两旁河岸陡峭,上面生长着许多皂荚树,风景十分优美。岸上的陆地地势较低,上面长满青草,似乎很宜于耕种。他们上岸打猎时,看到了四只动物,其中的两只被班克斯先生的灰狗追赶,但是它们灵活地跃过又高又密的草丛,把不善在此间奔跑的灰狗甩在了后面。班克斯发现这种动物利用两条后腿往前跳跃,而不是四条腿。他们一直沿着河流前行,后来,河流汇聚成了一条小溪,水位也明显上升了许多,他们这才返回船上。当他们正在做夜间停留的准备时,发现不远处升起了炊烟。班克斯派遣三人前去查看情况,不过等他们抵达那里时,印第安人已经走了。他们在沙子上的高水位线下发现了脚印,一棵老树的洞中还有火在燃烧,不远处有几座木屋,地上有挖好的灶以及一些残羹冷炙。那天晚上,他们睡在大蕉树叶上,把草堆起来当作枕头。第二天,潮水将他们很快地送回到大船边。专家也在班克斯先生到达后不久便回来了,他去了七里格外的海上,带回来了三只海龟。这三只海龟的重量加起来达到了800磅,专家拿船用钩具才将它们带了回来。

上午,船员们看见了一条小的独木舟,上面坐着四名印第安人。船长决定装作没看见他们的样子,想引起那些印第安人的注意。没想到这个方法果然奏效了,其中两名印第安人来到了离大船一箭之遥的地方。经过一番交谈之后,他们向大船逐渐靠近。印第安人举起了手中的长矛,不过他们并没有任何威胁的意思,而是想表明他们有足够的能力自我防卫。等到印第安人快抵达大船边上时，船长扔给了他们一些小礼物，包括布、钉子、纸等等，不过他们似乎对这些东西并不感兴趣。后来，一名水手扔给他们一条小鱼，印第安人高兴坏了，他们向船员们示意要去带更多的伙伴过来。在他们离开期间，图皮亚和几名船员从对岸登上了陆地。印第安人很快回到了大船身边，他们收到礼物之后，也从图皮亚等人登陆的地方上了岸。这些印第安人每人手上拿着两支长矛和一根棍子，向图皮亚他们走过来。图皮亚劝说他们放下武器并坐到自己身边来，印第安人很乐意地照他说的做了。其他船员也上了岸，印第安人开始变得警惕起来，生怕船员们阻止他们拿回自己的武器。船员们小心翼翼地向他们保证绝不会做出这样的事情，然后又送了更多的小礼物给他们。船员们和印第安人一起待到了晚饭时间，随后，他们邀请对方到大船上用餐，印第安人拒绝了他们的邀请，回到了自己的独木舟上。

这些印第安人中等身材，四肢短小，肤色呈深巧克力色；头发乌黑，或直或曲；他们身体的某些部位被涂成了红色；牙齿洁白整齐，眼睛明亮，面容俊美；这些印第安人的声音悦耳动听，船员们听见他们口齿清楚地重复了几个英语单词。

第二天早晨，三名印第安人再次造访了船员们，他们还带来了一位名叫亚帕里克的同伴，这名印第安人似乎地位较高，只见他的鼻子上穿着一根6英寸长的鸟儿的骨头。实际上，这里所有印第安人的鼻子上都打了洞，用来佩戴类似的饰品。他们身上一丝不挂，船长给了其中一名印第安人一件衬衣，谁知他竟然不将衬衣穿在身上，而是将它当作头巾戴在头上。印第安人送了一条鱼给船员们，大伙猜想这应该是昨天那些礼物的谢礼。这些印第安人心满意足地待了一段时间之后,发现几位英国绅士正在观察他们的独木舟,这使他们变得警惕起来。他们迅速跳上独木舟,划走了。

7月12日,三名印第安人到图皮亚的帐篷里拜访他,停留了一会儿之后,他们又回去带来了另外两名同伴,并向图皮亚介绍了同伴们的名字。图皮亚给对方端上来一些鱼,谁知他们只吃了一点点,就把剩下的全部喂给班克斯先生的狗了。那两名陌生的印第安人鼻子上穿着骨头,前额上还绑着一块树皮。其中一人手臂上戴着一串饰品,脖子上挂着一条用贝壳做成的项链。他们的独木舟大约10英尺长,总共可以承载4人。当独木舟经过浅水处时,印第安人利用船篙支撑它前进。他们的长矛只有一端是锋利的,有些上面还装上了鱼骨做的倒钩。

14日,戈尔先生抓到一只上文提到的老鼠颜色的动物,这只动物还比较年轻,体重超过了38磅,等它完全长大时,估计可以像绵羊一般大小。这种动物就是袋鼠,它们浑身长满了短毛,短毛颜色比老鼠毛的颜色更深一些,它们的头和耳朵有点像野兔。船员们将这头小袋鼠做成了晚餐,味道美极了。奋进号上的人们几乎每天都以海龟为食,这些海龟比他们在英国吃到的更美味更富含营养,因为它们在自然脂肪和肉汁都十分新鲜的时候就被下了锅。

17日,班克斯先生和索兰德博士跟随船长钻进了树林里,他们看见四名印第安人正坐在一条独木舟上。这些印第安人上了岸,面无惧色地朝船长等人走了过来。他们接受了对方赠予的一些珠子之后便离开了,并且向对方表示他们不希望被跟踪。这里的土著人已经和奋进号上的船员们混得很熟了,一名印第安人应船员们的要求向他们展示如何投掷长矛。只见他铆足了劲儿,十分灵活地投出了长矛，可惜长矛飞出的距离还没有超过四英尺。不过他并不气馁，接着又连续投掷了几次，最远的那一次，长矛竟深深地插进了五十码外的一棵树上。现在，印第安人开始经常光顾奋进号了，他们对船员们的招待感到十分满意。来到船上的这些土著人，不管男人还是女人，都完全赤裸着身体。

19日，10名印第安人来到了奋进号上，他们反复向船员们讨要船上的一只海龟，结果遭到了拒绝。印第安人表现出了极大的愤怒和怨恨，其中一名印第安人被班克斯先生拒绝之后，竟然恼羞成怒，一边跺脚，一边狠狠地推了班克斯先生一把。最后，他抓住两只海龟，将它们往独木舟的方向拖去，不过水手们立刻将海龟抢了回来。印第安人又尝试了好几次，都没能成功。最后，他们跳上独木舟，迅速地划走了。就在这时，库克船长、班克斯先生和五六名海军士兵上了岸，很多船员也已经在岸上聚集起来。印第安人很快也抵达了这里，一名印第安人从一口沥青锅下面抽出了一束火把，跑到上风处，点燃了那里的干草。火势迅速蔓延开来，一头猪被烧焦了，一部分锻铁炉也被烧坏了，大火还差点毁掉了班克斯先生的一顶帐篷，幸好几名船员及时将它抢救了出来。与此同时，印第安人不顾船员们的极力劝阻甚至威胁，又跑到他们放置渔网的地方放了一把火，那里还晾晒着许多亚麻织品。船员们终于忍无可忍，用滑膛枪对准印第安人开了一枪，一名印第安人受伤了。发现情况不妙，其他的印第安人迅速逃走了。这第二把火总算熄灭了，但是第一把火一直烧到了树林里很远的地方。

逃走的印第安人还在视线范围之内，船员们将滑膛枪装上子弹对准他们射击，这下他们躲得无影无踪了，不过大伙还能听见他们在树林里说话,库克船长决定带上几人前去同他们见面。双方看到对方之后,都停下了脚步。一名年纪较大的印第安人朝着英国人稍微迈出了几步,但是很快便停住了。他冲着英国人说了几句话后便退回到同伴身边,所有印第安人开始一起慢慢往后撤退。英国人没有听懂老印第安人刚刚说的话,他们捡到了印第安人的几枚飞镖,又跟着对方走了一英里左右,最后在岩石上坐下休息,印第安人也在离他们100码的地方坐了下来。印第安老人再次朝他们走过来,他手里拿着一根两头都没有削尖的长矛。老人在途中停下了好几次,向英国人说着什么。船长不断向印第安人示好,对方也做出了回应。老人回到同伴身边,向同伴们传达了对方的意思,于是印第安人把长矛全部靠在树上,向英国人友好地走了过来。船员们把飞镖归还给印第安人,双方就这样达成了和解。印第安人又收到了船员们赠与的许多小饰品,他们态度平和地向海岸走去,并向船员们表示自己再也不会放火了。这群印第安人走到大船的对面坐了下来,虽然双方的关系已经得到了缓和,但是无论船员们怎么劝说,他们还是不愿意登上大船。大伙给了他们一些子弹,船长还努力向他们解释了这些子弹的用法和功能。当船员们再次回到大船上时,看见两英里外的树林里燃起了大火。

20日,星期五,奋进号准备好向大海进发了。船长开始测量海水深度,同时派遣专家前去寻找一条通往北边的航道。专家最后无功而返。22日,他们杀死了一只海龟。这只海龟的肩膀上插着一根接近15英寸长的渔叉,这根渔叉有人的手指那么粗,尾部留着须子。船员们好像在当地人手中见过这样的渔叉。这只海龟应该已经被渔叉刺中好长时间了,因为伤口都已经完全愈合了。24日,一名水手与同伴们走失了，不小心碰上了四名正在用餐的印第安人。水手最初感到有些惊慌，但是他小心翼翼地掩藏起心中的恐惧，挨着印第安人坐了下来。他把自己的刀递给印第安人，印第安人查看之后又归还了他。水手本来打算就此离开，可是印第安人似乎不准备放他走。他们摸了摸水手的双手和脸庞，最后终于相信水手和他们一样是有血有肉的同类。因此，他们十分礼貌地招待了水手，让他停留了半小时，最后还给他指出了通往大船的捷径。

　　8月4日，星期六，大船于早上七点再次向大海进发。他们往东偏北方向行驶，舰载艇负责在前面测量海水深度。大约中午时分，奋进号来到了一个锚点，船长将眼前那块陆地的最北角命名为"贝德福德角"，而大船刚刚离开的那条海港则被命名为"奋进号河"。奋进号河其实只是一条小溪，在内陆上蜿蜒了三四里格。船员们在这条海港收获了许多的食材，包括乌龟、各种各样的牡蛎、比目鱼、鳐鱼、野生豆类和棕榈甘蓝。这里的四足动物有山羊、狼和臭猫；船员们还发现了几种蛇，其中一些是有毒的；狗是这里唯一被驯服了的动物；这里的羽毛动物包括鸢、乌鸦、鹰、鹦鹉、鸽子和各种各样的小鸟，当然也有水鸟，包括大雁、麻鹬、树鸭等等。山上的土壤虽然富含石头，但是上面不仅生长着树木，还长满了一些粗劣的草类。这里的山谷看起来生机盎然，十分丰饶。岛上的树木有很多种，其中以桉树最为常见。河的两岸是红树林，这种红树林沿着海岸线足足延伸了一英里。岛上水资源丰富，蚁丘随处可见。

　　星期六，4日，库克船长爬到船桅顶上观察几个险滩，他发现其中一些险滩已经伸出了水面。在接下来的六天里，大船就在这些

土著人袭击：拯救帐篷（09）

险滩和碎浪中间穿梭。10日，船员们来到了一座岬角和三座岛屿中间，实际上前一天他们就已经发现了这个岬角和几座岛屿。现在，大伙以为已经完全脱离了险境，可是后面发生的事情证明情况并非如此。因此他们也给这个岬角取名"夫拉特黎角"（又名"奉承角"）。船员们在前方发现了一块陆地，以为那就是大陆了，可是船长认为那只是一群岛屿。由于意见存在分歧，大家决定先找个地方抛锚，再前去探个究竟。将船停靠妥当之后，船长登上了那块陆地，他爬上了一个制高点，从那里可以俯瞰整个海岸线。通过观察，船长终于证实了自己的判断是正确的。他还在高地上发现了一些人类的脚印，那些脚印清楚地印在细软的白沙上面。船长将那个地方叫作"瞭望角"。瞭望角的北边海岸线上几乎都是浅滩，看起来十分平坦。

星期六，也就是11日的一大早，班克斯先生和库克船长前去拜访三座岛屿中最大的那一座，他们爬上了岛屿的最高峰。两人站在峰顶上仿佛看到了一些被海水猛烈拍打着的礁石，但是由于天气雾蒙蒙的，看不太真切。那天晚上，他们就在灌木丛中歇息了一晚。第二天，他们再次站上山顶观察，发现昨天看到的那些礁石中间好像有一条通道，船长马上派遣一名队员前去查看。那名队员在中午的时候回来了，他在那里发现了15~28英寻深的海水，但是由于风刮得太厉害，他没有冒险进入任何一条通道，据他观察那些通道都非常狭窄。班克斯先生一边忙着考察地形，一边也没忘记自己最大的爱好，他采集了许多自己之前从未见过的植物。这座岛屿在12里格外的海面上就能看见，岛上大部分地方既荒凉又贫瘠。船员们发现这座岛屿的周长大约有8里格。在岛屿西北面有一些沙质海湾和低地，上面长着高高的野草和树木，这些树木和内陆的树木一模一样。船员们发现了许多体形庞大的蜥蜴，并带走了其中的一些。他们还在两个地方发现了淡水，一个地方是紧邻大海的一条小溪，溪水又苦又咸，而另一个地方则是一个水池，池水甘甜可口。一些木屋的残迹让船员们感到无比惊讶，这座岛屿距离大陆十分遥远，没想到竟然还有印第安人造访。大伙准备返回大船上了，船长将这座岛屿命名为"蜥蜴岛"，因为岛上除了蜥蜴，他们没有见到别的任何动物。返回的途中，他们登上了一座地势较低的沙岛，各种各样的鸟类在这里栖息繁衍。船员们在岛上找到了一个幼鹰的巢穴，于是把这座岛命名为"鹰岛"。他们还在地上发现了一种巨大的鸟巢，它是用树枝搭建而成的，鸟巢边缘周长不低于26英尺，高度大约2.6英尺。船员们注意到这个地方也经常有印第安人光顾。他们在沙岛上的这段时间，专家已经登上了几座低洼岛屿，他在那里看见了成堆的海龟壳，还发现了印第安人挂在树上的龟鳍，这些龟鳍十分新鲜，船员们将它们取下之后煮来吃了。

星期日，12日，船上的军官们一致认为是时候离开海岸了。于是，奋进号在第二天开始了航行。它穿过了礁石中间的一条通道，重新驶入到广阔的大海。在海滩和岩石中间穿梭了三个月之后，船员们终于再次见到了茫茫大海，大伙都感到说不出的喜悦。库克船长感慨道："大船已经又行驶了1000多英里，而这1000多英里的航程再也不必派人抛测深锤了。"奋进号驶入大海经过的那条通道位于南纬14°32′，因为里面那三座高高耸立的岛屿，这条通道将永远被世人所铭记。库克船长将那三座岛屿命名为"方向群岛"，因为航海人可以沿着岛上的礁石寻找到一条安全的海上通道。

15日，为了能看到陆地，船员们驾驶船只向西行驶，没有经过这个国家和新几内亚之间的通道，当然，这条通道也有可能不存在。午后，船员们看到了陆地，那仿佛是一些多山的岛屿。在那块陆地和大船中间隔着许多碎浪，碎浪区里有一个通向陆地的入口。为了尽快弄清楚情况，船员们撑起了所有的船帆，在午夜之前一直向北而行，紧接着又往南抢风行驶了两英里。这时，海上突然变得风平浪静。到了白天，船员们在离大船不到一英里的海面上看到了高高掀起的巨浪，场面十分可怕，奔腾过来的浪花以极快的速度推动着奋进号。船员们立刻吊下小船去前面拉住它，最后终于将船头掉了过来，但是当它距离岩石不到100码时，海上再次掀起了惊涛骇浪。就在大家感到绝望之际，一阵不易察觉的微风吹了过来，给小船提供了动力，它们终于拉着大船远离了岩石。大家正暗自庆幸时，海上又突然平静了下来，这场平静持续了几分钟时间。就在大船快要失掉好不容易取得的胜利时，微风终于又回来了。这时，船员们在礁石中间发现了一条小小的通道，船长派遣一名年轻军官前去查看。军官抵达通道后，发现它的宽度只比大船的长度多一点，而在岩石的另一边倒是有一块平整的水面。现在，大船准备进入通道了，这时水位突然变得很高，潮水落下时以惊人的冲击力猛烈拍打着船只，将大船推出去四分之一英里。在小船的带动下，大船眼看就要被推出两英里之外了。退潮结束了，海水又开始将大船推向岩石，它即将面临被撞毁的危险。这时，船员们发现了另一条通道，恰巧一阵微风吹了过来，推动大船在这条新的通道上快速前行，并且完全没有撞上通道两边的岩石。大船终于来到了一个锚点，船员们心中都充满了无限的感激，感谢上帝让他们重新获得了一个安身之所，而就在不久前，他们还打算放弃求生的希望了呢。船员将这条通道命名为"普罗维登斯通道"，奋进号在这条通道上经历了无比紧急的危险情况。船员们看见陆地上有一个高高耸起的海角，将它命名为"韦茅斯角"，而它旁边的海湾则被称作"韦茅斯湾"。这天，船员们乘坐小船出去捕鱼，获得了大丰收，尤其是在捕捉鸟蛤时。有些鸟蛤体形大得惊人，要两个人才能搬动它们。班克斯先生也收集到了大量稀有的贝壳和不同种类的珊瑚。

18日，船员们发现了几座小岛，并将其命名为"福布斯群岛"，他们还在大陆上望见了高高耸立的陆地一角，并给它起名"螺栓头"。19日，船员们又发现了另外几座小岛，这些岛屿地势低洼，岛上满地黄沙，十分荒凉。船员们给从这里看见的一个海角起名"格伦维尔角"，另一个海湾则被叫作"庙宇湾"。下午，许许多多岛屿陆续被发现，他们给这些岛屿起名"伯的群岛"（又名"鸟岛"），因为岛上鸟儿成群。20日，船员们看到了更多的小岛，并在其中一座岛上发现了几棵树和几座印第安人的木屋。21日，船员们驶过了一条布满滩涂的通道，通道的一边由大陆构成，他们将大陆上的一个岬角命名为"约克角"。约克角的南边形成了一个很大的海湾，船员们将其叫作"纽卡斯尔湾"。约克角的北边全是山岭，但是地势较低的地方树木青葱。船员们将这天早上发现的几座岛屿命名为"约克群岛"。随后，奋进号在一群岛屿中间抛锚，船员们发现通道开始越变越宽，同时，他们还观察到远处有两个海角，海角中间没有任何陆地。这时，每位船员的心中都变得激动万分，仿佛看到了一种希望，那就是寻找一条通往印度洋的航道。为了让这一希望变成现实，船长在索兰德博士和班克斯先生的陪同下，带领一组人员登上了一座岛屿，他们曾在这座岛屿上看到了无数的印第安人。三名印第安人站在岸边，好像要阻止他们的船靠岸，不过在小船抵达海滩之前，那三名印第安人就已经撤退了。船长和他的同伴们登上了一座山丘，从那里他们可以看见四十英里内的所有情况。他们发现那条航道上没有任何障碍物，那么，这条航道的存在似乎不容置疑了。离开岛屿之前，库克船长在陆地上挂上了英国国旗，并以乔治国王的名义宣布这个国家的所有东海岸为英国领土，即从南纬38°一直到现在他们所在地方的所有东海岸，船长将其命名为"新南威尔士"。岛上连续发出了三声枪响，奋进号上以同样的方式作为回应，船长将脚下的岛屿命名为"占领岛"。奋进号起锚了，船员们将这条通道西北边最大岛屿的最外端命名为"康沃尔海角"，靠近通道中央的一些低洼岛屿则被命名为"瓦利斯群岛"。经过瓦利斯群岛后不久，奋进号便抛锚了，船长派出长艇前去测量海水深度。傍晚时分，大船再次起航，船长和班克斯先生登上了一个小岛。该岛上常常有数不清的鸟儿造访，其中数量最多的是鲣鸟，于是他们给这个小岛起名"鲣鸟岛"。大船开始向新荷兰最北端进发，船员们有幸观赏到了西边广阔无垠的大海。航道东北边入口处是新荷兰大陆，它由无数的岛屿组成，这些岛屿被叫作"威尔士亲王群岛"。库克船长猜测通过这些岛屿也许能抵达新几内亚，他将这条航道命名为"奋进号海峡"。

新南威尔士的所有村庄规模都很小，每个村庄最多有十四五个人居住。这里的男人们体形优美，中等个头，身手十分敏捷，但是他们的声音很柔软，甚至有些女人气。他们的肤色是巧克力色，因为身上实在太脏，所以看起来有些像黑人的肤色。他们的头发原本又黑又长，但是通常会被剪短。也有少数人的头发微微卷起，上面总是沾满了泥土。他们的胡须十分浓密，但是也经常用火烧得很短。女人们通常离得远远的，每当过河时，男人们总是将女人甩在后面。这些人佩戴的主要饰品就是穿在鼻子上的那块骨头，水手们异想天开地给它起了个名字——斜杠帆帆桁。除此之外，当地人还将贝壳做成项链，挂在脖子上；有时候也用小绳子在手肘和肩膀之间的胳膊上缠上两三圈；他们有时还会在腰间系上一束辫好的头发。当地的少数土著人拥有一种挂在胸间的贝壳饰品。这里的人们会在身上涂上红白相间的条纹，这些条纹大小不一。他们还在两只眼睛外面画上一个白白的圆圈，脸上则画上了斑点。当地人的耳朵都打了洞，可是并没有佩戴耳环。他们对船员们赠与的东西来者不拒，可惜并没有想起给对方相应的回报。无论船员们提出任何条件，他们也不愿意将自己的饰品换给对方。当地人身上有一些伤疤，那代表着他们对死者的怀念。这些人的屋子用一些小棍子搭建而成，棍子的两端被固定在地上，形成一个灶的形状，棍子上面盖着树皮和棕榈叶。屋门在壁炉的对面，高度正好够一个人坐在那里挺直腰板。当地人都蜷着身子睡觉，即便这样，一间屋子最多也只能容纳四个人。在北部地区，天气更加暖和，所以房子的背风面是敞开的。因为这些木屋只是临时的栖身之所，所以当人们搬到其他地方去时，这些木屋就被遗弃了。他们的屋子里有一种用来滤水的桶子，是将一块长方形树皮的四个角用树枝绑起来制作而成的，这也是他们屋里唯一的器具。当地人背后总是背着一个有着甘蓝菜大小和形状的包包，包包里面装着渔钩渔线、用来做渔钩的贝壳以及一些饰品，包括一些飞镖的镖针和两三种颜料，这些东西是他们所有的财产。当地人的食物有袋鼠、鸟类、山药和各种水果，鱼类是他们最主要的食物来源，船员们还经常看见他们咀嚼一种树叶。他们生火和传递火种的方法十分神奇。生火时，他们先将一根木棒的一端弄钝，再将这根木棒竖着放置在一块干木头上，钝的那一端朝下，然后双手握紧木棒，迅速地来回搓动着，很快，火就产生了。船员们看见一名土著人常常沿着海岸线跑来跑去，将火带去不同的地方。他的方法是这样的：出发之前，他先将一小块火星用干草包起来，接着快速奔跑起来，火星马上将干草点燃了，于是他把点燃的干草放在地上，然后，他再用干草包起另一块火星，再次奔跑起来。这样循环往复，他可以任意地增加火焰的数量。当地人点燃这么多火焰好像是为了捕捉袋鼠，据说这种动物十分怕火，当它们被猎狗追赶时，绝不会往刚刚被火烧过的地方逃跑，即使火已经熄灭了。

新南威尔士的土著人也使用长矛，但是这些长矛的构造与其他地方的非常不同。该国南部的土著人所使用的长矛有四个用骨头做成的尖头叉子，叉子上还装上了倒钩并且打了蜡，表面十分光滑，这样它就可以很容易地插进目标；而北部土著人所使用的长矛只有一个矛尖，矛杆是用一种类似

澳大利亚土著（10）

芦苇的植物做成的，由好几节连接而成，总长8~14英尺。这些长矛的矛尖有的用鱼骨做成，有的则用坚硬厚实的木头制成，上面也用木头或者石头做成了倒钩，因此这种长矛一旦插进人的身体，就很难拔出来。如果硬要拔出来的话，肉体会被撕得血肉模糊，甚至在里面留下碎片。如果土著人射击的目标离得很远，他们会借助一根投掷棒；如果目标就在身边，那么直接用手投掷就可以了。投掷棒是一根光滑坚硬的红木，厚半英寸，宽两英寸，长度约三英尺，在距离一端四英寸的地方固定着一根横杆，另一端则有一个突起的小结。长矛的矛杆上靠近矛尖的地方有一个小洞，这个突起的小结正好可以穿过这个小洞，当用力往前推时，小结可以轻易地滑出洞口。土著人将长矛放在投掷棒上，再将它搭在肩膀上，摇晃着，用

最大的力气将二者同时扔出，横杆与肩膀突然的撞击力将投掷棒猛拉回来，长矛则以惊人的速度飞了出去，它通常可以很准确地击中目标。如果在距离五十码的地方做上标记，同时使用长矛和火枪射击，长矛命中目标的可能性比火枪更大。

这些土著人用树皮制作盾牌，盾牌约18英寸宽，3英尺长。船员们发现这里的许多树木都被剥掉了树皮，有一些树木的树皮没被剥掉，只是从中间切走了盾牌大小的一块。在北部地区，土著人将树干挖空做成独木舟，船员们推测他们是用火将树干掏空的，因为他们似乎没有能够完成这样工作的任何工具。这种独木舟长约14英尺，船体很窄，十分容易侧翻，不过它安装了舷外支架，有效地解决了这一问题。当地人双手握桨划动独木舟。南部地区的独木舟用一块四码长的树皮做成，树皮两端被分别固定起来，再用一块木头将其撑开。这种独木舟最多只能承载四人。在水深的地方，土著人一手握住一支1.5英尺长的船桨，两手同时摆动起来，驱动独木舟往前行驶。在浅水区，他们则用长长的船篙推动独木舟前进。当地的土著人平常所使用的工具很简单，包括一把木槌、一个楔子、一把石头扁斧和一些珊瑚和贝壳，这些珊瑚和贝壳很可能是用来切割东西的。他们经常用一种树叶反复擦拭长矛和投掷棒，将它们打磨得十分光滑。这种树叶有几分像野生无花果的叶子，其锋利程度不亚于锉刀。

1770年8月24日，星期五，奋进号重新起航了。它朝着西北方向前进，几小时后前面的小船发出了信号，提醒大家即将进入浅水区。船员们立即将船帆全部拉了起来，并派遣人员下去查看大船周围的情况。结果他们发现大船四周几乎全是浅滩，如果它任何一边再多出一链长度的话，肯定早已撞上了那些浅滩。下午，海水开始退潮，大船继续往前行驶并在太阳落山前走出了困境。

27日，大船继续往前行驶。到了夜间，船员们收起了船帆。为了寻找新几内亚，奋进号开始顶风转向正北方行驶，这样一直持续到了28日黎明。船员们在桅杆顶端望见了陆地，那天晚上，大船时而离岸时而靠岸，破晓时分，它终于在一阵轻快的大风中朝陆地直奔过去。

星期四，30日，奋进号继续往北航行，船员们已经可以看见陆地了。库克船长决定乘坐一艘小船前往陆地，而大船则继续保持时而离岸时而靠岸的状态。9月3日，库克船长在班克斯先生和索兰德博士的陪同下，乘坐舰载艇出发了。他们一共有十二人，个个全副武装。小船直接朝岸边驶去，就在离岸边不到200码的地方，船员们发现那里的水实在太浅了。最后，他们不得不将船停在那里，只留下两名船员看守，其余人则涉水前往岸上。他们在沙滩上发现了人类的足迹，那些脚印就在高水位线的下方，很明显这里曾有土著人来过。当他们走了大约四分之一英里时，三名印第安人突然大喊着从树林里冲了出来。其中一名印第安人朝英国人扔出了一样东西，那个玩意儿从他身边划过，像火药一样燃烧起来，但是并没有爆炸；另外两人则把手中的长矛扔向英国人。船员们给枪装上了霰弹，朝着印第安人开了一枪，对方并没有被吓退，而是又扔出了一枚飞镖。这次，船员们装上了真正的子弹，再次向对方射击。印第安人中间好像有人受伤了，他们转过身以飞快的速度逃跑了。库克船长决定返回船上去，就在回去的路上，他看到了船上发出的信号，得知有更多的印第安人正在靠近他们。果然，没过多久船长就看见500码开外的地方有几名印第安人正朝他们走过来。印第安人看见英国人后立刻停了下来，直到船员们再次涉水回到船上他们才离开。

这些印第安人与新荷兰人很相似，不仅身材差不多，就连头发也像新荷兰人一样剪得很短。他们用芦苇或者竹竿制作长矛，矛尖则用坚硬的木头做成，并在不同的地方做上了倒钩。这些长矛重量很轻，长度约为4英尺。印第安人在60码开外的地方就可以将长矛扔过英国人头顶，不过他们投掷的方法却不尽相同。9月3日，星期一，库克船长指挥船只向西驶去，他决定不在这片海岸做更多的停留了。

星期六，8日，船员们经过了两座小岛。到了第二天中午，他们看见了更多的陆地，大家猜测那要么是阿尔鲁群岛，要么是塔宁巴尔群岛。星期三，船员们在很多地方发现了燃烧的篝火和袅袅青烟，他们推测那些地方应该住了不少人。靠近海岸的陆地上大树参天，这些树长得很像松树。再往陆地里面走，可以看见一片片的椰树和红树林。

17日上午，大船已经经过了地图上出现的所有岛屿，因此当船员们在西南方向又发现一座新的岛屿时，感到十分吃惊，他们认为那将是一个新的发现。响午，船员们看见了许多房屋、椰树林和成群的绵羊，眼前的繁荣景象让他们感到十分欣喜，因为一些船员的身体已经每况愈下，急需补充新鲜的食品。船长立刻派遣戈尔少尉驾驶舰载艇前去寻找停泊的地方，少尉带上一些他认为当地人能接受的商品出发了。在戈尔少尉离开期间，船员们看见山坡上有两个人正骑着马，他们频繁地停下来观察奋进号。少尉很快便返回大船上,他告诉大家自己驶入了一个小海湾,那附近坐落着几座房屋,一些当地人还过来邀请他上岸,他们彼此通过手势尽可能地交流起来。少尉还说那些当地人的样貌和衣着都很像马来人,除了腰上挂着的小刀,他们身上没有别的任何武器。

少尉没有找到适合大船抛锚的地方,于是他带上钱和物品,再次前往岸边,向当地人购买或者交换病员们迫切需要的物品。这次,索兰德博士陪着少尉一同前往岸边。在他们离开期间,大船时而离岸时而靠岸。少尉和博士乘坐的船只刚刚离开不久,大船上的人们又看见另外两位骑马人,其中一位头戴镶着花边的帽子,身穿欧洲大衣和马夹。两人骑着马在岸上走来走去,他们没有注意到少尉等人的小船,而是对奋进号表现出了极大的关注。船员们看到小船刚抵达岸边,许多当地人就急急忙忙地跑了过来,他们有的骑着马,更多的则是徒步前进。船员们还看见一些椰果被搬到了小船上,他们猜测少尉等人已经和当地人展开了贸易。这时,小船上发出了信号,告诉船员们不远处有一条海湾可以供大船停靠,于是他们立刻驾驶奋进号往那条海湾驶去。没过多久,少尉也驾驶小船返回了大船身边,他报告说自己没能买到椰果,因为椰果的主人不在,当地人把他之前带来的一些椰果给了少尉,作为少尉送给他们亚麻布的回报。当地人在沙滩上画了一幅粗略的地图,地图上显示就在他们所在地的附近有一个海港和小镇,因此少尉才立刻向奋进号上的伙伴们传达了这个消息。当地人还告诉少尉他们可以在那里获取大量的水果、家禽、猪和羊等等。少尉在那群当地人中看见了几位身份尊贵的土著人,他们脖子上挂着黄金项链,身上穿着精美的亚麻衣服。那些印第安人口中经常提到"葡萄牙人"这几个字眼，少尉猜测岛上可能居住着某些葡萄牙原住民。恰巧小船上有一位船员来自葡萄牙，他用自己的语言与当地人交流起来。这位船员很快便发现那些当地人只知道几个葡萄牙词语，而且完全不懂那些词语的意思。

　　奋进号很快驶入了海湾，船员们望见了不远处的印第安人小镇，小镇前桅楼的桅顶上还飘扬着一面旗帜。没过多久，镇上传来了三声枪响，荷兰国旗也在小镇上空升了起来。奋进号继续往前行驶，并在傍晚7点抛了锚。库克船长认为岛上肯定有荷兰人的殖民地，他派遣少尉前去拜访当地的长官或者其他主要官员，向官员们表明他们的身份，并向对方说明奋进号停靠在这里只是为了补充一些必要的供给。少尉来到了岸上，12名印第安人组成的警卫队前来迎接他。这些印第安人身上都扛着滑膛枪，走起路来没有一点儿秩序。他们带着少尉来到了镇上，这就是昨天晚上升起国旗的地方。在这里，少尉见到了岛上的国王。在一位葡萄牙人翻译的帮助下，少尉向国王说明了自己的来意。国王告诉少尉他很乐意供给英国人必需的食物，但是在没有得到荷兰人的允许前，他不能和除了荷兰人以外的任何其他人做交易，他和荷兰人已经结成了联盟。不过国王又补充说道，他可以向这里的荷兰代理人提出申请。那位荷兰代理人名叫兰格，是他们这里唯一的白人，少尉也证实了他就是大伙在奋进号上看见的那位欧洲人打扮的骑马人。国王立即派人给兰格送去了一封信，几个小时以后，兰格来到镇上。他在少尉面前表现得彬彬有礼，并告诉少尉他愿意向英国人购买一些对岛上居民有用的东西。少尉欣然接受了兰格的提议，国王和兰格先生都表示自己很想到奋进号上参观一番。为了保证自己能安全返回，他们提出留下两名船员作为人质。少尉答应了他们的所有要求，并在晚饭之前将他们带到了奋进号上。由于索兰德博士和另一位绅士精通荷兰语，两人便在兰格和其他官员之间充当起了翻译的角色；而一些懂得葡萄牙语的水手则和国王身边的几名随从交流了起来，那几名随从也会说葡萄牙语。那天的晚餐主要是羊肉，国王对这道美食赞不绝口，于是向船长提出想要一头英国绵羊，船长很慷慨地将船上最后一头绵羊送给了他。船长的热情极大地鼓舞了国王，他又向对方索要一只来自英国的狗，于是班克斯先生很礼貌地将自己的猎狗送给了他。除此之外，他们还将一个望远镜送给了国王，兰格先生告诉国王这个礼物很有价值。

接着，国王和兰格先生告诉船长这个岛上有许多水牛、羊、猪以及鸡等等，他们承诺第二天会将这些动物赶到岸边，这个消息不禁让大伙感到精神振奋。只见餐桌上觥筹交错，印第安人和撒克逊人都有了几分醉意，但是他们趁着神志还算清醒的时候提出了离开的请求。船员们又送了许多礼物给对方，并在对方下船的时候鸣枪致意，一共发射了九颗子弹。班克斯先生和索兰德博士陪着他们一起返回镇上，访客们离开大船时高喊了三声作为对船员们的回敬。英国绅士们来到了镇上，印第安人捧出棕榈酒招待他们。这种酒实际上就是未发酵的棕榈果的新鲜果汁。棕榈酒甘甜爽口，英国绅士们认为它或许有助于船上坏血病人的康复。他们还观察到当地人的房子只有一个茅草屋顶、一块木地板和地板上支撑着屋顶的4英尺长的柱子。

星期三，也就是19日的早上，库克船长在几位绅士的陪同下前去回访国王，其实他们的真实目的是去购买牲畜和家禽，确保国王已经兑现的昨天的承诺,将牲畜和家禽都赶到了沙滩上。可是结果却让船长和绅士们大为懊恼,他们发现国王根本没有履行自己的承诺。船长和绅士们来到了议院,这里有几座房屋是由荷兰东印度公司修建的,它们与其他房屋有着明显的区别,那就是屋顶用两块木板搭成了一对牛角的形状。船长在这儿见到了兰格先生和国王,他们被许多政府官员围在中间。船长告诉他们自己已经载来了许多货物,希望和他们交换必需的食品。兰格先生和国王建议船长先将物品卸下来搬上岸去。双方最后达成了协议,即英国人以现金购买猪、羊和水牛等牲畜。就在双方进行商议的过程中,兰格先生突然起身离开了,他告诉船长帝汶岛康科迪亚的长官给他来了一封书信,书信的内容要等他回来之后再告诉大家。由于船长乘坐的小船上没有新鲜食物,他们向国王请求购买一头小猪和一些大米,并请求国王命令他的人帮忙准备一下晚饭。国王亲切地回答道,他不建议船员们吃他的臣民们做的饭,如果可以,他愿意亲自招待船长等人。晚餐就这样开始了,库克船长派小船去奋进号上取一些酒过来。下午五点钟,双方在垫子上坐了下来,仆从们端上来36个篮子,里面装着各种食物。晚餐结束之后,船长邀请国王和他们一起饮酒,国王遵照当地的风俗习惯,拒绝了船长的盛情邀请。他告诉船长,他们这里的风俗是主人不能和客人同醉。首相和兰格先生参加了这次宴会,英国人对这顿晚餐相当满意,猪肉和米饭都十分可口,肉汤也不难喝,美中不足的就是那些用树叶做成的勺子。这种勺子实在太小了,没有几个人有耐心使用它们。酒过三巡之后,英国人终于抓住机会问起了买卖牲畜的事情,而在此之前对方一直绝口未提此事。根据印第安人的承诺,这些牲畜在今天一早就应该被带到海滩上了。兰格先生告诉船长，康科迪亚的长官在给他的信上说道，他们允许奋进号在岛上停靠并补充供给，但是奋进号不能在此做过多的停留，也不能向岛上地位较低的居民提供任何贵重的礼物，船员们送给印第安人的东西只能是珠子或者其他价值较低的物品。听完兰格的表述，船长明白了这封信很可能是兰格自己杜撰的，目的是为了防止英国人对土著人表现得太过慷慨大方，这样荷兰人才能将利益装进自己囊中。晚上，几头羊被带到了沙滩上，可是还未等到船长取来买羊的钱，它们就被驱散了。尽管如此，当地人又陆续送来了一些鸡和大量的果汁，这种果汁是从棕榈树上采集的，味道比糖浆还要好许多，价格却十分低廉。现在，船员们根本没法获得足够的供给，船长对此感到十分烦恼和失望，他向兰格先生表达了自己的不满。兰格先生回答道，英国人可以自己到海滩上购买任何想要的东西，但是土著人害怕船员们用假币支付，所以不肯与英国人进行交易。尽管兰格的话可信度极低，库克船长还是来到了海滩上，海滩上仍然看不到任何牲畜或者其他可买的东西。在船长离开的时候，兰格又告诉班克斯先生印第安人因为没有收到黄金，所以才不愿意卖给他们东西。班克斯先生已经不想再与这位出尔反尔的伪君子有更多的交流，于是甩下他迅速离开了。

20日，索兰德博士和库克船长一起上了岸，前者去镇上找兰格先生谈话，后者则继续留在海滩上等待当地人过来交易。在那里，船长遇见了一位印第安老人，他看起来似乎有一定的权威，船员们通过他的名字认出了他正是这里的首相。为了让这位印第安老人帮助自己买到食物，船长送给他一个望远镜。印第安老人答应卖给船长一头小水牛，并且要价五基尼，这个价钱几乎是这头水牛价值的两倍。船长只愿意付给卖家三基尼,对方觉得这个价钱不错,但是他又说道,他要先告诉国王这个情况,否则不能拍板定价。一名信使立刻被派去给国王报信,这名信使带回了国王的答复:低于五基尼不卖。船长最终决定支付给卖家五基尼,另一名信使又被派去给国王回话。在信使离开期间,船长看见索兰德博士从镇上出来了,他身后跟着大约100名印第安人,这些人有的扛着滑膛枪,有的拿着长矛。船长赶紧询问索兰德博士,为什么这些印第安人充满了敌意?索兰德博士把事情的原委一五一十地告诉了船长。原来兰格说英国人付给土著人的价钱还不到商品价值的一半,从今天开始要禁止双方进行交易,所以那些土著人才表现得如此愤怒。

英国绅士们已经猜到了这些都是兰格的诡计,正当他们商量如何尽快渡过这个难关时,兰格的追随者们开始驱逐那些前来交易的土著人了。那些土著人有的带来了棕榈果汁和家禽,有的带来了羊和水牛。

就在这时,库克船长无意中看到了那位印第安老人的表情,他似乎对那些驱逐者的行为也有些不满。为了更好地利用这一点,库克船长上前抓住老人的手,递给他一把古老的腰刀。这份礼物送得恰到好处,竟然还带来了意想不到的好结果。印第安人首相对这份象征着荣誉的礼物爱不释手,马上同意与英国人进行交易。土著人十分愿意卖给英国人他们需要的任何东西,他们牵来了许多的牛,市场上很快就被挤得水泄不通。对于最先购买的两头水牛,库克船长支付了10基尼,接着他开始用滑膛枪与对方进行交换,一杆枪换一头牛。这样他可以换回自己认为合适的任何数量的物品。船长心里明白,对于自己最先支付给印第安人的10基尼,兰格肯定会剥夺一定的利润。他编造谎言说印第安人一定要收取黄金才肯出售货品，无非是为了更好地攫取利润。最后，库克船长向岛上的土著人购买了几百加仑的棕榈果汁、少量的大蒜、无数的鸡蛋、一些酸橙和椰果、三十只鸡、三头猪、六只羊以及九头水牛。既然已经获得了足够的必需品，船员们也没有必要在此逗留了。他们给这个岛屿取名"萨武岛"，萨武岛位于南纬10°35′、西经237°30′。

在奋进号抵达这片海域大约两年前，一艘法国船只在东帝汶海岸失事了。它在岩石中间围困了好几天之后，最终被大风摧毁了。船长和绝大多数船员都溺海身亡了，只剩下中尉和80名船员游到了岸边。他们经过了康科迪亚，并在那里补充了一些必需品，接着他们在一些荷兰人和印第安人的陪同下返回了船只失事地。荷兰人和印第安人帮助他们找回了所有装着金条的箱子和其他财物。搜寻工作完成之后，他们又返回了康科迪亚，并在那里停留了七个星期。然而就在这段时间里，死亡大规模地袭击了他们，最后只剩下不到一半的人回到自己的祖国。

9月21日，奋进号开锚起航，一直朝西方驶去。28日，为了赶到爪哇岛，大船向西北方行驶了一天。30日，库克船长收集了所有军官、士官和水兵们的航海日志，并责令他们对奋进号曾经去过的地方严格保密。晚上七点钟，天空开始电闪雷鸣，到了十二点钟，他们在闪电的亮光中看到了爪哇岛的西端。

10月2日，大船靠近了爪哇岛的海岸，并一直沿着它向前行驶。此时，图皮亚已经病得很厉害了。那天上午，船长派出一艘小船前往岸边，为图皮亚寻找水果。不久，派去的船员带回了四个椰果和一小串大蕉，他们为此支付了一先令的价格，外加一些牛草。

爪哇岛上风景优美，绿树成荫，看起来就像被一片延绵不绝的森林覆盖着。七点钟左右，船员们看见了两名荷属东印度群岛的居民，并从他们口中得知"燕子号"帆船已经安全抵达了英吉利海峡，两年前这艘船曾在巴达维亚停留。

3日晚上六点钟，一些当地人驾驶船只来到了奋进号边上，他们带来了鸟、猴子和其他东西。由于对方要价太高，船员们只向他们购买了很少的东西。船长用两美元买了25只鸡，并用一块西班牙银元换取了一只36磅重的乌龟。一艘荷兰客船的主人带着两本书来到了奋进号上，他请求船上的一名军官在书上写下相关信息，供以后来这的英国人了解，包括他们这艘船的名字、指挥官是谁、这艘船从哪儿出发，又到过哪些港湾以及和船员们有关的奇闻逸事。这位主人还亲自在另一本书上写下了这艘船及其船长的名字，准备递交给东印度群岛的长官和议会。希克斯先生在第一本书上写下了奋进号的名字，然后仅仅在后面加上了"来自欧洲"几个字。那位主人注意到了这一点，他并没有表现出任何不悦，还向英国人强调说这只是为了给他的朋友们看看，不管他们写下什么，他都会感到很开心。

5日，奋进号好几次试图起航，结果都毫无例外地抛了锚。第二天早上，奋进号终于进入了航线，可惜水流十分湍急，它只得又停了下来。接下来的几天里，奋进号走走停停，直到8日它才在一个小岛附近抛了锚。船员们在所有地图上都没有找到这个小岛，他们将其命名为"米勒斯岛"。班克斯先生和索兰德博士登上了小岛，他们在岛上采集了几种植物，还打中了一只蝙蝠。这只蝙蝠体形巨大，两片翅膀的最末端竟然相距一码。

两位绅士返回船上后不久,几名马来人坐船抵达了大船附近,他们带来了干鱼和乌龟出售,其中一只体重约150磅的乌龟售价仅为一美元。那天,大船没有行驶太多里程。到了晚上,一阵陆风吹了过来,他们朝东南方向驶去。第二天,大船在巴达维亚的一处锚地停泊下来。刚停下不久,船员们就发现不远处另有一艘大船,船上还飘扬着阔三角燕尾旗。很快,那艘大船就派遣一只小船前来询问奋进号的名字以及指挥官的姓名,库克船长给出了自认为妥帖的答复。任务完成后,小船上的指挥官驾驶船只离去了。库克船长和船员们被这里不利于健康的气候折腾得精疲力竭,他们开始担心很多人会死在这里。尽管如此,船上除了印第安人图皮亚,其他人竟然都并没有生病。就在这时,船员们发现奋进号开始漏水了,平均每小时渗进船里的海水达到了9英寸高。船上的龙骨护板也缺失了一部分,其中一个水泵完全坏掉了,其余的水泵也损耗得很厉害,不能维持太久。军官和士兵们一致认为大船在这种情况下不能安全出海。于是,库克船长向岛上的官员们申请到岸上修理船只。随后,船长被告知这需要提交书面申请,于是他立即起草了一份申请书,并让人将它译成了荷兰语。

星期三,10月10日,船长和其他绅士们一起上了岸,向居住在巴达维亚唯一的英国人提交了申请。这位英国绅士名叫利斯,他用最礼貌的方式接待了自己的同胞,并盛情邀请他们共同进餐。下午,船长前去拜会这里的总督,总督礼貌地接待了他,并请他耐心地等到第二天早上,那时议会会审议他的申请,他的一切恳请应该都能通过。那天深夜,海上狂风暴雨,空中电闪雷鸣,一艘荷属东印度商船在雨中遭到了严重的破坏。奋进号距离这艘商船很近,却没有受到任何伤害，主要是船上的一条电路链将闪电导走了。奋进号上的一名哨兵当时正在给滑膛枪装子弹，他被突如其来的闪电和暴雷吓坏了，手不由自主地抖了一下，结果将推弹杆摔得粉碎。当闪电击中电路链时，那条电路链看起来就像一束火光，大船也随之剧烈地震动了一下。

11日，库克船长正焦急地等候着议员们的答复，很快，岸上便传来了消息：他所有的请求都得到了批准。

图皮亚因为身体不适，直到现在仍然一直待在船上，他患的好像是一种胆病，不过他拒绝服用任何药品。班克斯先生在岸上租了一间小屋，并遣人将图皮亚送到那里去静养，希望他能尽快恢复健康。图皮亚在奋进号和其他小船上都无精打采、精神萎靡，可是一到镇上，仿佛立刻恢复了生气。这里的房子、马车、街道、来往的人群以及琳琅满目的商品让他感到十分震惊，而小男孩泰犹塔看到这一切更是欣喜若狂，他忘情地沿着街道跳起舞来，好奇地东看看西瞧瞧。图皮亚对过往人群五花八门的服饰尤其关注，他向旁人打听了好几次。别人告诉他这些人来自不同的国家，每个人都按照自己国家的风俗习惯穿衣打扮。听完之后，图皮亚提出自己要穿得像个塔希提岛人。于是，船员们从大船上给他送来了一些南太平洋地区的衣服，他十分熟练地穿了起来。巴达维亚人曾在布甘维尔先生的船上见过一名印第安人，他的名字叫作奥托娄。当他们见到图皮亚之后，把他误认为了奥托娄，并不停地追问他到底是不是此人。这时，库克船长发现了一个之前没有料到的难题，那就是他们现在没有足够的钱为奋进号上添置东西了，船上的个人既没有能力也没有意愿凑足这些钱。于是，船长亲自向政府写了一份申请信，要求英国东印度公司先向自己支付一部分钱。

星期四，18日，停留了几天之后，船员们朝欧鲁斯特驶去，并将大船停泊在了库珀岛的码头上，他们把船上的储藏品全部拿了出来。九天之后，船员们渐渐感受到了水土不服带来的严重影响。图皮亚的病情突然加重了，并且一天坏似一天；而跟随图皮亚的男孩泰犹塔肺部也开始发炎了；班克斯先生和索兰德博士高烧不退；班克斯先生的两名仆人也病得很重。总而言之，在短短几天之内，几乎所有人，不管是在船上的还是在岸上的都得了病。大家猜测正是这里潮湿的空气和镇上无数纵横交错的肮脏运河引起的。

到了26日，少数船员能够干活了。图皮亚要求把自己转移到大船上去，他希望能呼吸到更新鲜的空气。不过他的愿望落空了，因为大船已经被取下了索具，准备搬到岸上去了。28日，班克斯先生将图皮亚转移到了库珀岛上，并为他搭建了一顶帐篷。在这顶帐篷里，图皮亚既可以吹到海风，也可以吹到陆风。

11月5日，蒙克豪斯先生不幸去世了，他的离去对船员们来说无疑是个重大的打击。不仅是因为蒙克豪斯先生理智、技术精湛，更因为现在是大家最需要他的时候。索兰德博士身体稍微恢复了一些，正好赶上参加蒙克豪斯先生的葬礼，而班克斯先生却只能躺在床上。这里有毒的空气助长了病魔的气焰，船员们的病情丝毫不见起色。他们雇佣了几名马来人照顾生病的船员，谁知这些马来人既无责任心也无人性，病人们不得不经常下床去寻找他们。

9日，印第安男孩泰犹塔死了，可怜的图皮亚受不了这突如其来的沉重打击，病情越发严重了，明眼人都能看出他也活不长了。船员们仔细检查了大船的底部，发现情况比他们预计的更加糟糕。

防护龙骨大部分已经没有了，而主龙骨也多处地方受到了损害；船体上的包覆材料很多都被扯掉了，几块木板受损严重；许多蠕虫也已经在木材里安营扎寨了。没想到在这种情况下，奋进号竟然坚持航行了几千里格，而这一路上遇到的危险也不比其他任何地方少。

索兰德博士和班克斯先生已经被疾病折磨得心力交瘁，医护人员建议将他们转移到乡下去，说那是让二人恢复健康的唯一机会。于是，大家在离小镇两英里远的地方给他们租下一间房子，还买来两名马来妇女照顾他们。这两位妇女温柔体贴，是很好的护士。当两位绅士正在努力恢复健康时，图皮亚的意志变得更加消沉了，一方面是因为疾病的折磨，另一方面则是因为泰犹塔的死对他打击实在太大，要知道他可是一直把泰犹塔当作自己的孩子看待。图皮亚对自己即将离开人世表现得很坦然，他常常对身边的人说："我的朋友，你看，我就要死了。"最后这段时间他表现得十分听话，所有给他的药他都乖乖服下。最后，图皮亚和泰犹塔都被埋在了伊丹岛上。

25号夜间，暴雨连续下了四个小时。雨水灌进了班克斯先生住所的各个角落，底层的房间俨然已经成了汪洋大海，那些雨水足够拉动一座磨坊了。班克斯先生的身体已经恢复得差不多了，他于第二天回到了巴达维亚。11月26日，从西边吹来的季风抵达了这里。白天的时候，这里刮北风或者西北风，晚上则刮起了西南风。在季风到来之前，这里已经连续下了好几个晚上的暴雨了。水坑里的蚊子和蠓虫黑压压的一片，飞起来时就像蜜蜂出巢一样。青蛙也在沟渠里成天呱呱地叫着，这些都标志着雨季已经到来了，从现在开始每天都要下雨了。

奋进号已经修好了，病人们都被接上了大船，大部分的水和储藏物也搬了上去。12月8日，大船从欧鲁斯特出发，在巴达维亚的近岸水域停泊了下来。在这里，船员们花了12天时间将剩下的供给、淡水以及其他必需品弄上了大船。这项工作其实可以在很短的时间内完成的，无奈船员们的情况很不乐观。几名船员死了，绝大多数的幸存者身体还很虚弱，根本没法帮忙。

5日，库克船长上岸去和这里的长官以及几位热心的绅士告别，就在这个时候，发生了一件事情，其结果可能是大家都不愿意看到的。一名水手从巴达维亚近岸水域的一艘荷兰船上逃了出来，躲到了奋进号上。荷兰船的船长向这里的总督提交了申请，宣称那名水手归荷兰议会管辖。总督下达了遣返水手的命令，英国官员得知这个消息后向总督保证，如果那名水手真的是荷兰人，那么一定会将其送回荷兰船上。这时库克船长还在岸上，他打算第二天才返回奋进号。于是，船长给了荷兰官员一张便条，让他带着便条去找此时在船上指挥的希克斯中尉，如果情况确如上面所说，中尉会按照指示将水手遣返。第二天，那名荷兰官员焦急地找到了库克船长，告诉他中尉果断地拒绝了自己的要求，还说那名水手是爱尔兰人，当然，也就是英王陛下的子民。库克船长对中尉的做法表示了赞同，并向荷兰官员说道："您不能指望他送还一名英国人吧？"荷兰官员说自己是按照长官的命令向他们索要那名丹麦逃犯，逃犯的名字已经记录在了船上的档案里，资料显示他出生在埃尔西诺（丹麦城市）。对于荷兰官员的话，库克船长给出了合理的答复："我想总督在下达命令时犯了一个错误，这名逃犯有权选择究竟为荷兰人还是英国人服务。但是为了遵照长官的命令，如果他真的是丹麦人，我们应该将其送还，不过这种情况下，他可以要求维护自己的人权。如果这名水手确实是大不列颠的公民，那么我们是绝不会将他交出来的。"听完船长的回答，荷兰人无奈地离开了。很快，船长便收到了中尉送来的书信，里面附上了足够的证据证明那名水手是英国人。船长将这封信送到了荷兰官员那里，请他将信递交给总督并告诉对方任何情况下他们都不会放弃这名水手。库克船长的果敢行为收到了预期的成效，这件事情就此告一段落。

现在，库克船长、班克斯先生以及住在镇上的绅士们一起返回到奋进号上。第二天早上，奋进号准备开锚起航了。附近的城堡和埃尔金东印度商船都向奋进号表达了敬意，奋进号也一一向对方致意。大船起航后不久，海风就刮了起来，船员们不得不再次抛锚。自从奋进号抵达巴达维亚之后，船上除了七十多岁的修帆工，其他所有人都生病了。奋进号在此停留期间，这位老修帆工每天都喝得醉醺醺的。船员们将七位伙伴埋在了巴达维亚，他们是图皮亚和他的小男孩、三名水手、天文学家格林先生的仆人以及外科医生。奋进号再次起航时，船上有四十名船员还在病中，其余的船员也刚刚从疾病中走出来，身体还十分虚弱，几乎不能重返岗位工作。

巴达维亚坐落在一个大海湾旁边，距离巽他海峡二十多英里，位于爪哇岛的北边。几条小河从布里文伯格山上流淌下来，在国内延绵四十英里，最后在这里注入大海之中。这些河流在镇上纵横交错。这里的每条街道旁边都有宽广的运河，河水污浊不堪，但是运河两岸树木林立，让人觉得十分惬意。不过，这些树木和运河也让这里的空气变得对人体不利。一些河流可以通航三十多英里，荷兰人之所以选择巴达维亚，多半也是看中了它的水运能力。除了荷兰的小镇，这个地方的便捷交通超过了世界上任何其他地方。

进入巴达维亚镇需要通过两座吊桥，小镇的东北角有一座城堡，任何人不允许在壁垒上行走。

总督和所有议员都住在城堡里，里面为他们修建了公寓。城堡里还有无数的仓库，用来存放荷兰东印度公司的所有财物，其中包括大量的火药。这些火药被放置在不同的地方，以防闪电一次性将它们全部摧毁。城堡里还搁置着许多大炮。这个国家很多不同的地方都修建了堡垒以及具有防御功能的房屋，这些地方离巴达维亚有大约几英里的距离。

爪哇岛出产马、水牛、绵羊、山羊和猪。这里的角牛和欧洲的差别很大，这些牛体形偏瘦，但肉质十分细腻。中国人和爪哇岛的当地人要吃水牛肉，但是荷兰人通常不会，他们认为那会使人患上某种热病。这里的绵羊像山羊一样，全身毛茸茸的，头上还长着一对长长的耳朵，绵羊肉质很硬且口感不佳。这里的猪体形肥硕且肉质鲜美，尤其是中国人饲养的猪。猪身上的瘦肉被单独割下来，卖给中国的屠夫们，肥肉则炼成油卖给自己的同胞，他们用这个就着米饭吃。

葡萄牙人猎杀野猪和鹿，并以合理的价格将其出售。野猪肉和鹿肉的味道也相当不错。山羊和绵羊一样，不太受大家的欢迎。巴达维亚周围水域盛产各种各样的鱼类，体形巨大的蜥蜴在岛上也十分常见，班克斯先生就猎杀了一只5英尺长的巨蜥。船员们发现，经过烹饪加工后的蜥蜴味道十分鲜美。

爪哇岛的居民都是穆斯林，因此他们从来不会公开喝酒，不过私下里却很少有人会拒绝酒精。他们也抽鸦片，这种东西具有很好的麻醉效果，还能使人感到兴奋，因此很快在印度人和中国人中间传播开来。

1770年12月27日，星期四，奋进号离开了巴达维亚的海港，向着大海驶去。29日，在被逆风耽搁了很久之后，大船顶风经过了布洛佩尔，接着向大陆驶去。就在同一天，奋进号还经过了巴达维亚和班塔姆之间的一座小岛，船员们将其命名为"食人岛"。

在新年的早上，也就是1771年1月1日，那天是星期二，奋进号朝着爪哇岛的岸边驶去。由于风向和风力都不错，大船一直顺利地沿着航线行驶，直到5日下午三点钟，大船才在王子岛东南面抛了锚，它准备在这里补充供给，为病人们购买食物，他们的病情比离开巴达维亚时更加严重了。班克斯先生和索兰德博士在船长及其他绅士的陪同下来到了岸上，他们在海滩上看到了一些印第安人，这些人将他们介绍给了自己的国王。第二天晚上，班克斯先生又专程去拜访了这位国王，国王在自己的宫殿里十分客气地接待了班克斯。不过这座宫殿修建在一片稻田中间，国王正忙忙碌碌地亲自准备着晚餐。星期一，7日，印第安人带着鸡、鱼、猴子、小鹿和一些蔬菜来到了交易的地方。到了星期二，也就是8日，市场上出现了乌龟，打这以后，印第安人每天都会带一些乌龟到市场上出售。

星期五，11日，班克斯先生从在巴达维亚雇佣的仆人口中听说，这座岛上的印第安人在靠近海岸的地方有一座小镇，位置比较偏西。得知这个消息后，班克斯先生决定前去寻找这座小镇。因此，那天一大早，他便带上少尉一起出发了。班克斯先生猜想他的到访恐怕不会受到当地人的欢迎，于是他告诉碰到的印第安人说自己正在搜集植物，当然这也是事实。一位印第安老人将他们带到了镇上，这座小镇的名字叫作"萨玛当"，它拥有大约400座房屋。小镇被一条宽阔的河流分成了两部分，一边是旧城，另一边则是新城。当他们进入旧城里面时，几位印第安人过来和他们搭讪起来，他们曾在市场上见过这几位印第安人。其中一名印第安人答应将他们带到新城，但是每人需要支付两便士的费用。双方很快达成了协议，他们坐上了两条独木舟，这两条独木舟被并排捆在一起，防止其不小心侧翻。虽然路上遇到了一些困难，他们最终还是安全抵达了对岸。当他们踏进新城时，当地人表现出了极大的热情，并带领他们参观了国王和贵族的房子，不过这个时候还没有几座房子开门。为了保护庄稼不受鸟儿和猴子的侵扰，当地的居民们就住在稻田里。他们说如果不做好防护措施，这些庄稼就会被动物们全部糟蹋掉。当班克斯和少尉的好奇心全部得到满足之后，二人决定打道回府，他们花了两卢比（合计四先令）雇了一艘大帆船。当他们乘坐大帆船返回奋进号上时，刚好赶上品尝美味的鹿肉。那是一头小鹿，体重只有四十磅，烹饪过后的鹿肉又鲜嫩又可口。星期天，13日，大船上的木柴和淡水就快补充完毕了，班克斯先生前去向国王道别，并送给他一些小礼物。临行前他又给国王拿了两刀纸（旧时一刀纸为24张），国王欣然接受了这份礼物。

星期四，15日，东北方吹来了徐徐微风，奋进号起锚了，径直向大海中驶去。他们十天之前经过的王子岛是一座小岛，坐落在巽他海峡西边的口子上。岛上树木葱茏，只有一小部分地方没有被树木覆盖。

岛上的居民是爪哇人，他们的国王臣服于班塔姆的苏丹。居民们信仰伊斯兰教，可是整个岛上看不到一座清真寺。奋进号在王子岛停留期间，岛上的居民们正在进行赖买丹月斋戒，所有人都在认真地禁食，没有一个人触碰一丁点儿吃的，也没有人在太阳下山前咀嚼槟榔。

2月份，奋进号继续沿着既定航线行驶，它以最快的速度向好望角前进。这时，船员们在巴达维亚埋下的疾病隐患演变成了痢疾和低烧。没过多久，整艘船已经变成了医院，几乎每个晚上都有一具尸体被抛进大海。班克斯先生也再次病倒了，并且一度受到了死亡的威胁。在短短六个星期的时间里，他们已经埋葬了许多伙伴——班克斯的随行人员斯博汀先生，自然史画家帕金森先生，天文学家格林先生，水手长、木匠和他的同伴，蒙克豪斯先生，制帆工和他的助手，厨师，一名海军陆战队下士，两名木匠的伙计，一名海军准少尉以及九名水手，一共二十三人，再加上埋在巴达维亚的另外七名同伴，这场可怕的疾病对奋进号上的队员们来说简直就是一场浩劫，更可怕的是他们根本找不到任何办法防止疾病的扩散。

星期五，3月15日，晚上十点钟左右，大船在好望角附近抛锚，库克船长立即前去拜见了当地的长官，那位长官愉快地向船长保证，一定尽量提供他们所需的一切物品。船长在当地给病人们租了一所房子，价格是每人每天两先令。

奋进号在好望角停留期间，一艘霍顿印度商船正驶往英国。这艘船上已经死了将近四十名船员，当它离开好望角时，船上仍有许多人因为坏血病而生命垂危。除了这艘船，其他许多船只也因为疾病损失了不少船员。相比较而言，奋进号的遭遇还算较轻的，毕竟它已经离开英国那么长时间了。船员们在好望角一直待到了4月13日，这期间他们照顾病人，购买供给，打理船上的一些必需工作。

到了14日，星期天，船长向这里的长官道了别。奋进号也已经拔锚解缆，准备扬帆起航了。

在接下来的星期四，罗伯特·莫利纳先生也不幸去世了，他可是一位有着大好前途的青年啊！大家都为他的离开感到惋惜。奋进号继续前进，一路上没有发生什么重要的事情。直到29日，星期一，大船经过了本初子午线，这标志着它已经从西到东环绕了地球一周。大船在这儿停留了一天，清理他们在巴达维亚的支出和花费。5月1日，奋进号在圣赫勒拿岛的詹姆斯堡附近抛了锚，班克斯先生抓紧时间踏上了这座声名显赫的岛屿，并考察了岛上所有著名的地方。

圣赫勒拿岛基本上处于非洲和美洲的中间位置，距离非洲1200英里，距离美洲1800英里。葡萄牙人在圣海伦日那天发现了这座岛屿，于是将其命名为圣赫勒拿岛。奋进号靠近的是岛屿的迎风面，从那里看到的岛屿就是一堆粗糙的岩石，周围耸立着高高的悬崖峭壁。大船沿着海岸行驶，一路经过了许多巨大的悬崖，那些悬崖仿佛悬垂在大船上方。终于，他们来到了教堂谷，那里坐落着一座小镇。山谷的边上也像海边的悬崖峭壁一样寸草不生，但是山谷底部长着稀稀疏疏的青草。

尽管这块陆地的周围看起来都是光秃秃的石头，但是它的顶部却土壤肥沃，生长着谷物、水果以及各种草本植物。爬上贫瘠的岩石，你可以看到丘陵、平原、大片的果树以及菜园，当地人的房屋就坐落其间。广袤的田野中，成群的牛儿正休闲地吃着草，这些牛儿有的会被运走，有的则用来提供牛奶、黄油和奶酪等各种乳制品。当地人还饲养了大量的家畜和家禽，猪、山羊、火鸡等，应有尽有。小岛周围的海域里各种鱼类产量也很丰富。除了葡萄,这里还盛产大蕉、香蕉以及其他热带水果。当地人还种植芸豆、土豆和山药。

在1701年的时候,岛上生活着大约100个家庭,其中大部分是英国人或者英国人的后裔。

葡萄牙人在1502年发现了这座岛屿,他们开始在岛上圈养猪、山羊和家禽,为的是他们从印度返回时,可以在这里补充淡水和新鲜食物。不过葡萄牙人并没有在这里开辟殖民地,也有可能他们当时开辟了殖民地,但是后来又将其遗弃了。英国东印度公司于公元1600年占领了这座岛屿,并且一直持续到了1673年。就在那一年,荷兰人出其不意地抢占了该岛。后来,英国人在芒登船长的率领下,只花了一年时间便将其重新夺了回来。不仅如此,他们还夺取了停靠在附近海域的三艘荷兰东印度船只。当时,荷兰人在登陆的地方全部筑起了堡垒,并且在堡垒上面架起了无数的枪支,企图阻止英国人登陆。荷兰人万万没有想到,自己准备得如此充分,结果还是失败了。英国人知道有一条小溪可以直接通到岛上,不过那条小溪只够两个人同时并排通过。晚上,英国人趁着夜色顺着小溪进入了岛上,他们爬上了岩石顶端,悄悄潜伏起来。第二天一早,英国人突然从后背偷袭了荷兰人,荷兰人还没来得及还击就缴械投降了。从那以后,英国人便将那条小溪筑起了防御工事,敌人再也不可能像他们那样成功潜入岛内了。

东印度公司的事务由总督、副总督和仓库管理员共同管理,他们平时都有固定的工资。除此之外,他们还拥有一张豪华的公共办公桌,所有指挥官、船主或者尊贵的旅客都可以前去办理相关业务或者进行咨询。

当地人有时会向公司管理人员反映赋税太过沉重,生活过于艰难,并请求他们减轻自己的负担。尽管地处英国的公司已经答应了减免税收,但是两地之间相隔千山万水,等到这里的公司收到来自英国的答复时,穷苦百姓们已经遭受了无尽的苦难。另一方面,岛上的公司对于返回英国的东印度船只来说,也没能提供多大的帮助。不停地制造麻烦和不断产生的大笔费用很可能会让英国公司最终放弃这里,因为除了生活便利之外,商人们在这里毫无利益可言。

生活在圣赫勒拿岛的白人的小孩或者后裔外貌特点十分显著,他们面色红润,身体强壮,看起来非常健康。一般来说,这些特征要归因于以下几点:他们住在山顶,海风常常会光顾那里;种植蔬菜、放牧牛羊是他们的日常活动,而这些都是非常健康的运动;频繁的阵雨常常将岛上冲刷得干干净净,空气也变得十分清新;这里没有任何有毒的沼泽或者盐沼让他们感到烦恼;教堂谷的小镇和他们的种植园中间隔着一座陡峭的山峰,而他们已经习惯了在这座山上爬上爬下。这座山峰实在太陡了,人们在它的中间挖出了方便攀登的梯级,这座山也被叫作"阶梯山"。围着阶梯山上上下下,少说也得走上三四英里,所以他们既呼吸了新鲜空气,又锻炼了身体,而这是保持身体健康最重要的因素。至于这些人的性格特点,他们应该是英国人当中最热情友好的民族,几乎不知道什么叫作贪婪,也没有任何的野心。

星期六,4日,奋进号已经装满了足够的必需品,它起锚驶出了近岸海域。和奋进号一起出发的还有一艘波特兰军舰和它的护航队,护航队包括十二艘东印度帆船。在这支舰队的陪伴下,奋进号继续着返回英国的航程。到了星期五,也就是10日,库克船长发现舰队的航行速度超过了奋进号,于是他向对方发出了信号,请求和波特兰军舰的指挥官对话。应库克船长的要求,艾略特船长登上了奋进号,库克船长将写给海军部的书信递给了他,同时还交给他一箱普通的航海日志以及一些官员们的日记。库克船长请求艾略特船长将这些东西转交给海军部。直到星期四,23日,那支舰队才从奋进号的视野中消失了。那天下午一点钟左右,希克斯中尉去世了,他是一位思维活跃、技术精湛而又头脑精明的军官。他的死是由肺结核引起的,其实在离开英国的时候,希克斯就已经感觉到身体有些不适。在整个航海过程中,疾病也一直缠绕着他,可以说他一直面临着死亡的威胁。不过在很长一段时间里,希克斯的病情都发展得比较缓慢,直到奋进号抵达巴达维亚,他的病情才突然变得沉重起来,那时的他已经处在了死亡的边缘。奋进号上的所有成员都参加了中尉的葬礼,他的遗体被葬在了大海之中。第二天,库克船长任命年轻军官查尔斯·克拉克接替希克斯中尉的职务。现在,船员们离自己朝思暮想的避风港已经越来越近了,他们一路上也没有再遇到什么大的危险。星期一,6月10日,一位名叫尼古拉斯·杨的男孩在桅杆顶上发现了陆地,后来被证实那是利泽德半岛,这让奋进号上的船员感到无比兴奋。尼古拉斯·杨也是第一个发现新西兰的人。第二天是11日,星期二,奋进号经过了英吉利海峡。星期三,他们又经过了比奇角,这时大家已经难掩激动的心情,因为马上就可以看见自己的亲人和朋友了。中午,奋进号抵达了多佛,下午三点钟,它终于在唐斯抛了锚,此时距离他们从英国出发已经过去了整整两年九个月零十四天。

## 库克船长的第二次远航

库克船长的第一次环球航行不仅证实了新西兰由南北两座岛屿构成，而且对新荷兰即现在的澳大利亚这片广袤的大地进行了探索。这些成果大大鼓舞了国王陛下乔治三世，因此，他计划发起第二次远征。当然，库克船长仍然被任命为总指挥官。国王还命令海军委员会为这次远征准备两艘最合适的船只。最后，委员们从赫尔市的威廉·哈蒙德船长那里购买了两艘大船，这两艘船都是16个月前在惠特比建造完成的，它们的工程师正是当年建造奋进号的那个人。两艘船中较大的那艘叫作"决心号"，其载货量达到了462吨，它被送往德特福德进行装配；而另一艘名叫"探险号"的船只载货量为336吨，它在伍尔维奇进行装配。1771年11月28日，库克船长被正式任命为决心号的指挥官，而曾经跟随瓦利斯船长的托拜厄斯·弗诺少尉负责指挥探险号。决心号上包括军官在内一共有112名船员，而探险号上则为81人。

国王下令两艘船只都要做好最远航行的准备，而海军委员会和粮食储备局也对这两艘大船给予了极大的关注。事实上，在这次远征中，库克船长比以往任何一位进行探险远征的前辈都更具有优势：两艘大船都分别配备了一条载重二十吨的小船，它们可以不时地为大船提供服务或者解决一些紧急问题；大船上装备齐全，有渔网渔线以及各种渔钩，与热带岛屿的居民进行交换的各种小玩意儿应有尽有，船上还准备了水手们的备用衣服，尤其是寒冷季节穿的衣服。除此之外，船上还配备了最好的天文观测仪器和航海仪器，包括由阿诺德先生和肯德尔先生共同制作的四台计时器，它们是根据约翰·哈里森先生的制表原则制作而成的航海精密计时器。可以毫不夸张地说，远征队拥有了获取信息和保证航海成功的所有装备。风景画家威廉·霍奇斯先生也参加了这次远征；同时参加远征队的还有约翰·雷因霍尔德·福斯特先生和他的儿子，两人都是著名的博物学家；威廉·威尔士先生和威廉·贝利先生两人负责进行天文观测，根据经度委员会的安排，前者被分配到了决心号上，而贝利先生则跟随探险号。海军大臣们还下令打造了无数的纪念章，远征队如果发现了新的大陆或者国家，可以将其作为礼物留在那里或者以此作为纪念。

两艘船都已经备足了粮食，而且还配备了可供使用三年的所有必需品，以及这期间保证所有队员身体健康的各种医疗器械和药品等。

如此全面盛大的航海筹备工作恐怕在任何时候、任何国家都是罕见的。这次远征有议会的支持，有皇家奖金的赞助，海军部和海军最高长官以及库克船长本人亲自对准备工作进行了监督。同时，我们也不得不承认，国王陛下挑选的这位能力超群的航海家是执行此次任务的不二人选。任何人只要听说了他第一次远航的故事，都会对他钦佩得五体投地。他精明能干，勇气十足，关心下属；他十分关注航海家们总结的经验教训，哪怕是最微小的细节；他面对严酷的气候和种种艰难险阻，依然表现出了坚定的毅力和坚强的勇气。总之，他在整个航海过程中的表现让人赞不绝口，他既严格约束下属，又无时无刻不在照顾他们的情绪，维护他们的自尊。

库克船长收到了海军委员会的指示，上面标注的日期是6月25日。这份指示的主旨和大意如下：库克船长被任命为两艘船的总指挥，即探险号也要听从他的安排；两艘船先去往马德拉岛，再从那里出发前往好望角；船员们在好望角歇息整顿，补充食物和必需品，随后以最快的速度南下，寻找法国航海家布韦所说的"割礼角"，据说以格林威治的皇家天文台作为0°经线，这个海角位于南纬54°、东经11°20′，如果他们抵达了这个海角，库克船长必须采取各种方法证实它的身份，看看它是否就是欧洲各国都极为关注的未知大陆，或者只是某座岛屿的一角；不管结果如何，两艘船都要尽力对这个海角进行最大程度的探索，弄清楚它与未知大陆的联系，这对航海事业或者贸易事业都会有很大的帮助；之后，库克船长可以根据实际情况带领远征队继续往东或者往西进行新的探索，只是要尽可能地往高纬度方向走，离南极地带越近越好；不管他们对"割礼角"的探索结果如何，队员们都要继续往南而行，接着再去往东边，探索未知的南方大陆，或者南纬线上那些迄今尚未有人涉足的岛屿；这样环绕地球一周之后，他们再经过好望角返回斯皮特海德，队员们要尽可能完成这次远征的所有任务，如果当时的气候不利于在南方高纬度地区停留，队员们可以退回稍北的港口作短暂休息，待到合适的季节再去往南方，继续完成新的发现。当然，这些命令并不会对库克船长造成任何约束。如果决心号被摧毁了，他被允许指挥探险号继续航行；为了圆满完成任务，他拥有一支实力雄厚的团队，包括所有官员和士兵们；这次远征没有时间上的限制；总之，库克船长拥有充足的实力和充分的权力，在任何不可预见的情况下，他可以随机应变，按照自己的意愿行事。

上述指令的副本和库克船长的命令一起传递到了弗诺船长的手上，他被告知两艘船只一路上可以分开航行，在以下几个地点依次会合：马德拉岛，普拉亚港，好望角和新西兰。

当大船停留在普利茅斯时，威尔士先生和贝利先生在德雷克岛上测量经纬度，发现他们现在所处的位置是北纬50°21′30″、西经4°20′（格林威治）。他们根据测量结果确定了启动航海计时器和时钟的正确时间。7月13日，在两位天文学家、弗诺船长、库克船长和两名中尉的共同见证下，计时器和时钟启动了。上述人员都分配了打开钟表箱的钥匙，每次给钟表上紧发条的时候，他们都必须在场，并将钟表互相对比，以防出现差错。根据海军的惯例，船员们在这一天提前领取了两个月的薪水。作为进一步的鼓励，船长不仅向他们分发了航行中的必需品，还支付了他们5月28日之前的所有工资。

1772年7月13日，星期一，大船从普利茅斯起航了。谁知船员们刚刚离开岸边，海上就刮起了大风，海水被抬得高高的，大船不停地颠簸起来，许多船员都晕船了。"菲尼斯特雷角"进入了大家的视野之中，这时，船员们遇到了一艘很小的法国独桅船，这艘船来自马赛，船上装满了从费罗尔和科伦纳购买的面粉。法国船送给英国人一些新鲜的淡水，这对英国人来说简直是雪中送炭，因为他们已经好长时间只能用葡萄酒配面包了。22日下午，大船遇到了两艘西班牙军舰，其中一艘军舰对着探险号鸣了一枪。得知对方是英王陛下的船只后，西班牙军舰立刻向他们表达了歉意和祝福。星期三，29日，大船在马德拉岛丰沙尔附近的锚地停泊下来。船长和福斯特父子一同上了岸，副领事派来的希尔斯先生领着他们来到了洛克南斯先生的住处。这位洛克南斯先生是一位有钱的英国商人，远征队在此停留期间，他慷慨解囊，向队员们提供了自己能力范围内的所有东西。

马德拉群岛一共包含三座岛屿，即马德拉岛、圣港岛和德塞塔岛，葡萄牙人用其中最重要的岛屿马德拉岛的名字为岛群命名，这个名字象征着树林或者森林，因为岛上覆盖着郁郁葱葱的树木。十五世纪的探险精神激励了葡萄牙人，他们开始了各种探险活动并由此发现了马德拉岛。不过，也有不少人认为马德拉岛最先是由一位名叫罗伯特·梅钦的英国人发现的，当时的英国国王是爱德华三世。

葡萄牙国王亨利一世对摩尔人发动了战争，他率领一支强大的军队进入了非洲。1415年，他们包围了休达并最终占领了这座城市。在这次远征中，国王带上了他的儿子们，其中一位便是亨利王子。亨利王子对数学有着浓厚的兴趣，尤其喜欢研究地理和航海。这次远征让亨利王子与摩尔人和非洲犹太人之间有了很好的交流机会，他因此了解了当地人的生活方式、附近几个国家的情况、周围的海域以及海岸线等等。

这一切激发了亨利对新发现的渴求，从那时候开始，他就下定决心要开始探索未知的世界。因此，在占领了休达之后，亨利进入了阿尔加维。他在距离圣文森特角一里格内的地方发现了一座新的小镇，亨利在小镇上筑起了堡垒作为防御。此后，亨利王子决定派遣船只前去探索更多的地方。他为此挑选的总指挥官是一位非凡卓越的绅士，名字叫作胡安·贡萨尔维斯·扎尔科。这位指挥官在当时享有盛名，他不仅在航海探险方面做出了很多贡献，更是第一个将大炮运用到船上的人。1418年，扎尔科发现了圣港岛；1420年，他又发现了马德拉。他们登陆的地方长满了茴香，扎尔科根据葡萄牙语中茴香的读音给此地起名"丰沙尔"，后来的丰沙尔镇便建立在此处。

随后，扎尔科发现这座岛屿上土地肥沃、环境宜人，十分适合居住，于是他满心欢喜地返回了葡萄牙。1420年8月底，扎尔科终于带领全部人员安全抵达了里斯本。他向国王汇报了整个航海探险的情况，考虑到他最新发现的那座岛屿上树木繁茂，国王将其命名为"马德拉"。不久，扎尔科便接到命令，要他于来年春天再次前往马德拉岛。他同时被授予了马德拉总督的头衔，现在，扎尔科的后代们继承了这一头衔。1421年5月，扎尔科开始了第二次远航，这次他带上了自己的大部分家眷。抵达马德拉之后，扎尔科在附近的港口抛了锚。在此之前，那个地方一直被叫作"英国港"，扎尔科为了纪念第一个发现此地的人，将其改名为普伊托·德·马奇诺，这个名字后来逐渐变成了马奇科，也就是它现在的名字。扎尔科登上马德拉岛之后，很快便为丰沙尔的建立奠定了基础，这座小镇后来变得十分有名。扎尔科还利用木头搭建了一座新的教堂，他的妻子康斯坦莎在教堂的神坛上供奉着圣凯瑟琳的神像。

一座巍峨的高山从马德拉岛的东边一直延伸到西边，这座大山的南面山坡上点缀着美丽的葡萄园，各国的商人们也将办公室建在了山坡上，从办公室里望出去，风景十分漂亮。

8月1日，大船离开了马德拉岛，9日，他们越过了北回归线。

星期一，10日，大船在位于圣杰戈岛的普拉亚港抛锚，圣杰戈岛是佛得角群岛之一。离开之前，一名军官奉命上岸采购必需品，他很快便买到了所需的物品。当军官返回大船之后，船员们对着天空鸣了十一枪，以此向堡垒上的人们致意。船员们在这里获得了足够的新鲜淡水，还买到了许多牲畜，比如猪、山羊和家禽等。

圣杰戈岛也被叫作圣詹姆士岛，是佛得角群岛中最富饶的岛屿，岛上最重要的小镇也叫作圣杰戈或者圣詹姆士。小镇坐落在群山的山坡上，群山中间有一座很深的山谷，山谷大约200码宽，一直延伸到海边。山谷中最靠近大海的地方有一条弯弯曲曲的街道，街道两旁坐落着房屋。街道下面有一条小溪，溪水全部流进了一条沙湾之中，船只可以在沙湾上安全地航行。在船员们登陆地附近矗立着一座小小的堡垒，堡垒不远处还有一座炮台，上面架着几台加农炮。

岛屿的东边有一座规模庞大的镇子，名字叫作普拉亚。普拉亚拥有一个优良的港口，常常有船只停泊在那里，尤其是在和平时期，无数船只频繁来往于此地。以前，从欧洲过来的东印度商船就常常停靠在这个港口，补充淡水和食物，但是当它们返回欧洲时却很少在此停留。除了一座修建在山顶的堡垒，普拉亚没有什么大型的建筑，这座堡垒控制着整个港口。

星期五，8月14日，两艘大船都增添了足够的食物和供给，它们再次起锚开航，继续向好望角前进。19日，木匠的一名同伴从船上掉进大海，不幸溺亡了。当时那名同伴正坐在一块舷窗上面，大家猜测他就是从那里掉下去的。船员们曾试图营救他，可惜没有成功，因为他一掉进海里就不见了，直到沉没在船尾的那一刻他才再次浮了上来。这位伙伴的离去让大家感到十分悲伤，因为他向来勤勤恳恳，是一名十分称职的工人。

星期四，20日，那天大雨倾盆，船员们用桶接了满满七大桶清水。27日，弗诺船长下面的一位海军士官病死了。最近雨水太多，而在热带地区，这正是引发各种疾病的一大诱因。尽管如此，决心号上却没有一个船员生病。为了保证大家的身体健康，库克船长采取了各种预防措施：在甲板中间生起火，让大船上随时保持干燥；尽量保证床上用品的通风透气；要求船员们勤洗衣物。

星期二，9月8日，大船经过了西经8°线，按照惯例，那些从未跨越过这条经线的船员们要跳入水中，以此表示庆祝。一些船员乖乖地这样做了，而那些没有落水的船员只好心不甘情不愿地接受惩罚——请船上其他人喝上一杯白兰地。

星期四，29日，下午两点钟，大船在桌湾抛锚，不少人前来拜访他们，包括当地城堡主人的随从、英国东印度公司的一些官员以及勃兰特先生。勃兰特先生给船员们带来了许多礼物，备受大家的欢迎。按照惯例，那名随从对两艘船进行了一一的清点，他还特意询问船上有没有人染上天花。对于这个海角上的居民来说，天花是一种十分可怕的疾病，所以每当他们有访客到来时，他们总是会带上外科医生一同前往。库克船长派了一名军官前去问候这里的总督——巴伦·普利滕伯格先生，并把他们抵达的消息告诉对方。不久，这名军官便带回了巴伦先生的问候，英国人对着天空鸣了11枪，向城堡上面的人们致意，城堡上面也同样传来了11声枪响。

11月22日，船员们将所有东西搬上大船后，向总督和其他官员们道别，这些热心肠的官员们几乎倾其所有为船员们提供了最大的帮助。大船起锚的同时向城堡鸣了16枪，城堡那边马上传来了回应。离开桌湾之后，船员们遵照海军部的命令向割礼角驶去。由于他们即将进入南极圈，很可能会遭遇严寒的侵袭，库克船长命令所有人从现在开始节约用水。同时，船长向所有船员分发了厚厚的呢大衣和呢绒裤，这是事先经过海军部允许的。除此之外，有需要的船员还领取了流质食物。

29日，从西南方向过来的暴风雨一直持续了接近一周时间，只偶尔出现过晴朗天气。汹涌的海水涨得越来越高，不停地拍打着船身，给所有船员造成了极大的不适。睡在船头的一名男孩听到了海水在箱子中间流动的声音，他立刻从床铺上爬下来，发现海水已经快淹没他的膝盖了。所有人都被叫了起来，大家开始用水泵不停地往外抽水，可惜船上的海水仍然在不停地上涨。最后，船员们终于发现海水是如何渗进来的，原来是粗心的水手长忘了关自己储藏室的舷窗了。狂风伴随着冰雹和暴雨一直持续到8日，大船根本无法往前行驶一步，大风将它往原定航线的东边吹去，看来他们无法到达割礼角了。这时，船员们从海角带上船的很多牲畜也掉进了海里，这让他们变得更加沮丧。他们不久前还沐浴着阳光雨露，现在突然置身于极度寒冷之中，一下子难以适应。面对这种情况，两艘大船开始为大家提供白兰地。12月7日早上，太阳从海面上升了起来，大家欢呼雀跃，以为天气终于要放晴了，谁知他们很快就知道自己错了。气压计上的数字降到了极低，下午一点钟，西北风猛烈地刮了起来，船员们不得不取下上桅的桅杆。8日，风势稍稍弱了一些，但是海水涨得实在太高，连前中桅的支索帆也无法挂起来了。

星期三，9日，凌晨三点钟，库克船长指挥船只驶向南边。这时，天空下起了大雪，同时伴随着狂风。到了八点钟，库克船长示意探险号张开船帆。10日，船长再次向探险号发出信号，让它在前面领航。这时，船长发现西边有一座冰山，由于海上雾蒙蒙的，看不太真切。库克船长立即发出信号要求探险号放慢速度，这个决定拯救了一船人的性命。因为一座巨大的冰山正好矗立在探险号的前方，由于海上的雾越来越浓，他们在距离冰山不到一英里的地方才发现了它。弗诺船长最初把冰山误认为是陆地，直到听到决心号上发出的信号才赶紧把船撤了回来。现在，船员们必须小心谨慎地往前行驶了，他们收起了上桅帆，开始测量周围的水深，结果在150英寻的深度仍然没有发现底部。

星期一，14日，船长派遣两名绅士驾驶一艘小船出去做一些考察和试验。当两名绅士正执行任务时，海上又下起了大雾，两艘大船很快便消失在绅士们的视野之中。现在，两人的处境变得危机四伏。在茫茫大海之中，他们乘坐的是一艘四桨小船，而小船周围全是冰山，更可怕的是他们几乎没带任何食物，距离岸边又还太远。他们大声呼喊着，想引起伙伴们的注意。有一段时间，两人无奈地划起了小船，希望能走出困境，尽管他们知道这根本没什么用。厚厚的浓雾遮住了他们的双眼，甚至连小船的船头和船尾都看不见了，周围死一般的寂静。他们乘坐的小船既没有船桅也没有船帆，只有两支船桨。折腾了一会儿，两位绅士决定按兵不动，静待天气好转之后再寻求救援。没过多久，他们听见远处传来了一阵铃声，探险号终于出现在眼前，两人几乎感动得落泪。有时候，海上的浓雾突然变得很厚，大船要万分小心才能避开周围的冰山。决心号上有两名船员曾经参与了和格林兰之间的贸易往来，其中一人整整九个星期被困在冰天雪地之中,而另一人则被围困了六个星期。船员们纷纷抱怨这该死的天气,他们的衣服已经用粗呢加长了,每人还获得了一顶粗呢帽子。一些船员出现了坏血病的症状,外科医生每天给他们喝新鲜的麦芽汁,他们离开英国时专门带上了麦芽,为的就是在这种情况下能派上用场。

27日,海上恢复了死一般的静寂,船员们有了机会捕猎海燕和企鹅,他们发现这是一项十分有趣的运动。企鹅身上披着厚厚的羽毛,羽毛又长又窄,呈细密的鳞片状。由于企鹅长期生活在湿润的环境中,这件特殊的羽衣可以保护它们不被海水浸透。大自然还赋予企鹅一具厚厚的皮囊,让它们在冰天雪地中依然能活蹦乱跳。海燕身上也覆盖着厚厚的羽毛,它的一根羽根上面往往会长出两片羽毛,这也成为海燕抵御严寒的有力武器。

好景不长,很快,船员们又遭遇到非常恶劣的天气。海上又是大雾,又是暴雨,一会儿还下起了冰雹和暴雪,让人感到更加沮丧的是大船周围全是冰块或者冰山,随时可能会遭到损坏。

29日,两名指挥官达成一致意见,他们计划一直向西行驶,直到抵达割礼角为止。这一路上似乎看不到多少浮冰,路程也不会超过80里格。这一天,船员们驶近了一座冰山,他们打算从上面弄一些冰块上船,再把冰块化成淡水。可惜还没等到他们实施这一计划,海上就刮起了大风,这时大船如果继续停留在冰山附近会很危险。船员们还在北边发现了一座巨大的冰山,这座冰山一直往前延伸,直到消失在大家的视野之外。

1773年1月12日,海上的风势刚刚有所缓和,紧接着又下起了暴雪和冰雹,船上的索具统统被冻住了。第二天,风势更加缓和了，月亮终于露出了久违的笑脸，要知道这可是船员们离开好望角之后第一次看见月亮。

星期五，8日，大船又经过了几座冰山。到了傍晚，船员们发现一座冰山上面有许多散冰。这时候天气已经逐渐放晴了，他们驾驶小船去冰山上取回了足够多的冰块，大块大块的冰被堆在了后甲板上。船员们将冰块放进桶里，它们融化之后形成了清凉的淡水，这些淡水够全体人员喝上一个月了。这些冰块上面几乎没有沾上海水，所以融化之后的水既新鲜又甘甜。船员们在冰山附近看见了几头体形巨大的白鲸。

17日，他们越过南极圈，进入了南寒带。这是之前的所有航海家们没有过的创举。那天下午，船员们一共看见了38座大大小小的冰山。这个地方拥有不同种类的冰，比如格林兰人口中的冰原，还有密集冰。船员们看见几头鲸正在嬉戏玩耍，还看见了体形庞大的海燕。大船现在位于南纬67°15′，船长认为此刻继续往南行驶似乎有一定的危险，于是他决定直接前去寻找法国探险家最近发现的陆地。

29日，几只海豚以惊人的速度游过了大船旁边，它们身体两侧长着巨大的白色斑点，已经快延伸到背部了。

31日，船员们又经过了一座巨大的冰山，就在大船驶过这座冰山时，冰山轰然崩塌，震耳欲聋的响声仿佛大炮发射一般。

2月4日，海上再次出现大雾，决心号上的船员们突然发现探险号不见了踪影。他们用枪发射了几枚信号，但是没有得到任何回应。大家开始隐约地担心起来，害怕就此与探险号分道扬镳了。库克船长曾嘱咐过弗诺船长，如果两艘船失去了联系，探险号必须在最后见到决心号的地方巡航三天，这样或许可以发现对方。因此，在接下来的三天里，库克船长指挥决心号就在附近海域往来穿梭，每天坚持鸣半小时的枪。到了7日下午，天气终于放晴了，可是探险号依旧没有出现。决心号在海上一直徊到10日，这期间船员们想尽了各种办法，鸣枪、在夜晚制造假火等等，可惜探险号依旧毫无踪影。船员们对探险号的走失感到无比遗憾，他们把目光不停地扫向海平线，希望能再次看到对方的身影。一想到两艘船以后要孤零零地漂泊在陌生而广袤的大海上，船员们无不露出忧伤的神情。

3月17日，为了继续寻找探险号，也为了让船员们得到短暂的休息，库克船长决定离开高南纬地区向新西兰进发。由于西南风一直刮得厉害，决心号无法在范迪门斯地靠岸，所以它直接向新西兰行驶而去。现在，库克船长完全不用担心路上会遇到任何危险了，他命令船员们将所有风帆拉了起来。在过去的三天时间里，温度计里的水银已经上升到华氏46度的位置，气候变得温暖起来。大船仅仅驶过了七八度纬度的距离，气温竟然有天壤之别，船员们无不感到欢欣鼓舞。

26日，决心号驶入新西兰的忧郁湾，船员们开始变得小心翼翼，因为他们对这一带海域十分陌生，既不熟悉周围环境，也不清楚海水深度，库克船长在第一次远航时只是发现了这个海湾并给其命了名，对附近的情况也不甚了解。大船沿着海湾行驶了两里格，途中经过了几座海岛。这时，船长派出了两艘小船，其中一艘船上有一名军官，他负责前往港湾那里的一处海角附近寻找锚地。很快，军官就发现了合适的停泊地并向大船发出了信号。大船最终在50英寻深的海面上抛锚，那里离岸边只有一条船索的距离。在海上漂泊了117天，总共航行了3660里格之后，船员们终于第一次看见了陆地，激动的心情难以言表。

尽管船员们在南方高纬度地区停留了很长时间，幸运的是他们中间只有一人染上了坏血病。这位病人的病情恶化主要是由于自身的一些坏习惯以及其他疾病的并发症引起的。

忧郁湾风景秀丽，赏心悦目。入口处的那些岛屿上树木葱茏，景色十分漂亮。只见海岸上水鸟成群，往来嬉戏，整个海湾上空都回荡着这些羽毛歌手的豪迈歌声。船员们捕获了大量的鱼类，当他们把鱼饵扔进海里时，成群结队的鱼儿争先恐后地冲了上来。船员们享受到第一顿鱼肉大餐，大家都觉得那是他们吃过的最棒的食物。决心号现在所处的位置对于获取食物和淡水都十分便利，大船的帆桁被拴在了树枝上，靠近其尾部的地方有一条奔流的小溪。待船停靠妥当之后，船员们开始上岸搭建天文观测台和堡垒，为天文观测和修复船只做准备。船上还有一些绵羊和山羊，为了防止它们乱吃岸边的青草，大伙将它们留在了船上。医生对这些牲畜进行了检查，发现它们的牙齿已经松动了，还出现了一些坏血病的症状，貌似已经染病很久了。

28日，几名军官驾驶一艘小船出去打猎，他们发现了一些当地居民，于是马上回去报告了库克船长。没过多久，一艘满载着当地人的独木舟驶到了离大船一箭之遥的地方。那些土著人只停留了一小会儿便离开了，不管船员们如何劝说，他们就是不愿意更靠近一些。当天，库克船长、几位军官和绅士们一起前去寻找那些土著人。他们发现那条独木舟已经被拖到了岸上，舟旁散落着几座小木屋，里面放置着壁炉和渔网，房间里空无一人，他们猜测那些土著人已经钻进了树林里。停留片刻之后,船长等人便离开了,离开之前,他们还不忘在土著人的独木舟里放下一些纪念章、镜子以及其他物品。

4月1日,库克船长派人前去打探消息,想看看土著人是否已经拿走了那些礼物。结果令他大失所望,土著人根本没有动过独木舟里的任何物品。第二天,船员们将在好望角购买的一条黑狗带上了岸,只听一声枪响,黑狗一溜烟地跑进了树林里,没有再出来。

6日,出去打猎的队员们发现了一片广阔的海湾,他们在那里打到了几只鸭子,于是将那个地方叫作"鸭子湾"。队员们还在那里看见了三名土著人:一个男人和两个女人。男人站在岩石上面,手里握着一根棍子,而两名女人则手执长矛站在他身后。看到队员们走近了,男人显得十分害怕,但是他依然一动不动地站在那里,也没有去捡队员们扔过来的东西。库克船长走上前去给了那个男人一个拥抱,男人心中的恐惧立刻烟消云散了。船长送给他一些随身携带的物品,他欣然接受。军官和水手们跟在船长后面,尽管彼此语言不通,他们还是和三名土著人交谈起来,年轻一点的印第安妇女似乎十分健谈。

第二天,英国绅士们带着礼物前去拜访这几位土著人。他们发现除了斧头和钉子外,土著人对其他礼物一点也不感兴趣。这次,绅士们见到了那个男人的所有家人:他的两位妻子,也就是前面提到的两名妇女;一名约莫十四岁的小男孩和三个更加年幼的孩子。土著人带着英国人参观了他们的住所,那是坐落在树林旁边的两间简陋木屋。他们的独木舟停泊在木屋附近的小溪上,独木舟很大,可以装下整个家庭成员。一位英国绅士给这家人画了素描。临走之

前,男主人送给库克船长一些小东西和一匹自己生产的布。随后,他用手指着一件军官披风,好像对其表现出了极大的兴趣。船长明白了他的意思,立即送给他一件红色粗呢的军官披风,男人高兴不已。

9日,英国绅士们再次拜访了那个家庭,他们发现对方将头发梳了起来,抹得油光锃亮,并插上了白色的羽毛。他们在头顶戴上了王冠,耳朵上也佩戴着一束束鲜艳的羽毛。土著人非常礼

新西兰妇女和小孩(11)

貌地接待了英国绅士,那名男子对他们送的军官披风十分满意,为了表达谢意,他拿起身边的斧头送给了库克船长。

星期一,12日,土著人家庭乘坐独木舟前来拜访英国人。当他们逐渐靠近大船时,开始变得谨慎起来。尽管彼此已经十分熟悉,他们依旧不敢登上大船。他们将独木舟停在了大船附近的一条小溪上,并在舟里坐了下来。库克船长命令船员们吹起风笛、打起鼓来,土著人对后面这种乐器产生了浓厚的兴趣。

到了晚上,男人和他的女儿壮着胆子登上了决心号,家庭的其他成员则坐在独木舟上悠闲地钓起鱼来。上船之前,男人拿起一根

绿色的树枝敲打着船舷，嘴里喃喃地祈祷着。祈祷完之后，他扔掉树枝，来到了大船上。男人和女儿既好奇又惊讶地打量着船上的一切，不过他们的注意力不会在任何东西上停留太久。这些事物似乎都超越了他们的理解力，不管是大自然的杰作还是任何艺术品都不能引起他们的兴趣。不过，男人对斧头和钉子表现得爱不释手，一拿起来就舍不得放下。随后，两位客人来到了尉级军官的住舱参观，库克船长和另外三位绅士终于得以脱身。他们坐上两艘小船前去考察海湾的一处岬角，晚上就在那里扎营露宿。第二天，他们继续在岬角附近考察，还捕猎到几只鸭子。猎枪的响声惊动了周围的土著人，不过他们最初并没有发现船长等人。现在，四面八方都传来了他们可怕的叫嚷声。英国绅士们也高呼几声，返回到小船上。土著人没有跟上来，但是仍然继续叫嚷着。英国人继续在海湾附近打猎并考察情况，他们听到树林里不断传出土著人的说话声。终于，河岸上出现了一男一女，他们手里挥舞着某样东西，向英国人示意。可惜英国人此时无法靠近他们，于是这两名土著人又退回到树林里。不久，英国人又在岸上看见了另外两名土著人，当他们试图靠近时，两名土著人赶紧跑进树林里，树林给他们提供了很好的掩护作用。船长和伙伴们在昨晚露宿的地方再次度过了一夜，第二天早饭过后，他们准备返回小船上。这时，他们发现对岸有两个男人正在向他们打招呼，于是将船划了过去。库克船长带着两名绅士上了岸，尽管他们手无寸铁，土著人仍然不断地往后撤退，直到库克船长孤身一人走上前去，他们才站住了。库克船长费尽口舌终于说服其中一名土著人放下了长矛。那名土著人手上拿着一种草本植物，走到船长面前，将植物的一头交到船长手上，自己则握住另一头。两人保持着这种姿势，土著人发表了一番讲话，虽然船长完全没有听懂，但还是勉强说了几句当作回答。接着，他们开始交换礼物，土著人将衣服脱了下来，穿在船长的身上，船长则送给两名土著人一人一把斧头和小刀。最后，土著人邀请绅士们前往他们的住处，与他们一同进餐。此时正值涨潮时间，英国人不得不拒绝了对方的盛情邀请。越来越多的土著人出现在树林边上，但是他们不敢走近英国人身边。那两名土著人陪同英国绅士们回到小船上，当他们看到滑膛枪时，开始变得有些焦躁不安，他们认为滑膛枪是杀人工具，因为他们曾看见英国人用这种武器杀死了好多鸟儿。船长密切注视着两名土著人的一举一动，他发现对方除了滑膛枪，什么东西都要看一看、摸一摸。土著人开始帮水手们把船上的东西搬下来。这些土著人似乎没有任何小船或者独木舟，他们将两三根木头绑在一起当作独木舟使用，因为在这条河流里航行并不困难。河里生活着大量的鱼类和飞禽，土著人的房子就建在河岸上。船长派出几组人员去捕捉海豹，这种动物的肉既可以吃又可以炼油，它的皮经过加工之后还可以用来制作索具。

星期六，24日，库克船长带着五只雌鹅和一只雄鹅来到了一条小海湾上，他们从好望角带上船的所有家禽就只剩下这六只鹅了。库克船长将这个小海湾叫作"鹅湾"，鹅湾是一个僻静的地方，不容易受到土著人的侵扰，这里还有很多的食物，非常有利于鹅的繁殖。

忧郁湾有两个入口，还有许多既安全又宽阔的锚地。比如瀑布湾，完全可以容纳下一个舰队，而且拥有便利的进出通道。瀑布湾得名于旁边的一条大瀑布。岸上是个多山的国家，山石林立，道路崎岖。海岸边的陆地呈T字形，附近的地方则被树林覆盖着。

星期二，5月11日，大船再次拔锚起航。突然，船员们看见海面上出现了一个巨大的白点，从白点里面跃然腾起一根像玻璃管子一样的水柱。紧接着，天上的云朵里面好像钻出了一条同样的水柱，两条水柱相接，融合到一起，形成了水龙卷。没过多久，海上又出现了好几条水龙卷，其形成方式和第一条一模一样。船员们有机会在相隔仅200英寻的地方观察到一条水龙卷的形成过程。只见海面先是猛烈地搅动起来，接着海水呈螺旋状上升，朝着天上黑压压的乌云奔去，这时，船员们发现一些冰雹落在了船上。一朵乌云越变越细，最后看起来仿佛一条细长的柱子，柱子似乎开始往下延伸，想要与上升的螺旋状水柱相接，很快，二者便会合到了一起。水龙卷消逝时，没有发出任何的爆裂声，只见天空中划过一道闪电。即使资历最老的水手也未必如此近距离地观察过水龙卷，大伙都被这一壮观的景象吓呆了。水龙卷从最初形成到最后消逝，一共经历了四十五分钟。

5月18日凌晨五点，大船进入夏洛特王后湾，船员们看见当地人的一处聚居地发出了三道亮光，他们认为那可能是欧洲人发出的信号，更有可能是探险号。于是，船员们朝着天空鸣了几枪，对方立即做出了回应。很快，他们便看见了停在岸边的探险号。两艘船上的伙伴们都开始欢呼起来，为了庆祝再次相逢，弗诺船长命令探险号上的船员们对着天空放了13枪，向决心号致敬。

随后，弗诺船长向大伙讲述了探险号与决心号失散之后的经历。星期日，2月4日，探险号在浓雾中与决心号失去了联系，于是继续在两者分开的地方来回航行。没过多久，探险号上的船员们听到了一声枪响，他们判断枪声来自左舷横梁上方。于是，探险号朝着东南方向驶去，船员们每隔半小时便发射一枚炮弹，不过没有收到任何回应。随后，探险号继续沿着之前的航线行驶。到了傍晚，海上刮起了大风，汹涌的海水冲上船头，达到了桁端的高度。根据与库克船长的约定，探险号转向西方，前往与决心号分离的那条纬度上巡航。这时，愤怒的暴风雨再次袭来，海上变得雾气蒙蒙，探险号根本无法抵达目的地。尽管如此，他们仍然在离目的地尽可能近的地方巡航了三天。大船在无比恶劣的天气中反复转换航向，最后不得不放弃与决心号会合的希望，向1400里格外的冬季驻地驶去。由于大船要穿越一片完全未知的海域，每位船员每天的供水量被减少到了一夸脱。

星期一，3月1日，探险号决定改变航道向范迪门斯地驶去，一来可以在那里补充新鲜的淡水，二来可以在那里修复坏掉的索具。

星期四，11日，船员们发现了一个十分宽阔的海港，他们将探险号在7英寻深的海面上停泊下来，这里离两岸的距离都在一英里左右。他们在这个海港停留期间没有发现任何土著人，只是在北边八英里外的地方看见了炊烟。

补充完木柴和淡水后，大船再次扬帆起航，船员们计划对这里的海岸线进行探索，看看范迪门斯地是否属于新荷兰的一部分。

24日，离开范迪门斯地之后，大船遭遇了狂风袭击，海浪不停地拍打着船体，探险号上那艘较大的小艇被击穿了，大家费了好大的力气才拖住了另外一艘小艇，没让它被海浪冲下船去。大风持续了12小时，天气终于缓和了许多，海上也变得风平浪静。最后，探险号终于抵达了新西兰海岸，它在15天之内跨越了24度经度的距离。

4月9日，三条独木舟来到了探险号附近，独木舟上一共有十五名印第安人，男的女的都有。他们手上拿着战斧和一种用硬木做成的约四英尺长的攻击性武器，这些印第安人并没有带弓箭。他们的肩膀上、腰上都裹着一种网状织物，腰上还系着一条用草做成的腰带。他们的样子看起来穷凶极恶，所有人都不愿意冒险踏上探险号一步。弗诺船长送给他们一些礼物，并请求与他们进行贸易。印第安人接受了船长的礼物，几个人甚至壮着胆子走上了甲板。印第安人在交谈中提到了图皮亚的名字，当被告知图皮亚已经在巴达维亚去世的消息后，一些印第安人十分关切地问道他是被人杀死的还

土著战士的船（12）

是自然死亡的。

星期二，5月11日，几名正在岸上工作的船员明显感觉到了地震。第二天，天气十分晴朗，印第安人也表现得非常友好，船长和几名官员正准备上岸去。这时，十几条独木舟向他们所在的位置划了过来。船员们数了数独木舟上的印第安人，发现足足有130人之多，这些人都携带着武器。靠近探险号之后，对方向弗诺船长表达了登上大船的意愿。弗诺船长很不喜欢这群人的样貌和态度，于是下令一次只能同时上去几个人。谁知印第安人上船之后，根本不遵守纪律，水手们不得不将他们赶下船来。大家看出了这群印第安人的意图，他们打着参观的幌子，实际上是想抢夺探险号。这群人发现船员们全都做好了警戒工作，才变得礼貌一些。船员们朝他们头顶开了一枪，印第安人这才真正被震慑住了。大船上再次变得秩序井然，船员们拿出了珠子、小折刀、剪刀、布匹、纸以及其他小物品，并用这些东西换取印第安人的战斧、长矛、渔钩以及各种稀奇古怪的物品。占领探险号的伟大计划失败了，印第安人垂头丧气地返回到独木舟上。离开之前，弗诺船长和官员们送了一些礼物给他们中间貌似酋长的人物，这些人带着礼物满意地走下船去。

17日，探险号上的船员们激动地注视着决心号驶入夏洛特王后湾，两艘大船终于再次相遇了。这就是弗诺船长所讲述的他们离开决心号之后的所有经历。

现在，决心号上的船员们渐渐感受到了过去几个月的恶劣天气给身体健康带来的影响。在过去几个月里，他们的身体竟然能一直保持健康，几乎没有一个人因为生病而不能履行职责，这不得不让人感到吃惊。当然，这也是预料之中的事，因为库克船长对船员们的身体健康给予了极大的关注和关心,船员们无不严格遵照和执行库克船长制定的规则。当处境艰难时,库克船长给予船员们充分的休息时间,缓解恶劣天气带来的不利影响;当天气晴好或稳定时,船长则不会让任何一名船员闲下来,他不停地指挥军械士、木匠和水手们干好自己的工作,他心里明白其实很多工作都是未雨绸缪。

船员们抵达目的地后的那天早晨,也就是19日的早晨,天刚蒙蒙亮,库克船长就出发了,他要去采集坏血病草和芹菜等。刚到早饭时间,库克船长就满载而归,他带回来的坏血病草和蔬菜足够两条船上的所有船员食用了。库克船长十分清楚这些植物对于治疗坏血病具有很好的疗效。他下令将这些植物与小麦和肉汤一起煮好作为早餐,晚饭则嘱咐大家食用豌豆和肉汤。弗诺船长曾命令在这个地方撒下了大量的蔬菜种子,现在这些蔬菜长势非常好,为船员们提供了许多的沙拉和欧洲的新鲜蔬菜。

库克船长将从好望角带来的最后一对母羊和公羊送到岸上打水的地方,就在探险号的帐篷附近。21日,船员们去了长岛,并在那里开拓了一片土地,种上了各种蔬菜。星期六,他们发现那对母羊和公羊死了,大家猜测它们可能是不小心误食了某种有毒的植物。中午时分,五名土著人乘坐两条独木舟前来拜访船员们,和他们共进了午餐。

星期一,24日,库克船长在弗诺船长和福斯特先生的陪同下坐船前往西边的海湾,他们准备去那里狩猎。路上,他们碰到了一艘很大的独木舟,上面坐着十四五名当地人。这些人见到英国人问的第一句话就是图皮亚怎么样了。库克船长将图皮亚的死讯告诉了他们,他们表现出了淡淡的忧伤。

星期六，29日，几条独木舟将大船包围了起来，独木舟上坐着许多土著人。双方迅速展开了贸易。

库克船长将一名印第安人带到了摩尔塔拉，向他展示了正在蓬勃生长的土豆，这些土豆是探险号的主人范尼恩先生种下的。印第安人看到这些土豆之后十分高兴，他兴致勃勃地拿起锄头在旁边耕起地来。接着，船长又向他介绍了红萝卜、胡萝卜以及欧洲萝卜等。船长把这些萝卜的根区分给印第安人看，印第安人很快学会了辨识这几种植物。

星期五，6月4日，这天是英国国王陛下的生日，船员们升起英国国旗，准备像以往一样庆祝这个节日。早上一大早，土著朋友们便给他们送来了许多鱼。其中一名土著人答应跟随船员们完成此次航行，不过没多久他就改变主意了。这些土著人前来拜访时常常会带上他们的孩子，但是并不像别人所说的那样打算卖掉这些孩子，而是希望英国人能送给孩子们一些礼物。这天，一艘很大的双体独木舟朝大船驶了过来，独木舟上有大约五十名印第安人。独木舟离大船只有一箭之遥时，船员们看见一名印第安人站在船头，另一人则站在船尾，其他人都坐在自己的座位上。船头那人手里拿着一根绿色的树枝，朝着英国人说了几句话，船尾那人则一本正经、口齿清楚地发表了一番长篇大论。船员们再三邀请后者登上大船，最后，他终于鼓足勇气登上了决心号。很快，其他人也跟在他后面上了船，这些人迫切地希望与船员们进行交易。船员们与已经登上大船的土著人互相摩擦鼻子以示问候，他们也以同样的方式向后甲板上的土著人表达了问候。这些土著人是迄今为止船员们在新西兰见过的个头最高的人，对方的服饰也说明了他们比夏洛特王后湾的土著人拥有更高的地位。这些土著人携带着经过精心打造的工具，上面还刻着优雅的图案和花纹。船员们通过交易获得了这样的一些工具以及乐器。大船短暂停留之后，向摩尔塔拉驶去。抵达摩尔塔拉之后，船员们通过双筒望远镜发现了远处的四五条独木舟，还看见岸上有几名土著人走动。大约中午时分，库克船长和几位绅士跟上了那几名土著人，土著人态度谦恭，表现得十分友好。库克船长送给对方一些礼物，其中包括许多铜质纪念章。这些纪念章的一面刻着英国国王的头衔，另一面则刻着决心号的名字。库克船长带着印第安人酋长泰拉图来到了自己开垦的菜园，泰拉图向船长承诺绝不会毁坏菜园。

6月7日一大早，大船从停泊的地方起航了，这时海上刮起了逆风。7月29日，库克船长登上了探险号，因为他听说探险号上的船员们病情十分严重。事实上，这时探险号上的厨师已经死了，另外二十名船员也染上了坏血病和流感。不过值得庆幸的是，决心号上一共只有三名船员生病。这完全要归功于库克船长，要不是他一直要求船员们在食物中掺入芹菜和坏血病草，情况也不会这么乐观。要知道船员们一开始对船长的这一要求可不太喜欢。

现在，发现新大陆的所有希望都落空了，他们已经来到了卡特雷特船长所走航线的北边，船员们只有祈求再次返回南方时能够发现一些岛屿了。

8月6日，弗诺船长回到决心号上与伙伴们共进晚餐，他报告说探险号上的船员们已经好了很多，流感已经彻底离开了他们，坏血病也没有进一步恶化。

18日，船员们距离塔希提岛已经不到一里格了。这时，微风突然停止了，他们不得不派出小船去前面拉动两艘大船。许多当地居民从不同地方赶了过来，他们带来了各种水果，想和船员们做交易。他们中的大部分人都见过库克船长，这些人还问起了班克斯先生和其他人，不过竟然没有人提起图皮亚。现在，大船前方出现了一座珊瑚礁，情况变得十分危急。船员们察看了珊瑚礁的西端，打算从那里绕到海湾上去，不过他们发现那儿的海水不够深。两艘船被海水巨大的冲力推向珊瑚礁，碎浪离它们只有不到两链的距离，船员们仍然没有找到合适的锚地。决心号来到了水深只有三英寻的海面上，每一次落潮都给它造成巨大的冲击。

终于，船员们发现了海底，他们砍断了决心号的首锚，让它漂浮起来。大伙先将决心号拖了出来，接着再全力协助探险号脱离困境。最后，两艘大船终于摆脱了沉没的危险，再次安全返回到大海的怀抱。就在大船遭遇危险的时候，许多土著人正在船上，不过他们完全没有意识到危险，即使大船被困在了礁石之中，他们依旧泰然自若。最后，大船在奥提费哈湾抛锚，这里离岸边非常近，许多土著人纷纷过来拜访他们。船员们将衬衫、斧头等东西送给酋长们，对方承诺会送一些猪和鸡过来作为答谢。下午，库克船长和弗诺船长一同上了岸，他们想去打探一下当地土著人的态度，也顺便寻找一下打水的地方。土著人看到他们之后，表现得非常有礼貌，两位船长也找到了一个十分方便的取水点。

一名声称自己是酋长的土著人带着几位朋友登上了大船，船员们送上了一些礼物。有人发现那名自称酋长的土著人偷偷将船上的东西从船尾瞭望台递了出去，很快，其他土著人也被发现正在干同样的勾当。于是，库克船长将他们全部赶下了大船，船长对假酋长的行为感到十分恼怒，忍不住向他头顶上方开了两枪。假酋长受到了惊吓，扑通一下跳进了水里。船长派遣一条小船去夺取对方的独木舟，这时，岸上的土著人朝船员们扔起了石头。库克船长乘坐另一艘小船在附近保护决心号，同时命令架起大炮朝岸边发射，土著人吓得四处逃窜，大伙不费吹灰之力就抢夺了对方的独木舟。可笑的是，双方很快就化干戈为玉帛，再次成为了朋友，独木舟也送还了土著人。两三个土著人开始询问起图皮亚来，当他们听说了图皮亚的死因之后，都显得有些悲伤。一些土著人还问起了班克斯先生和其他英国绅士，他们都曾跟随库克船长来到过塔希提岛。船员们从土著人口中得知，附近的两个王国之间最近才发生过战争，较大半岛的统治者图塔哈被杀死了，欧图取代了他的位置。在这场战役中，图博拉·塔麦德和其他几位老朋友都失败了，现在岛上已经完全建立了和平。

19日，两位指挥官沿着海岸徒步而行，他们遇见了一位土著人酋长，对方送给他们许多鲜美的鱼。作为答谢，指挥官们也送给酋长一些礼物。第二天，一名土著人从岸上的船员那里偷走了一杆枪，他的同胞们纷纷劝说他将枪支还回去。土著人依旧执迷不悟，于是同胞们打倒了他，把枪支抢过来还给了船员们。21日，又有一名酋长前来拜访他们，他给船员们带来了一些水果。大伙发现那些水果正是他们不要了扔下船的椰果，他们将情况如实告诉了酋长。酋长听说之后竟然无动于衷，还亲自弄开了两三个椰果，仿佛他根本不知道有这回事儿。看到那些椰果确实已经坏掉了，酋长才装作恍然大悟的样子返回到岸上，命人给船员们重新送来了一些香蕉和大蕉。随后，船员们听说瓦西托乌抵达了附近，他非常想见见库克船长。于是，库克船长在弗诺船长和几名绅士的陪同下前去会见瓦西托乌，许多土著人也一路跟随着他们。在离停泊地一英里的地方，他们看见瓦西托乌带着一大群随行人员正向他们走来。瓦西托乌对库克船长十分熟悉，两人在1769年就见过好多次面了，那时候他的名字还叫作特雷斯。两人像往常一样互相问候之后，瓦西托乌邀请库克船长和自己一起在凳子上坐了下来，其余人则坐在地上。瓦西托乌问起了参加第一次远航的几位朋友，当听说决心号第二天就要离开这里时，他感到非常遗憾。瓦西托乌向库克船长保证，如果船员们愿意多停留一段时间的话，他可以送给他们许多的猪。库克船长十分感谢瓦西托乌的盛情，于是送给他很多礼物，并陪着他度过了整个上午。船员们返回大船上吃了午饭，下午，他们再次去拜会瓦西托乌，这次双方交换了更多的礼物。

24日一大早，大船离港出海了。几条装载着水果的独木舟跟了上来，船员们很快便买下了那些水果。探险号上的病人们吃了这些水果后，感觉舒服了许多。一名中尉留在了岸上，他要负责将土著人送来的猪带回大船上。25日，中尉带着整整八头猪返回到决心号。那天傍晚，船员们抵达了玛塔维亚湾，在大船还未停稳之前，甲板上就已经挤满了许多土著人。这些土著人几乎都认识库克船长，他们的国王就是欧图。除了船上，岸上也聚集了一大群土著人。库克船长打算前去拜访欧图，但是土著人告诉他欧图因为害怕躲到欧帕里去了，这让船长感到很吃惊，因为其他人对于他们的到来都很开心，欧图为什么会害怕呢？船上的土著人酋长马里塔塔建议库克船长等到第二天早上再去拜访欧图，这个建议被采纳了。26日，库克船长命令船员们在岸上为病人搭建帐篷，随后，他便在弗

塔希提岛（13）

诺船长、马里塔塔及其妻子等人的陪同下前往欧帕里。在欧帕里上岸之后，土著人带领他们来到了欧图跟前，此时欧图正坐在树荫下面，身边围绕着一大群人。见面礼仪结束之后，库克船长送给欧图几件礼物，并劝说他与马里塔塔建立和睦的关系。船长还送了很多礼物给欧图的侍从们，对方回赠给船长一些布匹，船长本来不想收下，但是他们告诉船长这仅仅是为了纪念双方的友谊。

欧图一一问起了曾经到过这里的所有绅士们，当然也提到了图皮亚。欧图向船长承诺会派人送几头猪到大船上，可是当船长邀请他一同前往决心号上时，他显得十分犹豫，并告诉船长自己害怕船上的枪支大炮。没想到这位仪表堂堂、身高六英尺的国王竟然是个胆小鬼。欧图大约三十岁上下，为了表示尊敬，他的父亲和臣民们在他面前都光着头和肩膀。

27日，国王欧图在许多仆人的跟随下前来回拜库克船长。在此之前，他已经派人送来了两条大鱼、一头猪、一些水果和大量的布匹。经过大家的再三劝说和不断鼓励，他终于亲自登上了大船，和他一起上船的还有他的姐姐、弟弟和许多仆人。吃过早饭之后，仆人们将欧图及其姐弟抬回他们的住处。抵达岸边时，一位老妇人看见了库克船长，她马上跑过来握住船长的双手，放声痛哭起来。原来这位老妇人正是图塔哈的母亲，她向库克船长哭诉自己的儿子、他的朋友图塔哈死了。如果不是老妇人很快被人拉开的话，库克船长也要和她一起悲泣起来了。船长费尽唇舌才说服国王让他与图塔哈母亲再见一面。这次，库克船长给老妇人带去了许多礼物。弗诺船长送给国王一只公山羊和一只母山羊。28日，一名中尉接到命令前往阿塔厚鲁采购生猪。太阳下山后不久，国王和他的姐姐带着几位仆人再次登上了决心号，他们给英国朋友带来了一头猪，一些水果和更多的布匹。随后，他们又登上了探险号，并送给弗诺船长同样的礼物。没过多久，国王准备打道回府了，弗诺船长陪着国王走下船去，他回赠了对方许多礼物，并且将国王的姐姐打扮得漂漂亮亮。国王被抬回了欧帕里，当他离开大船时，船员们吹起了风笛，跳起了舞蹈。国王的一些随从也模仿船员们跳起舞来，动作惟妙惟肖。图塔哈的母亲又一次出现了，可怜的老妇人只要一看到船长，就忍不住流下泪来。

29日，两位船长在几位军官和绅士的陪同下来到了欧帕里，这次他们给国王送来了一些新奇的玩意儿。其中有一把大刀，谁知国王看见这把大刀之后十分害怕，立刻命人将它拿走。在大家的再三鼓励之下，他终于同意将大刀放在身边，不过也只维持了很短的时间。国王邀请英国人来到戏院，在这里，他们观看了一场戏剧表演。这场表演包括一出喜剧和一场舞蹈，英国人在对白中频繁听到库克船长的名字，不过对于整场表演的主旨和内容，他们完全没搞清楚。表演者包括一个女人和五个男人，看起来这个女人的地位绝不亚于国王的姐姐。整场表演的乐器只有三只鼓，表演经过了精心的编排，一共持续了两个小时。表演结束之后，国王客客气气地送走了英国绅士们，同时又送给他们一些水果和鱼。

30日的晚上，岸上突然传来了激烈的争吵声，只听有人大喊着："杀人啦，杀人啦！"库克船长怀疑这件事情发生在自己人身上，于是他派人前往岸上调查情况，这些人员都携带着武器。很快，调查人员便带着一名水手和三名海军士兵回来了，探险号上的一些船员也被抓了起来，这些人都受到了严厉的惩罚，并且全部被关了禁闭，直到第二天早上才被放出来。他们拒不承认事实，身上也看不到任何伤痕。不过，由于他们昨晚的动静实在太大，一些土著人受到了惊吓，连夜逃出了家里。国王欧图也吓得离开了自己的住所，当他看见库克船长后，马上向他抱怨了此事。想起自己很快就要离开，库克船长送给欧图三只来自好望角的绵羊，尽管这些绵羊都是阉羊，国王依然十分高兴，他马上送了三头猪给船长。当他听说船员们明天就要离开这座岛屿时，似乎非常难过，给了库克船长好几个拥抱。

9月1日，颇塔托乌（阿塔厚鲁的酋长）带着妻子前来拜访库克船长，并送给船长两头猪和一些鱼。因为这时候正好刮西风，所以船员们以比预想更快的速度离开了岛上的朋友们，双方在这段时间的相处十分愉快，大家竟有些恋恋不舍。在大船起锚前几个小时，一位名叫颇里欧的年轻人来到大船上，请求跟随英国人一起航行。得到船长的同意后，他要求对方送一把斧头和一颗钉子给他的父亲，他的父亲也跟随他一同登上了大船。船长照着他说的做了。

当颇里欧父子准备分手的时候,双方都表现得十分冷漠,船员们不禁对两人的关系产生了怀疑。没过多久,两名土著人驾驶独木舟来到大船边上,他们以欧图的名义要求英国人送还颇里欧。船员们立刻识破了对方的诡计,要求他们先归还斧头和钉子,自己再放了颇里欧。可是斧头和钉子已经被带到了岸上,土著人当然不愿意再还回来,可怜的颇里欧只好跟着大船离开了。当他看见陆地离自己越来越远,最后消失在眼前时,情不自禁地流下了眼泪。

2日,大船开始向华希内岛驶去。第二天,决心号在水深24英寻的海面上抛锚。探险号不小心冲上了航道的北边海岸,不过很快就摆脱了困境,也没有受到任何损害。当地人以最大的热情接待了船员们,几名土著人还登上了大船。船员们分发了许多礼物给对方,对方也回赠了很多的猪和水果。库克船长得知这里的酋长欧里还活着,于是急切地想去拜会他。两名指挥官和福斯特先生在一名土著人的陪同下,一起前往指定的见面地点。小船在酋长的房子前面停了下来,土著人要求几位绅士暂时待在船里,直到必要的仪式结束之后再下船。紧靠岸边的地方立着五棵年轻的大蕉树,它们代表着和平。随后,伴随着某些仪式,这些大蕉树被分别送到了小船上。前面的三棵树分别和一头猪一起被送上船来,猪的耳朵上戴着椰果壳的纤维制品,第四棵树则和一只狗一起送了上来。这些仪式都有特定的名字和含义。接着,酋长命人将一直精心保存的东西送上船来:一个上面刻着字的白蜡碟子,这是1769年库克船长送给酋长的;一块仿英国钱币的筹码;一些珠子等等。所有这些东西仍然和当初一样,被装在船长送给欧里的那个袋子里。这部分仪式就算结束了,紧接着,英国绅士们被要求用钉子、镜子、珠子和纪念章等东西装饰三棵年轻的大蕉树。他们携带着这些小饰品上了岸，三棵大蕉树被依次摆在面前。当地人告诉他们这三棵树是分别献给上帝、国王和友谊的。仪式全部结束之后，国王欧里走了过来，他一把搂住了库克船长，并热烈地亲吻了对方，泪水顺着老人的双颊滚落下来。库克船长一直将欧里看作自己的父亲，向他献上了最有价值的东西，同时也向他的仆人和朋友送上了礼物。国王送给船长一头猪和许多布匹，而且向他承诺一定尽量满足他的所有需求。果然，当他们返回大船后不久，国王便派人送来了十四头猪、无数的鸡和水果。5日早上，老人亲自拜访了他们，这次他又带来了一头猪、一些水果和许多的草根。这天上午，皮克斯吉尔中尉上岸去购买更多的生猪，傍晚，他带回了28头猪，据他说另外有大约70头猪还在岸上交易。

9月6日，三名负责采购东西的船员像往常一样上了岸。吃过早饭之后，库克船长也来到了岸上，船员们向他报告说一名土著人在交易过程中态度嚣张且无理取闹。这名土著人被带到了船长面前，只见他两手拿着棍子，一副准备战斗的样子。库克船长见他一心想要胡闹，于是毫不留情地夺走了他手中的棍子，并当着他的面把棍子折断了。随后，船长得知此人竟然是一名酋长，于是隐隐有些担心，他马上叫来了一名侍卫。就在这时，一位孤身在外采集植物的绅士遭到了两个男人的攻击，对方抢走了他身上的所有东西，只给他留了一条裤子。劫匪还拿走了绅士的短剑，并用这把短剑袭击了他好几次，好在他们并没有要真正伤害绅士。最后，劫匪们大摇大摆地离开了，一位好心的当地人拿了一块布给绅士披在身上。没过多久，绅士来到了交易市场，许多当地人正聚集在那里，他们看见衣衫不整的绅士后,马上逃开了。库克船长极力劝说他们回来,并向他们保证绝不会伤害无辜。当国王和他的伙伴们听说了绅士的遭遇后,都痛哭起来。过了一会儿,国王的心情稍微平复了一些,他语重心长地向自己的子民发表了一番演讲。他说这样的行为十分卑鄙,因为库克船长和他的同伴们一直善待土著人。接着,他仔细地询问了绅士丢失的东西,并保证如果能找到这些东西,一定将它们如数奉还。随后,国王要求库克船长和自己一起坐船去寻找那几个劫匪。当地人十分担心国王的安危,声泪俱下地请求他不要和船长一起离开。欧里对他们置之不理,坚持要和库克船长一同前往。当两人都上船之后,国王要求即刻开船。唯一没有反对国王这样做的是他的姐姐,她和国王一样表现出了非凡的气度。他们四处寻找劫匪,只要是小船能抵达的地方他们都搜索了,接着,两人上了岸。酋长在前面带路,他们一直走了好几英里,库克船长好不容易阻止国王继续前进。他们在返回小船的路上碰到了欧里的姐姐,她在其他几人的陪同下从陆地上绕到了这里。一群人返回了大船上,国王准备了丰盛的晚餐,奇怪的是,面对一桌的美味,他的姐姐一口也没吃,据说这是当地的风俗。为了感谢国王等人的信任,船长精心挑选了合适的礼物送给他们,并在众人赞美的欢呼声中将国王送上了岸。现在,和平关系又重新建立了起来,各种商品从四面八方涌了过来,那位绅士的短剑和衣服也被还了回来,这场意外不断的交易就这样结束了。

  7日,大船开始解缆拔锚,库克船长前去和欧里道别。他送给国王一些既有价值又实用的东西,其中还包括一个铜盘,上面写着:"英王陛下所属决心号和探险号在此停留,1773年9月"。船员们购买了足够的必需品之后，也纷纷向当地人道别。当他们返回大船上时，许多装载着猪、鸡和水果的独木舟向他们围拢过来。那位善良的国王一直将他们送出了两英里，最后深情地向他们告别。船员们在此停留期间购买了至少300头猪，还有数不清的鸡和水果。

弗诺船长在这个岛上认识了一位名叫欧迈的年轻人，他是尤里提亚岛人，博拉博拉岛的土著人曾夺走了他所有的财产。弗诺船长邀请欧迈跟随自己一起完成这次航行。欧迈后来抵达了英国，海军部大臣将他引荐给了英国国王，他的加入对后来的航行起到了至关重要的作用。这位年轻人品行端正、性格诚实，还拥有相当不错的理解力。

9月8日，大船在尤里提亚岛抛锚，很快，船员们便与当地人展开了贸易往来。第二天早晨，他们带上礼物，正式去拜访岛上的酋长欧里欧。此时欧里欧正坐在自己的临海的房子里，他和朋友们热情地接待了英国人。

酋长向库克船长表达了再次相见的喜悦之情，他请求和船长互相交换姓名，船长欣然应允，这是当地人对陌生人表达友谊的最重要方式。船员们将礼物送给酋长和他的朋友后便返回船上，当然他们也带回了酋长回赠的猪和水果。

10日，用完早餐之后，库克船长和弗诺船长再次前去拜访酋长，酋长邀请他们观看了当地的喜剧表演。这场表演的乐器是三只鼓，演员由七个男人和一个女人组成，这个女人是酋长的女儿。整场演出最有趣的部分就是窃贼行窃的那一场戏，小偷及其同伙在犯罪过程中表现出来的娴熟手法和技巧将人类的天赋和智慧展现得淋漓尽致。库克船长说道："最吸引我的就是这部分表演，我对结局

充满了期待，希望最后剧情能有很大的反转。因为在此之前我就已经得知特托（窃贼）的偷窃行为将会东窗事发，他会遭到毒打，甚至判处死刑。土著人告诉我们这是对犯罪行为的一种惩罚。不过异乡人就不能受到这样的保护了，在许多场景中他们被掠夺，而罪犯却依旧逍遥法外。"

16日，库克船长听说那位来自塔希提岛的年轻人颇里欧决定离开他们，他在这里认识了一个年轻的女人，而且已经与对方建立了友谊。后来，颇里欧果然跟着那个女人走了，船员们再也没有见过他。

颇里欧拥抱库克船长（14）

现在，大船上已经补充了不少供给，库克船长决定于第二天早上起航。他将这个消息告诉了酋长，因为酋长曾再三嘱咐他一定要在他们离开之前再见上一面。第二天，天刚蒙蒙亮，颇里欧便带着儿子和朋友来到了大船上。许多独木舟也载着水果和生猪划了过来，土著人热烈地请求船员们购买他们的东西，他们嘴里喊着："我是你们的朋友，请带走我的猪，给我一把斧头吧。"那天，大船上的土著人有三四百人之多，甲板上被挤得水泄不通。

酋长和他的朋友们一直等到大船扬帆起航才打算离开，他们再三嘱咐船员们早日再来。岛上的许多年轻人请求跟随库克船长远航，船长带走了一位约莫十七八岁的男孩，他的名字叫作欧伊底迪，是博拉博拉岛的土著人。欧伊底迪与博拉博拉岛的酋长欧普尼是至亲。

在1767年和1768年两年间，塔希提岛上拥有不计其数的猪和鸡等动物，不过现在这些动物已经很少了，即使出再高的价钱当地人也不愿意出售它们。

库克船长认为按照当地人的宗教习俗，他们一定会用人来祭祀神灵，于是他决定去看个究竟。一天，库克船长和弗诺船长来到了玛塔维亚的一座神殿。出于各种考虑，船长还带上了一名船员和几名当地人。那名船员的土著话说得十分流利，其中一名土著人也非常的聪慧。只见神殿里有一座祭台，上面果然供奉着一具人的遗体和一些食物。

欧迈告诉船长当地的土著人将人的遗体供奉给上帝，而作为祭品的人则由大祭司任意挑选。所有土著人在一个庄严肃穆的场合聚集起来，这时，大祭司独自一人走进供奉着上帝的房间里，他会在里面停留一会儿。不久，大祭司走出房间，告诉人们自己刚才见到了上帝并同上帝进行了交谈，上帝要求他们用一个人的遗体来祭奠自己。接下来，他便会说出那个人的名字，而这个人很可能是大祭司讨厌的人。可怜的人儿当即被杀死，他成了大祭司复仇的牺牲品。毫无疑问，为了掩盖自己的罪行，大祭司会说服众人相信这个人是个十恶不赦的恶棍，而他的死也是罪有应得。

1773年9月17日，船员们离开了尤里提亚岛，大船开始转向西边航行。10月1日，船员们看见了米德尔岛。当大船逐渐靠近岸边时，不少独木舟大胆地靠了过来，一些当地人毫不犹豫地登上了大船。库克船长对这些人的自信勇敢十分钦佩，好感油然而生。因此，船长决定如果有时间，一定要去拜访这些土著人。船员们找到了一个很好的锚点，那里的海水深度为25英寻。他们还未将船停靠稳当，就有许多独木舟划了过来。舟上挤满了土著人，他们迫不及待地与船员们做起了生意。这些土著人当中有一位名叫提欧尼的酋长，船长给了他一把斧头、一根道钉和一些其他东西，酋长感到非常高兴。

不久，一些船员便乘坐两艘小船，在提欧尼的引领下来到了一条小海湾。这条海湾正好与大船的位置平行，海湾周围都是岩石，十分方便大船停靠，也不会受到海浪的侵扰。英国人在这里见到了无数当地人，他们正高声欢呼着迎接对方的到来。这些土著人手中没有棍棒或者类似的武器，毋庸置疑，这表明了他们想与英国人和平相处的意愿。船员们花了不少时间才将小船停泊下来，因为小船周围挤满了当地人，他们手里拿着布匹或者垫子，请求与对方交换钉子。还有许多人无法接近小船，于是他们将整包的布匹越过别人头顶扔到小船上来，之后便默默离去了，竟然没有要求任何回报。酋长带着英国人来到了自己的住处，那里离海边有大约300码的距离。酋长的房子位于一片美丽的草坪尽头，高大挺拔的柚子树遮住了屋顶，使得屋内变得清凉无比。房子周围十分幽静，屋门面朝大海，可以望见停泊着的大船。房屋背后和两旁分布着种植园，里面生长着茂盛的农作物。屋内地板上铺着垫子，酋长邀请英国人在垫子上坐下，其他人则在他们外面围坐了一圈。英国人正好带着风笛，于是库克船长命令船员吹奏了一曲。接着，酋长也要求三名当地妇女演唱了一首歌曲，几位妇女仪态端庄、举止优雅，演唱完毕后，船长送给她们每人一件礼物。其他妇女见此情景，也立刻围成圆圈唱起歌来。她们的歌声悦耳动听，十分和谐。香蕉和椰果摆在了英国人面前，当地人还特意为他们端上了一碗果汁，不过只有库克船长一人硬着头皮品尝了这种饮料，光是它的酿造方式就已经让其他英国人望而却步。在场的土著人看见客人们对它不感兴趣，很快就将这碗果汁喝得精光。

英国人带着酋长一起返回船上用餐，尽管饭桌上有香喷喷的烤猪肉，酋长却只是坐在桌旁，一口也没吃。在岛上的一些房子周围或者种植园中间的道路上，常常可以看见一些猪和体形庞大的鸡跑来跑去，这是他们在这里见到的唯一的动物。吃完饭后，酋长似乎没有要和他们分开的意思，于是船长决定跟着他返回岸上。

傍晚，他们再次回到了船上。船员们对这个国家以及那些乐于助人的当地人充满了喜爱之情。船长送给酋长各种各样的小东西和蔬菜种子，他告诉酋长自己马上就要离开这里了，不过酋长似乎对此并不关心。库克船长一返回大船上，便立刻指挥船只向阿姆斯特丹岛驶去。大船驶入岛屿西边的海面时与几条独木舟相遇了，每条舟上坐着三四名土著人。这些人大胆地走近大船旁边，将手中的草根递给船员们。随后，他们径直登上大船，不停比画着，邀请船员们到他们的岛上去，他们还给船员们指出了可供大船停泊的地方。

将大船停靠妥当之后，库克船长、弗诺船长和福斯特先生以及几名军官一起登上了陆地，和他们一同上岸的还有一位名叫阿塔句的酋长，他在当地颇有名望。酋长一登上大船，便径直来到了库克船长身边，与他攀谈起来。

往岛上走了一段距离后，他们返回到登陆的地方，结果发现威尔士先生正处在既好笑又尴尬的窘境之中。威尔士先生刚刚也和船长等人一起坐船前往岛上，由于岸边的水比较浅，所以小船提前停了下来。于是，威尔士先生脱下鞋子和袜子，蹚过了水浅的地方。当他走上陆地，将鞋子和袜子放在脚边准备穿上时，身后突然蹿出一人，抢走了他的鞋袜，并迅速消失在了人群中。岸上到处是锋利的珊瑚石，威尔士先生不可能赤脚去追赶那个窃贼。这时候小船也已经返回大船那里去了，而他的同伴们更是穿过人群走远了，只留下他一个人可怜巴巴地待在岸边。酋长了解情况之后，很快将小偷找了出来，并将鞋袜还给了威尔士先生。酋长领着船员们来到了附近的一个种植园，他将一个淡水池指给船员们看，告诉他们可以在那里打水。

福斯特先生和他的团队一直在采集植物，几名军官则出去狩猎。不管走到哪里，军官们都受到了土著人的友好对待。两艘大船分别派出一艘小船去岸上交易，小船每次都在很短的时间内满载而归。因为一些当地人没有独木舟，不能将货物载到大船附近交易，所以船员们只能采取这种办法，他们通过这种方式以更低的价格买到了大量的水果和其他东西，也避免了不少麻烦。

尽管当地人有时候喜欢顺手牵羊，派出去交易的两组队伍仍然成功地完成了任务，两艘大船上都增加了大量的补给。现在，库克船长给每位船员放了一天假，让他们下船去自由贸易。当地人发现船员们似乎对岛上的任何东西都很感兴趣，于是他们便捉弄起对方来，竟然将棍子和石头也拿来交换。

一名土著人钻进了专家的客舱，拿走了一些书籍和其他东西。当他正准备坐上独木舟离开时，船员们发现了他，并派出一艘小船前去追赶。这名土著人慌忙扔下独木舟，跳进了水里。小船上的船员们好几次都差点抓住他，不过这人实在太狡猾了，他潜到小船的底部，解下了它的船舵，最后彻底逃脱了。还有一些胆大妄为的窃贼竟然在小船停靠的地方实施盗窃。一名土著人从船里拿走了一名水手的夹克，那时候船里正坐着不少人。周围的很多当地人对这名小偷的行为视而不见，连最后船员们朝小偷开了一枪，他们也置若罔闻。

第二天早上，阿塔句再次拜访了库克船长。他不仅送来了一头猪，还帮助船长从别处买到了几头。这天，岸上的军官们给船长带

华希内岛上的神坛（15）

话，说一位他们从未见过的重要人物将要到大船上拜访他们。皮克斯吉尔先生说自己曾在岛上见过这个人，当地人对他无比敬畏的态度说明了他举足轻重的地位。一些土著人走近他之后，竟然俯伏在地，把头埋在双脚之间，向他行礼。未经他的允许，任何人都不敢从他旁边经过。库克船长在登陆地附近看见了这个人，只见他一脸阴沉地坐在那里，表情既严肃又愚蠢。尽管船长从军官们那里得知了他的重要身份，他仍然觉得这人就是一个白痴，那些迷信的人们不过是盲目崇拜他罢了。船长向这位酋长敬礼，并开始和他搭讪起来。没想到对方不仅没说一句话，甚至连面部表情也没有丝毫变化。船长更加坚定了自己的看法，当他正准备离开时，一名当地人的行为让他改变了想法。这名土著人在酋长面前表现得无比恭敬，让人不得不相信他就是岛上的国王。于是，船长将礼物送给了这位国王，其中包括一件衬衣、一把斧头、一块红布、一面镜子、一些钉子、纪念章和珠子。国王接受了这些礼物，更准确地说是英国人将这些礼物恭敬地送到了他的面前，自始至终他都保持着严肃的表情，没有说一句话，更没有转一下头，他就像雕塑一样坐在那里。英国人离开国王回到了船上，没过多久，这位国王也离开了。船长返回决心号上不久就听说国王派人送来了许多礼物，他立刻派遣一艘小船去岸边运回那些东西。很快，小船便满载而归，里面有二十篮烤香蕉、酸面包、山药、一头重约20磅的烤猪。给他们送东西过来的土著人告诉英国人，这是岛上的国王送给船上最高长官的礼物。从那以后，英国人再也不敢质疑这位冷面酋长的权威了，这位酋长的名字叫科哈戈西·法兰戈乌。

最后，船长再次上岸拜访了这位伟大的酋长，并挑选了合适的礼物送给他。不久，船员们便准备离开这个地方了。10点钟，大船准时起锚开航。船员们在这个岛上买到了150头猪、300只鸡、许多的香蕉和椰果，还有一些山药。如果他们停留时间再长一些的话，很可能还会收获更多。

1642年3月，塔斯曼船长第一次发现了这两座岛屿，并将它们分别命名为阿姆斯特丹岛和米德尔岛。不过当地人也有他们自己的叫法，他们把前者叫作汤咖塔布，把后者称为伊欧威。

米德尔岛和阿姆斯特丹岛的产品及农作物都差不多，唯一的区别是米德尔岛的部分土地是有人耕种的。这里的乡间小路或者公路布局得十分巧妙，将岛屿各个地方自由便捷地连接起来。这里没有城镇，也没有乡村，许多房屋都建在种植园里，井然有序，十分方便。屋门前没有多少空地，大部分地方都栽满了树木或者观赏性的灌木，这些灌木散发出来的芳香弥漫在空中。土著人屋里的家具一般包括几个木制的盘子、椰果壳以及一些用木头柱子做成的板凳。他们睡觉时就把平时穿的衣服盖在身上，下面再垫上一块垫子。

除了猪和鸡，大家在这里没有看到别的家养动物。这里的猪和附近岛屿的没有多大区别，但是这里的鸡却要优良得多，它们跟欧洲的鸡差不多大，肉质也不比欧洲鸡差。岛上的鸟类也非常多。

当地人建造的独木舟从工艺性来看，超越了英国人在这片海上见过的一切事物。当地人将几块木头连接起来做成独木舟，连接的地方光滑整洁，从外面几乎看不出来有相接的痕迹。所有固定的部件都在船的内侧，经过几块板子的边缘或者末端的隆起处，这几块板子构成了独木舟的主体。船的两端是甲板，长度约为船体的三分之一，船的中间是打开的。每条独木舟都装有舷外支架，航行时偶尔会扬起船帆，但更多的时候还是利用船桨。双体舟由两条独木舟构成，每条独木舟长约六七十英尺，中间宽约四五英尺，两端很尖。它们的生产工序和单体独木舟稍微有些不同，但是结构是完全一样的。

双体独木舟的所有组成部分既牢固又轻巧，既保证独木舟能下沉到水中一定位置，又确保其不会被淹没。只要两条独木舟能够牢牢地连接在一起，那么不管遇到什么情况，双体独木舟也不太可能沉没，因此它们可以用于远距离航行。这些独木舟上装着一根桅杆和一面三角帆，三角帆被帆桁撑起来，稍微呈弯曲状。船帆由某种垫子做成，垫子的编织方法和欧洲人的方法差不多，一些垫子长约四五英寸。船上修建了一个小棚子或者小木屋，为出海的人们遮风挡雨。

当地人的劳动工具由石头、骨头或者贝壳做成。英国人对当地工匠们的智慧和耐心赞叹不已。他们对铁的用法了解不多，只限于在挑选礼物时会选择钉子而不要珠子，只有少数当地人愿意用一头猪换取一颗大的钉子或者一把斧头。在当地人心中，旧的夹克衫、衬衣、布料甚至破布都比最锋利的工具更受欢迎。他们拥有的唯一的铁器是一把用钉子做成的小钻。

这里无论男女都是中等身材，肤色为浅铜色。他们的眼睛十分漂亮，大部分人拥有一口好牙，包括年事已高的老人。男人的大腿中部到臀部上方都纹着刺青，女人们只有手臂和手指上有淡淡的纹身。这里的所有人都在腰上缠着一块布或者垫子，除此之外，他们的上身几乎全部赤裸着。每天往上身抹油似乎成了当地人的一种风俗。

他们的饰品包括护身符、项链、用骨头或者贝壳做成的手链、珍珠和龟壳，无论男女都会佩戴这些饰品。当地人还会制作各种各样的垫子，其中有些垫子的材质非常细腻，他们通常用其制作衣服；那些厚一些或者坚韧一些的垫子则被用作褥子，或者做成船帆。除此之外，当地人还有一些其他实用的工具，比如各式各样的篮子，它们的制作材料有的和编织垫子的一样，有的则是椰子的须根。这些篮子不仅美观大方，而且实用性强，它们拥有各种不同的颜色，上面还镶嵌着贝壳和骨头做成的珠子。

当地的妇女喜欢唱歌，还常常用手指打着节拍。她们的歌声和曲调都非常动听，音域也相当宽广。当地人平常见面时会用手触摸对方的鼻子或者彼此碰鼻，作为打招呼的方式，这和新西兰的风俗习惯一样。他们向陌生人示好的方式则是举起一面或者几面白旗。从他们毫不犹豫登上大船的行为可以看出，他们似乎很少受到外部或者国内的各种侵扰。尽管如此，他们却拥有非常厉害的武器，比如硬木制成的棍子和长矛，还有弓箭。当地人拥有一个奇怪的风俗，那就是不论别人送给他们什么东西，他们都会把它放在头顶以示感谢。妇女们还经常捧起库克船长的手，亲吻它，并把它放到自己头上。

据观察，这里的大多数人，无论男女，都失去了一个或者两个小指。这种现象不因阶级地位、年龄和性别不同而有所分别，也不发生在特定的年龄段。除了一些小孩，几乎各个年纪的人都有刚刚切断小指的，十指健全的人十分少见，这种现象在老年人中更为常见。一些船员猜测他们之所以割断小指，是因为父母或者其他近亲离开了人世。有时候，他们还会烧伤或者割伤自己颧骨附近的脸颊。这里的人们看起来十分健康，身强体壮且充满活力，这跟他们长期生活的优良环境是分不开的。

离开岛屿之后,大船一直往南而行。库克船长打算直接前往新西兰的夏洛特王后湾,在那里补充木材和淡水,接着再继续往南边和东边进行探索。船长十分希望能与波弗蒂湾和拖拉迦湾附近的居民们交流,从他们那里获取一些猪、鸡、种子和草根,船长认为那里的居民比夏洛特王后湾的土著人更加文明。

船员们于21日抵达了绑匪角。当他们经过绑匪角时,看见几条独木舟从岸边驶了过来,于是他们停下大船,方便土著人上船进行交易。过来的第一艘船上坐着几名渔夫,他们用鱼和船员们交换了一些布和钉子。第二艘船上只有两人,从衣着和行为来看,两人似乎是这里的酋长。船员们轻而易举地将两人邀请到了船上,接着送了对方一些钉子和其他东西。酋长们对钉子简直爱不释手,可以看出它们在这里一定是最受欢迎的。库克船长还将生猪、鸡、种子和草根送给这些人的首领,首领最初并没有料到这些东西是送给他的,因此也没有在意。当库克船长送给他一根半个手臂长的道钉时,他也没有表现得欣喜若狂。不过,当他离开时,船长观察到他将所有礼物小心翼翼地放在一起,目光一刻也没有离开过它们,生怕丢掉任何一样东西。首领承诺绝不会杀害船长送给他的任何一头猪,库克船长心想,如果他真的能履行诺言,而这些猪又能得到很好的照顾的话,总有一天这个小岛会变成猪的王国。船长送出去的种子有小麦、四季豆、芸豆、豌豆、白菜、红萝卜、洋葱、胡萝卜、欧洲萝卜和山药等等。显然这里的人们并没有忘记奋进号曾经来过这里,因为他们的第一句话就是"我们害怕大枪"。这些人对英国人第一次抵达绑匪角时发生的事情并不陌生,事实和经验让他现在，船员们继续南下，在接下来的两天里，他们都在同狂风做斗争。当他们刚刚看见一个海港准备靠岸时，一场来势汹汹的暴风雨又将他们逼退了。

就这样，船员们继续和暴风雨抗争到了30日。就在那一天，决心号和探险号又一次失去了联系。到了下午，风势有所减弱。库克船长对探险号的走失感到非常难过，如果两艘船现在还在一起的话，他一定会打消去夏洛特王后湾补充木柴和淡水的想法，继续往南寻找陆地，因为这时候的天气很适合沿着海岸线航行。当决心号逐渐靠近陆地时，船员们在沿岸好几个地方看见了炊烟，这说明岸上一定有人居住。决心号整个晚上都朝着东方行驶，希望能在早上遇见探险号，不过他们的希望落空了，另一场暴风雨很快到来了。

紧接着，海上时而平静，时而大风。船员们沿着海岸前行，在特拉怀特角的东边发现了一条新的水湾。决心号驶近了这条水湾之后，在那里抛了锚。看见大船，一些当地人驾驶独木舟从两岸划了过来。这些土著人很快登上了大船甲板，船员们发现他们对钉子的喜爱超越了其他任何东西。船长送给其中一人两只公鸡和两只母鸡，对方冷漠地收下了，船长心里一凉，看来对方是不会善待这几只动物的。决心号在这里停留了不超过两小时，这时风向转向了东北方，大船起锚开航，朝夏洛特王后湾驶去。他们在天黑时分抵达目的地，大伙发现船上的大部分风帆已经被狂风撕扯坏了。

第二天，也就是11月3日的早上，风势略有缓和。在接下来的几个小时里，海上都很平静。随后，一阵微风从西北方吹了过来，决心号趁着风势向海湾驶去，正如大家所料，他们在那里也没有遇到探险号。

　　船员们看到了弗诺船长抵达此地时留下的一头年轻母猪,当时弗诺船长将两头母猪留在了食人湾附近的岸上。除了一条后腿有点瘸之外,这头母猪的身体状况非常好,看起来也很温顺。船员们不知道那头公猪和另外一头母猪已经被分开带走了,但是它们并没有被杀掉,而那两只山羊则难逃被屠宰的命运。船员们为了让这些动物在岛上繁衍所做出的一切努力都付诸东流了,辜负他们一片苦心的正是他们寄予厚望的当地居民。不过菜园子的情况要好得多,除了土豆,里面的所有蔬菜都完全交给了上天来打理,大部分蔬菜长得很好,这也证明了当地的冬天一定很暖和。许多土豆被土著人挖走了,不过仍然有一些剩下的正在生长。

　　第二天早上,库克船长带人前往海湾上拉回渔网,他还带上了一头公猪、一头年轻的母猪、两只公鸡和两只母鸡。船长将这些动物交给当地人,并嘱咐对方一定要好好照顾它们。当船员们向当地人买鱼时,对方又开始了欺骗和偷窃行为。他们刚刚用这只手将鱼递给船员们,马上又悄悄用另一只手将其偷了回来。

　　其中一名狡猾的酋长眼中充满怒火,似乎对其他人的行为表示不满。库克船长如是说道:"我起先很赞赏他的行为,但是也对他进行了严密的监视,结果发现他从我口袋中偷走了一条手帕。他将手帕放在了胸前,我假装什么也没看见,然后告诉他自己丢了一条手帕。他露出一副天真无辜的表情,我忍不住从他身上拿出了手帕。他笑了起来,开始不停地向我解释,我实在无法生他的气,结果我们又成了好朋友,他陪着我回到大船上用餐。"就在这时,几位陌生人驾驶着四五条独木舟前来拜访他们,他们将船停靠在帐篷附近的水湾上。第二天一大早，这些人就带着六个小水桶离开了，其他当地人也跟着他们一起走了。他们在岸边留下了几条狗，还有前一天才送给他们的公猪。因为这是船上的最后一头公猪，所以库克船长又将它带了回去。

回到船上，船员们打开储藏的面包，发现其中有4292磅面包已经完全不能食用了，只有大约3000磅面包还没有变质。

22日一大早，四五条独木舟来到了决心号附近，舟上坐着许多土著人，船员们之前见过他们中的极少数人。

这些人带来了各种各样的物品与船员们进行交换。水手们最开始捡了不少便宜，不过很快就有一位当地的老人走了过来，船员们对他并不陌生。这位老人给自己的同胞们当起了参谋，让他们在交易中不至于吃亏。

这群当地人离开后，船长带着三头母猪、一头公猪、两只公鸡和两只母鸡在西湾附近登陆，接着又往树林里走了一段。船长将这些动物全部留在了树林里，并给它们留下了十一二天的粮食，这样它们就不会跑到岸边去寻找食物，也就不会被当地人发现了。

现在，决心号已经准备好驶入大海，再次前往高南纬地区了。岸上的帐篷被收了起来，所有东西都被搬上了决心号。

水手长和一些船员正在树林里采集金雀花，其中几个人发现了当地人的一座秘密小屋，小屋里收藏着他们从英国人那里换来的大部分东西，同时也有他们自己的一些物品。很快，便有当地人向船长反映他们的一些东西被偷走了，他们还特别指出了其中的一名罪犯。船长当着土著人的面惩罚了犯事的船员，那些土著人得意扬扬地离开了，竟然忘了拿回他们丢失的东西。库克船长始终坚持这样一条原则，那就是任何人只要对这些尚未开化的民族犯下一丁点错误，就一定要受到惩罚，因为这是任何一个欧洲人都不能容忍的行为。

23日，从北边吹来的轻风延续了一整天，决心号无法按照预定计划驶入大海。下午，几名军官到岸上去消磨时光，他们看见了可怕的一幕：一个年轻人刚刚在一场战役中被杀死了，他的脑袋和肠子被摆在了沙滩上，他的心脏则被穿在一根尖尖的棍子上，放在一艘很大的独木舟头。一位英国绅士买下这个头颅，并将它带回了大船上。一名当地人从头颅上割下几片肉来，放在火上烤熟之后当着所有船员的面吃了下去。这时候库克船长正在岸上，当他返回大船后，船员们立刻向他报告了刚刚发生的事情，船长自己也发现了聚集在后甲板上的一大群土著人。一个面目全非的人脑被摆在了船尾栏杆上，这个人脑只剩下了一部分，左边太阳穴上方的颅骨被击碎了。不过，大家仍然可以从这个血肉模糊的头颅依稀看出一个二十岁左右年轻人的脸庞。眼前的这一幕和刚刚从船员那儿听说的情形让库克船长心中为之一颤，随之而来的是对这群食人族的满腔愤怒。不过他胸中的愤懑之情很快就被好奇心所取代，他其实也很想亲眼看看这令人匪夷所思的一幕。于是，库克船长下令将一块烤熟的人肉带到后甲板上，一名当地人立刻把它塞进嘴里，狼吞虎咽地吃了下去。一些水手看到这可怕的一幕，不禁感到一阵阵恶心。

这再一次证实了新西兰人是食人族，不过库克船长在第一次航行中关于这一事实的描述却遭到了很多人的质疑。

25日，决心号开锚起航。前一天早上，库克船长就已经写好了备忘录，里面记载了决心号抵达和离开这里的日期、接下来的路线以及其他必要信息。库克船长将备忘录放进一个小瓶子里，埋在菜园子里面的一棵树下。如果弗诺船长恰好来到这里，他一定能找到这个备忘录，从而得知决心号的行踪。即使弗诺船长不经过这里，其他来到这个海湾的欧洲人也可以发现这个备忘录。

决心号上的所有人一致认为探险号不可能被困在任何海岸或者港口，他们已经彻底放弃了再次遇见它的希望，因为在新西兰之后他们没有再约定任何会合地点了。

12月14日，决心号遇到了几座大型冰山，到了中午，它又穿过了数量巨大的稀疏冰块。这时，船员们在海上看见了灰白色的信天翁、蓝色的海燕以及其他一些海鸟。从西边刮来的一阵大风推动决心号继续前进，船员们发现冰山的数量越来越多，碎冰的数量也十分惊人。尽管船员们小心谨慎地驾驶着船只，决心号依然遭到了一些较大冰块的猛烈撞击，它不得不转向北方抢风航行。很快，决心号便走出了困境。不过它很快又要面临新的考验了，因为海上下起了大雾，而它的前方布满了许多大型的岛屿。

21日，船员们突然发现决心号正置身于一片大型的冰山和无数碎冰之中。由于海上依然笼罩着浓雾，他们费了九牛二虎之力才走出困境。23日，平静的海面上微风徐徐，大船来到了一些碎冰的边缘，库克船长命令两艘小船下去搬一些冰块上来。索具上飘落的雪花此时凝结成了冰块，绳索看起来就像钢丝一样，而船帆则仿佛变成了一块块银色的板子。

1774年1月30日一大早，船员们看见南方海平线上方的云彩放出了罕见的耀眼光芒，他们知道这意味着决心号已经接近冰原地区了。果然不出所料，他们很快便抵达了冰原的边缘。冰原从东边一直延伸到西边,已经远远超出了大家的视野范围。仅仅在这个冰原里面就赫然耸立着97座冰山,其中许多冰山的体积非常大,看起来就像一片山脉的山脊一样,一座比一座高,最后消失在云彩里。这片巨大冰原的外围和北边都堆积着大量的碎冰,因此任何人都无法进入其中。冰原大约有一英里宽,里面是由坚硬的冰块形成的一个大的整体。除了冰山,冰原其他地方又低又平,然而越往南边走,地势似乎越高,并且大家根本看不见它的边缘。

库克船长在日记中这样写道:"我们并非不能到达更加南边的地方,只是这样草率的行为会将我们置身于无尽的危险之中。我相信任何人遇到这样的情形都会有这样的想法。我打算不止于比前人走得更远,而是要尽人之所能走到最远。但是遇到这样的阻碍我并不觉得遗憾,从某种意义上说它使我们得到了一定的解脱,至少我们可以避免前往南极地区将会遇到的各种艰难险阻。既然现在决心号不能再往南更进一步,我们也只能转向北边抢风航行了。"库克船长现在已经决定指挥决心号转向北边航行,抵达热带地区度过下一个冬天。库克船长得出了这样的结论:在这片海域中不存在陆地,即使存在,也在非常遥远的南边,因为冰雪的关系,人类无法抵达那里。如果在南大西洋中存在这样的陆地,人们也需要整个夏天的时间来进行探索。

现在,决心号开始转向北偏东的方向行驶。傍晚,他们又遇到了一场猛烈的暴风雨,同时还伴随着大雪和冰雹。这突如其来的恶劣天气搞得船员们措手不及,他们还来不及将船帆取下来,其中两条就已经被撕成了碎片,其他船帆也都遭到了严重的毁坏。

25日,库克船长生病了,是胆汁性绞痛。他的病情十分严重,一直卧床不起。库克船长将指挥决心号的任务交给了库珀中尉,而中尉的表现也令他十分满意。船长的危险病症一直持续了好几天才终于消除,他开始慢慢恢复健康。在船长康复期间,考虑到他脆弱的肠胃,福斯特先生最喜爱的小狗也成了他的盘中餐。因为船上已经没有其他新鲜肉了,除了狗肉和狗肉炖的汤,船长咽不下其他任何食物。这两样食物为船长提供了足够的营养,他的体力也慢慢恢复了。

3月11日早上八点钟,船员们在桅顶上发现西方十二里格处有一块陆地,大船开始抢风航行,朝那个海角的西边驶去,那里好像有一条海湾。不过,还未等他们抵达目的地,夜幕就降临了。整个晚上大船时而离岸时而靠岸,一直持续到第二天早上。那座岛屿叫作复活节岛或者戴维斯之地。两名土著人乘坐一条独木舟向大船驶了过来,他们把一束大蕉用绳子捆住扔到了大船上。库克船长顿时对他们心生好感,于是询问他们最想要什么,是否可以换取一些食物给英国人。大船继续沿着海岸航行,最后转过了岛屿北边的海角。当船员们正准备抛锚时,一名当地人来到了船上。他上船后的第一件事情就是测量大船的长度。当他边量边念出测量结果时,船员们发现他对数字的发音和塔希提岛人一模一样。尽管如此,大伙儿还是听不懂他的语言。第二天早上,库克船长在几位绅士的陪同下上了岸,他想看看能从这个岛上获得些什么东西。他们来到了一片沙滩上,那里聚集着好几百名当地人。这些人迫不及待地想见到英国人,以至于一见到对方的船就拥了上去。这些人身上都没有携带任何武器。船长将一些小饰品分发给土著人之后,询问他们是否能提供一些吃的东西。土著人马上回家拿来了一些土豆、大蕉和甘蔗，他们用这些东西从英国人那里换取了钉子、镜子和布匹。船员们很快便发现这些人都很擅长偷东西，他们几乎欺骗每一个和自己交易的人。船员们要十分小心才能确保头上的帽子不被对方偷走，他们口袋里的东西也经常不翼而飞，包括那些刚刚从土著人那里买来的物品。船员们还经常买到已经买过好几次的东西。

库克船长的身体还没有完全康复，所以他被留在了大船停泊的地方，和一群当地人待在一起。船员们迅速从当地人手中购买了一些土豆，这些土豆是他们从附近的种植园里挖出来的。很快，种植园的主人赶到了这里，将所有当地人驱散了，交易也终止了。看来这些人不仅欺骗英国人，连自己同胞的东西也偷。他们总是对英国人施展各种小伎俩，而这些小伎俩当时总能取得成功，不过英国人很快就将这些小偷一个一个地揪了出来。早上派出去考察岛屿的队员们回来了。他们刚出发没多久，就碰到了一个当地的中年男人。这个男人全身上下打了很多洞，脸上涂着一种白色颜料。他手上拿着一支长矛，一直跟在队员们身边，并不断向自己的同胞们示意，让他们离英国人远一点，不要打扰对方。随后，这人将挂着白布的长矛放在自己跟前，以这种方式向英国人表达和平友好之意。随后，这名男子在英国人前面带起路来。

在岛屿东边靠近大海的地方，队员们看见了三座已经被损毁的石头平台。每座平台上立着四尊雕像，其中两座平台上的所有雕像已经倒塌了，第三座平台上也只剩下一座完好的雕像。威尔士先生对这尊雕像进行了测量，发现其长度达到了15英尺，两肩之间的宽度为6英尺，每尊雕像的头上都有一顶红色的圆柱状石帽，帽子的形状相当规则。他们测量了其中一顶帽子，发现其长52英寸，直径66英寸。这顶柱状帽子还不是其中最大的一顶,它的顶部有些地方已经出现了凹痕,其他帽子则完好无损。经过这些雕像后,队员们来到了岛上最丰饶的地方,只见那里散布着许多种植园,里面种着土豆、甘蔗和大蕉树。队员们没有在那里发现任何水源,倒是当地人给他们送了两三次水。尽管那些水又咸又涩,但对于极度口渴的队员们来说还是可以接受的。他们还经过了一些小木屋,木屋的主人拿出烤好的土豆和甘蔗招待他们。当他们吃得津津有味的时候,却发现有人想偷走他们装着所有物品的包包。为了阻止对方,他们不得不朝其中一人开了一枪,这名小偷背后中了一枪,扔下包包,往前跑了一段便倒下了。后来,他又从地上爬起来走开了,队员们不知道他的伤势到底怎样了。这件事情给他们造成了一定的困扰,当地人都聚集起来。不久,队员们看见刚才给他们带路的土著人朝他们跑了过来,和他一起的还有一两名当地人。他们来到队员跟前并没有停下来,而是围着他们继续跑起来,嘴里还不断重复着一些话。最后,土著人终于离开了。那名向导还是像之前那样,举起白旗继续给他们带路。那一天,再也没有人试图偷取他们的东西了。队员们发现岛屿东部地区耸立着许多巨大的雕像,其中一些雕像成群结队地站立在石头平台上,也有一些单个的雕像直接耸立在地面上,这些雕像比平台上的雕像要大得多。队员们测量了一尊倒在地上的雕像,发现其长度接近27英尺,两肩之间的宽度在8英尺以上。不过,这尊雕像竟然比一尊站立着的雕像还要小很多。除了少数鸟儿,他们在岛上没有发现任何其他动物。听完队员们的描述,库克船长认为在岛上找不到任何有价值的东西了,于是他决定第二天一早便离开这里。

复活节岛上出产味道鲜美的甘薯、山药、大蕉和甘蔗，尤其是这里的土豆，是船员们吃过的最美味的土豆。岛上的居民们还饲养了一些家禽，比如公鸡和母鸡。他们好像很少吃鱼，船员们在这儿几乎没有看见过鱼。岛上的居民人数应该不超过700人，并且三分之二以上的人似乎都是男性。船员们猜想要么是岛上的妇女真的很少，要么就是她们不能随意抛头露面。这里的居民普遍身材纤细，船员们还没见过哪个男的身高超过6英尺，撰写罗杰文航海记的一位作者曾证实了这一现象。他们动作敏捷，行动活泼，拥有漂亮的脸蛋，面容和蔼，对待陌生人态度友好亲切，美中不足的是他们似乎都有偷东西的坏毛病。

妇女们的衣服通常是由一条或两条长6英尺、宽4英尺的棉布或者垫子做成的，一条缠在腰上，另一条披在肩膀上，形成了一件

复活节岛上的雕像（16）

完整的衣服。大多数男人只穿一件衬裙，衬裙的一头系在腰间，一头耷拉在两腿中间。

3月16日，决心号再次驶入大海。此时风速风向都很稳定，天气也很晴朗，库克船长下令将锻造炉修理好，以便打造一些必需的铁器。4月6日，船上的一位绅士最先发现了一座新的岛屿，于是，他们以这位绅士的名字将岛屿命名为"胡德岛"。接着，他们又依次经过了圣佩德罗岛、拉多米里克岛和圣克里斯蒂娜岛，这四座岛屿都属于马克萨斯群岛。决心号一直沿着拉多米里克岛东南海岸行驶，没有找到合适的锚地。一些独木舟从岸边划了过来，一直跟在大船后面。最后，决心号终于找到了一个合适的海港，停泊了下来，立刻就有三四十名当地人驾驶独木舟朝它行驶过来。不过在船员们的鼓励下，那些当地人才敢向大船靠拢过来。最后，一名当地人在一把斧头和一些道钉的诱惑下，终于走上了船尾瞭望台，其他人也受到了他的鼓舞，纷纷登上了大船。他们用一些面包果和鱼与船员们交换了一些钉子后，返回到岸上。

第二天一大早，更多土著人前来拜访他们，这些人带来了面包果、大蕉和一头猪，全部卖给了船员们。不过这次交易并不十分愉快，因为土著人只知道不断从船员们那里拿走东西，却又不肯拿出物品作为交换。最后，库克船长忍无可忍，向其中一名惯犯头顶开了一枪，这对他们起到了一定的震慑作用，买卖也变得公平起来。不久，几名当地人登上了大船。由于船长马上要乘坐小船出去寻找更合适的锚地，看到大船上的土著人越来越多，他建议军官们加强戒备。谁知还没等他坐上小船，就接到消息说有人偷走了船上的一根铁柱。船长马上下令朝独木舟上开枪，可惜那些土著人太吵了，船员们没有听见他的命令。最后，他们朝那名小偷开了三枪，最后一枪终于将他打死了。

这件意外事件吓得所有土著人仓皇逃走，库克船长驾驶小船跟着他们驶进了海湾，他劝说其中一艘独木舟来到小船旁边，并送给舟上的土著人一些钉子和其他礼物。你也许会认为这些当地人在见识了火枪的厉害之后，再也不敢挑衅英国人了，那样的话你就大错特错了。土著人很快就故技重施了。当小船刚刚抛下小锚，一些当地人就驾驶独木舟靠拢过来，他们抓住锚缆，想将小船拖上岸去。船员们向他们开了两枪，第二颗子弹从他们头顶飞过，吓得那些土著人丢下锚缆，逃回岸上去了。这也是船员们最后一次向这里的土著人开枪。

4月10日，一些人从更远的地方乘坐独木舟来到这里。他们向船员们出售了一些生猪，厨师们终于有足够的食材为大家提供一顿新鲜饭菜了。晚饭过后，船长上岸购买了18头猪。第二天早上，他又来到了那个地方，不过这次他并没有像预料中那样买到更多的猪。昨天晚上还对钉子等礼物爱不释手的当地人，今天就已经丝毫不感兴趣了。原来昨天有几位年轻的绅士也上了岸，他们给了当地人一些从未见过的新鲜玩意儿，所以那些土著人也就不再把小小的钉子放在眼里了。无奈，贸易只得终止。库克船长打算立刻离开这里，去往下一个可以采购食物的地方。决心号已经在海上连续航行了19周，船员们一直食用腌制食品，现在他们迫切需要一些新鲜食物。多亏了船上那些抗坏血病的草药和外科医生的细心照料，船上才无一人生病。4月11日下午三点钟，决心号起航了。现在海上的风很小，时而还夹杂着阵雨。

马克萨斯群岛是西班牙人门达纳首次发现并命名的，该岛屿群一共包括五座岛屿：拉马格达莱纳岛、圣佩德罗岛、拉多米里克岛、圣克里斯蒂娜岛和胡德岛，而拉多米里克岛是其中最大的岛屿。马克萨斯群岛的居民们是这片大海上最优秀的民族，他们拥有完美的身材和精致的五官，似乎超越了其他所有民族。不过他们的语言和塔希提岛人以及社会群岛人的语言十分相似，这似乎说明了他们有一定的渊源。欧伊底迪和这里的土著人交流起来毫无障碍。除了一种被塔希提岛人叫作马拉的布料，这里的男人们几乎不穿衣服，他们将这种布缠在腰上，剩下一截耷拉在两腿之间。这身简单的装扮完全可以应付这里的气候了，同时也满足了男人们对自己谦虚稳重的要求。女人们腰间裹着一条类似衬裙的布，一直垂到膝盖下方，肩上披着一件宽松的斗篷。

在饮食方面，这里的居民可就没有塔希提岛人讲究了，不管是食物还是烹饪方法。库克船长曾看见他们将水果、草根和水混合在一起，做成一种糊状食物，而盛放食物的是一个脏兮兮的喂过猪的器皿，使用之前，他们既没有洗过这个器皿也没有洗过手。

决心号在一阵美好的东风之中继续前进，17日，船员们在西北方向发现了陆地。等大船靠近一些后，他们才发现那是一片地势较低的岛屿，岛屿之间由一连串的珊瑚礁连接起来。当他们沿着海岸航行时，发现好几个地方都出现了当地人，这些人手中拿着长矛和棍子。船长命令库珀中尉率领两条小船前往岸边，和当地人进行交涉。当地人看见他们停靠在岸边之后，没有立刻表示反对。没过多久，他们就发现四五十名手拿武器的当地人正朝小船走过来，他们在离岸边很近的地方站住了，似乎随时准备为同胞们提供支援。不过双方并没有发生争执，库珀中尉率领的小船很快也返回到大船上。中尉向船长报告说，他只在沙滩上见到几名当地人，但是树林周围也出现了许多土著人，他们手中都拿着长矛。对方很冷漠地接受了他的礼物，对他们表示了明显的不欢迎。中尉带回了五条狗，这种动物在岛上似乎很常见。他们还向当地人购买了两打椰子，岛上似乎只有这一种水果。当地人将这座岛屿叫作提欧吉，它是由海军准将拜伦发现的。岛屿呈椭圆形，圆周约为10里格。

18日拂晓，决心号驶往西边的另一座小岛。上午八点钟，大船抵达该岛并沿着它的东南海岸行驶，距离岸边大约一英里。4月21日，决心号再次抵达了塔希提岛。第二天早上8点钟，它在玛塔维亚湾抛锚。很快，当地的土著人便得知了这个消息，许多人前来拜访他们，并向他们表达了再次相见的喜悦之情。

24日，国王欧图和其他几位酋长带着许多随从前来看望船员们，给他们带来了水果和十几头肥硕无比的猪。库克船长深知与国王成为朋友的重要意义，他在帐篷里接见了对方，随后将他们领上了大船，并邀请他们一起用餐。临走之前，船长还送给他们许多备受欢迎的礼物，国王等人对船长的热心接待十分满意。船员们发现当地人建造了许多大型的独木舟和房屋，某些人在八个月前还没有安身之处，现在却已经住上了宽敞的大房子。每座房子周围都可以看见几头肥硕的猪。除此之外，他们还发现了许多新情况，都预示着当地人的生活越来越好了。看到此情此景，库克船长决定多停留一段时间，他认为前往其他岛屿的境况不会比这儿更好。

26日早晨，库克船长在几名军官和绅士的陪同下，前往欧帕里拜访国王欧图。当他们快要抵达欧帕里时，发现许多大型独木舟正在海上活动，待走近之后，所有人都被眼前的景象惊呆了：起码300艘以上的独木舟正秩序井然地沿着海岸航行，每艘船上都配备了人员和武器，除此之外，岸上还站立着许多全副武装的土著人。一夜之间形成如此强大的阵容，不禁令人唏嘘不已，英国人也开始了各种猜测。这些独木舟包括了160艘大型战船，它们全部为双体独木舟，上面设备精良、人员齐备，所有人都全副武装。酋长和勇士们一副战斗的装束，他们身上裹着许多布，穿着胸甲，头上戴着头巾和头盔。所有战船上都飘扬着旗帜和彩带，整个场面看上去宏大而庄严，这是英国人在这片海上从未见过也未曾预料到的。战士们的武器包括棍子、长矛和石头。除了战船，还有170艘规模较小的双体独木舟，每艘船上都搭建了一座小房子。舟上还配备了桅杆和风帆，这是战船上所没有的。这些小型独木舟是负责运输和保障粮食供给的，这在战争中也是至关重要的一部分。在这330艘独木舟上，土著人的数量绝对不低于7760人。库克船长第一次航行到此地时，图皮亚告诉他们整座岛上只有六七千人，而现在他们在这一个地方见到的居民人数就已经超过了那个数字。他们离开欧帕里后不久，这支舰队便朝西边行驶而去。当船长等人返回玛塔维亚湾之后，才听说这支舰队要开往埃梅奥岛，那里的酋长擅自脱离了塔希提岛的统治。

4月27日早晨，一位名叫托哇的酋长派人给库克船长送来了礼物——两头肥硕的生猪和一些水果，他还吩咐仆从不能向船长索取任何回报。不久，库克船长坐船来到了欧帕里，正好碰见了那位酋长和国王。短暂停留之后，库克船长便邀请两人一同前往决心号，同时受邀的还有国王的弟弟塔雷瓦图和叔叔缇。由于酋长托哇还是第一次登上决心号,所以当他第一眼看见这艘大船时,显得惊讶无比,接着便是连声赞叹。国王欧图已经对决心号的每一部分都相当熟悉了,于是他自告奋勇地带着托哇四处参观,而托哇也看得十分仔细。不久以后,国王和他的随从们也离开了。他们曾极力劝说库克船长协助他们对抗提阿拉玻,但是船长拒绝了他们的请求。

28日,一名当地人企图从打水处偷走英国人的水桶,船员们当场抓住了他,并将他戴上镣铐送到了大船上,欧图和其他酋长看到了这一幕。了解到这名当地人犯的过错之后,欧图请求船长放了他。库克船长拒绝了国王的请求,并告诉他任何一名船员只要侵犯了当地人的一丁点儿利益都要受到惩罚,为了公平起见,如果当地人犯了错,同样也要受到相应的责罚,于是,船长下令将这名罪犯带到岸上的帐篷里。库克船长告诫欧图,不管是他自己还是他的子民们都不可以在不付钱的情况下拿走任何东西,而对罪犯的惩罚正是为了纠正他们的这一坏毛病,当然从某种意义上说也救了他们的命。欧图对船长的意见表示了赞同,不过,他仍然极力恳求船长不要杀害那名罪犯。这时,现场已经挤满了围观的人群,船长命令他们保持适当的距离,接着命令船员用九尾鞭抽了罪犯24鞭,最后将其释放,整个过程中那名罪犯强忍痛苦,哼也没哼一声。围观的当地人正准备散去,托哇站出来叫住了他们,接着,这位酋长在土著人面前发表了接近半小时的演讲。他的讲话中掺杂着许多短句,英国人并不十分明白。他谴责了当地人现在的不良行为,并劝诫他们以后要改过自新。从托哇温文尔雅的谈吐以及人们听他的演讲时专注的神情可以看出,他绝对是一位伟大的演说家。就在托哇发表演讲时,欧图一直在旁边保持着沉默。演讲结束之后,库克船长命令海军们进行军事表演，只见他们以飞快的速度将火枪装上子弹并发射了出去，由于他们的速度实在太快了，以至于当地人除了感到惊叹外，更多地是怀疑对方弄虚作假。表演结束后，酋长们带着随从离开了，对于这样的表演他们更多地是感到害怕而不是开心。

7日早上，船员们再次来到岸上，他们发现欧图恰好在帐篷里。船员们本来打算在岛上砍伐一些树木作为燃料，于是趁此机会征求了欧图的意见。欧图爽快地答应了他们，库克船长向他保证绝不会砍伐那些正在结果的树木。欧图对船长的这一承诺感到十分高兴，好几次大声地向身边人说起此事。

第二天晚上，由于岸上一位哨兵的疏忽大意，船员们与当地人起了冲突。不知道这位哨兵当时是睡着了呢还是擅离职守了，一名当地人趁其不备抢走了他的滑膛枪。欧图在得到消息的第一时间便派遣缇前往大船上通知库克船长。可是由于语言不通，船员们并不十分明白缇到底讲了什么，他们只知道一定发生了什么让国王感到惊慌的事情。为了弄清事情的原委，船长跟着缇来到了岸上。他们刚刚上岸，负责指挥哨兵的中士就将事情的来龙去脉告诉了船长。所有土著人对此事都感到十分惊慌，大多数人甚至逃走了。船长和缇一同前去寻找欧图，一路上船长努力安抚着当地人的情绪，同时宣称一定将丢失的滑膛枪找回来。往前走了一段路后，缇突然拦住了大家，他让船长暂时先返回大船，并告诉他欧图已经进了山里，他随后会亲自去船上拜访库克船长。缇还向大家保证他一定会尽力找回丢失的滑膛枪。

库克船长回到船上后不久，就发现六艘大型独木舟正经过金星角。船长怀疑小偷就在这几艘独木舟上，于是他决定坐船去拦截它们，同时命令另一艘小船尾随其后。为首的独木舟径直朝决心号驶了过来，它划到了库克船长乘坐的小船旁边，船上的土著人告诉船长欧图此时正在岸上的帐篷里面等他。船长听到这个消息之后很高兴，马上收回了拦截对方的命令，他认为这些人一会儿可能也会登上大船。船长立即回到岸上，结果得知欧图根本没有到过那里，船员们也没有听说他的任何消息。船长回过头，发现六条独木舟正急急忙忙地逃走，包括那条给他传递消息的独木舟。库克船长对他们的欺骗行为愤怒不已，他决定追赶对方。当他经过大船时，命令船员们放下了另一条船只，和他并肩作战。最后，他们成功拦截了五条独木舟，而最前面的那条独木舟巧妙地逃脱了他们的追赶。

在他们截获的独木舟上有一位酋长，他是福斯特先生的朋友。这位酋长给自己起了个名字叫伊里，他不容许其他任何人质疑这个名字。和这位酋长一起的还有三个女人——他的妻子、女儿以及已故的图塔哈的母亲。船长决定将这些人连同独木舟一起扣留起来，并把酋长送往欧图那里，他相信欧图一定能让他们交出滑膛枪，因为国王自己的财产也面临着这些人的威胁。黄昏时分，三名当地男子将滑膛枪和其他一些属于船员们的东西带回了帐篷里，神奇的是船员们对于这些东西的丢失竟然毫不知情。三名男子抓住了小偷，并从他手上夺回了物品。库克船长不清楚三名男子的行为是自发的还是遵从了欧图的命令，不过他没有再深究下去，而是大大地奖赏了三土名著人。当滑膛枪和其他东西被送回来时，在场的许多当地人，甚至后来才赶到的一些人都表示自己在这件事情上出了不少力，他们以此为借口向船长要求奖励。其中一位名叫努诺的男子表现得尤为夸张，他一脸愤怒地举起手中的棍子，不停地朝周围扑打着，向船员们展示自己是如何孤身一人杀死小偷的。不过大家都心知肚明，那一天他根本没有出过家门。

双方和好如初，欧图向船长承诺第二天他们会像往常一样得到供应。船长等人陪同欧图回到了他在欧帕里的住所，欧图带他们参观了自己的造船厂（对于这个名字它们当之无愧）和那些巨大的独木舟，这些独木舟有的是近期才造好的，有的还在建造当中，英国人在这里见到了他们毕生中见过的最大的两条独木舟。参观结束后，他们一起返回大船上，欧图十分想看看大炮发射的情形，于是库克船长命令十二门大炮对着海里发射。欧图对这惊心动魄的一幕感到既害怕又兴奋。傍晚，船员们邀请欧图观看了烟花的燃放，为这次事件画上了圆满的句号。

大船最重要的一些维修工作已经快要完成了，他们决定几天之后动身离开塔希提岛。因此，船长下令将岸上的所有东西搬上大船，这样当地人自然就会得知他们即将离去的消息。

12日，欧贝尼前来拜访他们。1767年海豚号轮船抵达这里时，这个女人曾被认为是岛上的女王。船员们自从1769年离开这里之后，也没有再见过她。这次，她给船员们带来了猪和水果。不久，欧图也带着一大帮随从和大量的食品来到了决心号上。库克船长十分慷慨地回报了他们，他认为这可能是大家最后一次见面了，这些善良的人们给英国人提供了很多的帮助。傍晚，船长再一次邀请他们观看了烟花。

14日，船员们看见无数的战船向欧帕里的海角逼近，他们想近距离地观察一下这些战船，于是在许多军官和绅士的陪同下，船员们迅速赶到了欧帕里。这时所有的独木舟正准备靠岸，于是他们有了很好的观察机会。这些独木舟快要靠近锚地时，自动分成了几组，每一组紧跟在前一组的后面。战士们用尽全身力气准确而又有序地摇动着船桨。他们的动作十分迅捷，可以看出对这项工作驾轻就熟。欧图出现在岸上，他命令一些士兵在岸边操练起来。首先是两组手拿棍子的队伍，他们的演练很快就结束了，船员们还没来得及仔细观察；接着，士兵们开始了单打独斗，他们很好地展现了如何灵活地打击对方、阻挡对方的进攻以及准确地扑倒对方。他们的武器包括木棍和长矛，后者也常常被他们当作飞镖使用。在使用木棍的战斗中，当一方准备击打另一方的双腿时，对方往往跳起来躲过它；当木棍击向头部时，对方可以往下蹲一点，然后迅速跳向一边，从而避开木棍的攻击。

这个岛上的居民是如此热情好客，他们竟然诱导一位炮手留在岛上，不过这名炮手的计划还未执行就已经暴露了。这位炮手出生在爱尔兰，曾经在一艘荷兰轮船上服役，库克船长第一次远航返回英国时，在巴达维亚遇见了他并将他带走，从那以后他就一直跟着库克船长。他既没有朋友也没有亲戚，待在任何一个国家对他来说并无多大分别。

弗诺船长上一次抵达这里时送给欧图的两只山羊被照顾得很好，那头母羊很快便产下了两头小母羊，这两头小羊现在也生长良好。弗诺船长留下的绵羊很快就死得差不多了，现在只剩下一只还活着。他们还给岛上留下了二十只以上的猫咪。

5月15日下午，决心号在华希内岛的欧渥里港抛锚。酋长欧里带着一头猪和其他东西前来拜访船长，船长邀请他和他的朋友们在船上用餐。17日傍晚，一些绅士应欧里的邀请上岸观看了一场戏剧表演,这场表演讲的是一名女孩跟着他们从塔希提岛逃亡的故事。这是根据真实故事改编的,现场就有一名妇女曾经跟着这里的居民从尤里提亚岛跑了出来,台上表演的正是她自己的冒险经历。这场表演对妇女的触动很大,不管绅士们怎么劝说,她就是不愿意出来观看表演,在演出进行期间,这位妇女一直不停地抹眼泪。

几名海军士官获得批准去岛上消遣时间,他们找了两名当地人做向导,并让向导帮他们背着包包,这个包里装着一些钉子、斧头、现金等东西。士官们带着两把滑膛枪,打算用来捕猎鸟儿,两名向导帮他们找到了一些鸟儿的栖息之地。结果士官们发现其中一杆滑膛枪被雨水淋湿了,好几次都哑了火;而另一杆枪现在也不在身边。两名向导看到士官们已经不能给自己造成任何威胁,马上带着包包逃走了。士官们一时没有反应过来,站在原地望着两人的背影,竟然忘记了追赶。

23日一大早,决心号起锚开航,酋长欧里是最后一个走下大船的人。临别时,船长告诉欧里他们应该不会再见面了,欧里流着眼泪说道:"以后让你的儿子再来这里吧,我们会好好招待他的。"大船驶出海港之后,挂起风帆,朝尤里提亚岛南端驶去。第二天,他们便抵达了目的地,在那里抛了锚。

25日,库克船长带领一组队员上岸去拜访岛上的酋长,并按照当地的风俗向他呈上一些礼物。他们刚刚走进酋长的房子,就看见四五个老妇女正在那里痛哭流涕,不断发出悲伤的哀号,与此同时,她们还拿起用鲨鱼牙齿做成的工具往自己头上割去,顿时鲜血直流,淌过她们的脸庞,流到了肩膀上。让英国人感到更加糟糕的是,他们还必须拥抱这些老女人,最后身上也被染得血迹斑斑。仪式结束之后,妇女们出门去洗掉身上的血迹。不可思议的是,她们一出门就像变了个人似的,跟其他人一样欢呼雀跃。船长将礼物送上之后只停留了片刻,便返回船上去了。

30日,一位酋长给库克船长送来了两头猪,船长邀请他到船上用餐,并吩咐厨师宰杀一头猪来招待酋长。他们杀猪的方式既残忍又独特:将猪放倒使其仰卧在地上,两个人分别站在猪的两侧,把一根结实的棍子放在它的咽喉上,一人握住棍子的一端,使劲儿往下压,第三个人则在后面握住猪的后腿,防止它挣扎。这样大约十分钟之后,猪就被勒死了。这头猪有大约50磅重,厨师们像往常一样将猪肉烤得香喷喷的,给大家端了上来。

船长决定在6月4日——也就是英王陛下生日那天起航,酋长欧里带着全家人前来与大伙告别,和他们一起的还有欧欧娄和其他几名酋长。他们没有一人是空着手来的,尤其是欧欧娄,由于这是他第一次也是唯一一次拜访库克船长,因此带来了一份非常丰厚的礼物。船长也将船上剩下的所有东西都分给了酋长们,这些人的热情好客让船长倍感亲切。欧里再三恳求船长一定要再回来,船长告诉他自己不敢做这样的保证,于是欧里又问船长他死后会葬在哪里。对于这个奇怪的问题船长很快给出了答案——斯特普尼,那是他在伦敦的居住地。欧里请求船长将这个名字重复几次,直到他们能正确地拼读为止。于是,接下来一百多张嘴同时发出了"斯特普尼"的读音,看来他们希望在船长死后仍然能记住他,还有什么比这更能体现当地人对英国人的深厚友谊呢?由于船长不敢保证也不能预测是否还会有英国船只来到这些岛屿,所以他们忠实的伙伴欧伊底迪决定不再跟随他们继续航行,而是选择留在自己的故土。欧伊底迪离开时对伙伴们依依不舍，表现得十分难过。他刚要走下船时，突然停住了脚步，转过身请求库克船长送给他一张纸，他告诉船长如果以后有别的船只来到这里，他可以把这张纸拿给他们的指挥官看。船长同意了他的请求，于是拿出一张纸来，在上面写下了欧伊底迪跟随他的确切日期，并向后来的指挥官们推荐了这位年轻人。决心号驶出港口时，船员们朝着天空鸣了一枪，纪念这一天。

接下来的一周多时间都没有发生什么特别的事情。16日，太阳刚刚从海平面升起，船员们在中桅的桅顶上望见了陆地。大船立即朝它驶了过去，走近之后才发现那原来是由五六座小岛组成的一座岛屿，那些小岛上绿树成荫，彼此之间隔着沙滩和碎浪，中间形成了一个湖泊，大伙没有发现进入这个湖泊的任何入口。库克船长认为这是一个新的发现，并将这座岛屿命名为帕默斯顿岛，以此纪念海军大臣帕默斯顿勋爵。20日，船员们又发现了另一座面积巨大的岛屿，岛上似乎有人活动，岛屿周围也很方便船只停靠。于是，在几名军官和绅士的陪同下，船员们乘坐小船前往岛上。他们向当地人发出了友好的信号，对方却回以威胁和恐吓。船员们试图与对方展开友好的交流，结果都没能成功。那些土著人像猛兽一样朝他们冲过来，同时还扔出了飞镖。船员们朝空中开了两三枪，其中一名土著人并未被此吓到，他继续向前跑着，并再次扔出了飞镖，这支飞镖从船长肩上擦了过去。要不是船长的滑膛枪哑火了，这名土著人已经为自己的鲁莽行为付出了生命的代价。岛上的土著人样貌和行为都十分野蛮，所以库克船长将其命名为"野人岛"。野人岛上的土著人身强体壮，除了腰上有一些遮盖物之外，他们身上其他部位都赤裸着，有些人还在脸上、胸上和大腿上涂着黑色的颜料。

6月26日，决心号抵达了鹿特丹岛的海岸。还未等它停稳，许多当地人就驾着独木舟从四面八方涌了过来，他们用山药和柚子与船员们交换钉子和旧破布。那天早上一大早，船长就和吉尔伯特先生一起上岸去寻找淡水，当地人礼貌地接待了他们。船长将礼物分发给对方之后，便向他们打听起水源来。那些当地人把他们带到了一个池塘边上，那里离他们登陆的地方只有大约四分之三英里。船长发现这个池塘里面的水有些咸，他猜想这就是塔斯曼曾经打水的地方。就在船长等人寻找淡水的同时，留在小船上的人们已经用钉子和珠子从当地人那里换来了许多的水果和草根，将小船装得满满的了。下午，外科医生的枪被抢走了，库克船长一听说此事便立刻赶到了事发地点，但他并没有进一步找回枪支。不过，他很快就意识到了自己的错误，他的放任让当地人的行为变得更加猖狂起来。

28日一早，克拉克中尉、专家和十四五名船员上岸去打水，他们刚上岸就有一群当地人围了过来，这些人看起来十分傲慢无礼，他们有些犹豫到底要不要把水桶拿上岸来。最后，他们还是冒着危险把水桶装满水抬回了小船上。不过，就在他们打水的时候，克拉克先生的枪被偷了，同时被偷走的还有桶匠的工具和其他东西。他们正准备带着打好的水离开时，船长来到了岸上。沙滩上原本围满了无数的当地人，他们一看到船长之后便溜之大吉了，船长不禁起了疑心。尽管如此，他还是不断劝说那些当地人留下来。克拉克先生将刚刚发生的事情告诉了船长，船长立刻决定逼迫对方归还偷走的物品。为此，他命令所有的海军士兵带上武器赶到岸上。接着，他遣走了大部分船只，只留下一条小船。因为这条小船周围挤满了当地人，他们仍然像往常一样表现得十分友好，船长向对方表明了自己的意思,那些当地人应该也明白了其中的利害关系。早在海军士兵登上陆地之前,克拉克先生的枪就被还了回来,但是他们找出各种理由企图转移船长的注意力,好让他不再追究外科医生丢失的那杆枪。最后,埃奇库姆先生带领海军战士们来到了岸上,当地人有些慌了,其中一些人还逃走了。在克拉克先生的枪支送还之前,一名当地人被船长的枪射中了。船长下令将抢夺的独木舟还给了当地人,并向他们表明这只是对他们的惩戒。

返回大船的路上,库克船长发现许多当地人正聚集在一起,询问之后他才得知那个被自己射中的当地人死了,船长觉得这个消息不太可信。那群当地人中有一名地位似乎较高的人,库克船长向他说起归还桶匠早上丢失的斧头的事情。这名当地人立即派了两人出去,船长以为他们是去取回丢失的物品,没想到他们却抬着那名受伤的当地人回来了,看来对方完全误会了自己的意思。那名伤者躺在一块木板上,被抬到了船长的面前,他的样子看起来确实像死了。船长仔细察看了对方身上的伤口,发现只有手上和大腿上受了伤。船长马上派人请来了外科医生帮他包扎伤口,外科医生也证实了他的伤势并不致命。就在医生工作的同时,船长又向其他人问起斧头的下落。他重点询问了一位年老的妇女,这位妇女从船长上岸那一刻起就一直对他喋喋不休,但是对于这件事她却表示自己毫不知情。最后,这位妇女看船长的态度似乎十分坚决,便和三四名妇女一起离开了。没过多久,丢失的斧头被送了回来,船长也没有再见到那名老妇女。

离开鹿特丹之后,30日那天,船员们似乎看见了阿玛塔夫山的山顶,因为看不太真切,他们也不敢确定那里是否真有一座火山。

库克船长计划再次前往南方探索未知大陆，于是大船继续驶往麻风病岛和极光岛。7月19日，大船离南边的极光岛只有20英里的距离了。21日拂晓，船员们发现自己已经来到了将降临节岛和南方大陆隔开的那条海峡前面。船长派遣几艘全副武装的船只前去测量海水深度并寻找合适的锚点，大船则紧随其后。

第二天早上，许多当地人驾驶独木舟或者直接游泳来到了大船附近。很快，一名当地人便在船长的劝说下登上了决心号。没过多久，来到大船上的人就已经超出了船长的预期，甲板上、索具上到处都挤满了人。船长领着其中四人走进了船舱，并送给他们各种各样的礼物。这些人开心极了，纷纷将收到的物品展示给独木舟上的伙伴们看。正当船长忙着和这些人建立友谊时，外面发生了一件意外，让大家都惊慌起来。独木舟上的一名当地人想登上旁边的一艘船只，结果遭到了英国人的拒绝，于是他拉开弓准备向船上的看守人射出一支毒箭。他的伙伴们立即制止了他，并将这件事情迅速通知了船长。不过这名当地人似乎还不甘心，他再次拉开弓箭对准了守船人。船长对着他吆喝了一声，同时举起枪对着他，这人发现之后又将弓箭转向了船长。船长朝他开了一枪，他踉跄了一阵子，手里依然举着弓箭。船长又对他放了一枪，这次他终于扔掉了弓箭。这时，船的另一边又有人放起箭来。船长举起滑膛枪朝空中开了一枪，不过这并没有起到任何作用。无奈，船长只得命人架起大炮朝他们头顶发射，对方终于无比惊恐地逃走了。

7月23日，决心号趁着月色开锚起航，离开了海港。当地人看见他们升起了船帆，赶紧驾着独木舟过来与他们进行最后的交易，这些土著人比以往显得更加自信和诚实了。由于大船在水中加快了速度,几名当地人收到商品后被抛在了船尾,他们还没来得及将交换的东西递给船员们。不过这些人并没有贪图小便宜,他们奋起直追,一定要将东西交给船员们。布匹和大理石纹纸最受这些人的欢迎,锋利的刀具、钉子和珠子反而不太受到重视。如果船员们在这里再多停留一段时间的话,很可能会与对方建立起良好的关系。这里的大多数居民长相丑陋,身材比例极不协调,各方面都与海上的其他土著人不一样。他们肤色黝黑,个头矮小,拥有长长的头和扁平的脸蛋,面容有些像猴子。大部分人的头发是黑色或者棕色的,短而卷曲,像黑人的头发一样又软又浓密。这些人还拥有浓密的胡须,又黑又短。他们在腰上拴着一根带子或者绳子,将腹部系得紧紧的,这让他们看起来更加畸形。男人们几乎赤裸着身体,只用一块布或者一片树叶遮挡着关键部位。

船员们在这里很少看到妇女,她们的相貌和男人一样丑陋,并且头上、脸上和肩上都被涂成了红色。她们穿着一种类似衬裙的衣服,有些妇女还在肩上挂着一个袋子一样的东西,用来背自己的孩子。没有一个女人来到过大船上,当船员们上岸时,她们也躲得远远的。妇女们的饰品包括项链和用龟壳制成的耳环,她们在鼻子上戴着一块 1.5 英寸长的白色石头,石头的形状有点像一张弓。为了表示友谊,他们在面前摆放一根绿色的树枝,用手往头顶洒水。

他们的武器包括棍子、长矛和弓箭,棍子是用硬木制成的。他们的弓是用木棍做成的,长约 4 英尺,从中间开始弯曲,但是两头的弯曲程度并不相同。他们的箭通常是用芦苇做成的,有的箭头是又长又尖的硬木,有的则是既坚硬又锋利的骨头,这些箭头上都涂着毒药。当地人向船员们比画着,告诉他们不要触摸箭头,如果一旦被箭头刺中，就会中毒身亡。马里科罗人和船员们见过的其他国家的人不太一样，语言也大不相同。船长将马里科罗东北面的海港命名为"桑威奇港"，这里是很好的避风港，大船可以行驶到紧靠岸边的地方，岸上的人也可以直接登上大船。

不久后，决心号再次驶入大海，并朝安布里姆岛驶去。24日，他们抵达了阿皮附近的一座岛屿，这座岛屿周长约为四里格，三座山峰高高耸立在岛上，它也因此得名"三山岛"。大船现在转向东方，逆风经过三山岛，朝阿皮东南角的一片小岛驶去。这片岛屿群名叫"谢泼德群岛"，是为纪念剑桥大学天文学教授谢泼德·米安博士而命名的。

就在大船离开桑威奇港的前一天晚上，船员们钓到了两条身体微红的鱼，大小和大鳊鱼差不多。第二天，船上大部分军官和士官们都美美地享用了这两条鱼。结果到了那天晚上，这些人都感到了剧烈的头痛和骨骼疼痛，全身的皮肤像要被烧焦一样，所有关节都失去了知觉。毫无疑问，那两条红鱼有毒，食用过它们的所有人都中毒了，甚至连猪和狗也不例外，其中一头猪和狗在16小时后先后死去了，直到一个星期甚至十天之后，所有中毒的绅士们才恢复了健康。这种鱼一定就是奎罗斯口中的鲷鱼，他的船员们也是食用了这种鱼后中毒了，一段时间之后才恢复健康，他们无疑吃掉了更多的鲷鱼。

大船继续向南行驶并逐渐靠近了南部的陆地，他们发现这些陆地形成了一个巨大的岛屿，岛屿的南端和西端已经延伸到了大家的视野范围之外，岛屿的北边坐落着三四座更小的岛屿。最北端的两座岛屿面积最大，地势极高，两座岛屿互相位于彼此的东南方和西北方，岛屿之间距离大约两里格。船员们将其中一座命名为"蒙塔古岛"，另一座则叫作"欣钦布鲁克岛"。为了纪念桑威奇伯爵，这许多岛屿构成的巨大岛屿则被命名为"桑威奇岛"。

当船员们经过欣钦布鲁克岛时，在海边看到了几名当地人，他们比画着邀请船员们上岸去。船员们在桑威奇岛也看到一些土著人。桑威奇岛风景十分秀丽，岛上芳草萋萋，绿树成荫，美不胜收。

8月3日，船员们发现自己来到了一座高高的海角前面。第二天一早，库克船长就带着两艘船只前去察看周围海岸的情况，同时寻找合适的锚地以及木柴、淡水等。就在这时，许多当地人聚集到了岸边，他们热情地邀请船员们上岸去。船长首先来到了一个小沙滩附近，发现那里并不适合船只停靠。一些当地人打算帮他们把船只拖上沙滩，船长以为他们是出于好意，后来才发现事实或许并非如此。他们又查看了两三个地方，发现环境都不太好，也就没有上岸去。这时候土著人终于明白了英国人是在寻找锚地，于是他们领着对方转过一个岩石密布的海角，来到了一个漂亮的沙滩前。船长走出小船，登上了沙滩，他发现自己的双脚没有沾到一点儿海水。沙滩上围着一大群土著人，船长手上拿着一根绿色的树枝，来到了他们面前。这些人礼貌地接待了船长，但是只要船长的手稍微有点动作，这些人就不断地往后退。一名貌似酋长的土著人看到了这一情形，他命令当地人围着船头形成一个半圆形，有不听话的还被他教训了一番。船长将礼物送给这位酋长和其他一些人，接着向对方索取一些淡水，他的目的是想看看他们在哪儿打水。酋长马上派遣一人前去取水，结果这人跑到一座房子里，用竹子盛了一点水过来。随后，船长又问起吃的来，对方马上给他拿来了一个山药和一些椰子，船长有些哭笑不得。这些土著人大多数都拿着棍子、长矛、飞镖和弓箭，这点让船长有些起疑。他密切注视着那位酋长的一举一动，丝毫不敢掉以轻心。船长发现酋长好几次示意土著人将他们的船只拖到岸上去，最后还溜进人群中与几个人说起话来，并且再次示意他们将船只拖上来。直到船长送给他一些道钉之前，他似乎还在犹豫要不要这样做。这让船长更加怀疑起来，他认为对方一定有什么阴谋，于是他迅速返回到船里，并告诉对方他很快会再回来。不过船长并没有打算很快离开这里，既然用温和的方式无法取得他们想要的东西，这次他们只能依靠武力了。

水手们一边把船推进海里，一边收起跳板步桥，但是跳板步桥不小心从船尾脱钩了，大伙以为这纯粹是个意外。船长命令水手们再次拉起步桥，结果那些土著将它挂在了船尾，打算将船拖上岸去。就在这时，一些当地人从船员手中抢走了船桨。船长将滑膛枪对准了他们，对方迟疑了一下，立刻又开始拖起船来。

为首的正是那位酋长，既然劝解和威胁都没有用，大家不得不诉诸武力了。船长不愿意朝普通群众开枪，他决定让酋长一人为此付出代价。可是就在这紧要关头，船长的滑膛枪竟然哑火了。这样一来，那些当地人把英国人的武器看成了小孩的玩具，他们急于让英国人见识一下自己武器的威力，于是，石头、飞镖和箭纷纷朝船员们飞了过来。现在，船长不得不下令朝人群开枪了。船员们打响了第一枪，人群开始有些慌乱了，不过直到第二枪才勉强将他们从沙滩上驱散了。四名当地人躺在了地上，看起来似乎是死了，不过其中两人随后苏醒了过来，并爬进了树林里。土著人应该庆幸只有不到一半的滑膛枪朝着他们开了枪，不然倒下的人会更多。一名水手的脸颊被飞镖射中了，这枚飞镖的镖尖有小指那么厚，竟然能插进脸颊里面两英寸多，可想而知对方的力气有多大。一支箭射中了吉尔伯特先生赤裸的胸部，不过因为距离较远，基本上没有伤到皮肤。这些箭的箭头是用坚硬的木头制成的。

大伙一回到大船上，船长便下令立即起航。这时，几名土著人出现在了地势较低的布满岩石的海角处，他们手中晃动着船员们刚刚在混乱中丢失的船桨，似乎想将它们还给英国人。船长决定让他们见识一下大炮的威力，于是命令将一门可以发射4磅重炮弹的大炮对准他们开炮。炮弹没有发射太远，不过对方还是被吓坏了，他们将船靠在灌木丛旁，自己则消失得无影无踪了。这里的土著人和马里科罗的居民属于不同的民族，语言也不同。他们都是中等身材，体形匀称，容貌十分普通。他们的皮肤很黑，脸上涂着黑色或者红色的颜料。船员们看见了几名当地的妇女，她们穿着用棕榈树叶或者类似叶子做成的衬裙。这里的男人们和马里科罗人一样，几乎全身都赤裸着，只在腰上裹着一块布或者一片树叶。

8月5日晚上，船员们看见远处一座火山不断地喷出大量的火焰和浓烟，还传来轰隆隆的声音。大伙发现前面好像有一座岛屿，于是驾驶船只向它驶去，很快他们就发现了一条小海湾，这条海湾看起来仿佛是不错的避风港。风停了，大船在四英寻深的海面上抛了锚，紧接着小船被派了出去测量海水深度。许多当地人手拿武器，在岸上几处地方聚集了起来。其中一些人向决心号游了过来，其余人则驾驶独木舟驶了过来。他们起初都很害羞，和大船保持着一定的距离，后来逐渐胆大起来，最后更是来到了船尾，与英国人做起交易来。最先靠近大船的几个人向他们扔来一些椰子,船长将那些椰子捡了起来,并送给那几人一些布匹和其他东西作为回报。其余的土著人受到了鼓舞,他们纷纷来到船尾或者大船两旁,行为也变得大胆和粗鲁起来。只要是能拿到的东西这些土著人都想拿走,他们还抓住了船上旗帜的外沿,差点将其撕下来。船长朝空中放了几枪,没有收到任何效果。他们又发射了一枚炮弹,当地人被吓坏了,纷纷丢下独木舟跳进了海水里。不过,当他们发现并没有人受伤之后,又重新爬上了独木舟,一边高呼一边挥舞着武器。船员们又发射了几枚炮弹才终于将他们驱散了。

傍晚,库克船长带领一支强悍的队伍在港口尽头登陆,无数手执武器的土著人聚集在他们的两边,不过并未阻拦他们。船长将布匹、纪念章等礼物分发给对方后,便命令船员前去池塘打两桶水回来,这个池塘离他们登陆的地方只有二十步的距离。船长向土著人表明这两桶水也算作他们的报酬之一。除了淡水,土著人还送给他们一些椰子,这里的椰树上结满了这种水果。不管英国人如何劝说,这些土著人就是不愿意放下武器。为了方便将木柴和淡水搬上大船,决心号被开到了岸边,这时,船员们发现几千名当地人从四面八方聚集到了他们登陆的地方,并分别站在了登陆地的左右两边,这些人手里都拿着武器。时不时地会有一条独木舟划过来,送来一些椰子和大蕉。船长向其中一位老者表明了希望当地人放下武器的愿望,老者明白了船长的意思,并将其传达给了他的同胞们。船长一上岸便看见这名老者先后走到左右两边的土著人面前,对他们说了什么,随后,船长看见这名老者手中已经没了任何武器。不久,三名当地人乘坐独木舟来到了大船的船尾下方,其中一人用棍子敲打大船的船身，还做出许多挑衅的动作，不过这人最后决定用手中的棍子向船员们交换一些珠子和其他小物品。这些东西依次送到了他的手上，可是当他拿到所有东西之后，并没有把棍子交给对方，而是和同伴们驾驶独木舟迅速离开了。这一切都在船长的预料之中，他正想借此机会向岸上的众人展示一下自己武器的威力。将霰弹枪装好子弹之后，他朝那几名当地人开了枪。当他们走远之后，船长又命令船员们发射了几枚炮弹，这让对方感到无比惊恐。尽管如此，岸上的人们对此却不以为然，他们甚至高呼着，嘲讽起英国人的武器来。

将船停好之后，库克船长指挥船员们将大炮摆放在了合适的位置，以便控制整个港口。随后，船长便带着海军陆战队员和一些水手驾驶三艘小船往岸边驶去。那些当地人依然站在他们登陆地的两旁，他们在中间留出了大约二十码的距离，并在那里摆放着几束大蕉、一个山药和几束草根。前面提到的那位老者和另外两人邀请船员们上岸去，为了防止对方实施欺诈，船长命令用滑膛枪对着右边那群人的上方开了一枪，因为那群人看起来似乎是最强壮的。不过警示作用并未持续多久，对方很快又向他们举起了武器。这时，大船上响起了大炮的轰鸣声，那群人终于被吓跑了。船员们登上了陆地，并在左右两边画上了警戒线。土著人渐渐向他们走了过来，态度似乎也很友好，有些人甚至扔掉了武器。当然，大部分人手上依旧拿着武器，当英国人要求他们放下武器时，他们反过来要求对方先放下武器，结果最后谁也不愿意妥协。许多当地人好像很害怕接触英国人的东西，他们似乎也没有以物换物这一概念。船长带着那名老者进了树林里，向他表明自己想砍伐一些树木搬上大船。这名叫作鲍枉的老人同意了船长的请求，其他人也没有表示反对。船员们第二次登陆时，将小船放下海里去捕鱼，他们一共打捞了三网，捕到了三百多磅的鲻鱼等鱼类。随后，大约二三十名当地人前来拜访他们，他们忠实的朋友鲍枉也在人群里面，他还给船员们带来了一头小猪，这是船员们在岛上获得的唯一一头猪。

晚上，位于西边四英里外的火山又像昨天晚上一样，喷出了大量的火焰和黑烟，连火山中间的小山上也出现了火焰。每一次火山喷发都会发出打雷般的轰隆声，又像是矿井喷发的声音。这时，天空下起了大雨，仿佛助长了火山的气势；风也刮了起来，空气中弥漫着无数细沙、石头粉末和灰烬，给人的眼睛造成不小的麻烦。

7日一大早，当地人又聚集在了船员们打水的地方，他们像往常一样佩带着武器，只是人数没有第一次那样多了。船员们发现他们中的许多人态度十分友好，尤其是老年人，不过大部分的年轻人就表现得有些大胆和无理了，船员们不得不带上武器。船长在那里待了一会儿，发现不太可能发生什么混乱，于是便返回大船去了，留下克拉克中尉和埃奇库姆中尉在那里指挥。9日，福斯特先生从当地人口中得知了这座岛屿的名字——塔纳岛。船员们还得知了这里的土著人都是食人族，他们还询问英国人是否也吃人肉。一位出去寻找压舱物的船员从水中搬起一块石头时被烫伤了，原来那是一处温泉。随后，英国人又在悬崖下面发现了好几处温泉，这些温泉都位于高水位线下方。10日和11日的夜间，火山活动相当活跃，并且不断发出可怕的噪音。几乎每隔三四分钟，火山就要喷发一次，每次都会喷出巨大的火柱和大量的浓烟，有段时间船员们还看见火山上方的高空中喷出了无数的石头。福斯特先生和他的组员们爬上了海港西边的一座小山，他发现那里有三处地方的地缝里散发出了含有硫黄气味的烟雾。这几处地面的温度相当高，已经到了滚烫的程度。每当火山喷发的时候，地缝里冒出的烟雾就会大量增加，已经形成了细小的柱状，在大船上也可以看见这一景象。下午，福斯特先生在海港的另一边开始了自己的植物学考察。他无意中来到了鲍柱的住处，只见附近的树上和灌木上都挂着船长送给他的礼物，似乎这些东西还不值得被挂在屋檐下。

14日上午，一组队员出发前往岛上，他们想寻找一处离火山更近的地方，以便能更好地观察其活动。在这附近生着一些无花果树，树枝已经遮盖了部分地方。他们认为这不同寻常的高温是由滚烫的水蒸气引起的，这些水中还掺杂了大量的硫黄。他们在爬山的途中还经过了一个小村庄，里面生长着各种树木和灌木，面包树和椰树好像也是野生的，密密麻麻地挤在了一起。他们在许多地方看到一些房子、一些人和种植园。这些种植园的情形不尽相同，有的已经存在很久了，有的最近才开垦出来。队员们从普通路径上转出来，走进了一个种植园，一个男人正在种植园里干活，他自愿当起了队员们的导游。队员们跟在他身后，很快便来到了两条道路的岔路口上，他们发现其中一条道路上站着一名男子，他手中拿着弹弓和石头。当队员们将滑膛枪对准他时，他正在犹豫是否要放下手中的武器。他凶狠的样子和态度以及一连串的动作让队员们明白了他是想捍卫自己脚下的那条道路。他的愿望得逞了，因为向导带着队员们走了另一条路，不过队员们心中有些怀疑向导是否带着他们走了弯路。另一名男子和他们一起上了路，这名男子反反复复数了好几遍队员们的人数，接着嘴里打起了呼哨，像是在寻求支援，很快便有两三名土著人加入了他的行列,其中有一位年轻的女性,她手中拿着一根棍子。这些人将队员们带到了一座山坡的坡顶,并向他们指出了一条通往港湾的路。队员们没有按照他们指出的路线前进,而是返回到刚刚经过的地方,那名向导没有再跟着他们,他们爬上了另一座山坡。这座山坡跟他们之前经过的其他山坡一样,都被厚厚的树林覆盖着。站在坡顶,他们发现自己和火山之间还隔着一些小山坡,距离似乎还相当远。队员们感到十分沮丧,决定不再继续前进了。正当他们准备返回时,二三十名当地人出现在了眼前,这些人正是前面那位挡住他们道路的男人找来的,毫无疑问,他们是来阻拦队员们进入他们的村庄的。

傍晚,库克船长和几位绅士从港湾的另一侧进入了岛内,他们受到的待遇可就跟队员们上午的待遇完全不同了。他们遇到的那些当地人对这群英国人并不陌生,更何况鲍柱也在其中,他们给予船长等人热情的接待。绅士们来到了一座拥有二十来间房子的村庄里,那些房子的房顶有些像英国茅草屋的屋顶,上面盖着棕榈树叶。有些房子的墙壁两端都敞开着,有些则用芦苇遮挡起来,有的房子长度达到了三四十英尺,宽度则为十四或者十六英尺。

15日,船上的水已经补充完毕,岸上只剩下几人在绑扫把,其余的船员则开始整理索具,做好起航的准备。福斯特先生在采集植物时打到了一只鸽子,鸽子的爪子里抓着一颗野生的肉豆蔻果实。福斯特先生努力地寻找那棵肉豆蔻树,不过最终也没有成功。

7月17日,库克船长上岸拜访一位老酋长,据说他是岛上的国王,鲍柱几乎没有关注过这个人。这位老酋长收下船长的礼物之后马上离开了,仿佛这就是他来到这里的全部目的。他的名字叫作乔治，他还给自己起了个称号阿里科。这位酋长年纪很大了，但是随时一副喜笑颜开的样子。他在腰上系着一条宽大的红白格子的腰带，不过这并不是什么显著性的标志。

第二天，船长又来到了岸上，他看到了老乔治和他的儿子，很快，船长就向对方表明了想和他们一同进餐的愿望。随后，船长带着乔治父子和另外两人登上了大船，并领着他们四处参观，对方看得十分仔细，眼中还露出了无比惊讶的神情。那天，厨师们恰巧用从当地人那里得来的大蕉和一些绿色蔬菜做了甜品，客人们开心地享用了这些美味的甜品以及山药。下午，船长送给他们每人一把斧头、一个道钉和几块纪念章，随后将他们送回到岸上。

19日，库克船长发现登陆处又像往常那样聚集了好多当地人，他把随身携带的所有东西都分给了他们，接着再返回大船上去取。不到一个小时，船长再次来到了登陆的地方，这时船员们正在往小船上搬巨大的原木。四五名当地人走上前来观看，由于船长不允许他们越过一定的界限，所以哨兵们命令他们往后退，当地人乖乖地听从了命令。就在这时，库克船长发现一名哨兵举起了手中的枪，他正准备责骂对方时，那名哨兵竟然扣响了扳机，对此船长感到无比的震惊。

绝大多数当地人开始逃跑。库克船长看到人群中有一人倒下了，另外两人迅速将他扶了起来，并把他搀到水边清洗伤口，最后带着他离开了。不久，几个人走过来向船长描述对方的伤势情况，船长立刻派人去请外科医生。外科医生抵达之后，船长马上和他一起动身去看望那位奄奄一息的伤者。他们发现子弹打中了他的左手臂，并穿过肋骨进入到他的身体，其中一条肋骨已经断裂了，那条手臂也变得血肉模糊。

开枪的那名哨兵声称当时有人举起弓箭准备射他,因为这是当地人常常爱干的事情,这样也说明对方当时同样拿着武器,他是出于自卫才开枪的。其实这个理由很值得怀疑,因为当时那些当地人根本没有再往前走一步。这件事情让当地人感到惊惶失措,少数被劝说留下来的人跑回种植园里抱来了椰子和其他水果,并将其放在脚边以示和平。当船长返回大船用餐时,这些人也都纷纷撤退了。下午,岸上只出现了极少数人,其中包括鲍柱,他向船长承诺第二天早上会带一些水果过来,不过第二天一早决心号就离开了这里,他的承诺也就没能兑现。

这里的居民们对铁完全没有概念,布匹对于他们来说也没有用处,因为他们平常都赤身裸体。岛上有许多猪和少许的鸡,它们也是这里唯一的牲畜和家禽了。这里的鸟儿没有塔希提岛的多,但是他们发现了一种以前从未见过的羽毛非常漂亮的小鸟。库克船长在岛上从未见到过钓鱼的工具,也没有看到这里的任何人曾钓过鱼,不过在浅滩上或者海湾的岸边,倒是有些当地人会熟练地使用飞镖捕鱼,他们似乎很羡慕欧洲人用渔网捕鱼的方法。这里的居民都是中等身材,体形苗条,大部分人容貌姣好。他们从来没有帮助欧洲人干过任何工作,并且这里的妇女们往往干着最苦最累的活。船员们曾看见一名妇女胳膊下夹着一大捆东西,而一个男人在她前面昂首阔步,手里只拿了一根棍子或是长矛。这里的男人和女人皮肤颜色都很深,但是并不黑,他们也不具有黑人的任何特征。这些人使用黑色、红色和棕色的颜料涂抹在脸上、脖子上、肩上和胸上。男人们除了一根腰带和遮羞的树叶,其他什么也不穿;妇女们穿着垂

塔纳岛风光（17）

到膝盖下面的衬裙，这种衬裙是用大蕉树叶撕成细丝做成的，也可以用旗子或者类似的东西制作而成。男人和女人都佩戴饰品，比如手镯、耳环、项链和护身符。

8月20日，决心号重新驶入海中，它一直往东而行，这样直到9月4日，都没有再发生什么重要的事情。那天，船员们发现东南海岸似乎终止于一个高高耸立的海角，船长将这个海角命名为"科尔恩特角"，因为海军准少尉科尔恩特首先发现了那块陆地。第二天，他们在海岸线上看到了一些缺口，沿着礁石外围行驶两里格之后，大船来到了一个开口前面，里面似乎是一条不错的通道。为了观测即将发生的日食，他们决定在此处稍作停留。于是船长派出两艘装备齐全的小船前去测量通道的深度。他们发现早上就出现在岸边的十几条附帆舟此时从不同方向靠拢过来。小船发出了可以停泊的信号，大船驶进了通道。它还没来得及停靠妥当，就已经被十七八条载着无数当地人的独木舟包围了,大部分当地人都没有携带武器。起初,他们还有些害怕靠近大船,很快,一条独木舟就在劝说下来到了大船边上,船员们用绳子将礼物传给对方,对方则传回了两条气味难闻的鱼。这场交易鼓舞了其他当地人,有两人鼓起勇气登上了决心号。没过多久,大船上就围满了当地人,船长邀请其中一些人到船舱里一起用餐。这里的男人和他们最近看到的当地人一样,都赤裸着身体。他们好奇地打量着船上的一切,并十分仔细地进行了察看。他们不认识山羊、猪、狗和猫,甚至连这些动物的名字也没有听说过。他们似乎很喜欢道钉和红色的布,其他颜色的布或许也喜欢,不过红色一定是他们的最爱。

吃完饭后,在一名当地人的带领下,船长率领两艘武装好的船只往岸边驶去。他们在一个沙滩上登陆,那里聚集着无数的当地人,这些人就只是单纯地想看看英国人,因为他们手上没有任何武器。英国人受到了热情的接待,这些人对他们的到来感到十分的惊喜。船长按照那名向导的指示,将礼物送给了一些年纪较大或者地位较高的人。那名向导对站在人群后面的妇女们毫不在意,当船长准备送给她们一些珠子和纪念章时,他赶紧拉住了船长的手。船员们还认识了一位名叫提布玛的酋长,他们刚刚上岸十分钟,这位酋长就要求大家安静下来。在场的所有人迅速按照他说的做了,接着,他发表了一番简短的讲话。不久,另一名酋长又要求大家肃静,接着也讲了一番话。这些当地人专注听讲的神情十分有意思。酋长们的演讲包含一些简短的句子,两三位老人听到这些句子后点点头或者发出赞同的声音。英国人完全听不懂演讲的内容,不过他们猜想那一定是对他们有利的。他们向当地人提出需要一些淡水,于是对方带领他们围着海岸走了两英里之后，来到了红树林附近的一座布局散乱的小村庄，船员们在那里找到了淡水。村庄附近的土地经过精心的耕耘，那里有许多的种植园，里面栽种着甘蔗、大蕉、山药和其他植物。他们听到了公鸡的打鸣声，却没有看到它们的身影。当他们沿着一条小溪行走时，福斯特先生用枪打下了飞过他们头顶的一只野鸭，这是当地人第一次看见他们用枪。那名向导恳求库克船长将这件武器送给自己，当他来到村庄时立即向同胞们展示了野鸭是如何被杀死的。这一天很快便过去了，船员们告别了当地人，在太阳落山后不久重新返回到大船上。

第二天早上，数百名当地人前来拜访他们，十点钟之前大船的甲板上和各个角落就都挤满了当地人。那名向导给船长送来了一些草根，其他人用棍子、飞镖等武器从船员们那里换取钉子和布匹等东西。第二天，威尔士先生在克拉克中尉的陪同下，去岸上做好下午观测日食的准备。

8日，船长接到消息说酋长提布玛给他送来了一些山药和甘蔗，为了回报他的好意，船长派人也给他送去了一些东西，其中包括两只小狗，这两只小狗已经差不多长大了。第二天早上，皮克斯吉尔中尉和吉尔伯特先生乘坐独桅纵帆船和小艇出发去考察西边的海岸。

11日傍晚，他们回到了大船上。那艘小艇差点儿因为钻进了海水而倾覆，船员们不得不将许多东西扔下船去，最后才使其摆脱了困境。他们在一片礁石附近遇到了一条渔船，对方送了他们许多的鱼，波拉比岛的酋长提拜非常友好地接待了他们。为了避免拥挤，船员们在地上画了一条线，并告诉当地人不能越过那条界线。很快，一名当地人就依葫芦画瓢地学了起来，那时候他手上正好有几个椰子，一名水手想向他购买那些椰子，于是跟在了他身后，只见对方在地上坐了下来，在他身边画上一个圆圈，用这种方式告诉其他人不能越界。

12日下午，船长再次来到岸上，他在岸边靠近取水处的地方发现了一棵大树，于是拿出刀子在大树上刻下了大船的名字、抵达这里的日期以及其他信息，以此证明他们首先发现了这座岛屿。这项工作完成之后，他们告别了当地人，返回到大船上，这时所有的小船也都被拉了上来，船员们打算第二天一早便起航。

这个岛上的土著人身体强壮，身手矫健，热情好客，完全没有偷东西的毛病，这点就超越了其他岛上的居民。他们的肤色和塔纳岛人差不多，但是身材和容貌都比对方更好，体格也更健壮，船员们发现有些人的身高达到了6.3英尺。绝大多数人的头发和胡须是黑色的，他们的头发很卷，乍一看很像黑人的头发。他们身上唯一的遮盖物就是一块树皮或者一片树叶，英国人赠送他们的小块布料和纸片有时也被当作遮盖物。一些德高望重的人或者勇士会佩戴一顶内凹的、直直的

提布玛向土著人发表演讲（18）

圆筒形的黑色帽子。这里大部分的房子是圆形的,有些像蜂巢,入口处只有一扇小门或者一个长方形的洞口,只有半个人那么高。绝大多数房间里都放着两个壁炉,烟只能从门口那里散出去,所以房间里经常烟雾弥漫,热气腾腾,让人难以忍受。当地人几乎没有什么生活器皿,陶罐是唯一能够引起注意的。每个家庭至少有一个陶罐,他们用其烘烤草根或者鱼类,这两种东西是当地人的主要食物,有时候他们还会反复咀嚼某种烤熟的树皮。水是他们唯一的饮品。在这片海域上,这个岛屿比船员们知道的任何热带岛屿都要贫瘠,岛上大部分地方都是光秃秃的石头山。尽管如此,东边和北边的一些岛屿上仍然有一些常见的植物,几乎每天都为植物学和自然学分支提供新的发现。

船员们现在也无法得知整座岛屿的名字,每次问起当地人,对方都只告诉他们某个地方的名字。因此库克船长猜想这个国家被分成了好几个地区,每个地区由一名酋长统治。他们现在所在的地区叫作巴拉德,提布玛是这儿的酋长。"提"好像是所有名字的前缀,或者说是大部分酋长或者伟人的称号,一位地位很高的当地人就把船长叫作提库克。当地人的捕鱼工具叫作龟网,是用大蕉树叶的细丝和一种人造网精心编织而成的。一切已经准备就绪,9月13日,太阳刚刚从海平面上露出脸来,决心号就已经驶向大海了。

这样一直到了28日傍晚,船员们终于在西偏南方向看到了两座地势较低的岛屿。岛屿中间是许多的碎浪,所以大船只能靠小船牵引才能通过。很快,碎浪的区域扩大了,从小岛一直延伸到很远的地方。那天晚上,船员们都在制作短木板,他们无时无刻不在担心身边的各种危险。天亮了,大家发现昨晚的担心不是多余的,许多碎浪一直在距离他们很近的下风处徘徊，他们随时都有可能遇上危险，所以船员们觉得一定是上帝在庇佑自己。一名军官站在桅顶上指挥操舵，那里可以很好地观察海面上的情况，大船在他的指挥下轻快地前进着。

好不容易，决心号终于抵达了一英里范围内的陆地，它在水深29英寻的海面上抛锚。船长和植物学家们乘坐小船来到了岸上，他们在这里发现了一些参天大树，其实在很远的距离船员们就已经望见了它们。这些树木似乎是某种云杉，很适合做圆材，这正是他们目前所需要的。有了这一发现之后，他们迅速返回到船上，简单吃过饭之后，他们便再次上岸开始了伐木工作。船员们登上的这座小岛其实就是一个小小的沙洲，周长不超过四分之三英里，除了云杉之外，岛上还有他们在塔希提岛上见过的伊多斯树以及各种各样的树木、灌木等植物。因此植物学家们在岛上有了许多工作可以做，船长还将这个岛屿命名为"植物岛"。他们在岛上看到了几处刚刚熄灭不久的火堆，说明最近有人来过这里。一条独木舟的遗体寂寞地躺在沙子里。夜幕降临之前，船员们已经砍伐了十一二根圆木，他们打算利用这些圆木制作翼帆的吊杆、船体、桅杆等。最后，他们在天黑之前返回了船上。

船员们来到这个小岛的任务已经完成了，是时候考虑下一步该怎么走了。他们爬上中桅的桅顶察看周围的情况，发现西边海平面上散落着一些小岛、沙滩和碎浪区，于是，库克船长指挥船只前往那里。

9月30日，也就是第二天的拂晓，决心号再次驶入大海，接下来的几天里都没有什么重要的事情发生。10月8日傍晚，库珀先生用渔叉捕到了一只海豚,船员们赶紧放下小船帮助他杀死海豚,并将其扛上了大船。这只海豚有6英尺长,每边颌骨上长着88颗牙齿。他们先将海豚肉在温水中浸泡了一段时间,再拿出来烧烤、蒸煮和煎炸。事实上,对于长时间食用腌制食品的船员们来说,即使是简单加工的新鲜海豚肉也美味无比。

10日,天刚蒙蒙亮,船员们就在西南方向看见了陆地,靠近之后才发现是一座海拔较高的岛屿,周长大约五里格。为了纪念霍华德的贵族家庭,他们将这座岛屿命名为"诺福克岛"。早饭过后,一组人员驾驶两艘小船前往岛上,他们在海岸上一些巨大的岩石后面轻松着陆。队员们发现岛上根本无人居住,毫无疑问,他们是最先踏上这片土地的人。他们在岛上看到了一些在新西兰十分常见的树木和植物,尤其是亚麻树,比新西兰的还要更加茂盛。这里最多的树木是一种云杉,它有点像魁北克松树,长得高大挺拔,十分茂密,要两个人才能合抱住一棵树木。离岸边大约200码的地方覆盖着厚厚的灌木和其他植被,人几乎无法从中穿过。树林下面十分干净,几乎没有任何的灌木丛,土壤看起来十分肥沃。船员们还在岛上发现了鸽子、鹦鹉、长尾小鹦鹉、秧鸡等小鸟,其中前面三种鸟儿跟他们在新西兰看到的一模一样。海鸟们在岸上和岩石的峭壁上产卵、孵化,根本不会受到外界的打扰。他们还在一些地方发现了大量的淡水、甘蓝椰子、酢浆草、苦苣菜和海蓬子,船员们在有限的时间里尽可能多地采集了这些东西。

离开诺福克岛之后,大船开始朝着新西兰进发,他们打算在夏洛特王后湾休息整顿,做好前往南方高纬度地区的准备。17日拂晓,船员们看见了埃格蒙特山。18日,大船在船湾抛锚,下午,库克船长带着渔网去海湾里捕鱼。他上岸后的第一件事情就是去寻找自己埋下的玻璃瓶，里面还装着备忘录呢。结果瓶子被人拿走了，但是是谁拿走的并不清楚。渔网只打捞起来四条小鱼，不过他们又打到了一些鸟儿，算是弥补了遗憾。第二天早上风刮得很小，大船起锚之后歪歪曲曲地拐进了海湾里，最后在那里抛锚。船员们又架起了熔炉，开始修理船只和索具。船长命令所有船员们每天除了照常吃腌制食品外，早上还必须吃煮好的蔬菜、燕麦和肉汤，晚上必须吃豌豆、喝肉汤。下午，威尔士先生正在搭建天文台，他无意中发现上次抵达这里时还立在那里的几棵树被人用锯子和斧头砍掉了。现在，他们可以确定探险号在他们离开之后一定来过这个海湾。

24日早晨，船员们发现两条独木舟沿着海湾驶了过来，但是当他们看见决心号之后，立刻调转船头返回去了。早饭过后，船员们驾驶小船去寻找那些当地人，他们在海岸边上打到了几只鸟儿。枪声告诉了当地人他们的到来，那些当地人在鹭鸶湾朝着他们高呼着。船员们一登上陆地，当地人就认出了他们，其余人也从树林里跑了出来，不断地拥抱他们，像疯子一样高兴得跳来跳去。船员们观察到妇女们依然站得远远的，不敢走近他们。他们把斧头、小刀和其他随身携带的东西都送给了对方，而对方则送给他们许多刚刚才捕到的鱼。第二天一早，当地人就来到大船上拜访，这次他们又带来了大量的新鲜鱼类，向船员们交换塔希提岛上的布料。28日，一组队员去西湾打猎，他们来到以前留下猪和鸡的地方，但是没有看到这些动物的任何踪迹，也没有迹象表明有任何人到过那里。傍晚，船员们将十八只野鸡带上了大船，在大船附近的树林里打猎的队员们也捕到了许多小鸟。

11月6日,老朋友们纷纷来到了他们临时搭建的住所,其中一位名叫佩德罗的当地人(一位地位较高的人)将一件象征着荣誉的配饰送给了船长,当地的酋长通常都会佩戴这样东西。作为回报,船长给他穿上了一件旧衣服,佩德罗对此感到无比的骄傲。同佩德罗以及另外一人聊起来之后,船长开始向他们打听自己离开之后探险号是否来过这里。对方给出了肯定的答复,并告诉船长就在他们离开后不久,探险号就抵达了这里并停留了十几二十天,十个月以前它离开了这里。8日,船员们将几头猪留在了食人湾附近的海湾,希望它们能在这里繁衍生息。9日,当地人又给他们送来了一些鱼,船长将一个空油罐子送给了佩德罗,他高兴得手舞足蹈。那天下午,船长领着一组队员上岸之后走进了一个小山谷,他们发现那里住着两家人,所有家庭成员正各忙各的:有的在睡觉,有的在做垫子,有的在烤鱼、烧草根,还有一个女孩正在加热石头。当石头热了之后,女孩便将它们从火里取出来,拿给坐在木屋里的一位老妇女。这位妇女将石头堆起来,接着在上面先后铺上一把绿色的芹菜和一块粗糙的垫子,最后,妇女蹲在垫子上面用脚将其踩实,这样就形成了一个类似荷兰暖床炉的东西。所有工作完成后,妇女牢牢地坐在了上面。船长猜想对方一定是利用这个东西来治疗某种疾病,那些绿色芹菜在高温下产生的水蒸气可能有某种特殊的疗效。

11月10日,他们告别了新西兰,向坎贝尔角驶去。现在,船长的计划是跨越这片浩瀚的海洋,前往那些去年夏天没有来得及探索的地方。12月17日,星期六,他们发现了六里格远处有一块陆地，于是将船头转向了南方。经过测量，他们发现海水的深度为75英寻，海底全是石头和贝壳。现在，船员们已经能够确定眼前的那块陆地就是火地岛的西部海岸，那里靠近麦哲伦海峡的西边入口。这是他们第一次在高南纬地区直接穿越这片海洋，库克船长说自己从未经历过如此无趣的漫长旅程。整个航行过程中除了指南针有变化之外，周围的环境似乎没有任何变化。他们就这样告别了南太平洋。

12月18日，决心号继续往前航行，此时它距离岸边两里格。这天，他们经过了一个突起的海角，名字叫作格洛斯特角。20日中午，他们在五里格远处发现了约克敏斯特。十点钟左右，一阵微风从东南方向吹了过来，他们借助风势向那块陆地驶去，打算在那里补充木材和淡水，并趁此机会好好考察一番。找到足够的木材和淡水后，他们开始对决心号进行清理，它的船身外面已经变得污秽不堪。就在那天晚上，一名海军陆战队员从船头掉进了海里，那是船员们最后一次见到他。

23日，皮克斯吉尔先生坐上小艇去探索这个海湾的东边地区，同时对大船停靠地附近的岛屿进行考察，库克船长将这座岛屿叫作"鹭鸶岛"。傍晚七点钟左右，皮克斯吉尔先生回来了，他向船长报告说大船所在地对面是一座岛屿，岛屿和东部海角之间有一个海湾，里面生活着许多鹅。得知这一信息后，船员们于第二天组成了两支打猎的队伍：皮克斯吉尔先生带领一队人员驾驶小艇前往，船长和植物学家们则乘坐舰载艇去往海湾，两组人员选择了不同的方向和路线。船长等人费了好大的劲才抵达这个被称为"鹅岛"的地方，海上掀起了高高的海浪，船员们发现根本无法靠岸。好不容易登陆之后，他们又爬过了许多岩石，这一动静吓得鹅四处逃散，有的跳进了海里，有的则往陆地深处逃去。尽管如此，他们还是成功捕获了62只鹅，最后大家筋疲力尽地带着这些鹅返回到船上。不久之前，皮克斯吉尔先生和他的队员们也带回了14只鹅，他将这些鹅分给了全体船员，大家都感到很开心。因为圣诞节就快到了，除了腌牛肉和咸猪肉外，他们终于又增添了一道新鲜菜。

25日早上，一些当地人前来拜访他们。这些人个头矮小、长相丑陋，看起来似乎有些营养不良；他们嘴上没有胡须，身上除了一块海豹皮没穿其他任何衣服；他们手上拿着弓箭、飞镖和骨头做成的渔叉；这些当地人的身上和所有配饰上都散发出难闻的海豹油的气味。妇女和孩子们依旧待在独木舟里，这些独木舟是用树皮做成的，每条舟里生起了一小堆火，可怜的当地人瑟缩着挤在火堆旁。独木舟里还放着一些巨大的海豹皮，出海时可以为他们遮风挡雨，也可以用来遮盖他们岸上的小木屋，有时候还可以当作船帆。所有当地人都在船员们用餐前返回到岸上，当然也没有任何人邀请他们留下来吃饭，因为他们身上的味道能让所有欧洲人失去胃口。厨师端上了烧鹅、水煮鹅和鹅肉馅饼，船员们以前很少吃到这些东西。船上还剩了一些马德拉酒，随着时间的推移，这些酒变得越发香醇了。他们远在英国的朋友们在圣诞节这天或许并不会比他们更加热闹和温馨。为了纪念这个重大的节日，这个地方被他们命名为"圣诞节湾"。第二天，当地人再一次前来拜访他们。看见他们赤裸着身体，在甲板上瑟瑟发抖，库克船长心中十分难过，于是他马上送了他们一些粗呢和旧帆布，用来遮挡身体。这里的野生禽类有鹅、鸭子、鹭鸶以及一种被当地人称作赛马的野鸭，因为这种野鸭在水里移动起来相当迅速，不过由于它们的翅膀太短，无法支撑其身体在空中飞翔。这里的野鹅比英国人饲养的鹅体形要小许多，但是吃得却并不少；它们的嘴又黑又短，脚掌呈黄色；雄鹅全身洁白，雌鹅身上则有白色或者黑色的斑点，每片翅膀上还有一块非常大的斑点。库克船长认为这里的土著人是他见过的所有人中命运最悲惨的，他们生活在环境和气候如此恶劣的地方，却没有足够的智慧为自己创造更加方便和舒适的生活环境。

28日，决心号起锚开航，一路往东边驶去。第二天，他们经过合恩角，进入了南大西洋。接着，在向北的水流的帮助下，大船转向成功湾。在此之前，船员们挂上了英国国旗，并朝空中鸣了两枪，很快，他们便发现海湾南端海角上的树林里升起了一缕青烟，大伙猜想那里一定有当地人驻扎。他们一下海湾，皮克斯吉尔中尉马上就去察看探险号的踪迹，令他失望的是，没有一点迹象表明最近有船只来过这里。库克船长在一张卡片上写下了大船的名字，然后将其钉在一棵树上，这棵树靠近以前奋进号取水的地方。凌晨三点钟，大船往斯塔恩岛（新西兰）的最东边驶去并在第二天下午抵达了那里。晚饭过后，庞大的打猎队伍驾驶着三艘船浩浩荡荡地来到了岸边，海豹、海鸟和鱼都成了捕猎的对象。他们惊奇地发现整个海岸上都是海豹，光听它们发出的声音，你还以为岛上生活着许多母牛和小牛犊呢。上岸之后，队员们才发现这种动物根本不是海豹，只是体形和动作与海豹十分相似。水手们把它们叫作海狮，因为这种动物的雄性长得很像雄性狮子。这里还生活着船员们在新西兰见过的一种海豹，船员们给它起了个新名字——海熊。大部分海熊十分温顺，更准确地说是迟钝，水手们可以轻易地靠近它们身边，并用棍子将它们打倒，不过出于安全考虑，对于大一些的海熊，他们还是利用枪支将其击毙。船员们还在岛上发现了企鹅、鹭鸶、野鹅、鸭子、灰色的鸟儿和其他一些小鸟。傍晚，队员们带着无数战利品返回了大船上。

1775年1月1日，决心号迫切需要一个好的港口，于是吉尔伯特先生乘坐小艇前往斯塔恩寻找。船长还派出了另外两艘船，最后，它们满载着海狮和海熊回来了。船员们将老海狮和海熊杀死之后并不吃它们的肉，而是用它们的脂肪提炼兽油，因为除了内脏，它们身上的肉都有股难闻的气味，添加再多的调料也无法入口。不过，它们的幼崽倒是十分美味。十点钟左右，吉尔伯特先生从斯塔恩回来了，他在那里找到了一个很好的港湾，该港口就位于圣约翰角西边三里格的地方。他们现在所在的这座岛屿长度大约为两英里，有些地方的宽度接近一英里。岛上生活着海狮、海豹以及无数的海鸥，这些海鸥飞起来时遮天蔽日，数量十分惊人。为了纪念发现港湾的日子，库克船长将其命名为"新年湾"。

这里发现的海狮与安森勋爵口中的海狮并不是同一物种，不过它们更加符合这一称谓。这些海狮的脑后、脖子和肩膀上都长着长长的毛发，与狮子十分相似。母海狮的体形还不到雄海狮的一半大，毛发也更短，呈灰色或者淡褐色。这些海狮常常聚居在岩石上或者海岸边。海熊没有这里的海狮体形大，但是比一般的海狮还是要大很多。它们没有鬃毛，毛发和海狮的一样长，只是更细且呈铁灰色。穿梭在这些海熊中间没有一点危险，它们看见人走近了，要么逃走，要么静静地待着不动。在它们和大海中间行走的唯一危险就是如果它们受到了惊吓，会一窝蜂地逃进海里，要是你来不及跑

**火地岛人聚居地（19）**

开的话，就很可能会被它们踩到。这里的海鸟有海鸥、燕鸥、埃格蒙特湾的海燕和一种信天翁大小的棕色大鸟，水手们将其称为大海燕，他们还发现这种鸟儿的肉质非常美味。陆地上的鸟儿包括老鹰、秃鹰（水手们称为美洲鹫）、画眉以及其他小型鸟类。库克船长看到这么多不同种类的动物能够和谐地生活在一起，感到十分惊讶。海狮们占据了大部分的海岸，海熊在岛上寻找住所，鹭鸶在高高的悬崖上搭建窝巢，企鹅们在最靠近大海的地方栖息，其他鸟类则往岛屿更深处安家。库克船长说这些动物就像生活在一个农场的牲畜和家禽，彼此互不干扰。3日傍晚，船员们离开了这块陆地，第二天早上他们又在西方重新看见了它。

14日上午九点钟，船员们最初以为自己发现了冰山，后来才发现那原来是一块被白雪覆盖的陆地。16日，他们开始探索北部海岸，第二天早上便向那块陆地驶去。当他们越来越靠近海岸之后，库克船长在福斯特先生及其团队的陪同下坐上了小船，他们打算赶在大船前面先去探个究竟，看决心号能否继续前进。结果他们发现情况不太乐观，这块陆地既荒凉又贫瘠，光秃秃的岩石直插云霄，山谷里面覆盖着永不消融的积雪。陆地上看不到一棵树木，哪怕一根牙签大小的灌木也没有。抵达这片海岸后，库克船长下令除了正常的伙食供应之外，每天早上一定要煮上小麦作为早餐。对于大多数船员来说，任何一种新鲜肉类都比腌制的更受欢迎，即使是企鹅肉也能做得美味可口。他们将附近的海湾叫作占领湾。小船刚刚收起来，船员们就开始沿着海岸向东行驶，十一二里格之后，他们来到了一个突起的海角前面，这个海角被取名"桑德斯角"。桑德斯角前面是一个巨大的海湾，他们将它命名为"坎伯兰郡湾"。20日，决心号经过了一座小岛，为了表示对英王陛下的敬意，他们将该岛命名为"乔治亚岛"。这座岛屿长31里格，宽度大约为10里格，它的周围似乎有很多的海湾和港口，尤其是东北海岸，不过一年中的大部分时间，这片海岸都被大量的冰雪覆盖着，人们根本无法进入。

从20日到27日，海上一直是大雾天气。在这样的高南纬地区，除了冰雪和浓雾，再没有其他东西了。库克船长决定将大船转向东边行驶，很快他们便遇见了无数巨大的冰山和许多漂浮在海上的散冰，决心号只得掉转船头，向西边抢风航行。大船周围的这些冰山都差不多高，表面十分平滑。2月1日，船员们看见了一条新的海岸，结果那是一个高高耸立的海角，大伙把它叫作"蒙塔古角"。由于那里没有可以停泊的地方且每个港湾都被坚冰覆盖着，所以他们决定不再冒险驶近岸边。实际上，这块陆地上从最高的峰顶到最低的悬崖边缘，似乎都被冰雪常年覆盖着。现在，在继续去往东边之前，他们必须往北边寻找一块陆地。3日，船员们看见了两座岛屿，为了纪念它们被发现的那一天，船长将其命名为"圣烛节群岛"（又称"坎德尔默斯群岛"）。两座岛屿的面积不大，海拔却相当高，上面也覆盖着积雪。4日，大船开始向东而行，中午时分，他们又遇见了几座冰山和一些散冰，海上依旧雾气蒙蒙，还下起了雨夹雪。看来，要在这片被冰雪覆盖着的大海中探索未知海岸一定充满了无尽的危险，库克船长认为在这种情况下没有一位航海家会比他走得更远，那块可能存在的南方大陆永远不会被发现了。不过，这位勇敢的船长对未来南极探险的预言不幸错了，后来，海军上将詹姆斯·罗斯率领探险队抵达了南纬78°4′，并在那里发现了大陆。

库克船长经过了慎重的考虑，他认为如果冒险去探索尚未被证实的一块大陆，不仅不会有任何结果，还会让他们之前的努力功亏一篑，不管是对航海还是地理探索，这都不会有丝毫作用。更何况目前决心号和队员们的状况都已经不适合再完成艰苦的工作，他们的时间也不像以前那样充裕了。考虑到这种种原因，库克船长决定调整路线，大船开始往东航行。这时，一阵强劲的大风正吹向北方，天上下起了大雪，厚厚的白雪在船帆上堆积起来，船员们不得不在大风中频繁地摆动船只，抖落上面的积雪。

10日，天气变得晴朗起来，但是随之而来的却是刺骨的寒冷，甲板上的水被冻成了冰，到了中午，温度计显示当前气温只有华氏34.5度。2月22日，他们的经度位置离之前从好望角南下的路线不超过两度，在这条平行线上没有必要再往东前行了，因为他们知道那里不会有任何陆地。库克船长认为，现在除了无法到达的南极地区，他们已经在高纬度上绕南大洋航行了一周，探索陆地的存在。通过对热带海洋的两次探索，他们不仅证实了一些旧的发现，又完成了许多新的发现，对那部分地区的探索工作几乎全面完成。因此，从各方面来看，这次远航的目的已经达到，他们已经对南半球进行了充分的探索，目前寻找南方大陆的工作也告一段落了。

决心号上的船帆和索具经历了长时间的磨损，几乎每过一会儿就有其中一件会坏掉，而现在没有任何东西可以修理或者替换它们。船上的食物也都变质了，不能为船员们提供多少营养，他们已经很长时间没有吃过新鲜食物了。尽管如此，水手们依然保持着健康，无论走到哪里都精神振奋。不过他们很担心坏血病会在某一天突然来临，而船上却没有任何药物可以医治。事实上，如此长时间的疲劳以及暴露在艰苦环境之中，已经远远超出了船员们的承受能力。他们在整个航行过程中的出色表现已经掩盖了可能犯下的一切错误。受到军官们勇敢行为的鼓舞，他们克服了路上的种种困难和艰险，没有因为与探险号的失散而感到沮丧和悲观。

3月8日下午，温度计上的度数上升到华氏61度，船员们发现可以适当减少衣服了。12日，他们乘坐一艘小船出去打猎，最后猎到了一些信天翁和海燕，这些猎物在这个时候对于他们来说是十分宝贵的。所有船员都已经迫不及待想靠岸了，库克船长遵照大家的意思，指挥船只往好望角驶去。船长将所有军官和士官们的航海日志都收集起来，并将其密封好，以便接受海军部的查阅。他还嘱咐全体船员在没有得到长官们的许可之前，不得将航行路线泄露出去。

17日傍晚，他们看见大约六里格远处出现了一块陆地。第二天，海上风平浪静，他们派出一艘小船前去打探情况。很快，这艘船便回来报告说前面两里格远的地方出现了一艘大船，实际上他们急于回来传达消息，对两船之间的真正距离并没有太在意。不久，又有三艘帆船出现在了上风处，其中一艘还挂出了英国国旗。派出去打探消息的小船又回来了，并报告说他们拜访了一艘荷兰东印度商船，对方的船长亲切地接待了他们，并送了一些糖、烧酒及其他能分享的东西给他们。这艘船上的几名英国水手告诉他们，探险号12个月之前抵达过好望角，其中一艘小船上的队员被新西兰的土著人残忍杀害并吃掉了。

19日，"特鲁布里顿号"的布罗德利船长从中国返航，在好望角遇见了他们。由于布罗德利不打算在这里停留，于是库克船长委托他将一封书信转交给英国海军部部长。关于探险号的悲惨遭遇在这里也得到了证实。布罗德利船长给了他们一沓旧报纸，但是报上的新闻对于他们来说全是新消息，也给他们增添了不少乐趣。慷慨的东印度商船指挥官们给他们送来了新鲜的食物、茶叶及其他东西，大受船员们的欢迎。下午，特鲁布里顿号驶入大海，决心号则前往海湾寻找锚地，他们就此分别。第二天早上，大船在桌湾抛锚，这天对于他们来说是22日，星期三，但是对于当地人来说却是星期二。他们在桌湾看到了几艘荷兰船只和法国船只，还有一艘英国东印度公司的商船"克瑞斯号"，它刚刚从中国返航，现在要直接返回英国。他们将航海日志前面部分的副本、一些图表和图纸交给克瑞斯号的尼特船长，让他转交给海军部。在大船靠岸之前，库克船长派遣一名军官上岸去报告当地长官他们抵达的消息，并且请求对方提供必要的供给和食物，长官们很快满足了他们的要求。

现在，库克船长才得知探险号返航时也经过了这里，弗诺船长还给他留了一封书信，告诉他自己在夏洛特王后湾损失了一条船只和十位最好的船员。后来，当库克船长回到英国后，弗诺船长向他完整描述了第二次也是最后一次分别之后探险号的所有经历。

1773年10月，探险号与决心号失散之后，被吹到了新西兰海岸。他们一路上遇到了猛烈的暴风雨，直到11月8日，探险号来到了帕利斯尔角北边，他们想寻找一个海湾补充淡水和木材。过去的几天里，他们每天给每位船员供应一夸脱淡水，照这样的速度，船上的水最多只能再维持六七天了。最后，他们在拖拉迦湾抛锚，并很快找到了木材和淡水。这里的当地人和夏洛特王后湾的土著人是同一种族，只是人数更多。船员们在一条独木舟里看到了一个女人的头颅，头上装饰着羽毛和其他饰品，看起来就像还活着，不过仔细一看，他们才发现这个头已经风干了，但是容貌保存完好，像是对死者的留念。12日，探险号已经补充了大约十吨淡水以及一些木材，于是它接着向夏洛特王后湾驶去。由于受到恶劣天气的影响，探险号直到30日才抵达目的地。船员们在那里没有见到决心号的踪迹，于是开始担心起它的安危来。不过待到上岸之后，他们很快便发现了搭建帐篷的痕迹，接着，又在菜园里的一棵老树桩上发现了几个字：往下看。于是船员们挖开了树下的泥土，找到了一个封装好的玻璃瓶，里面是库克船长留下的一封信，上面写着决心号分别于3日、24日抵达和离开这里,并且库克船长计划在海峡入口处徘徊几天,寻找他们的踪影。船员们立即开始了修复探险号的工作,这样一直持续到12月16日。

第二天,弗诺船长命令海军准少尉罗维先生率领几名船员上岸去采集一些野菜,因为探险号计划明天一早起航,所以船长命令他们一定要在当天晚上返回。罗维先生等人那天乘坐的是一艘巨大的独桅纵帆船。当天晚上,这组队员并没有返回,到了第二天早上,依旧没有任何消息,于是,伯尼少尉率领十位海军陆战队以及一些船员前去寻找他们。那天晚上十一点左右,伯尼少尉回来了,他向大家描述了自己见到的恐怖情景,为了保证故事的真实性,这里我们引用了他的原话。

18日,我们离开大船,借着海上的微风,我们很快便抵达了长岛附近。我一边走一边用望远镜仔细察看沿岸的每一个海湾。一点半左右,我们在伊斯湾附近的沙滩上抛锚,并开始在那里生火做饭。这时,我看见对岸出现了一名印第安人,他正沿着沙滩迅速地跑向海湾里面。我们将肉烤上之后,迅速跳进船里,向对岸驶去。很快,我们就来到了沙滩尽头,那里有一个印第安人的聚居地。

看到我们正逐渐靠近,几名印第安人站上了岸边的岩石,向我们不停挥手,示意我们赶紧离开。我们并没有加以理会,他们也就停止了挥手。我们发现沙滩上有六条独木舟,其中大部分还都是双体独木舟,除此之外,沙滩上还围着无数的土著人。我命令船员们看好船只,便带着海军陆战队员（一名下士和五名士兵）上了岸。我们搜查了很多土著人的房子，但是没有发现任何可疑的东西。于是我们重新走下了沙滩，一名土著人手上正拿着长矛，当看到我热切地打量着他时，这名土著人放下了手中的武器，装作漫不经心地走开了。有些土著人看到我们似乎很害怕，我把一面镜子和一颗很大的钉子分别送给了其中两人。我猜测海湾从这里一直延伸到一英里之外，我举起望远镜仔细察看了四周，但是没有看到任何船只、独木舟以及丝毫人类的足迹。于是，我对着天空放了几枪，这是我经过每个海湾时必做的一件事情。

我们又去往东边海岸，那里也有土著人居住。抵达岸边后，印第安人邀请我们上岸去，我向他们打听起失踪船只的情况，他们都声称自己对此毫不知情。这些印第安人看起来很友好，还卖了一些鱼给我们。离开那里不到一个小时，我们就在"青草湾"附近的小海滩上看见一艘刚刚被拖上岸的巨大的双体独木舟，同时还有两名男子和一条狗。两个男人发现我们之后，立刻躲进了树林里，我不禁怀疑他们与失踪的船只有关。于是我们来到沙滩上，搜查了那条独木舟，结果在里面发现了失踪船只的一把桨架和一些鞋子，我们认出其中一只鞋子是海军准少尉伍德豪斯先生的。就在这时，一名船员把一块肉带到了我面前，他认为这是失踪船只上的腌肉。我仔细看了看，发现这是一块新鲜肉。和我一起的范宁先生（船主）猜测那是狗肉，我对此也表示认可，因为我对当地人是食人族这一说法始终持怀疑态度。不过，这一点很快就被那些可怕的、不可否认的事实证明了。

许多捆绑好的篮子（大约二十只）正摆在沙滩上，我们将它们一一切开，发现有的篮子里装满了烤肉，有的装满了蕨菜根。继续找下去，我们又发现了更多的鞋子和一只人手，大伙一眼就认出了那只手是前甲板执勤水手托马斯·希尔的，因为手上用塔希提岛刺青工具文上了"托·希"两个字。我和一些队员朝树林里走了一段，结果没有任何发现。我们又返回了沙滩，这次竟发现沙滩上有一处地方上面覆盖着新土，这块地方呈直径四英尺的圆形，很明显下面掩埋着什么东西。由于没有铁锹，我们开始用弯刀挖起泥土来，与此同时，我将那条独木舟放进海里，打算摧毁它。这时，离我们最近的山坡上升起了阵阵青烟，我命令所有人立即返回船上，自己也在太阳下山之前赶回了他们身边。

接着，我们来到了下一个海湾——青草湾，那里的沙滩上有四条独木舟和许多的土著人。看到我们走近之后，土著人退进了一座小山里，小山离水边只有一艘大船的距离，他们站在那里和我们展开了对话。树林后面的山坡上燃起了巨大的火焰，从山脚到山顶，一路上都挤满了人，像赶集一样。山上的那些野蛮人继续高呼着，示意我们上岸去。我们已接近岸边，就朝他们开了火，第一枪似乎没有吓到他们，不过第二枪之后，他们就以最快的速度逃走了，有些人还发出了咆哮声和哀号声。我们继续朝他们开火,只要在灌木丛中发现了任何土著人,决不手下留情。其中有两名特别强壮的印第安人,他们刚开始一动也不动,直到后来看到同伴们都纷纷逃走,两人才非常冷静深沉地走开了,他们的尊严不允许自己逃跑。还有一名印第安人在逃跑的时候摔倒了,他手脚并用地爬了起来。除此之外,其他土著人都没有受到明显的伤害。接着,我和海军陆战队员们上了岸,范宁先生则留下来看守船只。

我们在沙滩上发现了两捆芹菜,那应该是我们失踪的伙伴们采集的。一根断了的船桨直直地插在地上,上面拴着土著人的独木舟,看来这些独木舟是被他们拖上来的。接着,我们搜查了沙滩后面的所有地方,希望找出失踪的船只。结果我们没能找到船只,却看到了令人惊悚的一幕:几位失踪船员的头、心脏和肺被摆在了沙滩上,不远处,几条狗正在撕扯着他们的内脏。

我们被眼前的情景惊呆了,竟愣在了原地。范宁先生在船上大声地呼喊我们,告诉我们他听见那些野蛮的土著人正在树林里面集结起来。于是,我们返回到船上,离开沙滩之前我们想办法摧毁了对方的三条独木舟。就在这时,山顶的火焰消失了,我们可以听见印第安人正在树林里高声说话。我猜测他们一定是在争论要不要攻击我们,拯救他们的独木舟。天色渐渐黑了,我走出船外,再一次察看了沙滩后面,想看看船只是否被他们拖到灌木丛里。最后,我仍然什么也没找到,我们就这样离开了那里。如果我们全部人手都进入山里,或许勉强可以和土著人对抗，但是我们要留下一半的人员看守船只，如另一半人再进入山里就太冒险了。当我们驶入海湾上游时，看见离我们三四英里高的地方燃起了一团巨大的火焰，火焰呈椭圆形，从山顶一直烧到山下的水边，像篱笆一样将中间的地方围了起来。经过商议，我和范宁先生都觉得这时候只有多杀几个野蛮人才会感到解恨。随后，我们穿过两座圆形小岛中间，朝东湾的南边驶去。这时，我们仿佛听到有人在呼唤，于是都停下船桨细细聆听，不过这次什么也没有听到。我们高呼了几次，但是没有得到任何回应，那些可怜的伙伴也许离我们太远了，根本听不见。事实上，这种想法只是一种自我安慰，我觉得所有伙伴很可能都被土著人杀死了。

以上就是伯尼先生的描述，为了让大家更了解这个悲惨的故事，我觉得有必要将遇难船员的名字写下来，他们是罗维先生，伍德豪斯先生，舵手弗朗西斯·墨菲、威廉·法塞、托马斯·希尔、迈克尔·贝尔，前甲板执勤水手爱德华·琼斯，船尾甲板上的工作人员约翰·卡诺夫和托马斯·米勒以及船长的随从詹姆斯·萨维利，一共十人。他们中的许多人都是探险号上最出色、最强壮以及最健康的船员。伯尼先生及其团队带回了两只手，一只是罗维先生的，从手上的伤疤可以辨认出来，另一只就是前面提到的托马斯·希尔的。除此之外，他们还带回了船长随从的头颅。这些残骸和死者遗留下来的大部分东西被绑在吊床上，和压舱物一起沉入了海底。

大家猜测这场悲剧很可能源于双方的一些争吵，或者是船员们的疏忽大意让土著人抓住了机会，让他们露出了凶残的本性。由于逆风的关系，探险号在海湾停留了一阵子。在这起悲剧发生后的四天里，他们没有见到任何一名土著人的身影。23日，探险号驶出海湾，朝着东边前进，由于海上的风很小，他们花了两三天时间才驶出了这片海岸。1774年1月10日，探险号抵达合恩角。从新西兰的帕利斯尔角到合恩角，他们只花了一个月的时间，此时他们所在的经度是西经121°。船员们打开了存放在煤炭上面的几桶豌豆和面粉，结果发现它们全都坏掉了。经过慎重考虑之后，他们决定前往好望角补充食物。2月17日，探险号离开合恩角，于19日在桌湾抛锚。船员们在那里遇到了海军准将爱德华·休斯爵士，他正率领着英王陛下的"索尔兹伯里号"和"海马号"两艘船只。4月16日，探险号起航返回英国，并于7月14日抵达了斯皮特海德。

现在我们再次回到库克船长那里。就在决心号抵达好望角的第二天，库克船长到岸上去等候当地长官巴伦·普勒滕贝格，长官和其他主要官员们热情友好地招待了他们。决心号上只有三名船员因为健康问题被送上岸去疗养，他们每天的食宿要花费30荷兰币或者2.5先令。船员们检查了决心号的船舵，发现它必须要被取下并送到岸上去修理了。敛缝工人的缺乏也耽误了他们不少时间，最后，他们从一艘荷兰船上找来了两名工人，从孟加拉返回的英国东印度商船"达顿号"的普莱斯船长也命令自己的船员前去帮忙，所以，这项工作在4月26日就完成了。船员们将必需品、新鲜食物和淡水搬上大船之后，便向地方长官和其他重要人员告别了。第二天早上，他们返回到船上。

决心号刚刚张帆航行，库克船长就对着天空鸣了13枪，向当地的驻军表示敬意，对方立即给予了同样的回应。一艘西班牙护卫舰和丹麦商船在决心号经过旁边时，也向它鸣枪致意，库克船长也回以相同的礼节。5月16日，船员们看见了圣赫勒拿岛，距离他们还有大约14里格的样子。午夜时分，决心号在小镇前的停泊处抛了锚，地方长官斯凯道先生和其他绅士们礼貌地接待了库克船长。船员们在好望角没来得及对大船做一些必要的维修，于是在这里继续展开工作。船上的空桶都打满了清水，船员们还以每磅5先令的价格购买了新鲜牛肉。

5月21日，库克船长向长官们道了别，当他登上大船时，对方向着天空鸣了十三枪向他们致敬，他也回敬了同样的枪声。28日早上，他们抵达了阿森松岛，大船于当天傍晚在十字湾抛锚。他们一直在这里待到了31日的傍晚。每天晚上他们都会派几支队伍出去捕捞海龟，无奈已经过了旺季，他们最后一共只捉到了34只。不过这些海龟每只都重达四五百磅，已经相当不错了。阿森松岛长约10英里，宽度约为五六英里，岛上的丘陵和山谷一片荒芜，大部分地方在几英里之内甚至看不见一棵灌木。岛上覆盖着无数的石头和灰烬，很明显这里曾经有火山爆发。岛屿东南边的一座高山似乎没有受到火山喷发的影响，依然保持着原来的风貌。山上的土壤是一种白色泥灰，拥有不错的肥力，土壤上面长着青草，它们是山羊们的主要食物来源。船员们也只在这里才看见了山羊。

决心号在此抛锚时，一艘来自百慕大群岛的单桅帆船几天前才刚刚离开，他们抓到了105只海龟，船上都快装不下了。不仅如此，他们还在沙滩上掀翻了更多的海龟，剖开它们的肚子取出了里面的龟蛋，这些海龟的尸体已经在沙滩上慢慢腐烂了。这种行为既不人道，也十分不负责任。据说每年的1~6月份是捕捉海龟的好季节，你只需要在沙滩上静静地守候，到了晚上，海龟们便会爬上岸来产卵，这时你只需要将它们翻过身来，让它们四脚朝天地躺着。这样到了第二天，等到时机成熟之后，你就可以轻易将它们带走了。

5月31日，决心号离开了阿森松岛，一直朝北边驶去。库克船长非常想去考察一下圣马修岛，可惜海风偏偏不给面子，他们只得转向巴西海岸的费尔南多·迪诺罗尼亚群岛，船长打算确定一下该岛的经度位置。6月9日中午，在航行了六七里格之后，决心号抵达了目的地。只见岛上耸立着一座座彼此独立的尖尖的高山，其中最大的那座山峰看起来就像一座塔形教堂。当决心号抵达停靠地点时，岛上的一座堡垒里面传来了枪声，接着出现了葡萄牙国旗，其他堡垒也出现了同样的情形。船员们迅速确定了该岛的经度，最后没有登陆便离开了。

18日，海上刮起了东北信风，伴随它的是晴好天气和偶尔的小雨。当决心号朝着北边前进时，风力突然加大了，一阵强风吹向大船的上桅帆。21日，船长命令将蒸馏器安装在最大的铜器上面，铜器里面装了64加仑水。

凌晨四点钟，他们在铜器下面生起了火，到了六点钟，蒸馏器开始运转起来。这样一直持续到了晚上六点钟，他们获得了32加仑的淡水。不过他们为此消耗掉了1.5蒲式耳的煤炭，这比煮一顿饭消耗的煤炭的四分之三还要多。当然，燃料的消耗对于他们来说并不是什么大问题。

7月13日，决心号抵达了位于亚速尔群岛的法亚尔岛，不久以后又经过了皮库岛。第二天早上，他们向法亚尔湾驶去，并于八点钟在那里抛锚。大船在此停靠的唯一目的就是为了让威尔士先生可以更好地调整手表的误差率，因为这些岛屿的经度在某种程度上来说是比较准确的。他们一靠岸，库克船长就派遣一名军官去拜访这里的英国领事，告诉对方决心号抵达的消息，并请求对方批准威尔士先生上岸去做观测。英国领事邓特先生不仅就此事征得了地方长官的同意，还慷慨地将自己的花园贡献出来，供威尔士先生搭建设备。邓特先生以最自由和热情的方式招待了所有军官们。决心号在此停留期间，船员们都吃上了新鲜牛肉，他们还以每吨3先令的价格向当地人购买了15吨水。

　　法亚尔岛的主要农产品是小麦和印度玉米，它们也被供给皮库岛和其他一些岛屿。奥尔塔镇是法亚尔岛上的主要港口，它紧靠大海，两端分别由一座城堡驻守，城堡之间通过石墙连接起来。跟其他葡萄牙属地一样，宗教建筑在这座小镇上也是随处可见。

　　19日早上，决心号离开了法亚尔湾，接着向特塞拉岛驶去，船员们想要确认一下那座岛屿的长度。这时，海上下起了厚厚的大雾，夜幕也快降临了，大家不得不放弃原来的计划，开始快速返回英国。7月29日，决心号抵达了普利茅斯附近的陆地，第二天早上，大船在斯皮特海德抛锚。就在同一天，库克船长在朴茨茅斯登陆，他和霍奇斯先生、威尔士先生以及两位福斯特先生一起出发前往伦敦。

　　在决心号离开英国的三年零十八天里，它经历了各种恶劣气候的考验，最后只损失了四名船员，而且这四人中只有一人死于疾病。除了上帝保佑，这更多要归功于库克船长。为了预防坏血病，决心号为船员们提供了大量的鲜麦芽汁，只要有人出现了一丁点儿坏血病的症状，他每天就要喝下一到三品脱不等的麦芽汁，外科医生也会根据实际情况确定他的服用量。大船上储藏了大量的酸泡菜，这是一种有益健康的蔬菜食品，对坏血病也有很强的抵抗作用，并且长期保存也不会变质。这种酸泡菜每两周供应一次，都是在喝茶时间，每位船员一次可以食用一磅，如有必要，其供应的频率也可能更快。肉汤又是另一种有益的食品，虽然每个人的量很少。每位船员一星期可以分到一盎司肉汤，这一盎司肉汤分三天和豌豆一起下锅。如果他们在一些地方找到了蔬菜，就将肉汤和蔬菜一起煮。船员们每天早上要吃小麦或者燕麦，晚上要吃豌豆和蔬菜。外科医生还将柠檬和橙子应用在许多病症上面，收到了很好的效果。不过我们必须意识到，如果没有严格的管理办法，即使有再多再有用的食物或者药品，也不能取得成功。库克船长在这一点上就做得相当出色，多年的航海经验和智慧的官员们给予的启发，让

蜥蜴岛（20）

库克船长能够很好地管理所有船员。船员们在值夜班时严格执行三班倒的政策,除非因为一些特殊场合所有人都被叫走了。这样他们就不会长期暴露在恶劣天气中,如果某位船员的衣服被淋湿了,他还可以下去换衣服,即使这样也有人可以替他站岗。船长还采取了适当的方法让船员个人及他们的吊床、被子和衣服等时刻保持干净和干燥。每个星期他们还要用火熏一下甲板,让甲板之间也随时保持干净和干燥。如果条件不允许的话,他们也会用火药混合着醋或者水进行替代。

(21)

船员们还常常在天井下面放一口铁锅,铁锅里面点上火,这种方法能够很好地净化大船下面部分的空气。

库克船长这样总结他的第二次远航:"我觉得这次远航的主要目标实现了多少并不非常重要。诚然,如果我们发现了新大陆,大家的好奇心可以更好地得到满足,但是经过坚持不懈的探索,我们并没有找到这块大陆,我希望这次经历能为人类以后对未知世界的探索提供借鉴。不管人们会怎样评价这次远航,我都觉得自己很好地完成了职责,当然,这并不是要自我吹嘘,我是通过调查研究之后才得出这个结论的,那就是我们很可能找到了一种方法,可以让许多船员在长时间经历了各种气候变化和艰苦劳累之后还能保持健康。因此,当哲学家们对于南方大陆的争议结束时,这次远航对于每一位慈善家来说就充满了重大意义了。"

经过第二次远航,库克船长认为在人类足迹能够到达的地方并不存在所谓的南方大陆。虽然这一观点是错误的,但是他的这次远航仍然对人类探险和航海事业做出了许多贡献。他发现了南太平洋上除了新西兰之外的又一座巨大岛屿——新喀里多尼亚;他还发现了乔治亚岛和桑威奇岛以及南半球的图勒;通过对热带海域的两次探索,他证实了一些旧的发现,也完成了不少新发现。

/ 最后的远航 /

库克船长的发现到底具有哪些重要意义？这些发现对地理科学的贡献又有多大？这里，我们先大致了解一下历史上那些勇敢的探险家们都曾经去过哪里？又有哪些地方是他们尚未涉足的？熟悉了他们的探险成果，你会更加了解我国海军军官们是如何向我们展示大千世界的，他们不仅开创了获取知识的新途径，对人性的研究也提供了新的素材。

哥伦布和麦哲伦是两位声名显赫的外国探险家，他们对早期的探险事业做出了不可磨灭的功绩。在没有任何前辈经验可以借鉴的情况下，哥伦布以坚强的毅力克服了航行途中的种种困难和障碍，向欧洲人展示了一个全新的大陆。尽管哥伦布并不是美洲大陆的真正发现者，但是他在圣萨尔瓦多的登陆证实了大西洋中确实有大陆存在，这一发现也点燃了那些和哥伦布一样聪明勇敢的探险家们的激情。就在差不多同一时期，麦哲伦受到探险精神的鼓舞，以英勇无畏的姿态开拓了一条通往一片全新海域的通道，他将这片海域命名为"太平洋"。

1520年11月6日，麦哲伦抵达了此后以他的名字命名的"麦哲伦海峡"，27日，他终于抵达了自己梦寐以求的目的地——伟大的"南海"。一直往西北方向航行113天之后，麦哲伦完成了横渡整个太平洋的壮举。随后，他抵达了一片海岛，并将其命名为"马里亚纳群岛"。从马里亚纳群岛出发，麦哲伦开始了寻找摩鹿加群岛的航程。一路上他发现了许多小岛，岛上的居民热情地招待了他，双方还进行了友好的贸易往来。这些小岛坐落在马里亚纳群岛和现在的菲律宾群岛之间。在其中一座叫作马克坦的小岛上，麦哲伦和他率领的60名船员遇到了当地人的袭击，他先后被毒箭和长矛刺伤，不幸身亡。整支舰队现在只剩下了两艘船只和不到80名船员，他们匆忙逃离了小岛。最后，舰队中的"维多利亚号"绕过好望角返回了西班牙，完成了历史上首次环球航行。

1567年，另一位西班牙航海家阿尔弗斯·迪·门达默从利马出发，开始了探险之旅。他从秘鲁海岸往西航行了800里格，在南纬11°线上发现了一些岛屿。库克船长认为门达默发现的这片岛屿群正是"新不列颠"。

据说门达默还于1575年发现了圣克里斯托瓦尔岛及其附近的所罗门群岛。根据门达默的统计，后者一共包括了大大小小三十三座岛屿。

1577年，弗朗西斯·德雷克成为第一个穿越麦哲伦海峡的英国人，他发现了加利福尼亚并将其命名为"新阿尔比恩"。德雷克在通往北纬43°的航线上还发现了一些小岛，但是由于他急于返回英国报告自己的新发现，所以对这些岛屿并没有太留意。1580年，德雷克经过好望角返回了英国。同年，托马斯·卡文迪什爵士也经过了麦哲伦海峡，并且按照和德雷克差不多的航线回到了英国。在此次航行中，卡文迪什抵达了马里亚纳群岛，并在菲律宾群岛停留了一段时间。返回英国后，爵士对菲律宾群岛进行了十分有趣的描述。

1595年，西班牙人对外侵略的野心有所收敛，开始更加热衷于探索新事物，他们派出了四艘船只，委任雷瓦拿为指挥官。最后，雷瓦拿成功地发现了马克萨斯群岛、孤独岛和圣克鲁兹。遗憾的是，大多数船员在这次远征中悲惨地丢掉了性命。

1598年，奥利弗·范·诺尔特通过了麦哲伦海峡，但是他在这次航行中没有任何新的发现。就在这一年，荷兰人威尔德发现了福克兰群岛。1605年，西班牙人佩德罗·费尔南多·奎罗斯产生了寻找南方大陆的想法，达尔林普尔和其他相关人士一致同意奎罗斯是认为存在南方大陆的第一人。12月31日，奎罗斯率领两艘轮船和一艘小帆船从卡亚俄出发。为了能够圆满完成此次任务，奎罗斯主动将指挥权授予路易斯·帕斯托雷斯，自己则甘愿听从对方的指挥。返回西班牙后不久，奎罗斯就向西班牙国王菲利普二世递交了一份备忘录，里面详细记载了他发现的23座岛屿，其中包括圣母玛利亚岛和它附近的圣埃斯皮里图岛。在圣埃斯皮里图岛，他们还发现了圣菲利普湾和圣杰戈湾。

1614年，乔治·斯匹次卑尔根率领一支强大的荷兰舰队穿过了麦哲伦海峡。第二年的6月14日，斯考滕和勒梅尔分别乘坐载重360吨的"联合号"以及载重110吨的"霍恩号"从特克塞尔出发，他们宣称要发现一条通往"南海"的新航道。结果，霍恩号在巴西海岸的国王岛进行修理时不幸被烧毁，只剩下联合号独自远航。在南纬54°56′，船员们发现了一条通道，他们愉快地穿过了这条自己命名的"勒梅尔海峡"。随后，联合号又逆风经过了美洲大陆最南端的海角，船员们以一座荷兰小镇的名字为这个海角命名——"合恩角"，更准确地说应该是"霍恩角"。那座荷兰小镇就是秘密商议和发起这次远航的地方。除此之外，船员们还将联合号经过的另外两座小岛取名为"伯尔尼维尔特"。不仅如此，船员们还发现了位于新不列颠北边的几座小岛。

1642年，阿贝尔·塔斯曼乘坐"海姆斯基尔克号"从巴达维亚出发，和他一起出发的还有另一艘名叫"兹罕号"的轮船，他们此次航行的目的是发现一块新的南方大陆。塔斯曼最先抵达的地方是"塔斯马尼亚"，又称"范迪门斯地"；接着，他在高纬度地区继续向东航行，来到了新西兰最西边海岸。许多船员在这里的一条海湾里被野蛮人杀害了，所以塔斯曼把那条海湾叫作"凶手湾"，也就是我们的航海家们后来所说的"夏洛特王后湾"。塔斯曼在后来的航行中又陆续经过了皮尔斯迪尔特岛、阿姆斯特丹岛、米德尔岛和鹿特丹岛。随后，他指挥船只转向西北方向前进，结果又发现了十八九座小岛，塔斯曼将这些岛屿命名为"威廉王子群岛"和"海姆斯基尔克沙洲"。最后，塔斯曼从这些小岛出发驶向新几内亚，由于没有发现预想中的陆地，他于1643年6月15日返回了巴达维亚。

1681年，丹皮尔通过了麦哲伦海峡。1699年，他又开始了第二次探险之旅，这次的航行路线主要集中在新荷兰、新几内亚、新不列颠和其他邻近岛屿。1703年，丹皮尔发起了第三次远航，不过这次并没有任何新的发现。

1721年，在罗杰文船长的建议下，荷兰东印度公司派遣一小支舰队开始了探索未知大陆的旅程。这块大陆迄今为止仍没有被发现，但是所有人都相信它的存在。三艘结实牢固的大船已经整装待发，每艘船只都装备精良，人员齐备。第一艘为老鹰号，上面配备了36支枪和111名船员，罗杰文船长为总指挥官，科斯特船长为副指挥官；第二艘船是田霍文号，上面配备了28支枪和100名船员，由鲍曼船长担任指挥官；第三艘是大帆船"非洲号"，由罗森塔尔船长指挥。人们对这些经验丰富的航海家们寄予了厚望，希望他们能成功地发现新大陆。舰队抵达麦哲伦海峡之后，发现根本无法穿过它。在经历了种种艰难险阻之后，这支舰队终于通过勒梅尔海峡进入了"南海"。罗杰文起先所走的路线和斯霍滕指出的路线基本相同，接着他开始转向北边航行，抵达了拜伦船长最先登陆的岛屿群。舰队继续向西航行时发现了另一群岛屿，那就是现在的汤加群岛，不过他们当时给它取名"迷宫"，因为船员们费尽千辛万苦才穿过了它们。随后，他们继续驶向新不列颠和新几内亚，并从那里出发，经由摩鹿加群岛驶往东印度群岛。

1738年，法国东印度公司派遣拉齐尔·布维开始了探索南大西洋的航行。7月19日，他率领"老鹰号"和"玛丽号"从奥里安港出发。第二年1月1日，和自己预料的一样，拉齐尔果然在南纬54°、东经11°的地方发现了陆地。尽管后来库克船长十分积极地寻找这块陆地，最终仍然没能找到。1740年至1744年，安森勋爵完成了著名的环球航行，不过他并没有什么重要的发现。

在国王乔治三世的大力支持和慷慨赞助下，英国的航海探险事业开始重振旗鼓。由于在三大洲取得的胜利，此时的英国达到了辉煌的顶峰时期。于是，国王乔治三世的注意力也开始从抢占殖民地转移到了追求和平上面。他提出了探索南半球的伟大计划，并将该计划与英国商人的利益紧密结合起来。于是，一次接一次的远航就此开始。

1764年，拜伦船长暨随后的海军准将拜伦率领"海豚号"和

"他玛号"经过麦哲伦海峡进入了太平洋,他在那片大海上发现了几座新的岛屿。拜伦船长随后于1768年5月返回了英国。第二年8月,在瓦利斯船长的指挥下,海豚号再次驶入大海,和它同行的是卡特雷特船长指挥的"燕子号"单桅帆船。两艘船一起抵达了麦哲伦海峡西端,在那里,广阔的"南海"进入了船员们的视野之中。随后,海豚号和燕子号便分道扬镳了。瓦利斯船长在高纬度上一直向西而行,比以前任何航海家走得更远,他在这条航线上发现了十四座以上的新岛。1768年5月,瓦利斯船长率领海豚号返回了英国。他的同伴卡特雷特则选择了一条完全不同的路线并完成了一些其他发现,包括位于新不列颠和新爱尔兰之间的海峡。1769年3月,在历经了无数困难之后,卡特雷特率领燕子号回到了英国。就在同一时间,布甘维尔船长也完成了环球航行,返回了法国。

1769年,西班牙人派出一艘船只追寻英国和法国探险家们的足迹,这艘船于1771年抵达塔希提岛,并在复活节岛附近短暂停留。就在同一年,法国人也从毛里求斯派出了一艘船只,指挥官为凯尔盖朗。这位指挥官随后发现了一些荒芜的岛屿,并在岛上留下了一些纪念碑,这些纪念碑最后被库克船长一一发现。经过无数次成功的考察,后面这位杰出的航海家第一次画出了美洲大陆最南端的地图,地图勾勒出了从麦哲伦海峡西边入口开始,经过勒梅尔海峡,最后再绕火地岛一周的整个海岸线。

现在,我们已经了解了库克船长是如何完成第一次远航,并于1771年7月从好望角返回英国的,也了解了这位经验丰富的环球旅行家如何在1772年7月指挥决心号开始了第二次远航,并于1775年7月30日回到了英国。这两次环球航行的总体目标都是要寻找南半球广袤大海中可能存在的未知大陆，确定这块南方大陆是否真的存在。在两次航行过程中，库克船长仔细搜寻了西班牙人和荷兰人曾提到过的一些陆地，他找到了其中的绝大多数并对其进行了细致的考察。奎罗斯认为自己所发现的圣埃斯皮里图岛构成了南方大陆的一部分，库克船长也对这块大陆进行了全面的考察，并测定了它的准确位置和面积。布甘维尔只发现了这些陆地没有连接在一起，而库克船长则全面考察了所有的岛屿。拜伦、瓦利斯和卡特雷特的探索成果都增加了我们对太平洋上形形色色岛屿的认识和了解，不过这些岛屿都位于南回归线以内。这片大海一直向西延伸到了哪里？在那里又是通过怎样的陆地连接起来的？库克船长阅读了大量的相关描述，发现之前的航海家们对于大陆之间的联系问题一直没能给出答案。在此之前，地理学家们仍然猜测新西兰是南方大陆的一部分，库克船长的第一次远航证明了这一假设是错误的。他花了将近六个月的时间考察新西兰的海岸线，并围绕它航行了一圈，最终测定了它的范围，同时也确定了新西兰由两座岛屿构成。而对于新荷兰即现在的澳大利亚是否与新几内亚相连这一问题，库克船长通过穿越两者之间的"奋进号海峡"也给出了答案。因此，我们可以认为库克船长发现了一条连接南太平洋和印度洋之间的新的通道，或者至少是一条荒僻的和被人遗忘的通道，这对航海探险事业来说是一个重大的发现和有利的事实。

　　从严格意义上来讲，卡特雷特船长的发现是一个真正全新的发现。通过穿越圣乔治海峡，卡特雷特发现了这条位于新不列颠和新爱尔兰中间的便捷通道，以后不管是前往东方还是西方，都不用再向北方绕过所有岛屿和陆地了。因此，英国航海家们近期的远航不管是在发现新大陆新通道方面，还是在修正旧的地理上的错误认知方面，似乎都取得了令人满意的成绩。

不过，探险事业似乎永无止境。航海家们已经探索和考察了南半球人类可到达的极端，然而对于北半球的航海极限人们却各持己见，尤其是关于在大西洋和太平洋之间是否存在一条北部通道的问题。不管是从东边绕过亚洲，还是从西边经过北美洲，如果存在这样一条通道的话，可以极大地方便与东方的联系，而现在，人们与之联系的唯一途径就是通过好望角。不过，现在我们已经知道了这一想法是错误的，因为人们已经发现了两个大洋之间的西北通道，但是这条通道完全行不通。这是早在十五世纪英国人最喜欢的探险项目，卡波茨对此抱有十足的信心。1497年，年轻的塞巴斯蒂安首次尝试了对西北通道的探索，发现纽芬兰和拉布拉多海岸之后，塞巴斯蒂安结束了探险之旅，并从纽芬兰返回了英国，同时他还带回了两名爱斯基摩人。

对于北部探险这件事情，一位名叫索恩的布里斯托尔商人向亨利八世写了好几封信，但是没有得到任何回应。25年之后，伦敦市民们亲眼见证了三艘船只——"博纳·埃斯佩兰萨"、"爱德华·博纳旺蒂尔"和"博纳·康菲登希尔"从伦敦出发，英勇高贵的休·威洛比爵士是三艘船只的总指挥官，理查德·钱塞勒是副指挥官。1553年5月10日，他们顺流而下，开始了危险的旅程。当他们经过政府所在地格林威治时，河道两边围满了枢密院成员、大臣和普通老百姓，他们欢呼着，向船员们挥手告别，善良的国王爱德华却因病无法来到现场。在格雷夫森德，年老的卡博特来到了船上，他慷慨地赠予水手们许多礼物，祝愿他们此次冒险能好运相随且取得圆满成功。随后，他和他的朋友们轻轻地离去了，将远征队员们交给了万能的上帝。大船因为逆风不能航行，在岸边停留了几天，最后，它们终于驶入了大海。船员们纷纷向自己的祖国挥手告别，他们不知道自己能否再次返回她的怀抱。

从一定意义上讲，钱塞勒的速度很快，他从阿尔汉格尔斯克出发，乘坐雪橇行驶了1500英里之后，从俄罗斯返回了英国。而威洛比和前面两艘船上的队员们在与自己的同伴分开之后，在拉普兰荒凉的海岸上饥寒交迫，最后全都丧生了。正如后来汤姆森所唱的一样：

> 这就是英国人的命运，
> 第一艘船出发了（有什么是英国人不敢尝试的？）
> 为了寻找道路，他不断尝试，
> 直到精疲力竭，枉费努力，
> 似乎大自然已提高了警惕，
> 利用永恒的法则将其拒之门外。

但是，失败乃成功之母。1576年，马丁·弗罗比舍爵士开始了探索西北地区的第二次远征。伊丽莎白女王站在格林威治的宫殿上，向她的勇士们挥舞着手绢。弗罗比舍在北纬63°30′的地方对一条后来以他的名字命名的海峡进行了考察，不过经历一番与大自然的顽强的抗争后，他最终也没能抵达通往印度的那条通道。

1583年，汉弗莱·吉尔伯特爵士率领五艘船只再次出发了，其中一艘船载重只有十万吨。不过，吉尔伯特最后仍然没能取得成功。他在北纬60°上沿着美洲海岸航行，最后抵达了圣劳伦斯海湾，以女王的名义宣布这块土地归英国所有。法国人将其命名为加拿大，这也是第一个在纽芬兰建立和发展渔场的地方。

两年后（1585年），约翰·戴维斯船长首次出海探寻西北航道。他为此出海三次，每次都无功而返。在探险中跨越了现在以其名字命名、位于北纬66°40′的戴维斯海峡。1610年亨利·哈德逊先生成功开辟西北新航道，并沿着此航道抵达后来以自己名字命名的哈得逊湾。然而他的冒险因船员叛乱而终止，船长本人和7名伤患船员惨遭毒手。次年，亨利·伯顿爵士继承哈德逊船长的遗志，然而他的航行并不比前者的顺利。他的继任者詹姆曼·霍尔和威廉·巴芬都遭遇了不测。前者在此次徒劳无功的探险中落入蛮人之手，而后者则于1622年死于霍乐木兹岛之围，当时一支英国舰队抽身相助波斯船队。

威廉·巴芬死前是首屈一指的北极航海家，勇敢地踏上那条让诸多勇士前赴后继的不归之路。1616年，他的船只"发现号"探索了与戴维斯海峡相同的海域。当时，他发现此海峡实为天然良港，便用自己的名字命名，同时将一条位于北纬79°形似海湾的北方航道命名为"史密斯湾"。著名的史密斯湾已经为现代航海家所认可，因为此通道乃是抵达北极的必经之路。探险家凯恩和霍尔一路向北，探索前人未至之境。当今的航海家内尔斯船长和史蒂芬森船长，以及阿莱尔特号和发现号上的英国水手，他们以大无畏的精神，誓要将大不列颠帝国的旗帜插上这块神奇的土地。

1631年，卢克·福克斯出海探索这条传说中的航道，但是同样空手而归。后来，詹姆斯船长追随他的脚步，作了一番最细致的探索之后，宣称此航道根本不存在！1676年，伍德船长的失败仿佛为当时人们对北方航道探索画上休止符。那无数航海家梦寐以求的神秘之境沉睡了将近一个世纪，直到多布斯船长重提通过哈德逊湾开辟西北方新航道的可能性。当时，国人对其说法产生了兴趣。英国政府采纳了他的建议，于1741年派米德尔顿船长出海探索。1746年，一个私人团体则派出了史密斯船长和摩尔船长。头年通过的议会法案悬赏2万英镑，鼓励国人积极出海探索新航道。然而，这些勇士们都止步于哈德逊湾，一无所获，那神秘的航道仍然遥不可及。但是当时的人们很难确定能否通过美洲西部的一条东北方航道到达这条西北航道。这种探索吸引了皇室的兴趣，不再是民间团体的专利。当时的皇家海军部长大力倡导这种探索。因此，当库克船长朝着南极进发之际，菲利普船长，也就是马尔格雷夫爵士则率领雷斯霍斯和卡科斯两条船扬帆出海，目的是确定到北极的大概航程。两条船堪堪避过灭顶之灾，在当年秋天返航。菲利普船长在日记中写道，他为早期航海家的成就而惊叹：

> 尽管他们预见了在探索中可能遇到的种种危险，还是义无反顾地出海远航，历经磨难而不折不挠，他们所展现的勤奋努力以及高超技术值得现代航海家学习。虽然，开辟西北新航道依然任重而道远，但仍然取得了不小的突破。库克船长渊博的航海知识与其顽强的意志以及不屈不挠的精神相得益彰。在此前的旅程中，他的美德体现得淋漓尽致。这种精神鼓舞他对世界进行不懈的探索。这位英勇果敢而经验丰富的船长或将在格林威治获得封地，但是

他于当年2月10日在信函中欣然将此殊荣让给海军部，并放弃爵位，第三次出海探险。但是，这次航程中，他没能像以前那样化险为夷，反而因此丧失了宝贵的生命。在他之前的环球航海家都选择经过好望角返回欧洲。但是，库克船长接受了这个危险而看起来不可完成的任务，将要经过亚洲和美洲之间的极北之地。他奉命向塔希提岛或社会群岛航行，随后穿越赤道到达北回归线，试图探索出北方航道。

然而诸位看官应该可以得知，此重要航程规划极其宏大，目的地繁多，路程遥远。如果当真要完成此处航行，那么库克船长当真需要海军部制作的指引手册：

> 桑威奇伯爵向本部转达，国王陛下得知汝等大力探索连通太平洋与大西洋之北方航道，龙心甚慰。同时，本部奉陛下旨意，改造皇家发现号与皇家决心号纵帆船，此二船只足以助汝等完成为实现上述目的发起的旅程。
>
> 鉴于汝等往昔经验丰富，能力卓越，特任命汝等为船长，掌管皇家决心号船只，皇家发现号则由赫勒克船长统领。特此命令汝等率领此二船只抵达好望角，如有必要，可在马德拉群岛、佛得角或加那利群岛停靠，并沿途补给本地酒类，汝等享有如上述行事之自由，但需记得此举可能无甚必要。到达好望角之后，汝等需在船上装载充足食水补给，供船员享用。

如有可能，汝等将于十月末十一月初离开好望角，向南行驶，沿途搜寻近日传说法国人曾亲眼目睹岛屿。这些岛屿大致位于南纬48度，位于在毛里求斯的子午线之下或附近。

一旦发现上述岛屿，即对其进行全面搜查，寻找优良海港。一旦发现海港，立即标记，方便回头登陆。当地的天然良港即使只能提供容身之处，木头和淡水，对我国亦将大有裨益。汝等无需花费过多时间寻找海港，一旦找到海港，即时动身前往塔希提岛或者社会群岛（如有必要，可在途中停靠新西兰），确保船员有足够时间休息。

到达目的地之后，汝等将在欧迈岛登陆，将个别愿意留在当地的船员放在岛上。登陆之后需向当地头领赠送得体之礼物，谨记需向北半球的居民分发见面礼。登陆之后，命船员就地休整，根据需要储备足够食水。汝等将于二月初启程离开，如有必要，大可提前动身，前往位于北纬45度的新阿尔比恩岛。途中如无补充食物淡水之必要，不必停靠寻找新岛屿。

如无人力不可避免之意外，汝等在途中切勿涉足西班牙位于美洲大陆西部的领海。如因特殊情况被迫停靠，不得停留过久。亦不得激怒或者冒犯当地居民以及天主教国王陛下的子民。此外，在汝等北上途中，或能遇到任何欧洲王室的领地，如无必要，不得惊扰或冒犯，而需要文明款待，礼遇有加。到达西英格兰岛海岸之后，汝等需就近寻一海港补充食水和木料，而后沿着海岸线一路向北，直奔北纬65度，如果没有受阻于陆地或者冰川，还可以继续深入北方海域。

在抵达目的地之前，无需浪费时间研究河流或者小岛。望汝等可于明年六月抵达目的地。抵达北纬65度之后，可以细心搜寻和研究可及范围内的流向哈德逊湾和巴芬湾的河流。根据汝等观察，或者通过向当地居民（极有可能是爱斯基摩人，汝等或许通晓其爱斯基摩语词汇）问询，当地肯定或者极有可能存在通往上述两个或者其中一个河湾之水道，则汝等需竭尽全力，将两艘大船，或者至少其中一艘开往目的地，除非汝等可以肯定，小船更易于到达上述地点。

在此种情况下，汝等需动用配备的小船，将原本紧密相连、妥善贮藏的一两块船壳板分开，指派妥善的军官指挥，每艘小船上需配备足够的军官和船员，并向目的地进发。在此过程中，无论此次探索之成败，所有人员需得最终会合。但是，如果汝等一旦发现比上述指示更加恰当方便的途径（如果真的存在这样的途径）则大可以自由行动。本部将赋予汝等根据自己意愿探索另一途径的自由。然而，一旦发现当地无通向上述河湾的海道，则可在当年适当的季节，前往堪察加半岛位于圣彼得和圣保罗港或者其他任何汝等认为适当的地点休整过冬。

次年（1778年）春天，汝等将从休整地向北出发，继续探索太平洋到大西洋或者北海的东北或者西北航道。如果根据观察或经过问询发现上述航道，则沿着航道进发。

如果不幸失败，则在返航途中，尽可能地探索汝等认为最有利于航海或开发的地点，并停靠斯皮特海德修整船只，继续待命。

途中，如无对任意地点自然景观特征的描述，如果时间允许，可以沿着经度和纬度方向细心观察指南针变化、海岬轴承、潮汐海流的高度、方向和轨迹、周围海水之深浅、沙洲和岩石等。同时，亦需做调查，制图表，观察海湾、海港、海岸等地方，观察上述地点有无航海或者商业价值。

汝等亦需留心观察当地泥土和土产，飞禽走兽，河海鱼虾等，尽可能清晰地描摹上述生物。若发现金属矿物、珍贵石头、稀有土壤，需一一保留样本，带回国内。此外，需尽量收集当地特有的乔木、灌木、水果、庄稼等植物的种子，并将其寄给本部办事处，留待进一步检验。

汝等亦需留心观察当地土著居民之脾气秉性和数量，通过得体的方式，与当地人缔结友谊，将船上所带物事赠以为礼，带他们乘船出游，向他们展示吾国之文明教化，但需小心不能受其蛊惑，谨防一切意外发生。

在取得当地土著的同意之后，以大不列颠帝国国王的名义在任何未被其他欧洲国家发现的地方建立据点。向当地人分发日后可以作为汝等曾登陆当地的证据的物件。

但是，如果所发现之地为无人之境，则可筑碑为记，以国王陛下的名义据为我国领土。因汝等此去前路艰险，途中或有突发事故，实难一一预料。如遇突发之意外，可根据汝等之判断，选择最佳解决之道，或者尽可能去信本部办事处，索要相关信息，报告汝等行踪，上交途中调查记录和图表。船队抵达英格兰之后，应该立即回到海军部，向本部提交形成详细报告。在离开船只之前，谨记向船上军官和士官索要他们的航海日记，存档递交本部审核。严令禁止船上人员对外透露行程细节。请告知赫勒克船长向皇家发现号全体船员发布同样命令。

如若皇家决心号在途中发生任何意外不能继续航行，可命令全体船员登上皇家发现号，继续旅程。如出现上述情况，皇家发现号的船长必须接纳汝等，并服从汝之命令，汝在发现号上的地位将与汝在决心号上的地位并无二致。如若汝不幸患病或丧失能力，则可任命下属为船长，代汝发号施令。

上述指示于1776年7月6日由桑威奇伯爵、查尔斯·斯宾塞勋爵和休·帕利斯尔爵士奉命起草，海军部部长菲利普·斯蒂芬斯签署。

1776年2月14日，为了将这一纸伟大的计划付诸实践，在德特福德待命的皇家决心号和发现号出海远航。库克船长指挥决心号，而载重300吨的皇家发现号则由库克船长的副手赫勒克担任船长。两条船均状态良好，粮水充足，适宜作长途航行。

当年6月8日，船队在比尔湾停靠之时，曾得到桑威奇伯爵和休·帕利斯尔爵士以及其他海军部要员的接见，确认海军部的命令已经得到贯彻，船员已经做好出发的准备。当晚，库克船长受邀和诸位要员共进晚餐。

一行人登舟上岸分别得到鸣枪十七响和欢呼三声的殊荣。他们带着大量的铁器、工具和装饰品，跟当地居民进行友好的商贸往来，还带了其他各种健康便利的实用工具。随着地理科学的发展，经度委员会将大量天文航海仪器交托给库克船长和大副金先生。

金先生自愿承担专业观测者的职位。委员会也委派了肯德尔作为他们的计时员。肯德尔在库克船长最后一次航行中，出色地履行了天文计时员的职责。皇家发现号上也配备有航海经线仪等天文仪器，由威廉·贝利先生担任观察员。虽然船员中有几个年轻人是因其制作图表、绘制计划、观察海岸和海岬的能力而被聘任，不过，韦伯斯特先生对某些场景和画面的精确描绘有效补充了文字材料的不足，成为库克船长的得力助手。

安德森先生是库克船长的医生，除了精湛的医术以外，还熟知自然历史。这位先生曾经随船去过"南海"诸岛，并凭借生动中肯的语言帮助船长还原和丰富其远航经历。在造访南桑威奇群岛时，他曾协助船长和当地的努特卡人沟通。

船长本人则凭借自己的语言知识，利用爱斯基摩语和美洲大陆另一侧的居民交流。除了上述出色的能力以外，安德森先生一直兢兢业业地观察和了解任何相关的自然历史、举止和语言的迹象以及库克船长在任何场合的相关需求，及时提供援助，收集了大量证据证明船长航程的价值。皇家决心号上的人员也各怀绝技，和历险号的唯一不同就在于该船上没有海军军官。

最终人员安排在普利茅斯完成，7月9日，海军方面举行宴会为他们践行。两艘船人员共192人，包括军官们在内。皇家决心号上有戈尔中尉、金先生和威廉姆森先生，还有理事布莱、安德森医生和海军中尉菲利浦先生；发现号上的海军军官们包括伯尼中尉和里克曼中尉、埃德加理事和劳医生。

值得一提的是发现号上的一名见习军官。他后来活着回到英国，并声名大噪。这位温哥华先生几年后在美洲诺尔迪海岸发现一个小岛，后来这个小岛成为英国的殖民地之一并以其名字命名。库克船长在途中邂逅一名叫作欧迈的社会群岛土著，弗诺船长带着他完成航程回到了英格兰。他居住在桑威奇伯爵的宅邸并受到伯爵的引荐进入伦敦最高级别的社交圈。最后，欧迈怀着不舍的心情离开他在伦敦的挚友们。当他重温那段时光之际，他总是情不自禁地泪流满面，而谈到他与英国朋友们的情谊，眼中又闪烁着激动和喜悦的光芒。我们所能看到的关于这一段航程的记载甚为简略。

航海日志首先由库克船长撰写，他不幸罹难之后由金船长接手撰写并公之于众。记录多用第一人称撰写，上面有很多的缩写，偶尔发表一些个人见解。希望读者看到这一段叙述之后对这段历险自有公道的评价。

因为逆风等原因，船队直到1776年7月14日才清理出一条航道继续航行。在8月1日我们到达加那利群岛之一的特内里费之前，一直没什么大事发生。在我们之前，有些国家的船队已经登陆过其中一些岛屿。据称，当地的居民都不是原住民，而是西班牙人和当地土著的后代。他们身体强壮，肌肉发达，在岛上到处开枝散叶。当月4日，我们起锚继续我们的航程。晚上9点，我们看见莱恩维斯塔岛，这个小岛在偏南方向。在此期间，我们一直以为船只距离这座小岛还远,但是事实刚好相反。12点的时候,我们向着东方行驶绕开了岛屿东南方向的一些阻挡视线的岛礁,这才发现船队距离这个岛屿相当近了。但是当时浪很大,大船的状态不佳。

10月份,我们抵达好望角的开普敦,途中发现两艘法国东印度的船只。其中一艘出航,另外一艘返航。我们抵达前的两三天,法国的另外一艘返航船只缆绳断裂,搁浅在海湾口处,从此失去了踪迹。船员获救,但是船上大部分货物不知所踪,或为当地人所掠夺或偷窃。

这是法国军官亲口告诉我的,荷兰人自己也无法否认。他们为自己犯下的罪行找借口的行为足以让所有文明国家蒙羞。

我与当地人打过招呼之后,在数名军官的陪伴下登陆。酋长和数名当地官员前来迎接,他们举止文明,彬彬有礼,许诺尽最大努力满足我们的要求。征得同意之后,我们在空地上搭起了天文台,还搭了两个帐篷让木匠和修帆匠们居住。船上的牲口也都赶下来吃草。在返回船上之前,我要求每日为船员送上松软的面包、新鲜的肉类和蔬菜。

10月份,我们已经看到信天翁、海燕等鸟类,还看到三只企鹅,我们努力搜寻陆地,但是在150英寻之内没有发现任何陆地。

一切都风平浪静,直到31日晚上,吹起了东南风,强风持续三天,在此期间我们失去了与岸上的联系。除了决心号,海湾里所有的船只都抛了锚。我们猜测岸上受到的影响也是如此。天文台旁边的帐篷被撕得粉碎,气象仪堪堪逃过一劫,还能修复使用。11月3日当天风暴停息。发现号在普利茅斯滞留数日之后,终于赶上了决心号。

赫勒克船长告诉我们,他的船8月1日即从普利茅斯出发,途中被风暴吹偏了航向,否则一周之前就应该赶上决心号了。总的说来,他从英格兰出发的时间比我们晚了一个星期。其间,一名海员掉下海中不幸罹难,所幸无其他人员伤亡。水手状态颇佳。

船员在做起航前的准备,我与一些军官乘小船到临近岛屿采购。我买了两头小公牛、两头小母牛、两匹小马、两匹母马和一对山羊。这些牲畜将与我们一起航行到新西兰、塔希提岛或者其他岛屿。只要当地人对这些动物有兴趣,我们就送一些给他们。我把海军部的指示誊抄给赫勒克船长一份,并下达命令指示他在我们分开之际应该如何行事。30日早上我们登船,当天下午5点,我们起航出发,向着东南方向航行,其实正吹着强烈的西风。经过一片多礁的海域时,船只颠簸得厉害,船上的牛羊惊慌失措,船员不得不安抚这些牲口。这时候我们明显感觉到气温下降。从11月26日开始,一切平淡无奇,无需赘述。

1月5日,船队到达范迪门,停泊在冒险湾。我下船寻找宽敞的营地和必需的物资,赫勒克船长也下船去了。第二天一大早,我与两名同伴一起将中尉大人送到海湾东边,并留在此处伐木除草。当时不曾见到当地土著,但不排除他们在临近地区出没。我随后派人出去取水,并去看望正在执行任务的诸位船员。

晚上,我们把渔网推到海湾尽头,捕获了许多海鱼,其中大多是水手常见的象鱼。第二天,我们伐木之时,有八名当地的成年男子与一名男孩到访。他们从灌木丛中出来向我们靠近,脸上既无惊惧之色,手上亦无武器,只有其中一名男子手持一根长约两尺的棍子。

他们都不甚高大，身材更为细长，皮肤黝黑，头发乌黑卷曲，犹如黑羊毛一般，与一般几内亚土著无异。然而他们的嘴唇没有那么肥厚，鼻子也不够扁平。他们的形象不是很悦目。头发上都涂着厚厚的红色油膏，有的脸上也抹着同一种油膏。我们向他们赠送见面礼，他们不是很满意，诸如面包之类他们拒绝品尝，直接退回给我们甚至弃之不食，也不喜欢象鱼。我们给了他们一些鸟类，他们倒是收下了。由此可见，他们大约是以禽鸟为食。

我带来了两头猪上岸，让它们在树林中跑，一进入他们可及范围之内，我们的访客马上出手抓住了它们，手法像狗一样迅疾，抓住猪耳朵，将它们提了起来，但并无伤害这两头畜生的意图。我们仍然好奇那位客人手中木棍的用途，于是向他打手势示意。他们当中的一些人拿了一些木头为记号，随即手持木棍的那位仁兄从大约20码左右的距离向木头标记投掷木棍。说实在的，他的技艺并不甚高明，试了很多次都无法把木棍抛过木头堆。欧迈向他们展示我们的武器是何等的先进，拿出手枪来向那根木棍开了一枪，这可把我们的访客吓坏了，纷纷逃进树林中。我们的第一次见面就这么草草结束了。他们离开之后我命人将两只小猪放进树林一英里之内。

我看到他们从海湾尽头沿着一条小溪离开。一开始，我想留下一些牛羊当作给范·达尔曼岛的额外赠礼。但是我很快就改变了主意，恐怕当地人难以理解我希望帮助他们改善生活的意图，反而认为是恶意就反倒不美了。29日上午，一切风平浪静，这种天气持续了一整天，我们因此没有立刻起航离开。因此，我让一些人到海湾的东边，自己跟一些人去砍木头。我们发现有几名当地人在附近闲逛，相信是昨日不辞而别后发现我们并无恶意，于是有意与我们重

(22)

新交好。

很快就有大约20名土著男人和孩子接近我们,他们对我们毫无戒备和恐惧。他们当中的一个人是个驼背,手势生动,语言幽默,显然,他也颇为自得。他的语言似乎与这个地区北部的语言大不相同,与我们第一次航行以及后来的旅程中所听见的都大不相同。有些人脖子上戴着三四个皮毛打的小结,还有的戴着袋鼠皮做的护膝和护腕。

我给了他们每个人一些珠子和徽章。他们很满意地收下了。对铁器和工具他们毫无兴趣,甚至不知道怎样使用渔钩,这些都是我们在向他们展示时观察得来的。由此可见他们并不是在海洋讨生活的群体,我们没有看到船只,他们的住处是小棚子或茅舍,是树枝搭建，上面覆盖着树皮。

我和这些土著在一起待了大约一个小时，我去看望了正在割草的船员们并回到船上吃晚饭。随后金中尉也回来吃饭。他告诉我说，我离开后不久几个当地妇女和儿童露面了。这些土著女性在肩膀和腰部绑着袋鼠皮，和男性一样袒露着身体其他部位，身上的纹身也大致相同。与男性不同的是有些妇女头发全部剃光，而有些人则仅仅剃光了头顶，留下四周一圈头发，看着倒像是摩顶的天主教牧师。

土著儿童大多身材匀称，堪称可爱。土著女人，尤其是年老的女性却不甚美貌。素来勤谨的安德森先生花了几天时间都在冒险湾研究当地风物。当地唯一的动物为一种负鼠，体形大约是老鼠的两倍左右。这种负鼠身上的皮毛为暗灰色，夹杂着红褐色。它的尾巴大约三分之一是白色的，尾巴很长，方便其挂在树枝上摘取浆果。当地土著多用此物的皮制作衣物。我们在树林中隐约见过这种动物，从体形大小来看，应该不是其他动物。

林子里的鸟类大多为大棕鹰、苍鹰或乌鸦，和在英国的差不多一样，还有黄色的长尾小鹦鹉、大鸽子等。另外还有三四种小型鸟类，画眉就是其中之一。海边有几种常见的海鸥，那种黑色小鸟最会捕捉牡蛎和海蚝。还有一种漂亮的鸟儿，羽毛同岩石一色，而鸟喙则为黑色。沙滩后面发现少数野鸭，还有一些羽毛蓬松的鸟儿在岸边的高树上栖息。海边物产丰饶，其中，象鱼的数量最多，虽然没有其他鱼类那样肉质细腻，味道倒也可口。

比象鱼更美味的是比目鱼，这种鱼双目对视，身体扁平，头部为圆形。这种鱼为沙棕色，身体上下部均为锈斑。岩石缝中有很多贻贝和其他一些小贝类，海星数量也不少。海边还生活着大量的帽贝和海绵状的生物，这种生物口感极为细腻。当地的昆虫有蚱蜢、蝴蝶、各种各样的小飞蛾等。还有两类龙蝇、骆驼苍蝇、各种蜘蛛，还有一些蝎子。但蝎子在当地极为罕见。

最麻烦的昆虫是蚊子，还有一种咬人非常痛的大黑蚂蚁，被咬之后疼痛一直持续不消，令人难以忍受。

我们所见到的当地土著非但没有我们想象中的那么野蛮凶恶，反而显得温和开朗，毫无保留，对陌生人毫无防备之心。在行动能力和智力方面，当地人的行动能力并不出色，在智力上甚至比不上海峡火地岛的居民，火地岛的居民已经能依时节制作衣物。他们肤色黝黑，但是又没有非洲黑人那么黑。他们的头像羊毛一般卷曲。头发上涂了油脂，染成红色，跟霍屯督人相似。他们的鼻子不是很扁平，却广阔饱满。他们的眼睛中等大小，眼白比我们混浊一些，所以，眼神不够敏锐明亮，难以为外貌增色。他们的嘴巴宽阔，留着长胡子，胡子上也像头发一样涂着红色的油膏。

1月30日上午8时许，西方吹来一阵微风，我们起锚出海，一路向东，途中并无可记录之事。2月初的一个下午，我们发现了新西兰的土地，随即在夏洛特王后湾抛锚停泊。几艘满载着当地人的独木舟来到了大船的旁边，但舟上之人没有冒险登船。这非常不同寻常，因为我们与他们甚为熟悉。我上次停留此处时对其中一个人友好，但是此次相见，此人并无友好的表现，也没有带礼物上船。我们推测他们大约是担心我们再次踏上他们的土地，是要为弗诺船长寻仇。

当月13日，我们在之前安营扎寨的地方立起两个帐篷，同时也筑起观测台。金中尉和贝利先生马上开始行动。当日,很多人拖家带口来到我们营地附近,并搭起了小屋居住。我们发现,屋前很快竖起一些柱子,柱子上铺着草本植物。他们一般选取植物的一部分,剩下的放在原位。附近的人来往密切,通常用鱼和奇珍古玩交易,逐渐形成了市场。

但是水手们厌弃这些人,不愿意与之来往。很少有水手愿意离开自己的地盘,到这些当地人的营地去,可是一名叫作卡胡拉的酋长却常到我们这儿来。据我所知,他是围困弗诺船长一行人的头目,而他本人杀了罗维先生。根据我从他的同胞口中听到的只言片语,可以判断,他的手下对他惧怕多于爱戴。他的同胞不仅对他心怀厌恨,背后从没好话,甚至央求我去杀了他。我觉得他们应该很惊讶我没有依他们所言去杀了卡胡拉,因为根据他们的是非判断,这件事是我应该为他们做的。如果我真的听从了这些所谓朋友的建议,当地的种族或许都会因我而灭绝,因为每一个村庄或部落的人都希望借我之手毁灭他们的敌人。

16日清晨,我带着5条船出发为船上的牲口找寻草料。同行的有赫勒克船长、几名军官、欧迈和两个土人。我们大约经过了三个部落,并在海湾的东边我之前来过的一个地方停船靠岸。我们在此处割了不少草。我们还去了青草湾,当年弗诺船长的船员就是在此处被杀害的。我们对当年发生的事情十分好奇,于是向当地人询问弗诺船长的船员当年为何招致如此厄运。在此过程中,欧迈全程担任翻译。

当地人有问必答,毫无保留。因为他们当年没有参与到那一场谋杀当中,因而问心无愧。我们也深知当年的事与他们无关。他们告诉我们，当时船长的船员围坐在一起吃饭，几个当地人也在其中。后来，有些人偷了些面包和鱼，船员们把这几个当地人打了一顿。双方扭打起来。混乱中，两名新西兰人被射杀，船员们还没来得及开第三枪，剩下的当地人就一拥而上，仗着人多势众，把船员们杀害了。

我们一直留在那里，直到天黑才离开。船上满载着草料、芹菜和治疗坏血病的草药。有的船只第二天一点才回来。他们回来得总算及时，因为他们上船不久就刮起了大风。到了傍晚，大风才逐渐止息，吹起了东风，天气也随之晴朗起来。

这时候，超过三分之二的原住居民搬到了我们附近。他们频频到船上来拜访。我们的船员则天天忙着炼制海豹油。看来，这些朋友们比任何一个格陵兰岛人都要喜爱海豹油。他们很享受油壶上的油渣，那一点点带着臭味的纯动物油脂更是他们眼中的绝佳美味。

我们在船上储备了尽可能多的草料，足够船上的牲口吃到塔希提岛。同时，在两艘船上装满了木材和淡水。2月24日，我们起锚开航。在我们解缆拔锚之际，许多当地人来给我们送行，顺便向我们拿一些额外的礼物。我送了他们的头领一公一母两头猪，并让他们发誓不杀它们。但是，我自己也没有把握他们真的能够信守诺言。

弗诺船长当初留在岸上的动物，后来都到了当地人的手里。当地人告诉我，这些动物都已经死了。但我后来得知他们的首领提拉养着许多公鸡和母鸡，还有一头猪。我们停留摩图阿拉岛的三天内，不断有当地人乘独木舟来与我们做生意。我们向当地人购买了一些当地的新奇玩意儿。

卡胡拉就坐在其中一艘独木舟上,这是他第三次拜访我们,脸上毫无惧色。次日清晨,他带合家上下20多人来了。欧迈第一个发现他在船边,询问我需不需要邀请其上船,我让欧迈去请。欧迈于是将此人引进船舱,说道:"这就是卡胡拉,杀了他!"他事后质问我:"您当时为什么不杀了他?您曾经说过,在英国,杀人犯都要被绞死。这个人害了十条性命,他的同胞对他恨之入骨,恨不得杀之而后快,您却不肯杀他。"欧迈似是而非的质问对我毫无影响。我让他去质问卡胡拉为什么要杀害弗诺船长的船员。卡胡拉一听到这个问题,就交叉着双臂,低下头,活像掉进陷阱里的野兽。我觉得他倒是很希望我们给他一个痛快。然而,他一确定我们不会杀他,马上振作了起来。

然而,他仍然不愿意回答我们提出的问题,直到我多次发誓绝对不会伤害他,他这才吐露实情,告诉我们当时他的一名同胞带了一把石斧,要卖给水手们。

但是买家拿了斧头之后既不愿意给钱,也不肯退还斧头,于是斧头的主人就从买家处抢了些面包,双方因此打了起来。

在我们到达新西兰之前,欧迈跟我讲过他想带一名新西兰土著回自己的家乡。我们到那之后没多久,就有一名十七八岁的名叫塔威哈罗亚的青年愿意陪他回去。

我们得知塔威哈罗亚是当地一名已故首领的独生子之后,我将这件事告诉了他的母亲,以为她肯定会劝儿子留在身边,然而次日清晨,这名母亲来送别自己的儿子,全程欢欣如常,离去之时也毫无不舍之情。

另外一名名叫可卡亚的年轻人大约10岁,以仆人的身份陪在塔威哈罗亚的身边，可卡亚的父亲剥光了他的衣服，亲手把他卖给我们。父子二人分别之时都非常冷漠。

根据我自己的观察以及塔威哈罗亚等人的叙述，我发现新西兰人时刻生活在相互斗争、随时遭受灭顶之灾的阴影当中。部落之间纷争不断，吃了亏的部落就一直虎视眈眈，伺机报仇。新西兰人无论白天黑夜，都不会放下防备。他们时刻保持警惕的动力更来自他们的信仰体系。他们的宗教声称，如果一个人的肉体为敌人所戕害，此人的灵魂必将堕入永恒的地狱之火；而肉体从敌人手中获救或者自然死亡的人死后则升入天堂，与上帝常伴。

当地人奉行一夫多妻制，一个男人通常有两到三名妻子。女性普遍早婚，不结婚的女子即形同被遗弃。公众场合争吵打斗已经成为一种常态。当地人舞刀弄枪起来得心应手，战争是他们的主要营生。开始干架之前，他们通常会唱战歌，熊熊热情很快就变成满腔怒火，他们的五官狰狞地扭曲着，誓要将敌人撕碎。对于那些不熟悉这一套的人而言，他们简直已经失去人性，与野兽无异。打斗结束之后，随之而来的是胜利一方对于手下败将的残忍杀戮。胜利者将失败者活剐成一片片，放在火上烤炙，心满意足地吞食。2月25日，我们起航离开新西兰，这一片土地渐渐从我们眼帘中消失了。两名年轻的新西兰探险者开始后悔他们贸然的决定，我们想尽办法安慰他们，却无济于事。

他们不分场合时时悲泣，作歌缅怀祖国，这种状况持续了好一段时间，但是后来他们终究将故土同胞抛之脑后，跟我们的感情日益深厚，就好像他们自小在我们身边长大一样。3月29日，我们向着东北方向航行，发现号打出信号示意发现了陆地。我们后来发现，那是一块异常广袤的土地。

快到岸边时，我们通过望远镜看到，一群当地人手持长矛和木棍在空中挥舞，作出威胁的手势。而船上有些人却认为，他们是在邀请我们上岸。他们中大多数赤身裸体，仅仅在腰臀之间围着一条腰带。腰带的颜色花纹各不相同，有白色条纹和方格等。有些人用方格花纹的布包着肩膀，几乎所有人都戴着白色的头巾，与穆斯林头巾相仿。他们有着黄褐色的皮肤，身材中等。

此时，一艘独木舟从海滩尽头匆匆而至，船上两个人划着船直奔我们而来。我们迎上前去，他们却怯而止步不前。欧迈马上用塔希提岛语向他们打招呼，这在一定程度上缓解了他们的担忧。他们于是又走近了些，我们从一块木头上取了些珠子和钉子，扔进他们的船上。欧迈很不得体地问他们吃不吃人肉，这两名土著一脸厌恶屈辱地回答称他们从来不吃人肉。

其中一人名叫莫洛亚，额头上有一条伤疤，他告诉我们那是他跟住在东北边一个岛屿的人打斗得来的，那些人时常入侵他们的领地。随后，他们紧紧地拉着一条绳子，但仍是不愿意到船上来。莫洛亚精力充沛，身强体壮，个子不是很高。他的相貌颇为英俊，性格也很好。他做了几个滑稽的手势，这表明他性格温和，天生幽默。他的肤色和平常的南欧人差不多。另外一个人没那么英俊。两个人都有着玉石一般的面色和长直发，在头顶用头巾绑了起来。他们腰间所围的腰带用的材料与我们在其他岛屿上所见的相类似。他们脚踏草编凉鞋保护足部不受粗糙的岩石伤害。

他们留着长长的胡子，胳膊内侧、肩膀和肘部都像我们旅途所见的"南海"其他岛屿土著那样刺了花纹。他们的耳垂很长，挂满饰品。其中一名男子竟在耳垂上挂了一把刀和从我们这里拿走的珠子，此人脖子上还戴着一条由两只精美珍珠贝壳和一绺松松地绞在一起的头发点缀而成的项链。

他们划来的独木舟不超过10英尺长，船身很窄，但是制作精良，非常结实。两人划船的时候分站两端，动作并不一致。我们在岸边逡巡，跟着他们的船，试图找到一个最佳的停靠点。

后来，我干脆亲自乘小舟到他们船上，带着我认为可能会赢得好感的礼物。我刚踏上小舟，方才我们见到的两名土著就划着小舟靠近我们，莫洛亚毫不犹豫地踏进小舟。跟在我身边的欧迈问他我们可以在何处登陆，而他给我们指了不同的地方。但是，据我观察，他所指的位置极有可能置我们于死地，如果我们依他所言在那些位置登陆，极有可能惨遭灭顶之灾，甚至被压成碎片。

当时，我们未能找到合适的锚地，缆绳也不够长，根本探不到水底。我们在船上极目远眺，找寻海岸的时候，突然看到岛礁上涌出一群全副武装的土著居民。当时莫洛亚大概认为这样来势汹汹的架势可能会让我们改变主意，不在此地登陆，于是命令他们退下了。那些人果然依令行事，因此，我断定他肯定是手握大权的人。事实上，如果我们没有判断错误的话，他是国王的兄弟。

有几名土著居民抑制不住好奇心，跳下船向我们游过来，登上了我们的船。实际上，我们很难阻挡他们上船，也没办法拦着不让他们把船上的财物搬个一干二净。后来，他们发现我们的船正在返回大船，马上一哄而散，留下莫洛亚一人。莫洛亚面无惧色地留在我们的船上。后来他跟我们一起上了大船，船上的牛羊等动物上来与我们打招呼，他也没有表现得很惊奇，大约是一直在担心自身安全，无暇他顾。他在船上停留了一小会儿，我就命人用一只小船把他送回岸上。

他走出船舱时，被几只山羊绊了一下，这时候他的好奇心来了，马上问欧迈那是什么动物。欧迈还没有来得及回答，他马上问了甲板上其他人。小船快靠近岸边之际，他跳入水中，游回岸上。他刚一踏上陆地，同胞们纷纷围了上来，似乎在问他在船上的所见所闻。我们将此岛命名为曼几亚岛。3月30日的午后，我们继续航程，我们在东北方再次发现了陆地。第二天一早，我们抵达这片土地的北端。

我派出武装小艇寻找可以抛锚停泊的地方，与此同时，我们看到海岸上几艘小船正朝着我们划来。它们首先冲着发现号而去，而后，三艘小船划到决心号旁边，每艘船上均有一名舵手。这些小船船体窄小，由桨架支撑。我们送了来访者一些刀剑兵器和珠子等小玩意儿。我们向他们要了些椰子豆，然而，显然他们并没有用物品跟我们做交易的意识，也没有办法估计我们所赠礼物的价值。在我们盛情邀请下，其中一个人答应到我们船上来，另外两人也跟了上来。他们的举止说明他们对我们很是放心。

这些人离开后，一艘独木舟跟上来，来人带了一串香蕉，作为礼物送给我本人。他叫了我的名字，这是之前他们从欧迈处学到的。我送了一把斧头和一块布料作为回礼。他心满意足地上岸了。后来我从欧迈处得知，这份礼物是该岛的国王或酋长送的。

过了没多久，一艘十二人的双桨舟向我们靠近，这些人唱诗一般异口同声地念诵了一段词。其中一个人站立着，众人都跟着他念诵。完成了这一庄严仪式后，他们上前来要求见我们的首领。

我上前介绍自己。他们送了我们一头猪和一些椰子豆作为见面礼,他们的头领还特别送了我一张席子。

来访者进入船舱和船上其他地方参观。他们对着船上的一些物品啧啧称奇,一开始,无论如何都不敢靠近牛和马。他们对这两种动物毫无概念,不知道它们会不会伤人。但是,他们似乎对绵羊和山羊有所了解,虽然他们告诉我,这是两种鸟儿。我试图向新朋友们展示他们最有可能理解的东西,然后他们看上去并不感兴趣。后来,我终于明白,他们最想要一条狗,因为岛上没有这一种动物。

我们的新朋友们中等身材,和曼几亚岛人不大一样,虽然,其中有几个人肤色比我们之前见过的人都要黑。他们的面貌各异,其中有些年轻人长得很英俊。他们跟曼几亚岛民一样,用五颜六色、图案各异的布料作腰带,围着腰臀部位。他们的饰品是一种红色的阔叶草,上面结着浆果,像项链一样戴在脖子上。他们的耳垂上也戴着饰物,只是没有被割裂。他们的腿上从膝盖到脚跟都有纹身,看起来像穿着靴子一样。

他们的举止坦率开朗,性情温厚。破晓后不久,我们又看到一艘独木舟向着决心号划来。来人送了我们一些香蕉和椰子,向我们要一条狗,并拒绝了我们赠送的其他物品。为了满足他们,欧迈把自己从英国带来的爱犬赠予他们,使者满意而去。我让戈尔中尉带着3条船跟着他们,其中两条船是决心号上的,另一条是发现号上的。

船上两位客人和欧迈陪着戈尔中尉一同前去。欧迈将会担任他的翻译。很快就有大量当地人跟在我们的船周围。为了观察他们的意图,及时对三艘先行的船只施以援手,我让大船贴着岸边行驶。

时不时有些当地土著划着独木舟靠近大船，用椰子豆交换我们赠予他们的任何东西。这样的交流在一定程度上减轻了我对那些曾经来拜访过我们的土著的戒备之心，虽然这些访客未能为我们提供相关信息，但是他们毫无戒心地登上大船，显然表明那些人对我们没有恶意，也没有辜负我对他们的信任。

最后，我们终于看到三艘船上的人开始下船了。只有戈尔中尉本人、他的翻译欧迈、安德森先生和伯尼先生上岸。欧迈除了担任翻译之外，还得回答当地人提出的各种问题。他后来一五一十地跟我讲了，他的回答大致是这样的：我们国家一艘船就有一座小岛那么大，船上有巨型武器，可以容几个人坐在里面，一炮就可以把这样一座小岛夷为平地。当地人听了后，马上急切地问我们船上有没有这样的武器。欧迈回答说船上只有一些小型的枪炮。但是，就凭那些武器，我们就能从船上开枪荡平整座小岛，把这地方杀个鸡犬不留。

他们一再追问我们如何做到这一点，欧迈尽可能地把他所知道的告诉了他们。他口袋里碰巧有些子弹，他把子弹和火药都拿给当地人看。一群土著团团围着欧迈，欧迈把自己从子弹里倒出来的火药一点点地妥善地撒在地上，从做饭的火堆拿了一根燃烧的木柴点燃。火药突然爆炸，发出巨大的响声，浓烟滚滚，火光四射，把在场的当地人吓了好大一跳。

他们不再怀疑这武器的巨大威力，完全相信欧迈说的话，这使得他们不敢轻举妄动，扣留这些陌生的来客。欧迈在这里发现了他的三名同胞，其中一位讲述的故事很是感人。大约20人乘小舟从塔希提岛出发，到邻近的尤里提亚岛去。途中遭遇狂风，他们被困途中，难以进退。因为是短途旅行，他们带的粮食淡水不多，很快就耗尽了。他们在海上随波逐流，吃尽了苦头，多日水米未进，有些人熬不住极度的疲劳与饥渴，最终活下来的只有4个人。最后，老天爷大发慈悲，这个岛上的人发现了他们的船，派小船把他们接到了岸上。

当时幸存的4个人后来又死了一个，其余的三位幸存者高度评价了他们在此地受到的款待，话里话外对现状非常满足。欧迈提出让他们跟我们的船一起回去，他们拒绝了这个邀请。这很好地解释了，地球上互相分离的各部分，尤其是"南海"诸多远离人烟稠密地区的大洲，遗世独立的岛屿都是有人居住的。

4月3日，吹着微微的东风，我们开始准备起航。我立即派戈尔先生率领两艘船为船上的牲口采购饲料。我们把日后可能用得上的东西都搬上船，途中没有受到当地人阻挠。我们把船开到当地人不敢进去的小岛西边，戈尔先生和其他船员也安全地回到大船上。每艘船上都装着一百来颗椰子豆、牛羊等动物的饲料以及一些塔希提岛人口中的"哇啦树"。

虽然此时该岛上没有固定的居民，但是种种迹象表明至少是经常有人到岛上来光顾的。我们找到一些空空如也的小屋，戈尔先生在其中一间小屋中留下了斧头和一些钉子，用来交换我们带走的物品。随后我们扬帆北航，与1773年被发现的赫维岛距离只有15海里，但是直到天亮我们才抵达那里。当船队接近此岛过程中，我们看到几艘独木舟向我们驶来，每艘船上约有三到五人不等。他们在距离船队约一箭之遥的距离停下来，欧迈随即上前示意他们靠近，但是无人冒险上前。其间他们混乱地喧嚷不休，没有任何迹象表明他们信任或者愿意善待我们。

事后我们了解到,他们曾试图抢夺发现号小船上的船桨,并殴打了其中一名试图阻止的男子。他们船尾挂着一只带肉的大贝壳,后来,我们把这贝壳买了过来。这些人举止大胆,知道以物易物的道理,用一些鱼跟我们交换了一把钉子。他们对钉子很是喜欢,称之为"籀儿"。他们还喜欢我们扔过去的纸张等其他物品。

虽然此岛与瓦提奥相隔不远,两地居民却大不相同。这些土著肤色更深,有些人面目凶狠,身强体壮,与新西兰人有几分相似之处。他们脖子上戴着精美的贝壳,身上也有刺青,这显然是"南海"群岛居民的习俗。这显然证实了诸岛上的居民大多为同一种族。他们的语言比瓦提奥或曼几亚岛更接近塔希提岛的语言。此时正吹着微风,下午一点前后我们来到小岛西北方。我随后派金中尉率领两艘武装小船沿岸视察,寻找适合的停靠点。

下午三点,金中尉回来告诉我说,周围既无锚地,亦无船只,且大船只能停靠在岛礁的外沿。距离礁石约四分之一英里的地方就有陆地。他说,一些土著手持长矛和棍棒站在礁石上,似乎想攻击他们。如果船上的粮食淡水和饲料充足的话,我就让船队退回南边,等吹西风的时候再起航。不幸的是,船上的饲料即将耗尽,再不补给,在到达塔希提岛之前那些牲口就要活活饿死了。这对于我们完成这次伟大的旅行极为不利,因此,我决定绕道去友谊群岛,在那里我们肯定能买到一切必需品。

4月7日吹着东风,我们朝着西南方向行驶。我原本打算如果天气一直这么晴朗的话,我们就先去米德尔堡或者依奥亚,这样可以补给一些资源。但是天不遂人愿,次日中午,再度吹起了之前致使我们耽误行程的微风。我发觉很有必要向北行驶,进入于1774年被发现的帕默斯顿和野人群岛这一段我们最后的航程中,这样一来,我们可以在岛上补给物品。

13日黎明,我们遥遥看见帕默斯顿岛,早上8点时分抵达该岛,随后派出4条船寻找最方便的登陆地点。众人首先查看的是小岛东南边,在那里没有找到合适的登陆地点。之后又去了东边,在那里终于发现了陆地。下午一时许,派出去的船只都回来了,船上满载着坏血病草和椰子树嫩叶,足够牛羊饱餐一顿了。

第二日晚上,我在上尉基尔克的陪伴下上岸,走到一条小溪旁,发现大家都在辛勤劳动。我们在灌木丛前的海面甚至更远的地方发现了许多鸟类,包括军舰鸟、热带鸟和鲣鸟。有些鸟儿正在孵蛋,在我们的驱赶下温顺地飞走了。在一块环绕着湖泊的礁石旁有很大的一片珊瑚礁,珊瑚几乎突出水面,那可真是大自然最鬼斧神工的美景之一。

珊瑚礁的底部在岸边很深的水域,远远望去,珊瑚仿佛悬挂于水面一般。水底深浅不一,有的地方水位陡然加深到七八英寻。此时艳阳高照,波澜不兴,珊瑚在阳光下熠熠生辉,更兼水中各类鱼儿悠然游弋,无限宁静美好。沙滩上有些独木舟的碎片,可能是从别的岛漂来这里的。

小船满载而归后我也回到大船上,留下戈尔先生等人在陆地上过夜,以便明天一早起来工作。第二天的工作也差不多,大家都忙着为船上的牲口采集饲料。日落时分,我们已经采集到足够多的草料。我命令大家都回到大船去。但是,此时风很小,甚至一丝风都没有,于是,我决定等到有风再起航。次日就让大家去采摘椰子。

我们早就注意到这岛上的椰子树比我们之前去过的岛屿都要多。我带着一些船抵达小岛西边，命人采摘椰子豆。我和欧迈一起用渔网捞鱼，很快就捞到足够所有人吃的鱼，还能剩下一些送到大船上储藏起来。这里鸟类也很多，军舰鸟和热带鸟更是数不胜数，我们于是好好享用了一顿盛宴。欧迈在这方面很能干，不仅是抓鱼的一把好手，更是用他家乡的土法把鸟儿烤得美味无比的能手。

这个岛比其他岛屿大了一半左右，岛上遍布椰子树，我们摘了大约1200多个椰子，给每个人都分了一些。帕默斯顿岛周围还有九到十个小岛，皆由珊瑚礁彼此连接。诸岛覆盖着薄薄一层沙子，还有一些沙生植物。头一个月天气一直非常炎热，现在天阴阴的像是要下雨的样子，倒是变得凉快起来。现在空气非常湿润，似乎在氤氲着一场暴雨。

我们离开好望角之后隔了很久才在新西兰吃到新鲜食物，然而值得一提的是，船上没有一个人因为经常吃海产或者天气多变而生病。4月24日我们路过野人岛，一路向南，然后在安娜摩卡岛停泊。周围岛屿的土著纷纷划着独木舟，带着水果蔬菜，还有两头猪、数只家禽、一只林鸽和几只大黑鸭子来跟我们做交易。他们从我这里换了些珠子、钉子和斧头等物。

他们还带了些新奇的玩意儿要卖给我们，但是我命令所有船员在我们买到足够的必需品起航之前不能向当地人买这些玩意儿。根据经验，如果我们的船员真的跟当地人做起交易来，争吵斗殴是在所难免的。我还派一些人在船上和岸上维持秩序，控制人流量，避免发生意外。当天中午，被派去卡曼果采购的金先生带着七头猪、几只鸡、大量水果蔬菜和草料回来了。金先生一行人在卡曼果受到了友好的接待，当地的居民看起来不是很多。

他们的木屋挨得很近，在同一片香蕉林里。不远处是一个很大的池塘，附近貌似没有溪流。岛民头领一个名叫吐波朗格，另外一个叫作台柏，他们和金先生一起到船上来，送了我一头猪，答应次日将送来更多食物。第二天他们果然兑现了自己的诺言。我重游了3年前在这个岛上停靠时的地点，我1643年来过这儿，还有附近的一些岛屿。

第二天，我在基尔克上尉和欧迈的陪伴下到首领图博家中做客。首领的家坐落在种植园中央，风景相当宜人。我们向他购买了几头猪和一些水果。还没来得及回到船上，我们就被当地人团团围住，要把各种各样的东西卖给我们。当天下午，我又和数名军官一起下船，那些病恹恹的牲口都被送到岸上来。日落时分，一切都安排妥当，我回到船上，让金先生全权处理岸上的事务。次日，双方在岸上的交易又热热闹闹地开始了。入夜，当地人收摊离去之前，台柏叫住了他们，似乎训斥了他们一顿。我们猜测他是在教育当地人应该如何与我们相处，鼓励他们把农产品带到市场上来卖。他的讲话起到了良好的效果，第二天，当地人跟我们交易的物品无疑更加丰富多样。

5月6日，我们与通噶塔博岛最有名望的首领费诺会晤。据说他是友谊群岛最有权力的酋长。他露面时，当地土著都要向他鞠躬，用自己的头颅碰触他的脚，双手碰触他的鞋底。他们的手掌先着地，随即五体投地，深深敬拜。一位如此受人尊崇的人物显然与国王无异。下午，我登门拜见这位大人物，此前，他已经让仆人送了两条鱼到我的船上。我一踏上陆地，他就迎了上来。他身材高瘦，轮廓有些像欧洲人。

我们在岸上短暂停留后，我们的新访客带着五六名随从上了我们的船。我给他们奉上得体的礼物，酋长命人抬上来三头猪，算是给我们的回礼。我们到这儿来的第一天，一柄砍柴用的大斧头就被当地人偷走了，我趁机请求尊贵的客人为我们寻回失物。他应诺之后，这柄斧头在我们吃晚饭时就送了回来。

这些人偷窃手段之纯熟，当真令我们叹为观止，甚至有些头领手脚都难保干净。鞭刑对于底层人民而言似乎不起什么作用，这些人在偷窃被抓到现行时，他们的首领不但不会为他们辩护，反而建议我们杀了行窃之人；而我们一般不愿意这样做，所以小偷们最后都能全身而退。反而是基尔克想出了个惩罚这些小偷们的法子，这个法子相当有效。一抓到小偷，他就让理发师将他们的头发都剃光。这样一来，这些人脱身之后难免受到同胞耻笑，还方便我们辨认，不让他们靠近，这样他们就很难行窃了。

费诺得知我们要去通噶塔博岛之后，竭力说服我改变主意。为了让我们改变计划，他推荐了很多路线。他热情地推荐我们去一座名叫哈帕侬的岛屿，或者说群岛，这一片岛屿坐落于东北部。他向我们保证，在那儿我们不费吹灰之力就能获得所需要的物资。为了增强说服力，他表示愿意跟我们一起到那儿去。我决定将哈帕侬当作下一个目的地，显然，此前从没有过欧洲船只到达那儿。16日清晨，跟当地人做了几笔小生意之后，我们启程前往东北方向的哈帕侬。

第二天，我们的船刚停稳，当地人就一拥而入。他们带来猪、家禽、水果等，和我们交换刀子、钉子、珠子和布料等物。我在欧迈和费诺的陪伴下踏上陆地，来到乐弗奥佳的北边。当地的首领带我们走进一座海边小屋。我们入座之后，诸位酋长和众人围着我们坐了一圈。他们问我打算在此地停留多久，我回答打算停留5天。台柏奉命坐在我身边，把我说的话翻译成他们的语言。

然后，他开始转述费诺的一段训话。我从欧迈处了解到，他的讲话大致意思是当地所有人，无论男女老少，都应该把我当作朋友。在我们停留此处的几日内，不得偷窃客人的物品，更不能以其他方式打扰尊贵的客人。同时鼓励居民将活猪家禽水果等物带到船上与我们交易，我们会给他们什么样的物品作为交易，诸如此类。台柏伺机对我说，我应该拜会岛上的首领依劳帕。我之前没有准备给这位首领的礼物，干脆送了一份大大超出他预期的厚礼。

我的慷慨让在场的酋长有些不满，也要求相同的礼物。一切都安排妥当之后，我回到之前扎营的地方。那里正烤着一头猪和山药，这些冒着热气的食物将会被带到船上作为我的晚餐。我邀请费诺和他的朋友共进晚餐。上船之后，只有他一人坐下来吃饭，其他人只能站着。晚饭后，我送他们回到岸上，首领给了我一只大海龟和许多山药作为回礼。

我们的伙食供应充足，一天之内，我们跟当地人做交易，共买到二十来头小猪，大量水果根茎。第二天一早，费诺和欧迈一起上船来，他们昨天晚上一起在岸上休息，他们来请我到岛上去。我已经觉察到人群开始聚集，肯定有些异常情况发生，但是，我不知道发生了什么事，欧迈对此也一无所知。我上岸好一阵子，才见到数百个土著居民带着山药、面包果、大蕉、椰子和甘蔗等作物露面。

他们把带来的东西分成两大堆，堆在我们左边，稍后到达的人则将带来的东西堆在右边。右边有两头猪和六只鸡，左边有六头猪

前所未见的舞蹈（23）

和两只海龟。上述物品依次摆好后，这些东西的主人加入站在外围的人群。

这些男人在我们面前围成一个圈，手持用椰子树枝干做的棍棒。他们围着我们作游行状，几分钟后，他们一起退下，分别在我们左右前方坐下。一名勇士站出来，用手势挑衅另一方，另一方的勇士挺身而出，两人相搏娱宾，直到分出胜负。胜利的一方则面向首领跪下，拜了一拜。

同时，一位老者鼓着掌向他们讲了几句话，人群沸腾起来，胜利的一方欢呼两三声。相搏暂停了数次，其间有摔跤和拳击比赛。摔跤比赛的方式和塔希提岛的非常相似，拳击比赛则和英国的小有不同。最令我们惊讶的是女性竟然也参加拳击，女拳击手身手矫健，不让须眉。这场比赛仅仅持续了数分钟，女方主动弃权，她也像获胜的女拳击手一样获得了全场的欢呼。

我们表示对这种娱乐方式不敢苟同，但是这并不能阻止女性加入拳击比赛。她们逞狠斗勇，如果担任裁判的老妇人没有出手制止的话，她们的出手肯定更加狠辣。参与这些比赛的约有3000人，参与者都表现出良好的幽默感，现场气氛很是融洽。首领告诉我，右边这堆东西是给欧迈的礼物，左边那一大堆是给我的礼物。

他补充道，我随时可以把这些礼物搬上船，没有必要派人守着，他担保一个椰子都不会少。闻言，我果真将东西留给他的手下人，和首领一起回船上吃晚饭。当天下午，所有东西都搬上了甲板，果真是一个子儿都没有少。这些礼物一共装了两条船，费诺比我在太平洋诸岛上见过的首领都要慷慨大方。我马上告诉他，他的慷慨大方让我非常感动，送他下船时，我估算这些礼物的价值，也回赠了一份厚礼。费诺曾表示希望观看海军训练，于是，我命令军官们都离船上岸。

军官们演练了射击和齐射，观众们看得非常满意。作为回报，首领也安排了演练，力图展示高超的技艺和精准度。那是一种前所未见的舞蹈，实在是莫可名状。共有舞者105人，每人手里都拿着一种约有二尺半长的道具，形似船桨，手柄细巧，主体薄如刀刃。舞者起舞时用这道具摆出种种姿势。

舞者先是分成三列，不断变换位置，最终列首变作列尾。舞者不时变换着位置，时而变成一条线，时而形成一个半圆，最后组成了两个方块。此时，一名舞者出列走到我面前跳了一段滑稽古怪的独舞，正常表演告一段落。

他们的乐器是两只鼓，或者说两根空心的木头，用两截木棍敲击时，会发出声音。然而，在我看来，舞者并未随着悦耳的乐声起舞，他们的动作，与其说是受到乐声的引导，还不如说是已经熟能生巧。他们的动作是如此的整齐划一，看上去就如同一台机器一般。

我们都认为，他们如果在英国的大剧院演出，肯定能让观众们都起立鼓掌。他们的演出无疑比我们的演练更加卖力。他们对我们的乐器也没什么评价，似乎认为他们的鼓更胜一筹。为了扳回一局，让他们见识一下大不列颠帝国的高级娱乐，我特意准备了一些烟花，天黑之后在众人面前燃放。

我们的水炮和烟花让他们赞叹不已，显然，在这方面我们确实更胜一筹。然而，他们仿佛认为放烟花不过是余兴节目而已，我们在技巧上根本无法跟他们一较长短。烟火放完之后，舞蹈表演再次开始。一支18人组成的乐队或者合唱队围坐在我们面前，四到五名乐手拿着大约五六尺长的竹子，此物前端开口，尾端封闭，演奏时竹子不断敲击地面，不同长度的竹子产生不同的声音。所有的竹子都是中空的，有点像贝斯。其中一名乐手用之前放在地上的两根同样材质的棍子飞快地敲击乐器，发出相对尖锐的声音，与其他乐手弹奏的舒缓柔和的乐声遥相呼应。

尽管我们的双耳已经被国内先进的乐器宠坏，习惯了各种各样圆润甜美的乐声，也不得不承认这种简单的合奏居然具有如此强烈的张力和悦耳的效果。一曲终了，9名妇女走上前来坐在首领的前方。

一名乐手站起身来,握着拳头依次击打前 4 名妇人的背部,他走到第五名女人身后时,不知是有意还是无意,在她胸前击打了一下。此时,席上一名男子霍然起立,一拳把该名乐手打倒在地,乐手被无声无息地抬了下去,另外一名乐手出列顶替了他的位置。新来的这一位犯了同样的错误,也受到了惩罚。他们跳舞的时候,只要一个动作跳错两次,就不得不一直重复这个动作,直到别人满意为止。

我兴致勃勃地欣赏完歌舞表演,我终于有机会四处看看。次日,我去了乐弗奥佳岛。我发现此岛在某些方面尤胜于安娜摩卡,岛上种植园随处可见,大面积种植桑树,大多数种植园都种满岛上特有的水果作物。我在土里撒了些印第安玉米、甜瓜、南瓜等作物的种子。这是个长不过 7 英里,宽不过 3 英里的小岛。

信风吹拂着小岛东侧,那儿有一块大礁石,常见惊涛拍岸之景。游览结束后,我乘船回去,途中发现有一独木舟跟在我们后方。船上的乘客叫作拉图利布拉,是我上次旅行时认识的朋友,一座岛屿的国王。他庄严肃穆地坐在独木舟上,我恭恭敬敬地邀请他到船上小叙,他欣然登上甲板,船上诸人都称呼他为阿雷基,是"国王"之意。无论在这儿还是在安娜摩卡,我从未听人称呼费诺为国王,虽然他的势力很大,因此我怀疑他根本不是国王。

费诺当时也在船上,但是两人像是互不相识的样子,全程没有交流。23 日上午,我们开始解缆,准备离开小岛。费诺和台柏乘独木舟来到大船旁边告诉我说,他们即将出发到哈帕依北边的瓦瓦沃去,离这儿有两天航程。他们说此行的目的是多买一些猪给我们带走,还要给欧迈带一些用红羽毛装饰的帽子,因为这种帽子在欧迈的家乡塔希提岛很受欢迎。费诺向我保证,他们至多四五天之后就回来,希望我们等他回来再走。他答应回来后陪我一起去通噶塔博岛。我觉得不妨趁此机会去瓦瓦沃游览一番,于是提出与他们同去。可惜费诺似乎不是很乐意带我们去,说当地没有港口也没有可以停泊的地方,我只得作罢,答应在原地等他们回来。他们立刻出发了。

我在岛上闲逛的时候信步走进一间屋子,发现一名妇人在给孩子剃头。她先用布蘸水湿润那孩子的头发,随后用鲨鱼牙齿作剃刀把头发剃掉,完全不会把孩子弄疼。那把鲨鱼牙剃刀似乎能够和我们理发用的剃刀相媲美。我一时兴起,用那刀子在自己头上试了试,发现真的很好用,完全可以取代剃刀。岛上的男人刮胡子用的是两只贝壳,一只用来刮下巴的胡子,一只用来刮上唇的胡子,这样能把胡子刮得很干净。

这个过程确实是相当乏味,好在完全不会损伤肌肤。岛上就有专门帮人刮胡子的手艺人,船上的水手经常下船让人刮一个具有哈帕依风味的胡子,岛上的首领们也爱到我们船上来,让随船理发师理发。

5月26日,我把船开到乐弗奥佳南端和胡莱瓦北端之间的一个海湾。大约中午时分,一个叫福塔菲尔或普拉霍的人乘着独木舟过来了,他船上的人介绍说,他是通噶塔博岛和所有邻近的岛屿居民的王。我已经习以为常,不会真的追究这些大人物头衔的真实性。

我邀请他与我共进午餐。他带了两头大肥猪作为见面礼,他本人肥头大耳,比猪还要壮实许多。如果体重能够为权力地位增色的话,他无疑是我所见过的最位高权重之人。在交谈当中,我发觉他是一个稳重理智的人。他兴致勃勃地参观了整条船，对几件新奇物件非常好奇，还问了许多问题，其中一个问题就是，我们远渡重洋来到这些岛屿的原因是什么？

他看了甲板上的牛羊和其他新鲜玩意儿之后，好奇心得到了一定程度的满足。我邀请他进入船舱，他的随从马上反对说，如果国王走进船舱，就相当于让甲板上的人踩在他尊贵的头颅上。他在这方面倒是比他的随从随和多了，毫不在意地挥挥手，低头钻进了船舱。普拉霍留下来和我们一起吃了晚饭。他吃得很少，也不怎么喝酒。晚饭后，他希望我陪他一起走到岸上。他在船上参观时我就暗中留意，此时送给他的礼物都是他非常感兴趣的东西，显然大大超出了他的预期。随后，我坐着自己的船跟在他的船后面。船一靠岸，他就让手下抓了两头猪，送给我们当作回礼。

随后，他的手下用一辆宽阔的手推车把他运到岸上，他在岸边一间小屋里落座，这间小屋仿佛是他在此地的"行宫"。他让我坐在他身边，随从们围坐在屋外。他的身后坐着一名老妇人，手执扇子，为他驱赶蚊虫。

我们抵达之后不久，一大群当地居民走进来，在我们面前围坐成一个半圆。国王面前摆着一种植物的块茎，他下令将其分割成块，分发给大家，大家边吃边喝，席上还有烤猪肉和两筐烤山药，这些食物被分成十份，有些人分到了一些，每个人都分到多少我就不知道了。饮料很快就喝光了。我很喜欢这种饮料，打算做一些带到船上去。

我们在普拉霍安排的房子前面搭了一个帐篷，把船上的牲口安顿好之后，船员们组织了个小聚会，他们的长官回到船上看守。天文台也成功搭建起来。金先生在岸上住下，观察当地的气象。当地人络绎不绝地带着猪、山药和椰子来跟我们交易，船上岸上人头攒动，热闹非凡，我们不得不派出船员带着枪维持秩序。费诺是我们的邻居，他虽然不是当地最有权势的人，地位还是不容小觑。他仍然定期给我们送礼，而且送的礼物都非常体面，他的富裕和慷慨可见一斑。

我们对岛上另外两名大人物闻名已久，一位名叫玛雷瓦吉，已经年过六旬；另外一人叫作图博。据说，他们都是岛上德高望重的人物。见到这两人时，我邀请他们到船上小坐。他们和三四位酋长相伴而至。晚餐上桌之后，他们谁也不愿意坐下来吃饭。我大为诧异，连忙追问原因，他们回答说桌上的菜对他们来说都是禁忌，是绝对不能入口的。晚饭后，我带着他们在船上四处参观，满足了他们的好奇心之后，亲自把他们送上岸。

船到达海滩时，费诺和其他一些人迎了出来。年轻的法塔菲也跟了上去，却被玛雷瓦吉叫了回来。年轻人对玛雷瓦吉很是恭敬。现在，我对岛上的名人们有了相当的了解，知道了玛雷瓦吉和图博是兄弟，费诺和图博艾图亚都是玛雷瓦吉的儿子。

第二天，当地人安排了表演节目。为了腾出场地，许多临时搭建的小屋都被拆除了，舞台就设在我们的居所附近。早晨，许多当地人居民肩膀上扛着大约六英尺长的棍子，棍子两端吊着一根山药。这些东西摆在场地的一侧，分成两堆，每堆上面都用各种各样的小鱼干点缀。这些都是给玛雷瓦吉以及我和赫勒克船长的礼物。11点左右，他们开始跳舞，由70人组成的乐队伴奏。这些人坐着，中间有三种乐器，其中一种和鼓非常相似，当地人称之为那法，乐器的声音粗犷洪亮。共有舞者24人，手里都抱着一块长约两尺的薄木片，形似船桨，当地人称之为帕各。舞者伴着音乐作出不同的动作，起初很缓慢，后来随着鼓点舞动得越来越快。合唱队大多数时候都是语调平平地念诵一些句子，和其他人一唱一和，最后异口同声地大吼一声，随后，又恢复到原来的状态，如此周而复始。

当地人安排了节目表演（24）

然后，他们跳起了快舞。一开始只是很舒缓地舞动着，大约10分钟之后，所有舞者一分为二，有的前进，有的后退，一来一往，形成一个圆。不一会儿，这七十名舞者集体坐下，开始合唱。他们分成两个等级，每个等级十六人，其中一个等级以年轻的图博为首。这些歌舞和旋转帕各的动作与之前的舞蹈大致一样，但是要快得多。

有个舞蹈动作很有意思：前面的舞者把脸拧到一侧，状若羞愧异常，齐齐向前迈步；后面的舞者向他们逼近，并取代了他们的位置。这种舞步与前两支舞是非常相似的。正在这时，两名男子突然出现，像在打仗一般飞快地挥舞着手里的棍子。他们首先大幅度地把手里的棍子抡成一个圆，虽然离彼此很近，却从来不会打到对方。他们退下之后，有个手执长矛的人冲进来，气势汹汹地环视四周，似乎要将长矛投掷到某个人身上。然后，他冲到人群的一侧，摆出威胁的架势，双膝微微弯曲，似乎正因狂怒而发抖，手举长矛，似乎要把它扎进他们其中一个人身上。这样的动作仅仅持续了一小会儿，他随即跑到人群另外一侧，做了同样的动作，然后就飞快地消失在我们的视线之外。

其余的舞蹈也都精湛娴熟，精彩之处不能一一赘述。整场表演持续了大约三个小时。当地人无疑希望向我们这些远方来客们展示他们精湛灵动的舞蹈、恢宏的场面，很多当地人赶过来观看表演。有人统计过，当时不到四分之一英里见方的空地已然挤了不少于一万到一万二千人。实在是很难用文字描述那些舞蹈和动作的娴熟和规整，以及场面的恢宏大气。18日上午，我们再次见识到他们的另外一个习俗。

18日早上，一名当地男子偷窃被抓了现行。此时，三名坐在独木舟上的老妇人捶胸顿足，大放悲声，眼中却一滴眼泪也没有流。当天，我们收到玛雷瓦吉赠送的礼物，并回赠以厚礼。为了酬谢他们精心准备的表演节目，我们准备了烟花表演，军官们也表演了射击。当地人看得很尽兴，看到水炮表演时更是瞠目结舌，好不惊讶。

晚上的表演是拳击和摔跤。我们的帐篷外面聚集了一大群当地人，他们开始捉对厮杀，纷纷玩起了摔跤和拳击。一名选择了摔跤的勇士站起来，踏着测量过的步子穿过人群中间的空地，一臂弯曲，另一只手不断拍击肘弯处，发出一声声空响。这大概就意味着挑衅，如果现场没有人回应，他就回到原来的位置坐下，如果有人接受挑战，则相视一笑，调整调整自己的腰带，走到场地中间开始比试。有些水手忍不住下场和当地人比试身手，但是无论是拳击还是摔跤都落于下风。现在船上的牲口都放到岸上来了，知道当地人难免有手脚不干净的，我特意留了一些人把守。

我计划在走之前将部分牲口留在此地。19日晚上，我把所有的酋长召集到我们的居所前面，将一些牲口分发给他们，送了普拉霍一对小牛、玛雷瓦吉两头羊、费诺一对小马。在离开前一天，大家再次聚集在我们营地周围，我让欧迈告诉他们，我赠予他们的动物都是岛上没有的物种，一定要小心喂养，不要轻易宰杀，使这些动物得以在此地繁衍。应该告诉他们的子孙后代，这种动物是从英国人手中得到的。欧迈还告诉他们喂养这些动物的注意事项。

第二天，我上岸吃饭。国王坐下作陪，却没有吃喝。因为当时有一位女性在场。据我们事后了解，这位妇人的地位比国王还要崇高。妇人用餐完毕，走向国王，国王弯下腰，以头碰触她的脚。她离开之后，国王立刻把手指插进一杯酒里，那妇人的手下都朝他下拜。这是我们第一次见到他对别人如此恭敬。国王希望我们晚上燃放烟花取乐，我欣然从命。然而不幸的是烟花被损坏了，而另外一方也没有别的娱乐活动，大多数当地人都散了。此时，有些没有得到准许就乘船出游的水手们也回来了，他们随身带着枪支弹药，还有一些当地人很喜欢的小物件，在游玩过程中被当地人偷了不少。

费诺和普拉霍非常公正地作出了处理，大部分被窃物品都已追回，除了一支步枪和一些零碎物品。现在，船上的淡水和木材储备非常充足，帆船维修也已经完成。

经观测，7月5日将有日食，现在是6月25日，于是我们决定推迟到日食之后再出发，以便观测日食。于是，我们在当地滞留了一些日子。我们和当地人一起去打鱼，一共有14艘独木舟，舟上都有一张三角形的渔网，挂在两根柱子之间。他们很快就抓到不少鲜嫩肥美的鲻鱼，把十几条鱼抛到我们船上来。我希望观察他们的捕鱼方法，他们欣然应诺。鱼群一游进捕捞区域，渔民立刻收网，然后将网里的水舀出，把企图跳出渔网的鱼儿抓回去。

随后，我们来到海湾尽头，我们进行了海湾的底部测量。在这里，我们看到了他们的菲亚塔欧卡，也就是墓园。这里比我们在其他岛上看到的墓地更为宽阔肃穆。我们得知，这片土地属于国王。目之所及，三座漂亮的大房子坐落在一处地势较高的平地上，远处还有一座小房子。这些房子呈纵向分布，地上铺着漂亮的鹅卵石，所有建筑都由精心雕琢的坚硬的珊瑚岩围起来，其中一块岩石竟有十二英尺长，二十四英尺宽，厚度也相当惊人。

其中一所房子里摆着两尊粗糙的木头人像。我们询问这些人像的用途，被告知这是已故酋长的人像，只是用于纪念，无关宗教。其中一个头像用的原料是顺水漂来此处的塔希提岛独木舟。离开这儿后我们进入内陆游玩，国王派了一名官员作陪，国王本人则不堪旅途颠簸劳顿，没有亲自前来。国王还命令他的部民在我们一行人经过时要坐下来以示尊敬。

一路走来，岛内大部分土地都是耕地，种着各种各样的作物。大路夯得很结实，还有许多蜿蜒的小径通往各方。最令人惊奇的是，我们踏上地势最高的地方，距离海平面至少一百英尺以上，还能看到和岸边同样的珊瑚岩。但是这些陆地上的岩石斑斑驳驳，表面虽无泥土，却有繁茂的植被覆盖。路上还发现两处泉水，可惜水质不佳，不是有臭味就是腥咸。

还不到黄昏时分，我们就原路返回了。晚餐已经准备好，有烤猪肉、鱼和山药，都是用当地方法烹制的。晚饭后没有什么娱乐，于是我们也像当地人一样早早躺下睡觉了。我们的床上铺着草席，身上盖着布被。国王本人跟我们睡在同一间屋子里。他喝了我们带来的葡萄酒和白兰地之后心满意足地呼呼大睡。

第二天一大早，他们就准备了一碗卡瓦。我们在别的岛屿见过当地人喝这种饮料，在此地却不常见，似乎是上等人在午餐前喝的饮料。卡瓦有点像辣椒，在当地是一种相当名贵的植物。它很少长到超过成人的身高，枝叶繁多，叶子呈心形，根是唯一可食用的部分。

制作饮料的人将它们放入大木盘或碗里，注入大量清水，用手搅拌，此时有些软絮的物质浮出水面，和制作床垫的原料相似。这种饮料平时喝惯了的人不觉特别，但是像我们这种偶尔一试的人却劲道十足，使人醺醺然，如同吸食鸦片！当地人很爱喝这种饮料，我亲眼见过他们仅是一早上就喝了七次！虽然这东西不是很好入口，至少表面上看来是如此，因为很多人吞咽时都做着鬼脸，咽下之后还打了个寒颤。

上船后我们发现，追回赃物的行动没有多大进展，由此可见，酋长权力虽大，想不想行使，却全看个人。毕竟从我们这里偷取的东西，最终还是要交到他们手里的。当地人最多安分几天，又故态复萌。第二天，几名船员在锯木材时受到几名当地人攻击，船员开枪打伤一人，扣留三人。当晚，我一夜没睡，强烈要求酋长们处罚涉事人员，否则绝对不离开。事后，他们终于安分了，没有给我们带来更多的麻烦。我认为，这应当是他们终于亲身体验了我们武器的威力所致。

30日，我拜访了福塔菲尔并在岸上过了一夜。然而，晚上我们被酋长本人一项奢靡的享受烦扰得不轻：他睡觉的时候，两名妇人随侍身边，用拳头在他身上腿上轻快地击打，他睡着之后力度有所减轻，甚至停下来，但是他如果有要醒过来的征兆，她们就继续捶打。早上，我们发现这两名妇人昨夜采取了轮班制，轮流去休息，整整伺候了一夜。在其他任何国家，人们或许会认为这种响动之下肯定很难入睡，然后酋长却睡得很香，可见习惯的力量是多么强大。昨晚，我们没睡好还有别的原因，房间里的人时不时要交谈几句，天还没亮就起床烤鱼和烤山药，准备丰盛的早餐。这些食物是一名男子送来的，双方对于送货的时间很默契，应该是长期合作了。

我在这岛上滞留这么长时间是想等到日食后再上路，然而7月2日，我在用千分尺观测时，发现船上有些机架破损，必须马上用专门的仪器维修。于是我们准备动身离开。我们把岸上的牲口赶到船上，次日，我们拔锚起航。

当天国王一直陪伴在我们左右，他看上了我们船上的碟子，向我要了一只锡盘并告诉我他想把这盘子派什么用场。其中两个用途我不得不着重记述：日后需要出访其他岛屿时，如果他不能亲身到场，就派人把这个盘子送去，代表他出场，人们需要对此盘行大礼，如同面对他时一样。据说，他日常洗手的木盆也有此殊荣，不过他打算让这个锡盘取代木盆的地位。他还要用这个盘子来捉小偷,每当有人失窃,又找不到窃贼时人们就聚集到他的面前,他将在这个容器内洗手,接着,人们依次以最虔诚的方式触碰洗手水,那窃贼会当场身亡,却不是由于刑罚,而是死于神的责罚。如果有人拒绝触碰洗手水,那这个人就必然是心中有鬼了。

5日上午,据预测有日食现象,是日天空暗沉,多云,有阵雨。大约9点,太阳时隐时现,间隔为半个小时,日食开始两分钟之内,阳光完全被遮蔽。我和贝利先生、金先生、赫勒克船长和布莱先生等人都守在望远镜前,我的望远镜前无深色玻璃遮盖,适合观察不断掠过太阳的云层。布莱先生的望远镜观察不到日食,其他三位先生都亲眼目睹了这一现象。

该国的整体景观给我们一个印象就是土地肥沃,物产丰饶,树木繁盛。种植的水果主要有面包树,还有大量甘蔗。动物除了猪以外还有老鼠和狗等四足动物。7月6日,我们准备开航,但是当时风向不利于航行,于是决定再等两三天。

我们于第二天一早到达了米德尔堡,或依奥亚。我们比首领塔乌法和几个当地人早启程,他们到船上拜访了我们,似乎很欢迎我们的到来。塔乌法与我在上次航行到此之际就已经相识,我跟他到岸上寻找淡水,这也是我来到依奥亚的主要目的。我们首先找到的是一眼泉水,泉水的味道有些咸。我不是很满意,于是继续深入内陆,终于在一处深沟中找到了水质上好的泉水。

把泉水带回船上是一项烦琐的任务。我干脆不费这番功夫,反正船上的淡水足够我们喝到通噶塔博岛,在那里我们可以补给淡水。我送了塔乌法一头猪和两只羊,他非常高兴。我们刚抵达这个岛屿时就已经注意到岛上亮丽的风景。13日下午我们先后游览了该岛的最高处、平原和草原地区，处处风光秀美，令人流连忘返。欣赏眼前美景之际，我心中不禁想到后世的航海家驾船抵达此处时，发现这里绿草如茵，牛羊遍地，港口停泊着大不列颠帝国的船只，肯定会感怀我们为全人类的福祉所做的贡献！

第二天早上，我在酋长的种植园里种了菠萝，并播下瓜果蔬菜的种子。我干劲十足地劳作着，坚信自己的努力绝对不会白费。给自己一些鼓励，事实上，奉承自己，我的这种努力不会是徒劳的。晚餐时，桌上有一盘胡萝卜，正是我上次航行时在此岛种下的。

我已经定于15日起航，塔乌法请求我们多留一两日，他为我们准备了礼物，包括两小堆山药和水果，我也准备了丰厚的回礼。我们在"南海"群岛上一共盘桓近三个月，其间感受到当地人的热情友好，虽然也有些不尽人意之处，发生过偷窃事件，然而大多数是我们自己人疏忽造成的。我们并没有虚度光阴，船上储备的海产有所增加，船上的储备很充足。

在岛上留下动植物能够改善两位老伙计的生活，对此，我们感到非常欣慰。送给塔希提岛的那些牲口则可以丰富通噶塔博岛上的物种。除了眼前的这些好处，未来的航海家也能从我们记录的知识中获益。而热爱思辨的读者们，则能从我们的航海日记中，用全新的角度看待人性，享受阅读的愉悦。根据我们后来收集到的消息，这些群岛非常广阔，当地人表示共有150个岛屿。我们离开友谊群岛之后，没什么重要事发生。

8日上午，我们远远看见九到十个岛屿的轮廓，走近一看，发现岛上遍布着珊瑚礁，绵延不绝，时有惊涛拍打，很是壮观。同时，我们也看到了当地人的身影。两只独木舟上载着十来个人，正向我们划来。我们放慢速度,让当地人赶上我们,同时准备抛锚。

这时候,欧迈再度隆重出场。这种场合当真少不了他。欧迈努力获得当地人的信任,让他们到船上来。与此同时,当地人竭力向我们示意,想让我们到他们船上去。他们在岸边举起一个白色的东西,这似乎是邀请的意思。然而,此时正是顺风,我不想因为探索一个看起来无足轻重的岛屿耽误了行程,所以并没有接受他们的邀请。

12日破晓时分,我们抵达迈提亚和塔希提岛。一靠近岛屿,就看见几艘独木舟向我们划来,每艘船上有两到三人。当地的首领和我是老相识,同时也是欧迈的姐夫。同行的几个人也认识欧迈,于是他们直接到船上来了。欧迈和亲人相见,却没有什么久别重逢的激动与喜悦。双方的表现甚至称得上冷淡。

欧迈领着这些人走进船舱,打开抽屉,从中拿出自己收藏的红羽毛,给了姐夫一些,这时船上的气氛才融洽了起来。其中一个叫欧提的,之前一句话也不跟欧迈说,现在却郑重地问了他的名字,说要跟他交个朋友。欧迈欣然接受,也给了他一根红羽毛。欧提送给我们几头猪当作见面礼。我们船上有红羽毛的消息第二天一早就成为了当地的要闻。

人们纷纷带着猪和水果等物前来,把我们的船围得水泄不通。起初,一根羽毛能换一头四十到五十磅的猪。大家身上都有一些珍贵鸟类的羽毛,一天之内,竟能以高于其价值500%的价格卖出!我们停泊后不久,欧迈的姐姐来到船上看他。姐弟两人的久别重逢亲热温馨,感人至深。这深情的一幕结束,船也停稳了。欧迈和我上了岸,登门拜访一位据称是当地最有名望的人。

据说，那人是博拉博拉岛的神。我们到达他居住的小帐篷后发现，他四肢俱无，行动需要旁人照顾。我从欧迈口中得知，这个人是当地人的宗教信仰。他的面前有些芭蕉树，树下摆着遮阳幔。从他的身上，我发现了一些与其他酋长不一样的特质。欧迈赠送给他一簇红羽毛。和这位老人交谈片刻之后，他的注意力就被在场的一位老妇人吸引过去了。那是他母亲的妹妹。老妇人和欧迈相见之时，激动欣喜之情难以言表，唯有泪流满面而已。

我悄悄走开，留他们自在叙话。信步所至，看到据说是西班牙人所建造的房舍。回去时，欧迈正在大讲特讲他随船游历的一段遭遇。后来，他陪我回到船上料理事务。往日船员饮酒必须节制有度，仅在天气寒冷时得以多饮一些保暖而已。此岛气候炎热，自然无需饮酒御寒，大家异口同声承诺不会贪杯。次日，我们按照惯例把船上的牲口赶到岸上，留下两个人照料。接下来几日阴雨绵绵。然而恶劣的天气并未打消当地人的热情，我们抵达此处的消息早已传开。

17日，我与欧迈一道上岸，回访一名叫作华埃亚杜亚的年轻酋长。欧迈为了表示隆重，在朋友的帮助下，盛装打扮起来。然而他的装束既不像英国的风格，也不像塔希提岛和通噶塔博岛的路数，简直不知是哪一国的服饰，简直是集其所有古怪打扮之大成。我们上岸之后，博拉博拉岛之神依塔雷坐在一架手推车里，把我们迎进一间大宅，随后自己也在屋中坐下。我们在他身边周围坐下。我在面前展开一块布，把献给他的礼物一件件摆在上面。那位年轻的酋长也到了，就坐在我的对面。

坐在我旁边的一名男子率先发言，他的讲话由一些零散的短句构成。他对面的人应答过后，依塔雷也讲了几句，欧迈也开口讲话。这些讲话都是围绕着我的到来以及与他们的交往展开的。最后一个发言的人告诉我，除了其他事项以外，代表提亚拉布向我表示欢迎。这一切都标志着，这些人对接待外国人的流程已经相当熟悉。

此时，年轻的酋长带领手下来与我寒暄。我们相互拥抱并进行了自我介绍。会晤结束后，我邀请他们共进午餐。船上已经补充了淡水储备，料理好一切事务之后，我于22日带了牛羊出海。23日，我们调转方向直奔玛塔维亚湾。次日上午，我们刚一抵达，国王欧图就带着群臣乘坐独木舟到了。他与父亲、两名兄弟以及三名姐妹一起上船与我会晤，我迎上前去问候，欧迈跪在地上拥抱了他的腿。欧迈为了这一次会晤，特意穿了自己最好的衣服，极尽谦卑恭谨之能事。

尽管如此，尊贵的来宾却没有给予他多少关注，这种冷遇让欧迈多少有些失落，因此他出手格外大方，献上一大束红羽毛和大约两三尺金色的布料作为礼物。我则送了一套细麻布西装，一顶镶金边的帽子并加上一些工具，其中最贵重的莫过于一束红羽毛和友谊群岛时兴的帽子。

交换礼物后，国王和整个王室陪着我留在船上，几艘独木舟飞梭一般到来，满载着各种物产，其数量之多，足够全体船员享用两个星期。不久之后，国王的母亲也来到船上拜访，给我和欧迈都带了特产和布匹做礼物。

虽然，第一次见面的时候，欧迈没有得到同胞们的关注，但是当地人很快就意识到，欧迈比他们富有太多，于是态度来了个一百八十度大转弯，亲热了不少。我对此乐见其成，因为我打算把欧迈留给欧图。我计划把从欧洲带来的动物都留在这里，欧迈能够就饲养这些动物给当地人一些意见和指导。

此外，我知道他离家越远，越能得到家乡人的尊重，因而留在此处反倒比回家更好。然而，可怜的欧迈拒绝了我的美意，还故意作出一些轻率的行为，很快就失去了欧图和其他当地人的友谊。吃完早饭之后，我们陪同欧图到他的欧帕里庄园去，带着要留在此岛上的家禽。

在我们起航之前，鸭子和鹅已经开始繁殖，此外，我们还发现了一只雄鹅。当地人告诉我们那是瓦利斯船长十年前留在当地的鹅的后裔。此外，还有山羊和一头西班牙斗牛，就拴在欧图房子旁边一棵树上。我还是第一次在岛上见到这种动物，当地人告诉我，这头牛现在是依塔雷的财产，即将用船运到博拉博拉岛去。第二天，我把三头牛、两匹马和两只羊赶上岸。

如此一来，船上的负载马上减轻许多，我们从此再也不用为这些动物的食水问题烦恼了。然而，此时我更加感怀陛下仁慈的旨意，让这两个友好的岛国能够从中受益，如此一来，也不枉费我们之前一番辛苦。我打算在此地盘桓些时日，于是动手建了两个观测站，旁边搭起两个帐篷，作为守卫人员的住处。我委任金先生负责观测站的一切事宜。

26日，我开垦了一块土地，种下些瓜果、土豆和菠萝等植物。我从友谊群岛带过来的几棵柚子树也种在了这里。这种树最好养活，除非当地人太过好奇，像摧残西班牙人种的葡萄那样折腾它们！

话说当时葡萄结果时，许多当地人聚集在一起尝了第一颗果实。然而，葡萄还没有成熟，自然酸涩无比，他们于是认为这果子有毒，毫不犹豫地用脚踩踏葡萄藤，要将其踩死。欧迈无意中发现了葡萄树，大喜过望，因为有了葡萄，就可以酿酒了。我们把倒在地上的葡萄树扶起来，仔细修剪护理，希望它能继续生长。

我们在当地还见到一名叫作欧伊底迪的小伙子。他的本名叫作希特希特，曾在1773年跟着我离开尤利特，游历了友谊群岛、新西兰、复活节岛和马克萨斯后，于1774年回到此地。他跟在我身边七个月，培养出良好的教养，常常把"是的，先生"或"请您，先生"等字眼挂在口边。希特希特是博拉博拉岛本地人，头三个月刚到塔希提岛，兴致勃勃地问了我们很多问题。

显然，他更喜欢穿着自己家乡的装束，虽然，我们送了他好些衣服，我本人也送了一箱衣服和工具作为礼物，他却不愿意穿在身上。这再次证明，习惯的力量是如此强大，后天养成的习惯自然敌不过天生的本能。

27日上午，一人从奥埃特皮亚过来，告诉我们西班牙人的船只前天晚上在海湾停泊。为了证实自己所言属实，他呈上一块粗糙的蓝色布片，说是从其中一条船上得到的。他补充说，西班牙人一两日内要到玛塔维亚来了。我听他说的情况属实，于是派遣威廉姆森中尉乘小船到奥埃特皮亚湾探视，同时，命令船只全部进入防御状态。

虽然，我离开欧洲的时候，英国和西班牙相安无事，谁知道我离开之后时局有无变化？情报接二连三地上报，威廉姆森中尉回来之后，一一证实，欧图和他的人民还是偏向于我们。然而，次日一早，又有消息从埃梅奥传来，岛上发生了动乱，欧图的追随者被迫退进了深山。

两岛之间的斗争开始于1774年，打从那时起，似乎一直没有停息过。1774年，我离开塔希提岛之时，也是这么一个剑拔弩张的局面。信使到来之时，恰好所有的首领都在欧图家里，我也有幸受邀参加了他们的会议。其中一人发表了长篇演说，意在说服塔希提岛的酋长武装起来，共同对敌。

马上有人反对这个观点，但是主战派毕竟占了大多数，欧图一直保持沉默。因为我在场，当地人希望我表态，帮助他们打赢这场战争。担任翻译的欧迈不在身边，我只能尽力向他们解释，告诉他们我会竭尽所能帮助他们击退埃梅奥人。听了我的声明，他们很满意。

每逢这种场合，当地人都要举行祭祀。必须使用人牲。酋长决定要哪个人做人牲，哪个人断不能活命，即使是他信赖的随从也不能幸免。被选中充当人牲的人或死于棍棒，或死于乱石之中。随后，国王亲自主持祭祀仪式。我看到地上共有49个头盖骨，这些头盖骨相对完好，可以推测距离上次杀人为牲的血腥阴影才消散不久。

然而，人牲只是这些愚昧野人岛民的陋习之一。他们在战场上割除敌人的颌骨随身，仿佛那是胜利的勋章。战争结束之后，胜利的一方会将死在自己手上的敌人尸骸收集起来，供奉给他们的神，把敌人的头颅切下，身体则挖一处洞穴埋葬。我们难以掩饰自己对这种陋习的厌恶，欧迈将我的话翻译给欧图听，他勃然大怒，怒气冲冲地和我们争辩起来。

当他听说如果他在英国滥杀无辜，就要被处以绞刑时，他感叹道："前野！前野！"（"卑鄙！卑鄙！"）此后，便不再说话了。9月4日我们与欧迈在岸上吃饭，桌上有鲜鱼、家禽、猪肉和布丁，我们美餐一顿后和欧图一起去了他家，发现仆人正忙着准备晚餐，他们当场杀了一头猪，还准备了一个大布丁。布丁用面包果、香蕉、露兜树果等制作而成。椰子壳里装着果汁，放在木托盘里端上来。

他们制作布丁时，将上述原料放在炉子里蒸熟，随后用棍子搅碎，三四个人同时搅拌，使各种成分混合在一起，直到椰子汁变成椰子油，布丁就完成了。这些布丁非常美味，较之英国的布丁有过之而无不及。猪肉烤好之后，连同上文所说的布丁，还有两头生猪和许多面包果椰子等水果送到我的船上。我和整个王室成员跟在后面。

7日晚上，我们在一个大广场面前放烟花作乐。有些当地人看得目不暇接，有的却吓得两股战战。压轴的烟花重天箭在夜空中爆炸，竟有些人慌忙逃窜。欧图为了答谢我们，邀请我们到他的庄园去看表演。

他的三位姐妹都参与演出，她们穿着美丽优雅的服饰，那衣服我在岛上从未见过。当天晚上我们告别所有王室成员之后，一直都没有再与他们碰面，直到12日，一名首领过来拜访我。据说他们要押送一名人牲到提亚拉布哈德，在祭祀典礼上宰杀，届时将由欧图行使这个职责。

第二天，我和基尔克上尉骑着马，随同欧图一起经过玛塔维亚平原。人们都目瞪口呆地看着我们，仿佛我们不是和他们一样的人类而是马人一般。这是欧迈第一次骑马,很是新鲜。虽然我们天天骑着马到处跑,当地人对这情景的好奇心始终不减。他们对马匹很感兴趣,在得知马匹的真正用途后更是如此。我觉得他们心里肯定会因此认为:会如此使用马匹的英国人,比欧洲大陆其他国家的人都要聪明。

18日上午,我和安德森先生、欧迈等人再次到欧图的欧帕里庄园做客,送了他几对山羊。19日晚上九到十点,欧图亲自带着许多物产来到船上拜访。次日,所有的王室成员都带着礼物上门,把两艘船都塞得满满的。

船上储备了足够的淡水,索具维修也告完成,一切都准备就绪,我打算离开该岛,好预留足够的时间到附近的岛屿探险。岸上的观测仪器都已取回,船帆也放了下来。

22日上午,欧图和他的父亲上船来,我告知他们船队离开的时间,他们告诉我在埃梅奥有个良港可以停泊。我回答说我们打算取

我打算离开该岛(25)

道华希内。他们强烈要求与船队一同前往，因为他的船队同一时间要去图亚瓦。既然他们如此要求，我就应承下来，让他们决定出发的日子，最终决定周三出发。

周三当日所有船只在欧帕里集合，等待检阅后立刻出发。在我们出发之前，得到一个消息，图亚瓦已经和玛黑尔纳缔结了条约，他的舰队即将返回阿塔胡鲁。这个消息打乱了我们所有的计划，当地人立即进入了军事戒备状态。所有在欧帕里集合的独木舟接到命令，马上原路返回。

我护送欧图的母亲、三个姐妹和另外八名妇女回到船上。起初，我以为这些女眷只是想搭乘我的船去玛塔维亚，但是后来她们告诉我可以帮我治疗我一直在抱怨的风湿病。我欣然接受了这个提议，在船舱地板上躺下来任由她们摆布。她们开始用双手从头到脚大力揉捏我的肌肉，平日疼痛的地方更是得到特别的关照，我觉得骨头痛得要裂开一般，全身肌肉硬得像木乃伊。一个多小时之后，我终于从她们手下逃出。但是，经过治疗，疼痛竟然减轻了不少。于是，我晚上睡觉之前，再次让她们搓揉了一番。当晚，我睡得异常安稳。次日一早，女神医们又为我治疗了一次。

她们随后就上岸去了。晚上，待她们回来时，我发现疼痛已经完全消失。确认我已经痊愈之后，她们第二天一早就向我告别离开了。这种治疗在岛民当中十分常见，治疗师通常由妇女充当，也有少数男性从事这个行当。

当地人和埃梅奥的战争进入尾声，27日，得知我们即将启程离开，岛上的朋友们都带着礼物来送行。礼物实在太多，我们都带不走了，用来腌制食物的盐也用光了。

28日，欧图到船上来，说他希望我把一艘独木舟带回英国，进献给大不列颠帝国的国王陛下。他说那是他国中唯一值得献给国王陛下的礼物。这个想法完全是他自己萌生的，我们没有给他任何暗示，他就明白了自己从我们手中得到的慷慨馈赠实际上来自何人，并且对陛下心存感激。因为独木舟体积太大，我实在难以带走，只好代陛下感激他的一片美意。我们终究还是在岛上多留了几天，才等到一个吹着东风的大好日子。

29日晚上三点，吹东风，我们起锚。西班牙的船队也启程离开。四名西班牙人落在后方，有三名牧师、一位仆人，还有一名西班牙牧师在当地人中大受欢迎，他的名字叫作马特马。此人似乎特意学习过当地的语言，至少双方能够顺畅地交流。这些西班牙人于是利用语言上的便利，向当地人灌输西班牙的伟大之处，教唆他们敌视讲英语的人。他们甚至欺骗当地人说，英国只是一个小岛，早就被西班牙夷为平地了！

他们还夸口说只开了几枪，就把我们的船队都送下海底见了海龙王，因此，我突然出现在塔希提岛很是让他们措手不及。西班牙牧师留下来的原因我无从得知，如果是想在此地传教，那他们至今未能说服任何当地人改信天主教。四人在岛上住了十个月，两艘船来把他们接走了。

欧图表示西班牙人再回来，他绝对不会让他们踏足阿拉塔维亚要塞，他说，那是属于我们英国人的。显然，这个想法取悦了我，却没有想到，这个要塞一旦建成，他极有可能失去自己的王国，他的子民们也会沦为阶下囚。这说明要占领塔希提岛实在易如反掌，然而，我希望这样的事情永远不会发生。

我们刚刚在埃姆寇丹抛锚，邻近岛屿的居民就一拥而上，然而，这些人只是对我们感到好奇而已，倒并不是要和我们做买卖。第二天，几艘独木舟从更远的地方赶来，带来面包果、椰子、坚果和活猪来和我们交换斧头、钉子、珠子和红羽毛等物品。红羽毛在此地并没有受到过于热烈的追捧。

10月2日，岛上的首领玛黑尔纳来拜访我。他谨慎地看着我们的船，不肯轻易靠近，经过好一番口舌才成功让他上船来，他带着几名随从。他的年纪大约四五十岁，却已经秃顶了，这在当地男性中非常罕见。他戴着头巾，似乎羞于露出自己的光头，我猜测可能是因为他目睹我们抓到小偷之后剃光他们的头发以示惩戒，所以怕我们误会他是小偷。恰好船上有两位先生也剃了光头，好歹打消了他的疑虑。

10月6日，我们把船开出海湾，计划第二次出海，谁知临时发生了一个意外，迫使我们改变了计划。

我们按照惯例把牲口带到岸上吃草，留下两个人看守。然而当地人千方百计偷了一只羊。这本来不算什么大事，但是我打算把这只羊送给其他岛屿。经过一番努力，终于将失窃的羊追回。我们还收集了大量柴火，我们没有在塔希提岛砍柴，因为当地树木不多，所以去了埃梅奥岛。该岛上的妇女身材矮小，皮肤黝黑，令人望而却步。如果在她们当中发现一个长得美的，肯定是从别的岛屿到这儿来的。

1777年10月12日，我们离开埃梅奥，次日早上抵达华希内，在奥华德港停泊。岛上的权贵云集到我们船上，对此，我感到很高兴，因为现在是时候考虑如何安顿欧迈了，既然那么多当地的要人在场，这件事就顺利很多。短暂的晨间会晤结束之后，我们正式拜访了泰雷泰雷亚。

欧迈打扮得非常得体，并准备了厚礼赠予酋长本人和他的依图亚。事实上，自从他得知自己身边这些当地人都是什么身份之后，就一直谨言慎行，力图赢得他们的尊重。我们等了好一会儿，泰雷泰雷亚才露面，原来他只是一个八九岁的孩子，在场的人似乎都没怎么留意他。欧迈没有和这些大人物们站在一处，已经开始祭拜神灵，同时献上红羽毛和布料等作为供品。一名祭司似的男子站起来，念了一大篇祭文，欧迈也开始祈祷。在他的祷告中，他感谢了远在英国的朋友，把他安全带回家乡的船队，以及感谢乔治国王和桑威奇爵士等人。

欧迈的上供和祈祷完毕，牧师依次收起了供品。念了祭文之后，把祭品送到离这儿很远的墓地。欧迈后来说那地方实在太远，否则就直接就近制作供品了。他坐在我旁边，我开始直奔主题。欧迈向酋长们介绍说，他跟着我们的船队抵达英国之后，受到国王和王后的接见。叙述的时候，他再次回忆起和我们的深厚情谊，数度哽咽难言。船长一行慷慨赠予的礼物，将对他的同胞们大有益处，留在岛上的马匹和各种动物，很快就可以繁衍，可以丰富本地的物种。

他暗示说，船长先生希望在座诸位能给他一块地用以建筑房舍，蓄养奴仆，自给自足，作为这些礼物的回礼，否则船长先生会把他带到尤里提亚，把他在当地安置。其中一个酋长立即表态道："整个华希内岛都是我的，上面的一切土地，土地上的一草一木都属于我所有，我非常乐意拨给我亲爱的朋友一块土地！"

欧迈听到这话非常高兴。当然，我也可以赠予欧迈丰富的礼物，提供他富足的生活，但是与其送给他僭越身份的礼物，还不如为他谋求一块地，让他能够在此地安居乐业。

因此，我不满足于仅仅听到承诺以及一个模糊的地点，希望事情能够当着我的面落实。他们商议片刻后决定在港口附近给欧迈划一块地，从港口到山脚，一共200码，也包括了一部分山岭。我们都很满意这个决定，安置欧迈的事情得到了完满的解决。

两艘船的木匠开始着手为欧迈建一座小木屋，让他放置从欧洲带回来的财产。一些船员也一同为他开垦一个小花园。我们一进港口，就把面包房剩余的面包都搬了下来，因为船上的蟑螂多得令人难以置信，各种灭蟑螂的法子都不管用。

据安德森先生说，船上一共有两种蟑螂，一种叫作东方蜚蠊，另一种叫作德国小蠊。蜚蠊是这条船上次航行中带回去的。1776年冬天，闹过一次严重的蜚蠊灾，当时甲板上密密麻麻，爬满了这种害虫；另外一种是我们离开新西兰时才发现的，它们繁殖的速度快得令人发指，当时船帆一放下，成千上万的蟑螂就掉落甲板。蟑螂数量虽多，白天却很少出现，仅在晚上活动。夜幕降临，它们在船舱里爬行，啃咬物件，制造噪音。

我们与当地人的友好贸易往来非常顺利，没有受到什么干扰。直到22日晚上，一名当地人潜入贝利先生的天文台，并带走了一件观测仪器。我立刻上岸与对方交涉。酋长嘴上答应，却没有采取实质性的行动，反倒像是演戏给我们看，我忍无可忍，宣称如果不能追回失物，立刻终止一切贸易活动。他们这才意识到这个问题的严重性，开始着手调查问询。在此过程中，有一个人表现得非常漠然，这使我怀疑，他就是那个窃贼。欧迈帮我把此人引到船上关了起来，这引起了在场当地人的恐慌，他们纷纷逃窜，我想拦都拦不住。我返回船上审讯疑犯，经过一番逼供，他终于招认偷窃仪器的事实。因为天已经全黑，我们直到第二天早上才找到丢失的仪器。

所幸观测仪器完好无损。当地人不再害怕了，再次像往常一样围坐在我们的身边。窃贼是条硬汉，审讯过程中我对他动了刑，他竟然能够忍着一声不吭。24日晚上，他差点偷走一头山羊，所幸看管山羊的人谨慎，他才没有得逞。尽管如此，他还是从欧迈的花园里挖走一棵葡萄树和几棵卷心菜，甚至扬言我们离开之后要杀死欧迈，烧掉他的房子。

为了避免他给我们与欧迈带来更多麻烦，我抓住他，把他关在船上，打算把他带走。酋长对我的处理方法很是满意。欧迈的房子即将竣工，他的大部分财产都从船上搬进了屋子里，当地人纷纷前来观看，指指点点，很是热闹。但是，他们看也不看欧迈从英国带回来的碗碟杯盘水壶和玻璃器具。

欧迈自己似乎也认为这些器具的用处不大：烤猪肉比水煮的美味，芭蕉叶比锡盘方便，椰子壳比高脚杯更趁手。因此，他很聪明地处理了这些精细的器具，用它们跟船员们换尽可能多的铁制工具，因为铁器在本地无疑更有价值，也使他在当地人中的地位更为崇高。30日上午，我关在船上的犯人设法逃脱了，我一问之下，才知道他是趁看守人睡着的时机逃脱的。

他平时留心观察，看到看守人把钥匙藏在抽屉里，就记在心里，看守一睡着，他设法偷了钥匙，开锁逃之夭夭。听说这家伙最后逃到了尤里提亚，我听到这个消息感到非常不高兴。欧迈安顿下来之后我就准备起航了，暂时放在岸上的物品开始转移到船上。我把一对马、两头牛和两只山羊留给亲爱的朋友欧迈，然后告辞而去。

欧迈从塔希提岛和杜杜带来的两位小伙子留下来和他一起居住，他的兄弟也搬了过来。现在他的房子里住了十来个人，算得上一个大家庭了——虽然屋子里没有女主人，而欧迈似乎也没有与女子成婚的打算。

我们为他建造的房子24英尺长，18英尺宽，10英尺高。我们离开之后，他会马上着手修建一所本土风格的大房子，就建在原来房子的另外一端，与其余建筑形成合围之势。这是一项大工程，一些酋长答应协助他。我们给他留下步枪、刺刀、霰弹、两支手枪和两三把剑，这让他非常高兴。当他把船上所有物品都搬进来，正式入住之后，一天三次设宴请船上的军官们吃饭，他的餐桌上总是摆满了岛上所能够找到的最好的食物。起航之前，船上的主要军官都在他的房子外刻字留念。11月2日下午四点，吹起了东风。

大船起锚的时候，许多当地的朋友都留在船上，好奇地看着。我掏出手枪，朝空中发射了5枪，他们才离开。只有欧迈一直陪着我们，与所有人依依惜别。他一直试图保持自己的男子气概，不肯当众流泪，却没有如愿，金中尉也哭了。

欧迈衣锦还乡之后，当地人见识到我们的慷慨大方，不少年轻人前来投靠，愿意背井离乡跟着我们。我——婉拒，假如新西兰离这儿没有那么远，我还打算把从那儿带出来的两名小伙子送回家乡，虽然他们都十分乐意跟着我们一起探险。

年长的提亚鲁阿性情温和，聪明伶俐，深知自己的家乡远远比不上这些岛屿富饶安乐，于是自愿留在此地度过余生。年少的那位是一个精灵鬼,很会讨人喜欢,他哭着不愿意离开我们,最终被人强行带下船去。

欧迈希望保持自己"唯一去过英国的外国探险家"地位,也提醒我桑威奇爵士答应过不会再让他家乡的人去英国。把欧迈送上岸之后,我们启程去了尤里提亚。从晚上十点到次日早上,我们终于到达目的地,我们停泊在一个叫作奥阿玛纳内诺的海港南端。此时,风平浪静,微风吹拂,船一停稳,就看见我的老朋友奥利奥酋长和他的儿子普透以及女婿。

我们接着做了抛锚停船等常规工作,一直忙活到深夜。海港里塞满了当地人的独木舟,他们带着活猪和水果等,来同我们做交易。第二天一早,我把决心号靠近海港尽头北边,把缆绳拖到甲板上,开了一边舱门,如此一来,甲板和岸边陆地就连接在了一起。我们这么做是为了驱赶船舱里的老鼠。发现号也如此这般停在南岸。

一切安排妥当之后,我去拜访奥利奥酋长,带着一套亚麻礼服、衬衫还有通噶塔博岛产的红色羽毛礼帽作为礼物。随后,我邀请他和一些当地人上船用餐。

6日,我们在岸上设立了观测站,把仪器从船上搬下来。接下来几日一直相安无事。12日晚,一名叫作约翰·哈里森的海员带着步枪和武器私逃了,我马上派人追查,却一无所获。

第二天,我跟酋长说了这件事情,他答应派人帮忙搜捕逃兵,但是我怀疑他只是随口说说。刚好此时,我们在船上抓到一名小偷,并责罚了他。第二天一早,没有什么当地人敢靠近我们的船,酋长一家也逃之夭夭。我趁机向他们施压,迫使他们帮忙追查逃跑的水手,最后终于打听到他藏匿在一个叫作哈莫阿的地方,在此岛的另一侧。我带着两条船出发追捕，船上除了全副武装的船员，还有一些当地人。到达目的地之后，我把船停靠在离那逃兵藏匿地点大约1.5英里开外，以防他远远看到船只，逃之夭夭。

事实证明，这样做非常有必要，因为当地人已经听闻我正赶往此地，打算将他藏匿到别处，我们突然现身，让他们猝不及防。我一进门，发现哈里森坐在地上，面前放着他的步枪，两名妇人跪在地上苦苦哀求我们放他一马。我皱着眉头，让她们退下，两名妇人哭着出去了。当地的酋长帕哈用芭蕉叶包着一只烤乳猪送给我，意在求和。我拒绝了他的示好，让他即刻离开，并把叛逃的哈里森押解回去。

哈里森对叛逃的事实供认不讳，声称是当地人引诱他夹带私逃。他的供词也不无道理，因为案发当日，帕哈和为他求情的两名妇人确实在船上。我对他小示惩戒之后就把人放了，仍让他回到原来的岗位去当差。

抛锚之后，我们对大船进行了一番修缮，把船板拆下来擦洗，用锡板加固，修补残损之处。

在24日早上，我得知发现号上一名海军军校学生和一名水手逃逸。后来，我从当地人口中得知，那两人前一天晚上已经划着独木舟去了岛上另外一端。该名军校学生之前提过他想留在岛上，此时与同伴一起私逃，想必是因为这个缘故。赫勒克船长和其他军官带着两条船追捕，晚上无功而返，连两人的确切藏匿地点都未能探出。从当地人的行为看，赫勒克船长似乎认为他们有意包庇逃兵，不相信他们提供的情报，而事实证明，当地人提供的消息是真实的，那两人确实是藏匿在奥塔哈。

为了杜绝船员弃船私逃的现象，以及向当地人证明我决心整治这种风气，我决定亲自出马，因为当地人很少用假信息欺骗我。次日一早，酋长本人和我一起带着两条船出发了。一路顺风顺水来到奥塔哈东面，奥利奥酋长派出几名当地人先行，命令他们将逃兵扣在原地，等我们过去。

我们到了那里，却被告知两人已经于前日出发投奔了博拉博拉岛。我没有马上跟着追过去，而是回到大船思考对策，决定天一亮，等酋长的儿子、女儿和女婿来到船上，我把他们扣留起来，让酋长拿下两名逃兵交换。赫勒克船长也同意这条计策，于是依计行事。我们邀请酋长的家属上船之后，把几人关在船舱，并把消息带给酋长。

酋长当时正和我在一起说话，他以为是我的手下人擅作主张，当下大惊失色，向我求助。我假意安慰，告诉他可以随时离开，只要能把两名船员抓住，或者如实报告两人藏身地点，赫勒克船长将会马上释放他的亲眷。我补充道，他的子民有意诱使船员叛逃，甚至包庇藏匿两名逃兵，对双方都很不利，我必须采取严厉措施整治这种风气。

我们向奥利奥酋长保证不会伤害他本人和在场之人的性命之后，他们开始为被扣押的亲人担心。那些当地人被关在大船艉舱，正在大声悲呼，号啕大哭，惊惶不已。

奥利奥自己没有浪费时间痛苦哀求，而是马上派遣了一只独木舟到博拉博拉岛，知会该岛的酋长欧普尼，要求对方抓捕两名逃犯并将其送回。奥利奥派出的使者是他的女婿普透的父亲。信使出发之前，我命令他必须带回逃兵，并转告欧普尼，如果逃犯已经离开博拉博拉岛,必须派出独木舟抓捕,因为我怀疑两人不会在同一个地方耽搁太久。

当地人不相信我们会依照承诺释放人质,在极度的焦虑之下,他们作出了一个极其不理智的举动。傍晚,五六点钟,我注意到他们的独木舟在港口往来不绝,慌慌张张,似乎发生了什么令他们恐惧的事情。于是我派人上岸打探消息,消息很快传来,原来当地人趁赫勒克船长和戈尔先生外出散步时绑架了他们!他们大胆的行动使我十分震惊,而且这种法子与我的计策何等相似!当时顾不得细细思量,我马上派金中尉带人营救两位先生。

同时,威廉姆森先生则率领两条小船追赶围堵水上的独木舟,切断他们与岸上的联系。这两条船还没有走远,又有消息传来,原来,当地人一直在密谋抓住我作为人质。他们得知我晚上习惯用淡水洗澡,洗澡时自然不能带武器在身上,于是想趁我手无寸铁之际把我制服,如果赫勒克船长跟我在一处,顺便也把他拿下。然而,扣留奥利奥酋长的亲眷作人质之后,我认为应该更加谨慎,万万不能落在当地人手中,同时我也提醒赫勒克船长等人不要离开大船。下午,他问了我几次要不要一起去洗澡,我回答不去了,他就和其他人一起去了,我也无法劝阻。

至于当地人的举动,我想是因为骤然受惊之后的贸然行动,他们的恐惧大约会像往常一样很快消散。他们没能抓住我,于是转而攻击我的手下。幸运的是,事态没有恶化,因为我们的人没有怎么开枪,只是在围堵独木舟时放了几枪,没有伤人。

听到枪声之后,一伙土著拿着木棍等武器,缓缓逼近赫勒克船长等人。当地人的阴谋首先被一名军官从华海涅带出来的女孩子发现。她无意中听到一些土著密谋抓住库克船长和戈尔先生，立马跑来告诉我们的人。阴谋败露后，当地人威胁，我们离开之后要杀了她。意识到这一点，我们打算先把她送到一个安全的地方，再伺机送回华海涅。

27日，我们将观测站拆除，把一切物品都搬上船，将锚拔起，把大船开离岸边，另外选了一个地方抛锚。此时，当地人也忘记了他们的恐惧，像往常一样聚集在我们周围，似乎把此前一番龃龉抛诸脑后。

第二日，东南方向狂风大作，骤雨倾盆。决心号的缆索突然断裂，脱出锚链，船身下沉。幸亏我们手中有备用的缆绳，解决了危机。当天下午，风平浪静，我们重新将坚固的缆绳穿进锚链。

因为至今还没有信息从博拉博拉岛传来，奥利奥酋长坐立不安，决定当晚出发去一探究竟，要求我次日开船跟上。我本来也打算这么做，然而风力不足，难以起航。次日，酋长将两名逃兵从博拉博拉岛带回。他们抵达奥塔哈之后，在岛上过了一夜，因为风向的原因，去不了东边，于是他们登陆博拉博拉，打算取道图巴依。普透的父亲给欧普尼送了信之后，自有人在岛上埋伏，一举把他们抓获。

两人一回到船上，我们马上释放了三名人质，从而平息了这一场差点给我们带来灭顶之灾的祸事。我宁愿付出巨大的代价也要把这二人追回，只是不希望一名远在英国的军官同事失去自己的儿子罢了。

此时一会儿吹北风，一会儿吹西风，我们被困在海港里不得起航，直到12月7日早上8点，终于吹起了东北风。我们借着风势，集中所有小艇之力,终于让决心号和发现号开出海湾。

上周我们在岛上逗留期间得到了大量猪肉和香蕉,肉类正挂在船板上风干,香蕉用来作面包的替代品,数量足够我们所有人吃两三个星期。此外,船上的木材和淡水也相当充足。

据说尤利吉提在被博拉博拉占领之前,是当地最重要的群岛,也是最早成立王国的岛屿。塔希提岛的王室成员也是尤利吉提人的后裔。乌鲁是尤利吉提曾经的君主,现在已经被废黜。我们抵达华希内时他还在世,在华希内居住。虽然失去了君主地位,他却还保留着所有的君主徽章。

我的老朋友欧里是华希内的上一任首领,现在地位也颇为尊崇,每次有什么聚会都能够坐首席。在尤里提亚逗留片刻,我们即刻前往博拉博拉岛,我们此行的目的是向该国的国王欧普尼讨回德布干维尔先生在塔希提岛丢失的一只锚。

这只锚被当地人拾到,已经作为礼物献给了国王陛下。他们希望用新鲜食物换取我从英国带来的铁器,而我们带在身边的铁制品已经不多了,现在急需利用船上多余的铁来打一些小工具和当地人做交易,这只铁锚无疑是很理想的原料。我有信心从欧普尼手上拿回铁锚,或者至少拿回一部分。奥利奥在博拉博拉的地位似乎仅次于国王,他和七八名尤里提亚男子跟我们一起去博拉博拉岛。

实际上,除了酋长以外,大多数本地人都渴望跟我们回英国。日落时分,我们抵达博拉博拉岛南部。我们缩短船帆,在船上做了一些短板。8日拂晓时分,我们直奔位于岛屿西部的港口。然而由于风向不利,大船难以入港,于是,我命令小艇做好准备,自己带着奥利奥酋长等人乘坐其中一只小艇,进入港口。登陆之后,当地人把我引见给欧普尼。寒暄过后，我单刀直入地询问铁锚的下落，同时献上准备好的厚礼，包括一套亚麻礼服、衬衫、纱布手帕、一面镜子和珠子等玩具，还有六把斧头。然而，令人费解的是，欧普尼拒绝了我的礼物，让三名男子带着我去将铁锚取回。

我们和几名土著一起乘小艇去了存放铁锚的北部港口。铁锚一拿出来，我发现它变小了不少，而且有点残缺不全。这铁锚原来有700磅，现在轻了不少，上面的一只铁环和两只柄都被人取走了。我顿时明白欧普尼不肯收礼的原因。他想必是知道我送的那份礼物已经远远超过了这只锚现在的价值了，怕我因此不高兴。我把锚收了起来，再次把那份礼物原原本本送去给欧普尼。这件事了结之后，我回到大船上，准备向北航行。我们把小艇吊起来放到大船上，许多当地人都乘着独木舟过来好奇地观望。他们带了一些椰子和猪肉来给我们。我们从这个岛上获得的补给很少，但是我相信，假如我们在此地停留的时间稍微长一点，补给肯定会丰富的。

由于船上的生猪和水果等储备非常充足，我们不需要在此地购买太多东西，于是抓紧时间起航。离开博拉博拉岛之后，我们一直向北行驶。此时一直吹着东北风，很少吹东南风。直到我们越过北回归线，进入北半球。

现在，我们离开英国已经有17个月了。在此期间，我们并没有浪费光阴，我非常清楚此行的目的，随时密切观察一切状况，力图在保证全体人员安全的同时，完成探险，为航海事业做出贡献。

离开了之前发现的群岛后，我仔细检查船上的储备，让大副和随船木匠报告各项数据，做到心中有数，充分发挥所有资源的作用。22日晚上，我们越过了东经203°15′。

24日破晓时分，在东北方向发现了陆地。靠近一看，这些陆地是海洋中常见的小岛，地势很低，可以看到岛上种植的椰子树，看起来非常贫瘠。我派出小艇探寻是否可以登陆，在这里可以看见惊涛拍岸，相当凶险，我有点怀疑大船能否靠近。前锋小艇返回之后，水手报告称看不到可以登陆的地方，但是有一个很大的浅滩，里面游鱼甚多。次日一早，我派出两条船寻找登陆点，另外两条船到浅滩打鱼。

晚上8点左右，打鱼船回来，带回大约两百多斤鱼，大家都欢欣鼓舞。第二日早餐后，渔船再度出发。我也乘坐另外一条船去探寻登陆地点，仍然无功而返。中午，负责找登陆地点的两条船都回来了，据称北边有通道可以进入潟湖，铁锚入水大约20寻。潟湖入口有个小岛，两边各有一条可以行船的通道。潟湖的水很浅。

28日，我和贝利先生一起登上小岛，架设望远镜，做好观测太阳的准备。30日上午，我和金中尉、贝利先生一道去小岛上面观测日食。当时，天空阴沉沉的，一直到上午9点才看见太阳。随后，遮蔽着太阳的乌云渐渐散去，我们全凭手表确定时间。不久，太阳再度被乌云遮蔽起来，一直到9点半才重新出现。日食开始了。我们通过望远镜观测太阳，并观察和测量太阳没有被侵蚀的部分，整个过程持续一个多小时。

因为太阳散发出巨大的热量，在沙子的折射下更是暑热逼人。当天下午，小岛东南方向的小艇都回到船上，除了一名已经失踪了两天的船员。起初，两名船员迷路，两人在寻找来路时发生分歧，选择了不同的道路，一个人失踪24小时后终于跟上了大部队，另一个人则仍然不知所踪。小岛上找不到一滴淡水，这一带也没有椰子树。

口渴难忍的时候，他就生饮海龟血。疲惫不堪的时候就脱掉衣服，躺在浅滩里。这种法子竟然非常有效。这两个人迷路的经历则更是离奇，因为他们走的从潟湖到小岛的那段路不超过三英里宽，也没有任何阻挡视线的障碍，周围只有少许灌木，甚至可以看到大船的桅杆。

赫勒克船长得知还有一人失踪后，派出搜寻分队，但是这个分队最后也没有回来。第二天一早，我派了两条船进入潟湖。后来，赫勒克船长派出的分队带着失散的同伴回来了，我打信号呼叫两艘搜救船归队。那位失踪两天的船员想必比他的同伴受的罪多，因为他失踪的时间更长，又不肯喝海龟血。

船上有一些椰子和山药种子，我命人种在观测日食的地方，把瓜子种在另外一端。我还在岛上留下一个漂流瓶，里面写着日期地点和几名军官的签名。

1778年1月1日，我派小艇把在岛上抓海龟的船员都接上船来。所有人员都回到船上时已经是午后了，为了安全起见，我决定次日早上再起航。船员一共抓到大约300只海龟，其中一只大约有九十到一百磅。

这个小岛是逐渐形成的，而且在不断扩大。珊瑚礁逐渐沉淀，有些贝壳因为太沉重，没有被海鸟叼走，也被留了下来，成为小岛的一部分。整个小岛上找不到一滴淡水，也没有任何人类的踪迹。小岛一角有三十多棵椰子树，几乎没有果实。即使结了椰子，椰汁或咸或腥，难以入口。停泊在此地的船只只能捉些鱼和海龟，这两种生物岛上倒是多得数不胜数。

岛上还有些低矮的灌木，树下栖息着海鸥等鸟类。还有一只黑白相间的海鸟，前额有一道白色的弧形，它们大多带着雏鸟，或者在孵蛋。它们的蛋比鸽子蛋略大，上面有蓝黑色的斑点。岛上还有鲣鸟，羽毛是煤烟色或者巧克力色，肚皮上的羽毛是白色。另外还有军舰鸟、热带鸟、麻鹬、沙风笛、小陆鸟和麻雀等鸟类，也有陆蟹、蜥蜴和老鼠等爬行动物。

因为我们在此岛上度过了圣诞节，于是将此地命名为圣诞岛。此岛大约十五或二十里格见方，呈半圆形或者半月形，两个角指着南北两个方向。1月2日破晓时分，大船起锚继续向北航行。18日上午，发现一大片陆地，越往北小岛越多，星罗棋布地分布在那片土地周围。19日早晨，首次在东边发现了一座岛屿，因为风向原因，难以靠近，于是，我们先向其他方向的岛屿进发。不久之后，就在西北方向发现了另外一座岛屿。

我们调转船头，大约航行了6海里之后，抵达了目标岛屿。此时，我们再度怀疑岛上是否有人居住。然而，正在此时，我们看到数艘独木舟飞驰而至。我们立刻放慢速度，等他们靠近大船。每艘独木舟上坐了三到六个人，我们惊奇地发现，他们讲的是塔希提岛和我们之前拜访过的其他岛屿的语言。

他们靠近之后，却犹豫着不肯上船。我在一根绳子上绑了一些铜牌，递给其中一艘独木舟。舟上之人在绳子上绑了一些小鲭鱼作为回报。这个过程重复了数次，我在绳子上绑了钉子和他们最喜欢的铁器送给他们，他们则回报以更多的鱼、红薯、葫芦瓢和渔网。其中一个人将这种渔网围在腰间。

当地人的皮肤是褐色的，中等身材，身形壮实。大多数人头发都剪得很短，有的则披着散乱的长发，还有少数人将头发束起来，在头顶绾了个发髻。可以看得出来，他们的发色是黑色的，但是很多人都染了头发，这似乎是友谊群岛居民惯常的一种做法。他们大多将头发染成了棕色或一种烧焦的颜色。他们通常都蓄着胡子，没有佩戴什么装饰品，身上的布料有红、黑、白三种颜色。

他们似乎非常温和，没有携带攻击性武器，只带了一些小石头用以自卫。发现我们不会攻击他们之后，有些人就随手把石头抛在甲板上。我们在岛屿的东边没有发现可以抛锚的地方，于是沿着东南方向寻找，终于在离岸大约3海里的地方找到一个下锚地。在此过程中，他们一直划着独木舟跟在我们船边。他们带着活猪和一种特别小的土豆与我们交换。他们之前显然已经做过这种交易了，倒不是很计较我们给他一些什么作为交换。一枚价值六便士的钉子就能换几头小猪，我们船上很快又堆满了新鲜的补给，我们之前在圣诞岛上捉的海龟，已经差不多吃光了。我们经过几个村落，有的村庄靠近海边，有的深入内陆。村民们拥到岸边围观我们的船队。我们尝试研究周围的水域，铁锚入水五十英寻还没触底。

夜幕降临，西风呼啸，我们不得不中止研究。第二天早上，我们踏上了陆地。几艘独木舟迎了上来，上面坐满了人，有些人大着胆子上了我们的大船。在之前登陆过的岛屿上，人们并没有这样惊奇。

这些土著居民登上大船之后惊讶得目瞪口呆。他们的眼睛骨碌碌地乱转，一副目不暇接的样子。粗野的神情和动作显示他们对西方先进的文明一无所知。换言之，我们是第一批登陆此岛的欧洲人，他们对我们国家的商品也没有任何概念，虽然他们知道铁器是种好东西,也仅仅是听说过而已,只知道铁器比其他物质更锋利,可以用于切割。他们向我们索要"哈迈特",大概指的是一些铁制的器械。他们将刀刃叫作"哈迈特",虽然我们确定他们对刀子一无所知,也不会使用。他们还用"钭"来称呼斧头或者锛。

我们向他们展示了一些珠子,他们显然也是第一次见到,好奇地问我们那是什么,能不能吃之类的问题。我回答说,珠子可以挂在耳朵上充当饰品,结果他们觉得那没什么用处,就毫无兴趣。我们还给了他们一面镜子,结果他们也不要。这表明他们喜欢一些比较大的物件,诸如陶器、瓷器、杯子、碟子、"哈迈特"和"钭"之类的东西。他们问这些东西是不是木头做的,还希望带一些到岸上去。在某些方面,他们秉性温和,害怕得罪人,经常询问诸如"我能坐下来吗"此类的问题。

他们当中有些人在上船之前祷告了很长时间,其他人一边吟唱着,一边做着手势。我们对此已经司空见惯,因为在其他岛屿上,我们观看了多场祭祀活动以及舞蹈表演。

刚刚上船的时候,他们看到什么都想偷走,甚至光明正大地将看中的物品放进口袋里。我们竭力说服他们偷窃是不对的,后来他们终于收敛了一些,却不是因为我们的训诫,而是因为他们发现我们在严密监控他们的一举一动。

上午9点钟,我们靠近岸边时,我派威廉姆森中尉率领三条武装小艇寻找着陆点和淡水,且告诫他们,寻找水源时,不可孤身行动。三艘小艇沿着海岸搜寻的时候,我们在大船上等待。

大约中午时分,威廉姆森先生回来报告说,他在海滩后面发现了一个大池塘,附近村庄的村民告诉他那是一个淡水湖,再往前去可以停泊船只。他还报告说,他曾试图在另一个地方登陆,但是受到当地人的阻挠,他们一拥而上,抢夺船桨和步枪等东西,我们的人极力挣扎,最后不得不开枪打死了一名男子。这个不幸的消息我也是直到离开小岛时才听说,因此没有采取任何补救措施。

威廉姆森先生告诉我,该名男子中枪倒地后,同伴把他的尸身抱起来,匆忙退到岸上,还是拦着不让他们登陆。下午三四点,船停稳后我带着三只武装小艇、十二名海军陆战队员上岸找淡水,发现那是一个村落,大约有百多户人家。

村庄的后面是一个狭长的山谷,山谷底部有一个淡水湖。我跳上岸的一瞬间,许多当地人都伏地不起,直到我好言劝他们站起来。他们带来很多小猪,和一棵芭蕉树一起送给了我,这种礼节我之前在社会群岛和其他岛屿上也见过。接着一个人念了一篇冗长的祷告,其余的人偶尔应和几句。

我接受他们的礼物,表示愿意与他们缔结友谊,并奉上我的回礼。这一系列的仪式结束后,我留下一人在海滩上守候,请当地人带我去取水。湖水水质上佳,而且汲水也方便。这个湖很大,一直延展到内陆,漫无边际。我对这个地方相当满意,当地人也还算温和友好。于是,传令众人在此处登陆,把需要使用的装备搬到岸上,拿木桶来取水。

随后,我和十二名海军陆战队员一起回到船上。我们登陆之后,当地人纷纷带着活猪土豆等物向我们换取铁钉凿子等小铁器。我们取水时没有遇到任何阻挠,相反,当地人甚至帮我们把装满淡水的木桶滚回船上。一切事情都非常顺利。

我决定到岸上看看,于是在几名军官的陪同下上了岸。同行的有威廉姆森先生、安德森先生和韦伯先生。安德森先生文字功底好，擅长记述，韦伯先生善画，能用画笔呈现一切值得记录的画面。许多当地人跟在我们身后，其中一人很是出众，他在场的话，其余的人都变得规规矩矩的，于是，我选了他当导游。我们第一次登陆时，当地人见到我们皆拜服在地，只有他抬着头向着我们大声祝祷，直到我们从他们身旁走过。

我后来才知道，那是他们面见大酋长时的礼仪。大船沿着海岸行驶，我们看见每个村落都竖起了一座或数座白色建筑，形似金字塔，或者说一座座尖顶石碑。这些建筑至少有五十英尺高，从船上看很是显眼，离山谷也不是很远。我特意步行过来就是为了走近观察这些建筑。导游完全了解我们的心思。然而，我们眼前所见的建筑中间隔着一个湖泊，难以跨越，所以他带我们绕路去参观另外一座距离此处大约一英里的白色建筑。

到达目的地之后，发现那些白色建筑底部是埋在坟墓里的，这跟我们在其他岛屿上看到的很相似，因此没有感到诧异。接着，我们发现，这些岛屿对白色建筑各部分的称谓也是相通的。墓地多呈长方形，四周围着大约四英尺高的石墙，空地上还铺了小石子。墓地的一头伫立着我称为金字塔的白色建筑。眼前这一座"金字塔"很是雄伟，底部四英尺见方，大约二十英尺高，四周由小木棍捆扎而成，上面装饰着树木枝叶，形成一个中空的编栅，从底部一直延伸到顶部。

这座建筑已经相当残破，但是仍然依稀可见原先覆盖在上面的浅灰色薄布，一看就知道是用于宗教祭祀用的。金字塔两边的编栅同样残破，由细长的木棍交叉捆扎而成，大约五六英尺高的地方捆着一些香蕉，大约是献给神灵的供品。

金字塔前面放着几块木头，上面雕刻着人像。还有一块两英尺高的石头，上面盖着布幅，人称"火火"，是奉献给当地人信奉的神汤加鲁亚的供品。

在墓地对面有一所房子，大约四十英尺长，十英尺宽。中间宽，两端窄，门口供着两个木头人像。两个头像都是整木雕刻，连底座大约三英尺高，雕刻很粗糙。据说是两尊女神像。其中一尊神像头上戴着木刻的古代武士盔甲，另一尊则戴着一顶圆顶帽子，和塔希提岛的头巾有些相似，当地人叫作"穆"。两尊神像腰间都束着腰封，腰带蜿蜒下垂。

神像旁边各有一块木板，上面也挂着布条。底座前后有好些蕨类植物集结成堆，显然是不同时期形成的。房子中央，两尊神像前面，是一块长方形的空地。四周铺着石子，覆盖着随处可见的碎布片。导游告诉我们，上面刻的是7位酋长的名讳。他还告诉我们，岛内盛行用人牲祭祀，后来种种证据表明他所言属实。我们仔细察看了墓地和祭坛，韦伯先生已经将看到的一切画了下来。我们选了另外一条路线返回。

沙滩上聚集了一大群人，熙熙攘攘地与船员做生意，现场虽然没有人维持秩序，人们却井然有序。中午我在船上吃饭，金先生在岸上坐镇。他本该早上就到岸上去，却不得不留在船上准备月亮观测事宜。下午，我与赫勒克船长再次登岸，在日落前把所有人员都召回船上。当日从当地人手中用钉子和小铁器换到九吨水，七八十头猪，大量活鸡、土豆、香蕉和芋头等。

我注意到，当地人带来的货物里有斗篷和帽子，这些衣物即使在西方国家的人眼中,也称得上是优雅的。当地的斗篷与英国淑女穿的短斗篷尺寸和形状相差无几。和西班牙男子穿的斗篷也有几分相似:长度仅到背部中央,在胸前松松地绾一个结。底层是一层纱网,上面密密地缝着红黄相间的羽毛,表面丝滑亮泽,犹如上好的天鹅绒。红黄两色搭配变幻多端,时而红黄相间,时而呈三角形或者新月形,甚至整件斗篷都是红色,仅用黄色镶边,犹如镶了一道金边。有些斗篷是簇新的,羽毛之绚烂多彩,犹如宝光霞气。起初,斗篷的主人以为奇货可居,提出要用步枪来换,后来,就是用铁钉也能换得一件。

帽子则活像个头盔,顶部约有一掌大小,毛盖很深,两侧有凹槽安置双耳。以树枝柳叶做骨,上覆七彩羽毛,工艺与斗篷大致相似,只是编织更加细密。帽子主体是红色的,旁边有些黑黄绿各色条纹,条纹的方向正好合着帽顶的曲线。这些衣物大约是当地人的礼物,斗篷和帽子搭配着裙子穿。22日,激浪拍岸,我们所有的小艇都收起来了。然而,有些胆大的当地人冒险划着独木舟带了猪肉和块茎来卖。其中一名当地人要卖给我们一些渔钩,他带着小小的布包,小心翼翼地打开,拿出渔钩,立马掩上。我们让他打开包裹,他万分不情愿地照做了,费了好一番力气才打开,因为包着好几层布呢。

我们发现,布包里有薄薄的一块人肉。当地土著杀死敌人后,用特制的木柄鲨鱼牙刀分尸食之。当我们问一位老人当地人吃不吃人肉时,他笑着回答说当然吃,仿佛在嘲笑我们明知故问,他认为人肉是极好的食物,吃起来"香喷喷"的。

晚上7点,小艇满载了两吨水、几头猪、大量香蕉和块茎。金先生报告说，连小艇停泊取水的地方都挤满了希望和我们做交易的居民。1月23日，大船离开阿图依岛，但是由于天气原因，不得不暂时停靠在临近岛屿。我认为岛上有淡水资源，我们还没下锚，就有六七艘独木舟向我们靠近。他们带着小猪、土豆、山药和草席子等物，要求交换铁器和钉子。他们倾尽所有换取这两种珍贵的金属制品。

大船下锚之后，又有几艘独木舟飞驰而至，船上的乘客似乎有意来船上拜访。他们主动上了船，蹲在甲板上做出一个谦卑的姿态，良久才站起来。随行的几名妇人坐在独木舟两侧，没有阿图依的妇女那样多礼，她们唱着歌儿，虽然旋律不算出彩，胜在吐字清晰，一句句听得清清楚楚。一边唱一边用双手击打自己的胸膛。

男人们没有在船上久留，在甲板上留下几绺头发就离开了。30日，我派海军陆战队员护送戈尔先生下船与当地人交易。我给戈尔先生和上岸的海军陆战队警卫与当地人的交易进行了规定。我本来打算过一阵子去与他们会合，然而，现在风急浪大，我担心下了船之后再要上船就难了。

果然，戈尔先生一行人差点就和大船失去了联系。晚上，他们向大船打信号求救，我派小艇去接，他们带着一些山药和盐回来。风浪太急，我们的小艇都不再下水，而当地人还是冒险前来和我们换钉子和铁器。我拿出几把丝带和纽扣等物分发给在场的妇女。

晚上10点到11点，突然吹起了南风，天空似乎酝酿着一场风暴。经过判断，我觉得大船离岸太近，于是下令起锚，外移42英寻，转移到安全地带停靠。然而，事实证明这项预防措施是完全没有必要的，因为很快就吹起了东北风，随即暴雨倾盆。这样的天气一直持续到第二天,海浪冲天而起,我们失去了和岸上的联系,就连当地人都不敢划着独木舟出来了。

晚上,我派了一名经验丰富的老水手划小艇去海湾东南方向察看能否从那里登陆,他回来报告说可以登陆。但是,由于天色已晚,我们决定第二天早上再去尝试,因此,戈尔先生等人只得在岸上多待一晚。

次日天一亮,我马上派人捎了个口信给戈尔先生,让他把人都送到东南边,从那地方登陆。因为小艇不能接近海滩,由一名水手下水游过去传了口信。随后,我亲自划小艇去接这些船员回来,带了一头猪、两只羊和西瓜、南瓜、洋葱籽儿过去。

到达目的地时,戈尔先生等人已经等在那里,和一些当地人在一起。其中一名土著的地位显然高于其他人,我把带来的东西都给了他。暴雨过后,地上形成了一条小溪,众人纷纷从溪中取水,装进各种容器。

我趁机在附近转转,刚才收了礼物的当地人陪着我,后面还有两个人抬着那头猪。我四处张望之时,看到一名妇人站在山谷另外一头呼唤跟我在一起的那个当地人。他开始喃喃自语,听着像是在祈祷。抬着猪的那两位在他祈祷的时候不停地围着我兜圈子。我们一边往前走,他一边祈祷。路过的人见到我们,都匍匐在地,直到我们从他们身边经过才站起来。

脚下踩的是泥路,崎岖不平,看似土质贫瘠,然而上面长满了灌木和草本植物。空气馥郁清新,比其他岛屿都要舒适。当地人烟稀少,全岛人口不超过500人,大多数人都集中在岸边市场上。路上见到的民居少之又少。昨晚留在岸上过夜的军官和船员正好有机会就近了解当地人的生活习惯。他们的生活看起来既干净又体面，很少看到男女同桌吃饭，妇女一般在一起吃饭。他们把一种叫作"丢丢"的油性坚果串在一起当蜡烛使用。许多迹象表明，他们也有自己的文化禁忌。还有一些神秘的仪式。

木桶装满水送到船上后，我们从当地人手中买了些植物块茎、盐和咸鱼。2月2日，我们离开小岛，继续向北航行。为了补充淡水，我们已经在小岛上耽搁了太长时间，现在从当地人手中采购的食物，足够所有人吃三个星期。赫勒克船长则更加幸运，他们船上的蔬菜足够船员们吃上两个月。散落在太平洋中央的岛屿非常具有研究价值，自从航海家们把太平洋作为自己探索的目标以来，这些小岛陆续被发现，通常都是以群岛的形式出现。当然，广袤的海洋当中还有许多未知的岛屿等待人们的探索。

我们发现的五个小岛，根据当地人的发音，分别叫作：沃阿胡、阿图依、奥尼赫乌、欧里胡亚和塔胡拉。我把这几个小岛命名为桑威奇群岛，阿图依是五岛中最大的小岛，自东而西横跨10里格。

岛上居民精力充沛，泳技精湛，有时候他们划着独木舟出海，让独木舟在水上漂浮，他们自己一头扎进水中，直接游向目的地。甚至，在风高浪急，小船不能靠岸之际，手抱婴儿的妇女直接跳下水游回岸边，而怀中孩儿毫发无伤。他们的性格坦率开朗，爱好交际，除了小偷小摸这种太平洋岛国居民都有的小毛病以外，他们对我们相当友好，并且在多个场合表现出他们已经意识到自己的文明比西方文明落后许多。

看到妇女们慈爱地养育儿女，男人们尊重妻子，怜爱幼儿，我心中非常高兴。他们与其他岛屿上那些把妻儿当作附属品的野蛮人有着本质上的差别。岛上男女发型迥然不同。女子头发前长后短。男性通常剪短或剃去两鬓头发，看上去就像戴着上文所记的盔甲形帽子。他们对自己的头发很随意，没有特别用梳子梳理。有时候，男子会将自己的头发分成约有一根手指粗的几绺，形状像猪尾巴，长度及背，覆盖在其余头发上。

岛民不分男女都戴着项链，项链由小贝壳、黑线打的络子或者干花串成，有时候上面还挂着骨头做的小人像。这些人像大约三英寸长，打磨得很是漂亮。妇女们也佩戴材质不一的手镯，有的是小贝壳，有的是黑木珠，有的是抛光过后用线穿在一起的象牙，还有的是野猪的獠牙，齿尖切段，密密地串在一起。看上去非常漂亮。

有的男子头上戴着热带鸟的羽毛，或者把雄鸡的羽毛整齐地固定在一根打磨过的木棍上，有时候也用白狗的毛在上面绕一匝，尾巴刚好在棍尖上。他们还经常在头上戴一种饰物，约有手指粗，上面覆盖着红黄二色的羽毛，形态各异地绑在脑后。胳膊上戴着一种很大的贝壳。岛上虽然形成了群居村落，村民房屋却大小不一。

有的房子又大又宽敞，约有四五十英尺长，二三十英尺宽，其他的仅仅是茅草屋而已。门口方向不一，是个长方形的孔洞，必须从中爬过方能进门。两块木板固定在一起就是门了，屋内完全没有光线进入。然而，近乎封闭的屋子却能在最恶劣的天气中保持室内的舒适，他们似乎不太适应过于温暖的气候。

屋内非常干爽洁净，地上铺着干草，充当坐卧之处。屋内放着一根长约三米的木头，上面摆着一些器皿。用葫芦瓢装水，篮子里放着食物，上面还盖着一只篮子保鲜，还有数只木碗和大小不一的勺子。我们在当地见到的乐器非常简陋粗糙，发出的声音跟小孩子玩的拨浪鼓差不多。上面有个像倒圆锥帽的部件，底部挖空，一尺来长，像一枝粗糙的莎草，边缘饰以美丽的红色羽毛。倒圆锥帽下面有个拳头大小的葫芦壳，把这乐器倒置，轻快抖动时，葫芦壳和圆锥帽相互撞击，可以格格作响。

乐手通常把这乐器拿到脸前前后左右抖动，同时用手击打自己的胸膛。还有一种乐器（如果这玩意儿还称得上乐器的话）是一根中空的木头，看着像个大盘子，和一根木棒一起使用。我们曾经亲眼看见乐手演奏，他像我们拉小提琴一样拿着一根约两英尺长的木棍，另一只手拿着一根鼓槌似的小木棍，时快时慢地击打长棍，同时用脚踩踏放在地上的"木盘"，从而产生一种很难听的音调。弹奏乐器的时候一般都有些妇女伴唱，她们的声音倒是相当温柔动听。

当地人制造的一切东西看起来都异常整洁，充满智慧，布料是主要的手工制品。他们还制造了许多素白色的垫子，上面交织着红色的条纹和黑色的数字。精心地在圆形贝壳上描绘波纹线、三角纹和黑色数字。他们甚至掌握了上釉技术，懂得在葫芦瓢上刷漆，还会用一种强力的胶状物将东西黏在一起。

他们日常使用的木盘或碗，精美得好像我们国家用车床生产出来的工业制品一样，甚至在工艺上有过之而无不及。他们能用柳条编织精美的小扇子和小垫子，用柳条或者小木棍做柄，扇面和扇柄用头发丝或者椰子树的纤维绑在一起。他们还用各种各样的原料制作渔钩，有的用骨头，有的用削尖的骨头，还有的用贝壳。

骨头做的渔钩一般很小，由两块小骨头合在一起形成。各种渔钩上都有倒钩，倒钩的位置有的跟我们的渔钩一样，在渔钩内侧，还有的在外侧，有的渔钩上甚至有两个倒钩。还有一种大约九英寸长，用一块骨头制成，无疑是用来钓大鱼用的，其形状之优美，工艺之精细，恐怕连欧洲的艺术家都望尘莫及！

当地的斧头，或者应该说是锛，是用黑色或黏土色的石头制成的。他们也用鲨鱼的利齿制作器具，有的被固定在狗颚骨上，有的安装着木柄，用绳子穿过另一端的小孔绑紧。他们的独木舟约24英寸长，底部通常是将一整根木头挖空形成，约一英寸到一英寸半厚，两端削尖，两侧木板约一英寸厚，和底部紧密契合在一起。船头和船尾微微上翘，非常尖锐，像两个楔子，但是比楔子平整，方便安置两侧大约一英尺长的木板。

这些小船宽度不过15~18英寸，一般都安装有外伸支架，因为有时候他们需要去其他岛屿，支架上可以放更多东西，这些支架的形状和安装方式比我们在其他岛屿上看到的都要好。他们一般用桨划船，还有的像友谊群岛小船那样装了三角帆，挂在桅杆之上。船的索具和钓鱼绳都制作精良，非常牢固。

虽然我在岛上没有看见任何一位酋长之类的人物，但是据岛民们说，他们特别尊敬几位人物。我离开岛屿后，其中一位大人物登门拜访了赫勒克船长，他乘着双人划艇而来，像友谊群岛的酋长们一样，对挡道的单人划艇毫不客气。那些可怜的人们根本没有办法给他让路，因为独木舟根本不听他们的指挥，而且他们还必须在他经过时趴下行礼呢！他在侍从的帮助下上了船，踏上舷梯。随从们在他的身边手拉手围成一个圈，防止赫勒克船长以外的人靠近。

那是一名年轻男子，从头到脚包得严严实实的，身畔的女子应该是他的妻子。赫勒克船长送了他一份得体的礼物，作为回报，他送了船长一只大碗，上面刻着两个人像，雕工非常精美。赫勒克船长竭力说服这名大人物到船舱里去，或者稍微挪一挪位置，但都没有如愿。在船上待了一小会儿，他的侍从再次把他抬回小船上，上岸之后，他受到当地人的热烈欢迎。第二天，他的数道口信传来，邀请船长到岛上做客，据说，那位尊贵的年轻首领准备了一份大礼，打算送给船长。然而，经过考虑，赫勒克船长拒绝了这个邀请。

除了用优质栗子木制成、打磨得非常精美的长矛以外，当地人还有一种武器，是我们之前见所未见、也没有被任何一位航海家提及的。那东西有点像匕首，约一英尺半长，一端或两端削尖，用带子固定在手上，是用于近身搏斗的利器。两端削尖的那种就像双头匕首一样，中间有个手柄，可以从多个角度进行攻击。当地人还使用弓箭，然而他们的弓力度不大，箭身太过纤细，显然不适合用于战斗。

上文提到的用来分尸的刀锯也可以算是武器的一种，在近身战斗时用于切割或者击打。那是一种扁平的木制器具，大约有一英尺长，边角圆润，带有手柄，边沿密密麻麻地黏着许多鲨鱼牙齿。手柄上通常有个孔，可以用绳子把这锯子牢牢绑在手上。通噶塔博岛人用非常体面的方式安葬逝者，也会安葬他们的人牲，然而，他们从来不向神灵供奉任何动物和蔬果。

据我所知，塔希提岛人死后，会被曝尸荒野，直到变成一具白骨后才能入土为安。阿图依人像通噶塔博岛人一样安葬死者和人牲，像塔希提岛那样向神灵供奉动物蔬果。假如西班牙人在我们之前发现了桑威奇群岛，他们肯定会利用当地宗教的特点，充分发挥阿图依的作用。或者把它当作往来阿卡普尔科和马尼拉之间的避暑之地，因为这个小岛正好坐落在他们的始发站和这片海域唯一的港口关岛（马里亚纳群岛的岛屿之一）之间。桑威奇群岛对海盗们也有好处，他们往来于美洲海岸和马里亚纳群岛时可以在此地补充淡水和食物，而此前，他们不得不在加利福尼亚港口整修船只，甚至花费一个月返回美洲海岸，彻底整修，来回需要花费2个月时间。如果安森爵士得知有了这些坐落于美洲和天宁岛之间的岛屿，可以帮助人们克服许多困难，供给丰富物资，他将会多么高兴啊！

2月2日，我们起航北上，一路上平淡无奇。2月7日，终于看到了一直在寻找的新阿尔比恩海岸。该海岸从东北延伸至东南方，海岸线长10~12里格。陆地高度适中，以丘陵和山谷为主，随处可见繁茂的树林。沿着海岸线逆风而行，铁锚吃水85英寻。

靠近小岛时，我们才发现岸上有人居住，三条独木舟已经来到了船边。第一条船上载了2人，第二条船上6人，第三条船上10人。第一条船上的一名男子起立，开始长篇大论地说起话来，看他的手势，应该是邀请我们上岸。同时，他手里抓了一把红羽毛，不时向我们抛撒，他的同伴则向我们抛撒红色粉尘。说话的那个人身穿动物的皮毛，双手各拿着一个小乐器，抖动之际，格格作响。他一番演讲之后，安静了下来，他说的话我们一个字都没有听懂。随后，他的同伴依次开口说了些什么，每个人说话的语气没有那么强，不像第一个人那样激越。

我们看到其中两三个人在自己的头发上撒了白色的小羽毛，其他人则是把白色的大羽毛佩戴在不同的地方。停止聒噪之后，他们躺在离大船不远的位置，轻轻松松地交谈。随后，其中一些人站起来，像之前那样长篇大论起来。其中一个人唱了一首歌谣，旋律音调柔和悦耳。微风吹拂，将大船推向岸边。

独木舟数量越来越多，大约有32艘，每条船上有7~8人，有男有女。有些人在船上站起来，声嘶力竭地呼喊着，向我们打着手势。其中一条独木舟非常出彩，船头描着鸟的眼睛以及巨大的鸟喙。坐在上面的人似乎是当地的首领，仪表打扮甚是令人印象深刻。许多涂得五颜六色的羽毛从他的头上垂下来，手里拿着一只木刻的鸟，大如鸽子，像我们第一次所见那人一样，拿在手里抖动，发出格格的响声。他也念了一大篇什么东西，佐以表现力丰富的手势。虽然他们看起来相当平和，没什么恶意，但是我们还是不敢贸然邀请他们到船上来。然而，他们很愿意倾尽所有来跟我们交易，最喜欢的东西是铁器，似乎很清楚这种金属的用途。

许多独木舟跟着我们来到下锚的地方，甚至有一群当地人守着我们，决心同我们耗一整夜。根据上述情况，我们认为此地将是一个舒适的驿站，能够为我们提供一切所需物资，安抚我们到美洲海岸以来因为逆风和恶劣天气不断延误行程的沮丧心情。次日下锚之后，我找到一个宽敞的海湾，早上抛锚后，我们努力寻找一个宽敞的港湾停泊。

随即，我派金先生率领三条武装小艇，自己也坐在一艘小艇上开始寻找目标，不久，就在西北方向发现一个适合停泊的小港湾。事不宜迟，接下来的一天时间我们都用来拆卸船帆、顶部桅杆等部件，准备进行一番彻底整修。

当地人搭乘着一艘巨大的独木舟过来与我们交易，整个过程中，双方都表现出巨大的诚意。他们提供的物品包括熊、狼、狐狸、鹿、浣熊、极猫和马丁斯海獭等各种动物的皮。除了整张的皮,他们还带来了自己制作的衣物,其中一种似乎是用树皮制成的,还有木质的弓、箭和枪等武器、渔钩及各种乐器。另外有一种毛织的毯子一类的东西,装满赭红粉末的袋子、雕刻品、珠子、薄铜或铁片制成的马蹄形鼻环,还有其他小饰品物件、几个凿子以及带着手柄的铁器。从他们拥有铁器等金属,我们推断在我们之前或许有欧洲国家的人与他们来往,或者同陆地上那些曾经与发达文明有来往的部落有所往来。

但是,最离奇的是,他们把人类的头骨和手骨拿来出售,有些骨头上的肉还没有剔干净,我们由此判断他们吃人肉。有些人肉上还有火炙的痕迹,说明他们会使用火,而非纯粹茹毛饮血。他们用带来的各种物品交换凿子、铁器、钉子、镜子、纽扣等,他们不喜欢玻璃珠也不要布料。第二天,我们把船驶入海湾,船头船尾都牢牢固定在锚索上,绑在岸边的树上。

起锚的时候,我们发现决心号的锚碰到了水底的岩石,造成一定程度的伤害,用来将船固定在海湾的缆索也绕在岩石上,由此可见,水底一定布满了岩石。船舱上部开始漏水,我命令木匠修补并检查其他破损的地方。

当天,我们抵达的消息一传开,当地人蜂拥而至,几百艘独木舟围着我们的船,平均每条小舟上坐了五六个人,少的只有三人,多的有八九个人,有一艘船上居然装载了17个人!其中有些当地人是第一次见到我们,因为他们也想我们像其他刚抵达此地时的人一样,一边念着什么东西,一边做着手势。如果说他们一开始对我们有所怀疑或者畏惧,现在已经全放下了,因为他们开始毫无顾忌地上了大船，和我们的人厮混成一片。

我们很快就发现，这些人和我们一路上见到的岛民朋友们一样习惯小偷小摸，而他们无疑更加危险，因为他们手里持有锋利的铁器。只要我们一转过身去，他们冷不防就从滑车上偷个铁钩，从绳索上拿个零件。我们一共丢失了一个重约二三十磅的铁钩和其他几件小铁器。虽然我们留了人守着，还是防不胜防，被偷了许多铁器。

他们甚至还会合伙作案，让一个人在船头和我们的守卫逗乐，另一个同伙就在船尾偷窃。如果我们一发现丢失财物，马上追查，要找出小偷倒不是太难，因为这些人都很乐意相互揭发，然而，要让小偷交出赃物就困难多了，有时候甚至需要诉诸武力才能如愿。大船下锚之后，我们开始在岸上架设天文台，就放在海湾岸边靠近决心号的一块大岩石旁边。

一名军官带着一些船员到岸上砍柴取水，其他人砍伐云杉酿制啤酒（由云杉的芽、针叶或精华制成的酒精或非酒精饮料），铁匠们也开始打铁准备修补船只。大量当地人涌来，时不时看到新面孔出现。他们向陌生人打招呼的方式非常独特：一群人中的首领站起来，手里拿着长矛或者其他武器，大声讲话或者呼号，其他人则奋力划船。有时候，说话的那个人脸上戴着面具，面具或者是人脸或者是动物头像，手里拿着武器或者上文提到的"拨浪鼓"。

绕着大船兜几个圈子之后，他们继续进行其他仪式。比如，在场的人会合唱一首歌，曲调和谐可喜。他们登船拜访之际，我们煞费苦心，严防死守，以防他们小偷小摸。4日上午，岸上传来严重警报，在岸上砍柴的人发现他们周围的土著都全副武装起来，那些没有趁手武器的人则拿上棍棒或随手捡到的石头。

听到这个消息后，我命令留在岸上的人都退到我们放置观测仪器的大岩石旁边，把更多空地留给当地人。然而，这些战前的准备者不是针对我们这些外来者的，而是针对入侵他们土地的另外一拨当地人。我们在岸上的朋友竭力把这个信息传达给我们，同时，我们也亲眼看到许多当地人在海湾各个位置埋伏，独木舟不时飞驰而过。

敌人大约有十几条独木舟，他们出现在海湾南面，在那地方拉开战线。停战之后，他们随即开始了谈判。有些人划着独木舟穿梭往来于双方之间，似乎在缔结和约。最后，双方终于达成了共识，共识中敌对一方不许到大船旁边跟我们交易。我们继续着大船修整工作，次日，终于修好前桅。

此前，前桅杆头受损，杆帽空出一大块地方，木匠努力一块块填补杆帽中多余的空间。经过坚持，发现杆斗已经完全腐烂无法修补，必须换上新的杆斗。显然，之前肯定是先坏了一个斗，木匠把腐烂的部分割掉，换上新的，然而这样一来不但削弱了杆头，还加剧了另外一个杆斗的腐烂速度。此前，我们以为一切修补工作都已完成，谁知发现了这个新问题，只得从头再来。幸运的是，我们停靠的小岛上有修补船只所需的一切原料。

大船停泊的海湾里长着很多老树，正是上佳的材料。我们砍下其中几棵，木匠马上动手制作杆斗。7日上午，我们把前桅拖上岸，让木匠修补，发现索具下端某些部分已经腐朽了。在木匠修补前桅的时候，我命人换了一套新的索具，又从旧的绳索上截取了最好的部分。从我们登陆以来至今，天气一直很晴朗，没有刮风下雨。

8日，吹起了东南风，早晨雾蒙蒙的，还下着雨。古语云，祸不单行。现在，决心号上只有一个后桅支撑前桅，然而，在暴风雨中，后桅难以支撑，前桅竟然倒了下来！8点左右，风势减弱，但是大雨连续下了好几天。木匠必须加班加点地工作，于是，我们在前桅旁边给他们立了一个帐篷，方便他们工作。

恶劣的天气并没有影响到当地人的热情，他们每天都划着独木舟到大船旁边，给我们带来许多鲫鱼、沙丁鱼、鳊鱼或者鳕鱼之类的东西。木匠冒着雨把前桅修好，升了上去。第二天，我们取下头部几乎腐烂脱落的后桅修补。晚上，一个我们从来没见过的部落邀请我们前去参观，他们显然比我们之前见过的当地人更好看一些。有些我们认识的当地人也陪着他们来了，我说服新朋友们走进船舱，发现他们绝大多数的人对船上的任何东西都毫不动容，只有一小部分人表现出一定程度的好奇心。

次日下午，我和一些船员深入树林，砍了一棵树，给木匠们修补后桅。晚上，狂风大作，暴雨倾盆，一直到次日早上8点。第二天早上，前桅本应该修好了，但是由于天气恶劣，一直到下午才完全修好。我们用最好的绳子把它升了上去。与此同时，木匠们争分夺秒地修补后桅。

其实他们6日就把后桅修得差不多了，后来因为一些意外而前功尽弃，于是还得再砍一棵树，这又得所有人一起忙活半天了。我们在做这些事情的时候，几个在大船旁边的当地人都惊奇地看着我们，而没有像之前那样漠不关心。

8日上午，大约8名陌生的当地人划着独木舟进入海湾，观察了我们一会儿，就悄没声息地离开了，我们猜测那是因为我们熟悉的那一拨人多势众的当地人不允许他们与我们来往。当地人对金属有一种异常的狂热，有了铁器之后，他们开始把目光放在铜器上。我们离开这个地方之前，船上除了行船仪器以外的所有铜器都被搜刮一空，包括衣服上的铜纽扣、家具上的铜片、铜壶、铜罐和铜烛台等等都无法幸免。这样一来，我们的土著朋友们从我们手里拿走的东西比其他岛屿居民得到的都要多。

恶劣的天气持续了两个星期。9日，天气晴朗，我们把前桅、帆桁等用绳索固定好，到目前为止，所有工作几乎全部完成。第二天早上，我驾船沿岸游览，首先去了西边，在那里我发现一个大村庄，有个宽敞的良港，水深四至九英寻，水底铺着细沙。村庄里人烟稠密，大多数人都是我们所熟悉的，很客气地接待了我们，邀请我到他们家里去做客。

他们的房子更加像一所公寓，几户人家住在一起。好客的主人把一个垫子放在地上，请我坐下，随后领着我们在屋内到处参观。大多数屋子当中都能看到劳作的妇女，在制作上文提到的树皮衣服，所用的手法与新西兰人有几分异曲同工。还有一些人在处理沙丁鱼。

沙丁鱼从船上带回来后，分成几份，分给屋内同住的每一个人。大家各自把鱼拿回家里，烟熏保存。他们把沙丁鱼挂在木棍上，先放在离火焰约一尺高的地方熏，后来越放越高，给其他木棍腾出空间，最后，木棍一直堆叠到屋顶。烟熏好之后，所有的沙丁鱼都用草席盖起来，要吃的时候再拿出来，吃起来味道还不错。他们也用同样的方法处理鳕鱼等大型鱼类。我偶尔也看到他们把鱼挂在露天处晒干或者风干。

穿过这个村子,我到达了海湾的西边,发现了一座荒村。房屋的骨架依然矗立着,屋顶和两侧墙壁早已不复存在。在遗址前方,有些打鱼工具的碎片,由柳条编成,看来是用来捞鱼的。这网子约有20英尺长,12英尺宽,边沿有孔洞,方便固定在陆地上。穿过荒村,我来到海湾东侧,发现大船停泊的海湾下面果然还有岛屿。

西边还有许多小岛零星分布,面向较大的岛屿,在其北边发现一个村庄。我们登陆时,当地村民们没有那么客气了,无论我怎么示好,他们的首领都不允许我走进他们的房子。从肢体语言可以看出来,他已经非常不耐烦,我最好马上离开。我试图通过送礼物取得好感,他虽然没有拒绝我们的礼物,却也没有对我们改变态度。有些年轻的姑娘比她们的首领对我们更有好感,纷纷穿着自己最好的衣裳,列队歌舞,欢迎我们到村里去。

如此一来,天色渐晚。我返回船上,被告知我离开的期间,有数名陌生人来访。一行人乘着两三只独木舟,通过手势告诉船员他们住在海湾之外东南方向一带。他们带来一些动物皮毛、衣服和其他物品。其中有两把汤匙造型非常独特,一望而知是西班牙出产,其中一位当地人把两把汤匙当作饰品挂在脖子上。

这些人手里的铁器似乎比我们之前见过的土著都要多。22日,大约八点钟,又有一些陌生人来访。他们乘着独木舟而来,离船大约200~300码处停了下来,在船上站起开始唱歌,每唱完一首歌,他们都沉默一会儿,再开始唱下一首。半个小时之后,他们结束了仪式,来到大船旁边开始和我们做交易。

在此过程中,双方都很友好。我派了些人上岸给船上所剩无几的绵羊和山羊割草,和当地人友好告别之后又回到船上。接下来的三天，我们都在为出海做准备：卷起的船帆放下来，观测仪器和酿酒工具等物品都搬上船，把木材都锯成段搬到船上备用。

随后，我们清洁了船舱，做好开船的准备。26日中午，起锚之后，用小艇把大船拖出海湾。天空晴朗无风，下午4点，吹起了北风，并有浓雾。气压计水银柱异常下跌，预兆着东南方将有大风暴，但是，当时我迫不及待地要继续航行，害怕错失一个出海的好时机，于是决定马上出发。当地朋友划着独木舟夹道相送。其中有一名酋长依依不舍，到最后一刻才下船离去。他送给我一件海狸皮斗篷，我送给他一把崭新的腰刀，上面有个黄铜刀柄，他对这个赠礼非常满意。

努特卡居民们日常的装扮是一种淡黄色的衣服或披肩，上边缘用皮草滚边，下边缘用条纹或流苏装饰。穿的时候，绕过左胳膊，覆盖左半边身子，用绳子系在右肩膀上，使两只胳臂得以自由活动。这披肩沿着右边肩膀垂下，可以用当地的一种粗糙的篾片或者羊毛系起来。披肩长度在膝盖以下，下面穿着同样材质的打底衣，下边缘同样有流苏锁边。下面这衣服将身体包得密密实实的，仅仅在头部留了一个孔洞。他们头上戴的帽子像个圆锥，又像花盆，手工编织而成，编工非常精细，帽顶通常饰以皮制的尖旋钮。用一条带子绑在下颌，以防被风吹跑。

除此之外，男女都穿皮草斗篷。男子通常穿着熊、狼或海獭皮毛，像斗篷一样系在身上，时而穿在身前，时而放在背后。下雨时，他们通常披着粗毡的雨具。他们还有毛织的衣服，不过很少穿。他们的头发一般是自然下垂，如果没有戴帽子，他们就把头发束在头顶。整体而言，当地人的服装非常方便，如果保持整洁，也不失优雅。然而，他们喜好用一种红色油膏涂抹身体，油漆渗进皮毛里，产生了一种难闻的馊味，这使他们看起来显得脏兮兮的。

许多人都在耳垂上打洞，佩戴饰品。有的是骨头挂件，有的是皮带上点缀的羽毛，羊毛流苏，小贝壳碎片，黄铜薄片等等五花八门。我们的珠子与之相比，未免显得单调。许多人鼻子上也穿了孔，有的在孔眼上塞了一小根软木塞，还有的戴着马蹄形的小铜片或者铁片。这小小铁片两端各打了个小孔，可以顺利穿过鼻环孔，垂落到上唇的位置。我们衣服上的铜纽扣正可以派上用场，因此他们都很喜欢。

他们的手腕上戴着白色手串，一般由贝壳、皮质流苏或者一种乌黑亮泽的玳瑁做成。他们的脚踝上通常戴着一圈皮带，或者是扭在一起的动物的筋。在特殊场合中，他们还戴着木雕面具，有的覆盖着整张脸，有的仅仅覆盖眼睛和额头上部。有的面具和人脸一般无二，还有头发胡须等；有的则是鹰等猛禽或者狼和熊等陆上走兽的头。

面具通常比人脸大很多，上面画着枝叶云朵等，闪烁生光，看起来更大了。他们甚至在脸上戴着栩栩如生的独木舟的模型。他们非常喜欢面具之类的饰品，我甚至看到一个人把头伸进一个从我们这儿买去的锡水壶，权当一个面具使用。他们佩戴各种面具的原因已经不可考，可能是出于宗教上的考量，可能是用于震慑敌人，或者打猎之时诱捕猎物。

据我们观察，努特卡人的战衣是一件厚厚的双层外套，似乎是麋鹿或水牛皮的，上能盖住颈项，下能盖住脚跟。这衣服不仅能够抵挡弓箭，甚至连矛都难以穿透。他们在战场上还会穿一种斗篷，上面挂着几行晒干的鹿蹄,用皮带系在身上,皮带上点缀着羽毛。行动之时,鹿蹄啪啪作响,好像无数面小鼓。

他们的乐器(如果真的算得上乐器的话)是一种打击乐器和一个小哨子。哨子长约一寸,上面只有一个孔。打击乐器通常是一只鸟的形状,鸟腹上有几块卵石,鸟尾为手柄。还有一种乐器看起来和小孩子们玩耍的拨浪鼓很相似。他们的房子都是用木板建造的,用随处可见的松树皮系紧,不是用柱子而是用木杆支撑。

这些房子高约七八英尺,房顶倾斜,前低后高,上面铺设着木板,大约是出于采光或者散油烟的考虑。总体而言,这些房子就像是随随便便建造的容身之所,看不出任何巧思。房子上没有门,仅有一个孔洞出入。

有些房子用两块木板重叠起来,中间开一个大约两英尺见方的孔洞权当是门。有的民居墙壁上也有窗户,都是些不规则的形状。屋内无间隔,一览无余。靠近壁板处有一块七八英寸长、五六英寸宽的木板,离地约五六英寸,铺着草席,是一家人坐卧之处。

房间中央摆着一个壁炉,既无炉床也没有烟囱。其中一个房间,休息的区域用一个我在当地见过的最规整的封闭空间间隔开来,里面放了四块供家人休息的长板,房间的其余部分与其他房间没有太大的区别。他们的家具包括大大小小的箱笼,通常堆放在房间角落,里面装着他们多余的衣物、皮毛和面具及其他贵重物品。

其他家用器具大多是方形和长方形的桶和篮子,里面装着水和其他东西。还有圆形的木杯或木碗、他们用来吃东西的大约两英尺长的浅木槽、树枝编成的篓子和编织袋。他们的捕鱼工具和其他东西或挂或放在房间每个角落。整个房间都乱糟糟的,唯一整齐的地方就是他们睡觉的木板，因为上面除了席子以外没有任何东西。

他们的房子凌乱得堪比猪窝，一切物品都带着一股鱼腥臭、机油味和烟火气。在一团污秽混乱当中，装饰着许多人像，那都是一些四五英尺高的树桩子，雕刻成人的形象，两侧还有手臂和手掌，各部分涂了不同颜色的颜料。这种巨大丑陋的雕像单独或者成对摆在"公寓"房子上端。

当地人称呼这个雕像为克鲁玛，另外两只并排放在一起，三足或四足，雕像被称为纳特寇亚和玛特斯塔。这两尊雕像前通常挂着帘子，轻易不肯掀起来，一旦掀起帘子，他们则用一种神神秘秘的语气说起这些雕像。我们自然认为这些雕像是他们的神，或者某些宗教或迷信对象，然而，仅用一些小铁器或者铜器，就能买到好几个这样的雕像。我手上就有好几个这样的小雕像。

此地男人们的工作主要是捕鱼和打猎，是家庭的主要支柱。大多数妇女则留在屋内劳作，制作衣物、处理动物皮毛和烟熏沙丁鱼等。也有些女人乘坐独木舟收集蚌类和贝类等，她们在这方面要比男性灵巧得多。他们的武器是弓箭、吊绳、长矛、骨头做成的短棍，有点像新西兰人的帕图帕图，还有一种小镐头，和美洲土著的玛赫克不无相似之处。长矛通常由动物骨头制成，有的矛头是铁制的，但是最常见的矛头是骨头制成。小镐头长约七八英寸，石头制成，一头削尖，另外一端有个手柄，酷似人类头颈，而尖头则好像嘴里突出来的舌头，为了使其更加逼真，上面还有人的毛发。

另一种石头武器大约九英寸到一英尺长，一头方一头尖。从这些武器的数量和杀伤力来看，他们骁勇好战，习惯厮杀。他们的战争异常频繁血腥，甚至公然售卖人的头盖骨。

他们的独木舟结构简单,但是非常实用。最大的木舟能搭载20多人,是由一整棵树制作而成,大约40英尺长,7英尺宽,3英尺深。从中间到两端逐渐收窄,船尾收窄成一个小旋钮,略略翘起,比船身略高,整条船呈一条直线。船体大多不加雕饰,但是有些木船刻了些图案,和面具上的图案相似。

独木舟里没有座位,只有几个放置武器的圆孔。船身很轻,在适当的宽度和平滑的底板加持之下,可在水中又稳又快地前进。船上不安装任何支架,这和其他太平洋岛国存在明显区别。他们的桨是小而轻,像一片大叶子,中间宽两端窄,长约五英尺。

他们的渔猎工具设计巧妙,制作精良,有渔网、渔钩、渔线、渔叉和一种形似船桨的工具。这种工具大约二十英尺长,四英寸宽,约半英寸厚。主体部分为总长度的三分之二,其他三分之一为手柄。尖端有约两英寸长的尖锐齿骨。鲱鱼和沙丁鱼等小鱼游进浅滩后,则用此物击打,把小鱼夹在其齿骨之间。

渔钩大多用木材或者骨头制成,相当有艺术感。用来捕捉鲸鱼和其他海鱼的渔叉设计很是巧妙,那是由一块骨头削成两个倒钩,固定在一个椭圆形的大蚌壳上,一端绑在一根可以入水两到三英寻的绳子上。抛出渔叉之前,要使用一种12~15英尺长的轴,渔叉离轴之后可以像浮标一样在水面上滑行,发出尖锐的嘶鸣。打猎的时候,他们用枝叶伪装自己,用四肢迅速爬行,异常灵活迅疾,同时,嘴里模拟各种动物的叫声诱捕猎物。打猎的时候,他们都戴着各种各样的面具。

至于制作各种器具的材料,绳子看起来像用动物的筋或皮制成,从筋的软度和弹性来看,无疑用的是鲸鱼的筋。上文提到的渔叉和矛头都是用鲸鱼骨头做的，只有凿子和刀子两种武器用铁器打造。他们的凿子是一个长而平的铁片，装着一个木头手柄，石头做槌，用鱼皮磨光。我见过的凿子，长约八到十英寸，宽三到四英寸，但是，一般凿子是比较小的。刀子有各种尺寸，有的刀刃弯曲，像我们的剪枝刀。他们在粗糙的石板上磨刀和其他武器。

看到我们的船时，他们没有任何惊讶的表现，听到枪声也不惊慌，直到有一天，他们竭力向我们展示他们的皮衣是如何坚固、连箭头都难以穿透时，一名船员一枪打穿了一件六层厚的皮衣，才把他们都吓了一大跳。

1774年到1775年间，曾经过此处的西班牙船回到英格兰时，我还没有开始航行，但是，上述情况充分表明，西班牙船只从未到过努特卡。

26日晚上，我们还没驶出海湾，风向突然转变，一时狂风大作，暴雨如注，天地一片漆黑，伸手不见五指。根据经验，如果我们冒险出海，将面临翻船的危险。我们把所有钉子都搬上甲板，把船帆都转向西南方。次日拂晓时分，我们终于可以清楚看到海岸，发现号远远落在决心号后面。我下令等发现号跟上来，然后调转船头向着西北方向驶去，因为我判断海岸就坐落在西北方向。下午一点左右，突然吹起了飓风，我认为在风停之前继续航行非常危险，于是下令两条船掉头向着南方，降下船帆和前后桅。

此时，发现号发生了泄漏。一开始，我们没有多加注意，后来，我们听到面包房传来潺潺的水声，见到海水涌进船舱时，大船已经下沉了两英尺。不幸中的大幸，大船其实没有下沉，而是与水位线齐平甚至高于水位线。海水涌进储藏鱼干的船舱时，我们就发现，水桶漂浮在船舱的水面上。

幸运的是，在放在同一个舱房内的煤炭阻挡之下，海水没有流到水泵处。我们花了大半夜把舱房里的水都舀出去，终于保住了水泵。到了晚上，风向转变，吹起了南风，风势减弱了不少。我们升起了主帆，把两只顶帆收窄，转向西方。

晚上十一点钟，风势再度加剧，我们不得不收起主帆，直到次日早上五点，风势才有所减弱。我们再度升帆。5月1日7点左右，我们终于看见了陆地。眼前的土地群山环绕，我将最高的那座山峰命名为埃奇克姆峰。3日，我们看到6里格以外有个很大的岛屿，旁边是一座高峰，我们将那山峰命名为晴朗峰，海峡得名"克罗斯海峡"。

4日以来，一切平淡无奇，无需赘述。10日，我们大船离海岸只有不到3里格，从船上可以看到海岸由北向南大约长6里格。主岛上有一点向东北方向突出，我将其命名为萨克林海角。

11日上午10点，我坐着小艇，登陆岛屿，打算看看岛屿的另一边有什么东西，结果发现那儿除了山还是山，道路陡峭崎岖，难以行走，不得不放弃计划。在距离岸边不远的一棵树下，我放下一只瓶子，瓶子里装着一张纸，纸上写着两只船的名字以及我们发现这个岛屿的日期，还在瓶子里放了两枚1772年发行的硬币。为了表示我对资助人凯耶博士（曾为牧师）的感激和尊重，我将此岛命名为凯耶岛。

此岛长约12里格，宽度却不过1.5里格。岛上遍长松树，林木茂密。我们现在经常遇到浓雾大雨天气，眼下大雾弥漫，目不能视物，很有必要找个地方暂时停下来，等待浓雾散去，顺便修补船板，以防再次在风暴中出现船舱进水的事故。因此，我决定将大船驶进一个海角，后来，我把这个海角命名为"希钦海角"。

大船停泊在一个小海湾前面，距离岸边约四分之一英里。很快，浓雾散尽，我们得以看清楚周围的景致。大船下锚的地方是小岛最西端，下面有一个深约3里格的海湾。东南方向还有两三个这样的海湾，中间有几个岩石嶙峋的小岛。

戈尔先生乘着小艇登上小岛，想打几只鸟来吃。他正要开枪射击时，二十多名当地人乘着两只独木舟出现了。戈尔先生决定返回大船，当地人跟在他的身后，和小艇保持着一段距离，大声呼喝，有规律地紧握和向前递送手中的武器，像努特卡人那样唱起歌。

他们的头上也插了羽毛。其中一个人递出一件白色的服装，我们姑且把此举当作表示友好的动作。另一名当地人也在船上站起来，他几乎全身赤裸，双手作出一个十字架似的姿势，一动不动地站了一个多小时。他们的独木舟不是像乔治国王岛上的居民或努特卡海湾土著那样用木材制造，而是用一种窄窄的板条，外面包着海豹或是什么动物的皮。

我们用友好的手势回应他们，试图鼓励他们到船上来，他们仍然不敢靠近。我们把礼物抛到他们船上，他们收下后退回岸边，向我们示意他们会再次来访。次日早上，风势渐弱。上午10点左右，能见度更高，我们打算找个隐蔽的地方彻底排查大船漏水的隐患，而我们眼下停泊的地方无疑太过开阔暴露了。

上午，当地人果然再次出现，这次他们乘着五六条独木舟，当时大船刚好拔锚起航，他们跟着我们的船走了一段时间，逐渐被远远甩在了后面。下午2点左右，天气再度恶劣起来，浓雾滚滚，大家只能看到眼前的东西。

4点半左右,我们到达目的地,发现那是一个小岛,和邻近的海岸距离大约两英里。我们在岛上发现一个小小的海湾,或者说海港,正适合停泊。大家马上热火朝天地动手拆卸桅杆和船帆等物。晚上8点,狂风大作,我们不得不把铁锚抛到十三英寻以下,并把船开进海湾深处避风。

深夜,风暴更加猛烈,我们不得不暗道侥幸。然而如此恶劣的天气下,还有三名当地人顶风冒雨前来,一人独坐,另两人共坐一舟。他们的独木舟和爱斯基摩人的有几分相似,船上仅有两个孔,仅容两个人坐下。这些人手上拿着一根长约三尺的棍子,上面系着很大的鸟羽或翅膀。他们频频将那棍子举向我们,我们推测那是一种表示和平友好的信号。过来的当地人越来越多。

第二天早上,一大一小两条独木舟载着几个当地人来了,他们当中有人冒险上了大船,其中一名中年男子生得颇为英俊,后来我发现他就是岛上的酋长。他穿着海獭皮做的衣服,头上戴的帽子和乔治国王岛居民所戴的一样,上面装饰着豌豆大小的蓝色玻璃珠,他似乎认为蓝色玻璃珠比我们的白色玻璃珠更有价值。实际上,无论什么样的珠子,他们都很喜欢,愿意用任何东西与我们交换,甚至是他们身上穿的海獭皮子。可惜我未能说服酋长单独跟我到舱房里去,他们一行人也只是在船上停留了一小会儿。

尽管如此,我还是命人严密监控,因为很快他们就开始偷东西。他们在决心号上待了三四个小时之后,又去了发现号。他们当中有一个人刚刚从发现号上回来,现在又跟其余的人一起去凑热闹。看到这一幕,我以为这个人既然已经在发现号参观过了,肯定知道应该怎样指引他的同胞们参观最值得看的东西，谁知事实刚好相反。当地人离开之后，我派了一条小艇到海湾尽头寻找可以检修大船的地方。

不久，当地人去而复返，直奔我们的小艇而去。小艇上的军官一看，马上调头回大船，当地人划着独木舟跟在小艇后面。艇上一名军官上船，留下一名同事看守小艇。他前脚刚走，当地人后脚就上了小艇。一些人用长矛指着我们的船员，让同伙去解小艇绑在大船上的缆绳，试图把小艇拖走。我们纷纷把枪对准了他们，当地人见势不好，纷纷离开小艇，回到他们的独木舟上，示意我们放下武器，仿佛刚才他们没有试图劫持我们的小艇一样。

他们甚至做了一个更加大胆的举动，试图劫持发现号。上文提到的那名率先登上发现号暗中观察的当地人，发现船上只有一两名执勤军官，以为能够轻易将距离决心号有好一段距离的发现号抢走。几名当地人一拥而上，拿出刀子，示意军官们不许出声，开始在发现号上搜罗能够拿走的物品。他们首先看到小艇用的方向舵，拿起来就抛向停在大船旁边的独木舟。

在他们找到第二个目标之前，发现号上的军官终于发现了异常，拿着刀枪从船舱里出来。见状，这伙强盗飞快逃离发现号，在他们的独木舟上交头接耳，应该是向留在独木舟上的同伙描述船员的砍刀比他们自己的刀要长多少。正当我们打算起锚开往海湾尽头时，狂风暴雨再度降临，我们不得不停留在原地。

傍晚时分，风雨狂暴如初，为了避免船舱进水，我想出一个办法：用铁锚和锚链移动大船，使其稍微向前倾斜。在此过程中，一名船员不知是否因为无知或疏忽，还是两者兼而有之，被浮标绳绊倒在甲板上，跟着铁锚沉下水底。幸运的是，在此危急关头，他及时脱身，浮出水面。虽然一条腿严重撕裂，但好歹没有送命，也算不幸中的万幸了。次日一早，我们把大船停稳，开始检修漏水的地方。船罩一掀开，我们发现舷板接缝处开了一个大口子，好几个地方塞船缝的填絮都没有了。

木匠修补缺口时，我们将所有的木桶都装满了淡水。17日上午，大船修缮完毕，盖上船罩，我们拔锚起航，向着西北方向驶去，我设想，如果这个小岛有通往北方的航道，想必是在西北方向。下午1时许，狂风肆虐，难以前进。我们被迫在距离小岛大约4里格的东岸下锚，铁锚入水十三英寻。早上天气一片朦胧，后来逐渐清晰，周围的景物看得一清二楚。

看来小岛西北方向并没有通向北方的航道，实际上，这里并没有出海的航道。我派戈尔先生率领两条武装小艇去北面探路，另外两艘小艇去东南方向探路。晚上，小艇都回来了，大家一无所获。眼下风向正适宜出海，我决定不做无谓的尝试。

第二天早上，起锚出海。北方吹着微风，我们逆风驶向小岛西南方。我们在那儿发现一条航道，直通我们进来时的路口，走这条航道可以大大缩短出海的时间。我们经过一个小岛，离开海岸大约18里格，我将其命名为蒙塔古岛。

航道的西南方向有几个岛屿，出海口附近的几个岛屿地势高而布满岩石，靠里面的地势较低，常年无雪，林木葱郁，我们将其命名为"格林群岛"。晚上八点，风平浪静，我们停泊在蒙塔古岛的岸边大约两英里处。第二天上午10点左右，微风吹拂。大船起锚，于傍晚6点出海，一路上，目之所及，看到海岸由西向南不断延伸。我将刚刚离开的这座岛屿命名为威廉王子岛。

　　岛上最不同寻常的一点就是无论男女都会把下唇朝着嘴巴方向撕裂或者割裂，就连襁褓中的婴儿下唇都有一条大约两英寸长的裂口。为了不让裂口自然愈合，在伤口还新鲜的时候，必须用人工方法保持裂口形状，确保这个口子能容纳舌头通过。

　　我们的水手第一次见到嘴上有道口子的人，不禁指着那人说：快看，那人有两张嘴！当地人在他们的"第二张嘴"上塞了一个扁平饰品。这个饰品似乎是由骨头或贝壳制成，切成牙齿大小的狭窄小片，有个小小的凸起，放进那窄缝中，切面就袒露在外。有些人在下唇上打了许多孔，孔眼中塞着各种小海螺，好像多了一排牙齿一样。

　　离开威廉王子岛，我们向着西南方向行驶，经过一个很高的海角，因为发现这个海角的日子刚好是伊丽莎白公主的生日，于是我将其命名为伊丽莎白海角。除了这个海角外，我没有看到其他陆地，一开始我们以为那就是这个大陆的最西端，然而不久我们就发现了陆地。

　　这时，恰好刮起了大风，把我们吹离海岸好一段距离。22日下午，风势减弱，次日中午，我们向西行驶，来到了10里格以外的伊丽莎白角北面。此时，在南面发现了新的陆地，应该是跟伊丽莎白角相连的一个小岛。此时吹着西风，次日中午我们才来到海角的南面，我们距离22日发现的海岸还有3里格。

　　这个方向有大片陆地向南方延伸大约十四到十五里格，我推断那肯定是圣赫莫杰尼斯海角，它从东北方向延伸至西北方向，和我们之前发现的陆地完全隔绝。我们想靠近海角，却一直为变幻的气流所阻挡。次日下午2点，一阵微风吹起，我们乘风行驶，离圣赫莫杰尼斯海角大约只有6里格，中间隔着一条大约1里格宽的海峡。

距离这个岛屿一个半里格处，有些露出水面的岩石，在其东北方向，水深二三十英寻。圣赫莫杰尼斯海角尽头的那一点被命名为班克斯点，我试图找到连接伊丽莎白角和圣赫莫杰尼斯海角相连的土地，发现两者之间是一些布满岩石的荒岛，完全与两个海角隔绝。我们把这些荒芜的岛屿命名为巴伦群岛。

巴伦群岛坐落在班克斯点和伊丽莎白角之间，距离前者3里格，后者5里格。我打算通过这些岛屿之间的航道，却受到洋流阻挡。傍晚时分，一直雾蒙蒙的天空晴朗起来，我们清楚地看到一座很高的海岬，犹如高峰，直冲云霄。我将其命名为道格拉斯海岬，用以纪念我的挚友道格拉斯博士。

第二天，也就是26日早上黎明时分，我们抵达巴伦群岛北部，在那里，我们发现了更多的土地，沿着道格拉斯海岬向北延伸，形成一条山峰链，其中最高的一座山峰得名圣奥古斯丁山。发现这片陆地后，我们没有因此感到沮丧，虽然这些陆地与伊丽莎白角完全隔绝，东北方向更是一望无际。我们认为道格拉斯海岬和圣奥古斯丁山之间西北方向，肯定有航道可以通过。

大家都认为在大船行驶方向的左边，道格拉斯海岬北部，是一个群岛，岛屿之间有很多航道，我们可以通过其中一条出海。本着这个想法，恰好这时吹起了东北风，我们于是向着西北方向航行。晚上8点，我们清楚地看到，我们之前以为是岛屿的地方，其实是一座座高峰，周围是低洼的岛屿，当时视野模糊，我们只能隐隐约约看到地平线。这片土地到处白雪皑皑。

从山顶到海滩，包括岛上其他部分都覆盖着白雪。我现在才确信，此处确实没有通道。我坚持来此处寻找不过是为了安抚众人，而不是为了自己的猜想。28日，吹着微风，我们将一只连着八英寸长锚链的小锚抛入水中，想把大船抬出水面。谁知在此过程中缆绳断裂，铁锚消失不见。

后来，我们花了差不多一天时间寻找丢失的小锚，却一无所获。此时，天气晴朗，视野还算清晰。我们可以看到眼前陆地的另一面，那儿层峦叠嶂，连绵不断。在东部海岸，我们发现两条烟柱，说明当地有人居住。我们拔锚起航，前往那地方。30日早上7点，我们停泊在岸边。大约中午时分，两名当地人各自划着一条独木舟靠近我们的船。此时海上风高浪急，他们奋力搏击风浪，终于来到船下。其中一个人讲了很多话，不过我们一个字都听不懂。他不停地指着岸边，我们理解为他想邀请我到那边去。我通过船尾的瞭望台递给他一些礼物，他收下了。

这些土著和我们在威廉王子岛上见到的土著居民，在长相、衣着、独木舟的设计方面都很相似。其中一名当地人脸上涂着墨，没有留胡子；另外一人年纪稍大，脸上没有涂墨，留着浓密的胡子。此时，一阵洪流涌来，我们不得不下锚，他们的独木舟也离开了大船。此时，吹着东北风，我们向着西岸行驶。东西岸之间有一条宽约4里格的航道，航道上巨浪滔天。在晚上8点，我们停泊在一个海角下。

这个海角坐落在东北方向，水深15英寻，退潮之后，我们在此处停留了将近五个小时。31日早上，涨潮的时候我们再次下锚，八点钟左右，几名当地人过来拜访。他们的船桨是叶片形的，与爱斯基摩人的桨有几分相像。稍大的那条独木舟上除了男子以外，还有妇女和儿童。接近大船的时候，他们用一支长杆挑着一件皮衣送到我们船上，显然是他们表示友好的方式。作为酬谢，我送了他们一些小玩意儿。我们从他们那儿购买了一些用海獭和野兔等动物皮毛制作的皮毛衣服，少量鲑鱼和大比目鱼；他们则从我们这儿拿走了一些旧衣服、玻璃珠子和铁器。我们发现，他们已经有了大铁刀和一些天蓝色的玻璃珠，并且视若珍宝，因而也很喜欢从我们这儿得到的东西。他们在两条船上待了两个小时左右，然后才返回西岸。

九点钟左右，我们在距离西岸大约2里格的位置下锚，水深16英寻。当时海上云雾缭绕，时而淫雨霏霏，时而乾坤朗朗。天空晴朗的时候，我们可以看到东部海岸山脉之间的空隙，大船的东方有些低洼的土地，我们推测那是大船与主岛之间的小岛。北方也有这样的低洼地带，围绕着山脚一直延伸到山峰背面。我们推测，在低洼地区会出现广阔的浅滩，或许离我们不远的地方就有这样的浅滩。

上述种种迹象使我们怀疑山峰之间的入口并非通向东方，甚至这些入口只是刚才我们进来时走的那条航道的分支，最终通向北方。为了进一步确认这一点，顺便研究上述浅滩，我下令把小艇放下，跟大船绑在一起，只要洪流一起，就可以向浅滩靠近了。然而，当时浪头太大，驶出大约10英里之后，我不得不再次下令抛锚。

下午，几名当地人划着独木舟来访，和我们做交易的时候，手脚很不干净，一副习以为常的样子，没有丝毫愧疚之情。次日凌晨两点，小艇返航，派出去的军官称已经找到了小岛，或者说找到了一条宽约一里格的河流。河流流向北方,两边都是低洼的陆地。他们沿着河流航行了大约3里格,发现河水深约17~20英寻,可容大船通航。潮水刚退,河水非常清澈。洪水退后,河水微咸,希望循着河流找到出海航道的希望再度破灭。

然而潮水刚退,我们难以逆流而上,不如顺着洪水而下,仔细观察河流的东分支,以确定河流东面的低洼陆地是否是一个岛屿。本着这个目的,我们拔锚起航,顺着洪水而下,通过小艇到东岸探索。适逢此时吹起了一股逆风,我派金中尉率领两艘小艇观察潮汐和河流的水文特征。10点,开始退潮,我把铁锚抛到水下9英寻处,但是,洪流太强,小艇难以抗衡,于是我在小艇即将进入河道之前打信号让小艇返航。小艇送回来一条重要信息,那就是我们此前以为是岛屿的低洼地带实际上是一条联通河岸与山脚的通道,终点正是这条东分支的河口。为了方便区分,我将这条分支命名为图恩河。

我们沿着这条河流行驶了70里格,最终没能找到它的源头。如果我们发现的这条比其他岛屿上所有河流都要壮阔的大河将来能发挥重要作用,那么我们在上面花费的时间也算没有白费。然而,对我们而言,在这里耽搁了那么久,对我们的航程是一个重大损失。又一个季节过去了,我们不知道距离南方还有多远,我们只知道北美大陆在西方的版图,比世界上最权威的地图上标记的都要大。这样一来,寻找通往巴芬湾的或哈得逊湾的航道似乎不大可能实现。

然而,我聊以自慰的一点是,假如我们没有探索这条河流,那么世人就会继续被毫无根据的猜测所误导,以为它联通通往北方的海洋或者通往东部的巴芬湾或哈得逊湾。下午,我再次派金先生率领两条武装小艇出航,他们将会在河流东北侧低地登陆。在低地北边插上大不列颠帝国的旗帜,向全世界宣示陛下对这片土地与河流的所有权,并在土里埋下一只玻璃瓶子,里面放着一张纸条,纸条上写着两条船的名称和我们发现这片陆地的日期。此外,还放了一些1773年发行的硬币。

在此期间,大船也做好了起航顺流而下的准备。此时正吹着清新的东风,但是没过多久,就一丝风儿都没有了。在金先生等人登陆升旗的地方(现在叫作占领角)遇到一股洪流,我们不得不在占领角南边大约两海里处停船下锚。金先生回来后告诉我,他一走近岸边,就有大约20多名当地人向他张开双手,他认为那是为了表示友好,展示他们没有携带武器。当他们看到金先生等人手上的步枪时,似乎非常震惊,打手势让海员们放下武器。

金先生他们依言放下武器之后,当地人又打手势让他们走上前去,看上去他们性格开朗而且善于交际。他们带着一些新鲜鲑鱼和几只狗。发现号随船医生罗先生买了一只狗,让狗头向着小艇,当场射杀。当地人似乎感到非常震惊,随即,出于对自己安全的忧心,他们全都离开。金先生他们这才发现,当地人的长矛等武器就藏在身后的草丛里。

趁着河水高涨,我们起锚,前往西岸,在那儿遇到一股洪流,于是就地下锚。不久,几名当地人乘着独木舟来与我们交易。他们先是卖皮毛,后来连身上的衣服都剥下来卖给我们,许多人都脱得赤条条的。他们还带来一些白兔皮和漂亮的红狐狸皮以及两三块水獭皮,他们用鲑鱼和大比目鱼跟我们换铁器,铁器也是他们最喜欢的东西。

十点半左右，洪水开始退潮，我们也随之起锚。沿着河流航行的过程中，领头的船员心不在焉，导致发现号狠狠撞上河岸。发现号搁浅之后，我打信号让发现号下锚。下午五点左右，潮水涌来，发现号乘着水势，再度起航，幸运的是船只没有严重受损。此时，适逢涨潮，河水升高，而且风向不利航行，于是我们就地下锚等待退潮。我们从晚上十点左右一直等到次日早晨五六点，潮水退尽后，我们再次在距离西岸两英里处下锚。许多当地人靠近大船，带来大量鲜美的鲑鱼跟我们换一些寻常的小东西，我们很乐意与他们交易。

大部分鲑鱼都分成小堆准备烘干，决心号和发现号都各自买了几百斤。天空继续吹着南风，我们继续顺流而下，于5日上午回到我们丢失小锚的地方，再度寻找一番，依然毫无结果。离开之前，几艘独木舟出现了，坐在独木舟上的人和大船保持着一定的距离，就这么安安静静地跟在后面，大约跟了一个半小时，一句话都没有跟我们讲。最后，他们终于鼓起勇气，来到船边与我们交易，直到把他们带来的所有皮毛和鲑鱼都卖给我们才舍得离开。

20日早上，我们看到两英里以外海浪翻涌，迫使我们远离陆地，我们只能遥遥看见海岸的影子。诸多毗连的岛屿上白雪皑皑，尤其是一些高耸入云的山峰。我们发现西南端的一座山峰其实是火山，它矗立在海岸旁边，山顶浓烟滚滚。

当天午后，连续三个小时连一丝风都没有，海员们从海里捞上来大约一百多条鲽鱼，其中一些重达一百磅，这意味着所有船员都能够大快朵颐了。我们正在热热闹闹地捞鱼，一名当地人划着独木舟靠近大船。见到我们之后，他脱下帽子，鞠了一躬。显然，这些人肯定和俄罗斯人有来往，因为此人不但彬彬有礼，衣着打扮也不同于一般蛮夷之人，而是接近于西方文明国家的人。这名访客身上穿着绿色的马裤，黑色的布夹克和他本国的衬衫。他手上的东西不多，只有一块灰色的狐狸皮和一些渔具。渔竿的杆头是用骨头做的，打磨得很漂亮。

天空时而烟霞迷蒙，时而阳光明媚，22日下午，东南风带来丰沛降水和连绵的阴雨天气。大雾之中，除了火山及其旁边的一座山峰，什么都看不见。这段日子因为风向变幻莫测，风力太小，我们走走停停，耽搁了不少行程。25日上午，吹起了东风，然而和以往不同的是，东风吹过，非但没有降雨，反而天气晴朗，我们不但看清楚了火山口，还看清楚了东边和西边的山峰以及大片陆地，视野比以往都要清晰。

下午天气再度阴沉起来，后来更是大雾弥漫，甚至看不见眼前一百码的事物，只能听着海浪拍打左舷，大船吃水28英寻。我马上下锚，煎熬了几个小时，大雾才稍微散去，这才发现我们刚刚在鬼门关上转了一圈。大船处于岛屿北部差不多两英里处，两侧高耸的岩石离我们不过半里格，我们夹在其中，差点撞上了其中一块。岩石之间海浪翻涌，凶险异常，然而上帝在冥冥中指引着船只在岩石之间穿梭，而这样的冒险是我在天气晴朗的日子都不敢尝试的，我们更是误打误撞来到一处绝佳的下锚地。

距离大船四分之三英里外的一个海角上站着几名当地人，还能看见他们的居所。他们在拖拽一条鲸鱼，大约是刚刚杀死不久的，小部分人时不时来到大船旁边和我们交换一些零碎东西。他们似乎相当害羞，但是可以判断，他们对我们这样的船只并不陌生。28日拂晓，微有南风，一股洪流涌来，我们赶在退潮之前来到了南岸附近水深28英寻的一个锚地。

此时，几名当地人过来用渔具换我们的烟草。其中一名年轻男子，划着独木舟跟在我们的小艇旁边时不慎失足落水，好在我们的船员及时把他救起，但是他的独木舟已经顺水漂走了。因为这个事故，他不得不登上大船，我邀请他到我们的船舱里坐，他没有表现出不情愿或者不安。他自己的衣服湿透了，我给了他一身替换衣服，他欣然换上了。如果要我换上陌生人的衣服，我可不会那么自在。

从他和其他一些当地人的行为来看，我们确信他们对欧洲人和欧洲的习俗并不陌生。但是当地人还是对我们的船只感到好奇，那些没能到船上来的人就在附近的山峰上盯着我们看。我们抛锚后不久，当地人带来了一张纸条给我看，但上面的俄文我们没人能够看懂。这张纸条对我而言毫无用处，然而它可能对后来的船只大有作用，于是我把纸条还给那个人，还送给他一些礼物，感谢他的好意。

他收下礼物后，鞠了几个躬表示感激。第二天，我沿着岸边散步时，遇到了一群当地人，其中有男有女。他们坐在草地上野餐，正在津津有味地吃着生鱼，而我们欧洲人吃生鱼时非要佐以大量酱汁不可。晚上，我们取到了足够的淡水，在时间和天气允许下观察了周围的景物。浓雾和逆风使我们难以成行，直到7月2日，这段时间反倒给了我们一个认识这个国度和当地居民的机会。

出海之后，我们一路向北，在沿途虽然没有遇到什么障碍，行程还是相当缓慢,也没有什么值得记述的。6日上午,我们发现自己比预期的更接近陆地。此处,两个海角之间的海岸内凹成槽状,海岸的某些部分从船上几乎看不见。我命令威廉姆森中尉登陆,观察海岸的方向,以及这个荒岛上的物产。

他回来后报告说,他着陆之后爬上最高的山峰,发现眼前的海岸向北方延伸。他在山上留下一只写着船的名称以及发现日期的玻璃瓶,把那座山峰命名为纽纳姆峰。纽纳姆峰海拔不算特别高,上面遍布岩石,山上少植被,海拔较低的地方长着绿草和其他植物。他看见母鹿带着小鹿,海滩上还有海马和牛的死尸。

6日到21日之间平淡无奇,无需赘述。21日,我们不得不下锚,避免冲进一个只有五英尺深的浅滩。此时,27名当地人划着一条独木舟来到船边。他们谨慎地向我们靠近,一边大声呼喝,一边张开双臂,我们认为那是表示友好的举动。一些人靠近之后,我们交换了一些零碎的小东西,这鼓舞了其他的当地人,他们纷纷上前来与我们的海员做买卖,他们带来的东西包括弓箭、飞镖和木船等等,我们给他们什么东西他们都乐意收下。

他们与我们在这片海岸上见到的当地人很相似,鼻子和嘴唇上的装饰差不多一样,然而,这些人身上脏兮兮的,穿得也不够体面。显然,他们对欧洲人感到很陌生,不知道怎么使用烟草,身上除了一把稀松寻常的木柄铁刀外没有别的外来物品。他们的独木舟是上文提到过的那种皮筏子,就是船身更加宽阔,船上那个让划船人坐下的孔洞,比我们见过的筏子上的都要大。我们的小艇从临近地区返航时,吓了他们一大跳,于是都惊慌失措地逃走了。

风夹雨的天气持续到8月3日,决心号的随船医生安德森大夫缠绵病榻一年之后，于当天下午3点到4点之间去世。安德森先生是一名聪明睿智的年轻人，平易近人，医术精湛，知识渊博。他咽气后不久，我们就发现了西边的一片陆地，距离大船约12里格。那应该是一个岛屿，于是我把它命名为安德森岛，用以纪念逝者。第二天，我将发现号上的随船医生劳先生调到决心号，将劳医生的助手任命为发现号的随船医生。

5日上午10点左右，吹着西南风，我们顺流而下，在4里格以外的一片陆地和一个岛屿间的水域下锚，我将这个岛屿命名为斯莱奇岛。登上小岛后，在岛上或者旁边的陆地上都看不到树木，也没有灌木。岛上有人的足迹，不远处的岸上有一个雪橇，这似乎是俄国人用来在冰雪上活动的一种工具，长约1英尺，宽20来英寸，两侧各有一对平行的骨制轨道。这个雪橇的设计和手工之精巧令人赞叹，所有的零件都精密地组合在一起。

从6日至9日，经过观察，我高兴地发现这片陆地是一片延续的海岸。大船起锚来到陆地的西北部，那儿有一个海角，我将其命名为威尔士王子角，这个海角已经是已知的美洲大陆最西端。破晓时分，我们继续向西航行，十点左右在距离岸边2英里处的一个海湾停靠。开进海湾的时候，我发现北岸有个村庄，当地人见到我们的船只都惊恐万状，纷纷逃窜，我们看到他们背上背着自己的家什逃跑。

我犹豫了片刻，还是决定登陆，我和数名军官一起，率领3只武装小艇到周围探索。此时，三四十名当地人手执弓箭等武器，站在村口的一片高地上。当我们靠近时，其中三人来到了岸边，彬彬有礼地脱帽鞠躬。

我们向他们回礼，尽管如此，他们还是对我们很忌惮。我们上岸的那一刻，他们纷纷后退。我孤身一人跟在他们身后，没有带任何武器，打手势示意他们停下来。我送了他们一些小玩意儿作为礼物，他们送给我两张狐狸皮和一对海马牙作为回礼。他们似乎还是非常害怕，打手势示意不让其他人靠近。我把手搭在其中一个人的肩上，他吓了一大跳，一连倒退好几步，举起了长矛做出攻击的架势，留在高地上的当地人也举起了他们的弓箭随时准备放箭。

后来，他们觉察到我们没有恶意，才渐渐放下戒备，允许我的两三名同伴站到他们中间来，开始和我们做交易。他们用衣服和箭头跟我们换刀子、珠子和烟草等物，但是，无论我们用什么交换，他们都不愿意给我们弓和长矛。他们随时把这些武器拿在手上，一刻都不肯放下。除了有一次，四五个人放下手中的武器，给我们表演了一个歌舞，即使如此，他们还是把武器放置在触手可及的地方。为了保证安全，他们要求我们都坐下来。

箭头大多是由骨头或石头制作，很少有倒钩的设计，反而有些圆钝。这种箭头有什么用途我不清楚，或许只能用来杀死小型动物，因为箭头连皮都穿不透。箭身用骨头制成，和其他美洲海岸岛屿居民以及爱斯基摩人的风格相似。长矛用欧洲生产的钢铁制作，上面用少量黄铜或一种白色的金属雕刻装饰。随时拿着弓箭的当地人用皮带圈把长矛挂在自己右肩上，左肩上则挂着一个皮箭袋。

箭袋里放着箭，其中一些箭非常漂亮，用红色的羽毛制成，上面还雕刻着精致的花纹。他们的其他东西，尤其是服装非常独特，我们没有想到如此极北之地的居民竟然有这样的创造力。美洲海岸的居民普遍身材矮小，圆脸，高颧骨，我们现在见到的这一群人跟他们一点都不像，好像是两个不同种族的人。这一群人当中没有妇女幼儿，当中只有一名秃头的老年男子，他手里没有武器，其他人都是青壮年的男子。

他们的服装包括帽子、披风、靴子、手套等，全部由鹿、狗或者海马皮制作而成，非常精美，有的衣服上面点缀着动物或人类的毛发。帽子恰好符合头型，上面有狗皮做的风兜，可以盖住头部和肩膀。他们的头发是黑色的，但不是剃光就是剪得很短，没有人留胡子。

村庄里的房子分成两种，分别用于夏天和冬天居住。冬天的房子酷似地窖，地板深陷，椭圆形，二十余英尺长，十二英尺高，框架多用木材和鲸鱼肋骨搭建而成，用同样的材料捆扎在一起。框架上面盖着厚厚的草，草上覆盖着泥土，从外面看像一个个小土岗，由三堵高约三四英尺的石墙支撑。没有石墙的那一面地势升高，形成斜坡，直通屋顶上的一个洞口，那就是屋子的入口。屋子的地板是平整的，地板下面有个地窖，里面除了水没有别的东西。每座房舍都有一个拱形的房间，应该是个储藏室。

这些储藏室和屋顶上的洞口有暗道连通，屋顶几乎与地面齐平，然而并非完全埋在地下。因为房子通常依山或者岩石而建，房子上方通常建着用大鱼骨头搭成的岗亭或者宝塔的形状。夏季居住的屋子是圆形的，上方一个尖顶，用轻巧的柱子和骨头搭建架子，上面覆盖着海洋动物的皮。

我进去过其中一间屋子，里面摆着一个火炉，屋内脏乱异常。睡觉的地方在墙边，几乎占了房间的一半，有些地方用皮毛隔断成私密的空间。床褥多是鹿皮制成，相当干燥整洁。住处前面架设了几个十到十二英尺高的高台，与我们在沿岸岛屿上看到的相似，都是用骨头搭成，似乎是用来晒晾海鱼和皮货的，避免被他们养的一大群狗糟蹋。这些狗脸长得像狐狸，体形庞大，皮毛颜色各异，毛发浓密柔软，如同羊毛。这些狗冬天时用来拉雪橇，我就看见其中一间冬季居所前摆着许多雪橇。他们很有可能吃狗肉，因为某天早晨我看到他们屋前躺着几条死狗。

当地人的独木舟无论大小都与北美洲岛民使用的非常相似，停靠在村子下面的一条小溪里。从他们居所附近的鱼类和其他海洋动物骨头来看，他们的食物大部分来自海洋。这个地方土地非常贫瘠，我们既没有看到树木，也没有看到灌木，在岛屿西边是白雪皑皑的山脉。起初我们认为这片土地属于阿拉斯加岛，是地图上已知土地的一部分，然而，根据海岸的形状，对面美洲海岸的方位，以及经度上的景致风物，我们很快开始怀疑这片土地不属于北美洲，而是1728年维图斯·白令先生探索过的亚欧大陆最东点。如此一来，我很有理由怀疑，史德林先生地图上对于新北部群岛描述是错误的，甚至是虚构的，当然这只是我个人的一个推断，毕竟在旅途中没有机会查阅资料，也没有具体的证据。

和当地人在一起逗留两三个小时后，我们回到船上，不久，吹起了南风，我们起锚驶出海湾，继续朝着东北方向行驶。为了靠近美洲海岸，我们一直沿着偏东方向行驶，在此过程中，水变得越来越浅，风力也逐渐减弱，大船寸步难行。为了防止大船搁浅，只得下令在只有6英寻深的水域下锚。一股微风从北方吹来，晚上9点，我们起航朝着西边驶去，因为那边的水似乎更深一些。

12日，东西海岸都能看得一清二楚，但是我们离东边的美洲海岸距离更近。之后几日没有什么值得记述的事情。16日,将近中午时分,我们看到冰面上有亮光,似乎是阳光反射到冰面上所致。一开始,我们没有多加留意,因为谁也没有料到那么快就能抵达结冰的海面。然而,空气突然变得凛冽,天空异常阴郁,似乎都预示着发生了突然的变化。大约一小时后,一大片结冰的海面迎面而来,我们终于能够确定刚才的反光是阳光照射在冰面上所致。

下午2点半,我们被迫在北纬70°41′一处水深22英寻的海面下锚,因为前面是一望无际的坚硬冰面阻挡着,大船难以前行。这地方生活着大量的海马,有的在水里,大多数都在冰面上。我原打算猎一些海马,但是这时恰好起风了,我于是决定向南航行,或者说向西航行,因为现在正吹着东风。

18日中午,大船行驶在北纬70°41′,向东移动了将近5里格,更加接近坚硬的寒冰边缘。冰层大约有十到十二英尺高,越往北去,冰面越高,冰层表面坑坑洼洼,随处可见小水池子。

向南行驶了6里格之后,海水开始变浅,大约只有7英寻,再往前行驶,水深9英寻。此时,一直雾蒙蒙的天空清朗了许多,我们看到一片陆地从南方向东南方向延伸,距离我们只有三四英里。这片陆地最东边的一点由于都是坚冰结成,因而得名"冰角"。冰角位于北纬70°29′东经198°20′。

陆地西边则一望无际,由此可以推断其为美洲大陆的一部分。在决心号后面大约一英里处行驶的发现号为了不搁浅,只能就地抛锚,决心号也只得随之下锚。现在的情况越来越充满危机,我们正处于浅滩当中,在海风的作用下,海冰正向我们逼近,如果我们留在原地,冰层将会把我们逼到岸上,除非其突然改变方向,也就是

库克船长三下太平洋

说，冰面与海岸包围着大船，现在只有西南方向有个缺口可以出去。

我马上打信号让发现号起锚，决心号也同时起锚，此时正是顺风，两条船于是向西南方向行驶。19日早上八点，风向转向西边，我们抢风向北行驶。当时海冰主体位于大船北方2里格处，大船行驶时，船边有大量流冰。一点半左右，我们即将接近海冰主体，然而这块冰离大船太近，而且冰块大得超乎想象，船只难以从中通过。我派出一艘小艇猎杀在冰面上行走的海马，因为现在两艘船都需要新鲜肉类补给。晚上七点，大家猎到9头海马，都放在决心号上。

从前去过格陵兰岛的海员宣称海马肉不能吃，也从来没有人吃过，然而，我们现在除了海马肉，没有更好的选择了，而且吃了海马肉的人都觉得比船上储存的腌肉好吃。海马脂肪新鲜的时候入口嫩滑，口感微甜，犹如骨髓，十分美味，但是，如果不尽快吃完或者腌制，脂肪很快就会腐坏。脂肪融化之后变成油脂，是很好的灯油。海马肉非常粗糙，黑色，味道强烈。海马心脏之美味比公牛心有过之而无不及。海马皮很厚，可以拿来做缆绳。大多数海马牙齿非常小，即使是大海马的牙齿也长不过6英寸，我们推断这些海马刚刚换牙不久。

它们通常数百头一起躺在冰面上，叫声非常响亮，听起来像猪叫，通常在夜间或者大雾天气，我们可以通过听海马的叫声避免撞上冰川。我们从来没有见过整群海马一起睡着的情况，无论何时，肯定有几只海马为其同类放哨。大船一靠近，醒着的海马马上把同伴叫醒，一传十，十传百，最后，整群海马都醒过来。然而，它们反应十分迟钝，总要等到我们开枪射击之后才仓皇逃命。如果我们没有将目标一枪射死，即使是重伤，它们也会拼命逃走。

　　海马不像某些探险家描述的那样野蛮狂暴，即使受到攻击也不会乱跑乱咬。有时候，很多海马好奇地靠近我们的船，但是，只要我们一开枪，甚至只是用枪指着它们，它们马上沉入水底。母海马非常护崽，无论在水中还是在冰面，都拼命护卫自己的孩儿，直到生命最后一刻，所以，杀了一只母海马，小海马肯定也活不长了。母海马在游泳时，通常用左鳍把小海马牢牢抱在胸前。海马为什么叫这个名字已经不可考，毕竟它们并不像马。俄罗斯人把这种动物叫作"海象"，毫无疑问，在圣劳伦斯湾发现的就是这种动物。

　　当时，在圣劳伦斯湾发现它们时，人们把这种动物叫作海牛。它们当然更像一头牛，只是比牛多了一个短吻，总之，这种动物就像大型的海豹。值得注意的是，前一些日子，我们经常看到成群的鸭子飞往南方，有的人说那是天鹅，这是否意味着北方有陆地，这些鸟类在那边繁衍生息，在天气过于寒冷时飞往南方过冬？

　　我们把猎杀的海马搬到船上时，大船几乎被海冰包围了，只留下南边的缺口。凌晨3点时分，我们终于从海冰中突围，继续向北方行驶。早上10点，吹起了北风，我们也只得变换方向行驶。下午两点，我们与海冰主体相遇，堪堪停在其边沿，当时，大雾弥漫，我们听着海马的叫声才没有撞上冰川。

　　我们于是继续航行，直到午夜之前才停了下来，直到次日10点才重新起航。浓雾散去之后，我们再度看到美洲大陆海岸。大船朝着海岸行驶，希望靠近一些看得更加清楚以及寻找可以停泊的港湾，但是我们一无所获。于是我们继续向北行驶。海岸的最南端形成一个点被命名为里斯本角，那儿似乎有一片高地，一直延伸到海里。

接下来的几天里,船只经常被海冰包围,不得不变换航线。27日晚上,微风习习,我率领小艇下船检查冰层的情况。发现巨大的冰面实际上是由一块块大小不一的浮冰组成的,冰块之间间隙太小,即使是小艇也很难穿插其中。我特别注意到除了多孔的冰面以外,冰块大多晶莹剔透,似乎是由雪花凝结在海面上。此时,天空突然起雾,迫使我立刻返回大船。

我们还来不及把猎到的海马运回船上。实际上,我们猎杀了不少海马,现在只能把它们留在冰面上了,冰面上的海马数量相当惊人。晚上,我们停泊在漂满碎冰的海面上。第二天早上9点,大雾散去了一些,我派小艇去把海马运回来,大家饱餐一顿。我们之前打到的那些海马早已经吃光了。

29日上午,我们看到冰面先是在北方,不久就漂到西南方向。随即,冰块越积越多,逐渐形成两座冰川,像两座小岛一样连在一起。我们逐渐靠近海岸,发现越靠近海边的地方越是低洼,随即地势逐渐升高。岛上既没有树木,也没有积雪,夹在海洋和高地之间的低洼地带有一个湖,向东延伸一望无际。最西边的两座山峰之间形成一个角,我们将其命名为"北角"。

北角的方位大约在北纬68°56′,东经180°51′。我们向西航行,希望看到海岸西端,原本以为可以跨越北角,后来发现行不通,因为海上突然起风起雾,还飘着雪花。我怕撞上冰川,只得放弃探索西海岸的计划,重新回到岸上。日月如梭,冬季已经来临,海上即将降霜。我认为今年之内再向北寻找进入北冰洋的航道将会是非常鲁莽的行为,也是注定要失败的。现在的当务之急是找一个有足够淡水和木头的地方，让所有人安然度过冬天。我最急切的心愿就是度过这个冬天之后，用我们的探索成果丰富现有的地理和航海知识，来年夏天再踏上寻找北方航道的征程。

海水升高到18英寻之后，我们起航向东行驶，前往亚洲海岸。30日拂晓，我们调整船帆，转入一条我认为通往陆地的航道。当时，浓雾弥漫，而且一直下着雪。十点，我们在西南方向看见海岸，离我们只有四英里远。陆地上层峦叠嶂，其中不乏高峰，上面白雪皑皑。9月2日，天气晴朗，阳光明媚。我们沿着海岸航行之际，看到四英里开外有几间民居，看上去就好像地上的一个个小土丘。然而，我们却难以接近这些民居，这很不同寻常，因为现在天气晴朗，不存在视野模糊的情况。

我越是确信自己身处亚洲海岸，就越发现自己的判断与史德林先生画的新北方群岛地图存在巨大差异，而且我没有办法证明这种差异，只能假设是我自己误将史德林先生所指的阿拉斯加岛的一部分当作美洲大陆的组成部分了，因为错过了分隔美洲大陆与亚洲大陆的通道。即使这个假设成立，我们之间仍然存在着巨大的分歧，现在弄清楚这一点对我而言非常重要，因为这关系到整个船队来年夏天的计划。

根据史德林先生的地图，这些岛屿上有丰富的林木资源，现在我们急需木材使用，因此我希望能够尽快找到树林。出于这些目的，我们调转船头，前往美洲海岸。6日，终于看到美洲海岸，9日，登陆海岸之后，发现上面林深木秀，景色秀美。第二天早上，我们把船停在离西岸1里格的地方，我带了两条船，在金先生陪同下出发寻找木材和淡水。我们在海滩上看到大量鹿和狐狸爪印以及顺水漂来的木头，还发现大量淡水资源。我返回船上，打算把大船开进海湾停泊。但是，此时吹起了北风，我只能把船开往对岸，希望那里也能找到木材和淡水。

然而第二天早上我才发现那是一个半岛，由一块狭长的陆地与美洲大陆连接，在海岸处有个海湾，我把它命名为普登比角。我们在半岛上看到几名当地人，其中一个人坐在独木舟上，我送给他一把刀和一些珠子，他非常高兴，示意要给我们带东西吃，随即迅速离开。在岸边碰到另外一名男子，拿着两个干鲑鱼单独送给我。

被派到半岛上寻找水源的戈尔中尉回来报告说，半岛上很少淡水，因为小艇离海滩还有一段距离，所以也很难取到木材。既然如此，我决定依然回对岸去。第二天早上八点，我派几名军官，率领所有小艇出发到对岸去将木材运到半岛上。第二天，一名当地人和他的家人靠近正在砍伐木材的我们。我不知道他们的家庭共有多少人，我看到的有丈夫、妻子和他们的孩子，第四个人只能说还像个人罢了，我还是第一次见到这样畸形的瘸子。

他们非常喜欢铁器，我用4把用一个旧铁环改造成的刀子，从他们那儿换了近400磅鱼，其中有鲜鱼也有鱼干。我给他们的小女儿一些珠子，女孩的妈妈竟然热泪盈眶，孩子的父亲、那个瘸子和小女孩自己都感动得哭了。

傍晚时分，我们砍到了足够的木材，每条船上都装了很多。我们现在还没有弄明白脚下的海岸属于美洲大陆还是属于一个独立的岛屿，因为周围的水太浅，我们也难以通过大船去探索确认。我派金先生带领两艘小艇去探索上述疑点。16日，金先生回来报告说，他们乘着小艇向前航行了大约三到四里格，随即，他在西岸登陆之后，登高远眺，可以看到两个海岸相互连接，河湾尽头是一条小溪流。沿岸多见泥沙，处处浅滩。金先生发现周围山谷遍布，沟壑纵横，丘陵环绕。我用金先生的近亲、下议院议长弗莱彻·诺顿爵士的姓氏，将此地命名为诺顿海峡。现在，我已经能够断定史德林先生的地图有误，他臆想中的阿拉斯加岛实际上应该是美洲大陆。

现在是时候离开这一片海域了，往回行驶，在适宜过冬的岛屿停靠。此外，我不想在此处停泊的另外一个原因是，冬天一到，周围的海面结冰后，需要六七个月之后才能融化，这意味着一行人必须在此地耽搁六七个月之久。

然而，眼下附近并没有像桑威奇群岛那样能够让我们补给必需品的岛屿，于是我下令前进。10月2日，破晓时分，我们看到了乌纳拉斯卡岛，此岛东南走向，海港形似一本大书，既安全又方便。更妙的是，我们在其中一个海湾下锚，发现海水很深。当地人时不时来拜访我们，带来鲑鱼等和海员交换烟草。

前几天，船上的烟草都分发给了船员们，烟草数量已经远远满足不了水手们的需求。尽管如此，我们缺乏远见的水手们却见利眼开，拿有限的烟草和当地人做起了买卖，仿佛自己置身于弗吉尼亚港口一般与当地人讨价还价。于是，48小时以内，烟草价格就暴涨了1000%。

10月3日下午一点，我们停靠在山姆加努德哈港口。第二天早上，两艘船的木匠着手揭掉右舷护套，只见几处接缝处都开了大口子，难怪船上总是进水。其他人纷纷动手清理船上储存的鱼肉和酒窖，以便检查船上有无其他漏洞。完成检修，补充淡水之后，我们彻底清理了前舱，重新放上大量压舱物。

10月4日晚上，我和韦伯先生出发去了距离港口不远处的一个村庄。在那儿，我们见到一名俄国人，他的名字叫依斯米洛夫，似乎是临近岛屿的一位要人。他搭乘一艘独木舟而至，另外的人乘二三十艘单人独木舟作陪。我注意到，这些当地人上岸后，首先拿出他们带来的材料给依斯米洛夫搭了一个小帐篷，随后，用独木舟和船桨给自己搭建休息的住所，上面铺着新鲜的青草。如此一来，同村的人很快就能找到他们的住处。

依斯米洛夫邀请我们到他的帐篷，摆出鲑鱼干和浆果款待我们，而最令我满意的是他脸上欢欣的表情。他是个聪明冷静的人，但是因为语言不通，我们之间的交流并不顺畅，仅能靠手势、简单的数字和字符交流，即使如此，我也不会感到不耐烦。我邀请他第二天到我们船上来做客，他果然如约而至，带着一大帮当地人。事实上，他甚至搬到了我们大船附近，表示愿意和我们多多相处。我发现，他对当地的地理和俄罗斯的所有最新发现非常熟悉。我让他看地图，他马上一一指出上面的谬误。他们所有人都声称，从来不知道通过美洲大陆去往北方的航道。

他们像史德林先生一样，将美洲大陆叫作阿拉斯加岛，由此可见，俄国人已经多次尝试探索阿拉斯加岛的邻近岛屿。然而，他们口中"凶残狡诈"的当地人屡次挫败他们的探索，两三名俄国船上的船员魂断此地，在场的俄国人也向我们展示了和当地人打斗留下的伤口。

第二天下午，依斯米洛夫用餐后，留下了所有的随从，孤身一人走了，承诺在几天内返回。19日，他果然回来了，还带给我们一些地图，让我们按图临摹。他们一行人在附近盘桓到21日才动身离开。我委托他带一封信给皇家海军部的长官们,里面密封着我们此次航行访问过的所有北方沿海岛屿。

他承诺一开春就将这封信送到堪察加半岛或奥科特斯卡萨,明年冬天可以送抵圣彼得堡。他让我带两封信,一封给堪察加半岛的长官贝姆先生,另外一封给佩特罗保罗斯卡的长官。

乌纳拉斯卡和堪察加半岛之间主要的岛屿上都驻扎着俄国人,他们的主要任务是收集皮草,其中,最珍贵的是海狸或海獭皮。我从来没有听说过他们追猎其他类型的动物。从外表来看,当地人是我见过的最与世无争的人,而且非常诚实守信,相比世界上最文明的国家也有过之而无不及。

每个岛上都有一位酋长,他们拥有巨额财富和权力,但是,他们是否是俄罗斯人的分支我们就不得而知了。这些人身材矮胖,脖子很短,黑黝黝的皮肤,胖乎乎的脸,黑色的眼睛,留着小胡子和长直发。男性披着头发,女性则大多束发。男女服饰无太大差异,唯一的区别在于材料。女性的上衣用海豹皮或者鸟皮制作,长度在膝盖以下。男人通常在衣服之上再披一件防水的外套,外套上有个帽子。他们中有些人穿着木头制的靴子,帽子也是木头的,用颜料染成绿色,上面装饰着动物的皮毛或者玻璃珠。帽子前方有一两个骨制的小人像。他们没有往身上涂颜料,但是都在下嘴唇打了洞,戴着骨制的小饰品。

他们以肉食为主,主要吃海洋动物和鸟类,还吃植物根茎、浆果和海藻等植物。夏季,他们晒制大量鱼干,储存在小茅屋里,冬天取出来吃。水煮和烧烤是他们主要的烹饪方法,用开水煮熟食物的做法也许是从俄国人身上学来的。他们有些人用黄铜小水壶烹饪，没有此等厨具的就用石锅，两侧有黏土做的手柄。

有一次，我拜访乌纳拉斯卡酋长时，他们正在吃饭，煮了一只新鲜的大比目鱼鱼头。在把鱼头献给酋长之前，两个仆人不用任何佐料生吃了滑腻腻的鱼鳃。吃完之后，二人切下鱼头，在海水里洗干净，带到酋长座前，先拔了一些草垫在地上，把鱼头放在上面。随即，酋长割下鱼鳃两侧的肉，放进嘴里津津有味地咀嚼，就跟我们吃生蚝一样。

酋长尝过鲜之后，剩下的鱼肉被席上的人分而食之，他们用牙齿撕咬鱼肉，嚼碎骨头，活像一只只啃着骨头的狗。他们通常用石头碰撞生火或者钻木取火。前者通过敲击两块石头产生火星，其中一个石头是硫黄石；第二种方法则是将一根长约18英寸的木棒在木板上钻，数分钟内就有火星迸发。

钻木取火的方法在世界各地都很常见，不光是堪察加半岛人，格陵兰岛人、巴西人、塔希提岛人、新荷兰人和其他许多国家都会使用这一种方法。

当地人的独木舟是我们在美洲海岸见过的体积最小的，制作手法和其他独木舟大致相同，只有细微区别。船尾微微翘起，船头分叉，其中一股与水面平行。船板纤细，上面覆盖着海豹皮。这些独木舟大约十二英尺长，一英尺半宽，十二或十四英寸深，一般可供两人乘坐，其中一人坐在船中间的圆孔中，另外一人则坐在拉伸出来的船板上。

圆孔周围包着木头或者动物皮肤缝制的边，可以自由开合，打开后就像一只外缘绑着带子的钱袋。坐在圆孔里的男子将其紧紧地绑在身上，将钱袋"带子"绕过肩膀，把自己牢牢固定在船上。他上衣的袖子紧紧地箍着手腕,连着上衣的帽子紧紧贴着头部,上面还戴着一顶帽子固定。

如此一来,海水就难以进入船舱或者水手的衣服。为了保险起见,水手们通常带着一块海绵用以吸水。他们使用的是双叶桨,水手在中间操控,双桨一左一右拍击水面,推动船只向前移动。独木舟上准备了渔猎工具,这些工具大多用木材和骨头制作而成,和格陵兰岛民使用的很相似。这些人无论是在海中还是在河里捕鱼,都算得上是一把好手。

他们的渔具还包括骨头渔钩、筋制的渔线、渔网和渔叉。当地人实行土葬,只见山坡上有一个个坟茔,这是我们步行进村时,当地人指给我们看的。从港口通往村庄的道路上,也有类似的坟墓,有的坟茔前面堆着小石头,据我观察,每位经过的人都会在坟前放上一块石头,我在村里还看到几座颇有艺术感的人造石山。

10月26日上午,我们出发去山姆嘎诺德哈海港。我打算去桑威奇群岛过冬,补充物资之后再出发去堪察加半岛,努力赶在5月中旬抵达当地。随后,我和赫勒克船长商量了两艘船一旦出现中途分开的情况应该如何处理等问题。我们约定如果出现类似情况,就在桑威奇群岛首次会合,接着在佩特罗保罗斯卡和堪察加半岛会合。接下来的行程平淡无奇。

11月26日拂晓时分,我们看到一块陆地,从东南向西南方向延伸。我们感到非常高兴,因为现在已经可以看到桑威奇群岛的部分岛屿了。我们沿着西海岸行驶,很快就看见岸边的房屋和种植园。这个岛屿看来降水充足,植被丰富。现在的当务之急是补充物资,可如果我们放任船员与当地人进行自由贸易的话,船员只可能交换他们喜欢的但不一定有用的物品，因此，我下令禁止船员与当地人进行交易，由我本人和赫勒克船长任命某些船员负责买卖，而且只能交换必备的物资。

中午，一些独木舟靠近大船，许多人毫不犹豫地来到船上。我们从来客手中得到乌贼，我们用钉子和铁器换了大量的乌贼，当地人还带来了少量的水果和根茎。据说岛上有很多这样的蔬果，还养了猪和家禽。晚上，西方的地平线更加清晰可见，我们判断在最西端的土地有一个岛国，和我们现在所在的岛屿分开。

可以肯定，第二天一早，当地人就会带着当地的特产与我们交易，于是我们连夜向岸边靠近。起初，只有少数当地人来访，但接近中午时分，访客开始络绎不绝，他们带着面包果、土豆、塔罗、莴根、香蕉和小猪来与我们交换钉子和铁器。事实上，除此之外，我们也没有其他东西与他们进行交易了。下午4点钟左右，当地人带来的物品已经销售一空，我们就扬帆离岸了。

30日下午，几个独木舟从岛屿的东北方向驶来，他们的首领特勒里奥布也在其中。他们带来两三头小猪和一些水果，逗留约两个小时后大多都离开了，但是有些人选择留在船上。不久后，几名当地人划着双人独木舟整晚都跟在大船后面。晚上，我们发现了另一个岛屿，当地人把那地方叫作奥怀希岛，我们刚刚离开的那个岛屿叫作莫唯岛。

12月1日早上8点，我们向着奥怀希岛行驶，从莫唯岛一路跟着我们的当地人自此跟我们分道扬镳，划着他们的独木舟上岸了。晚上7点，我们已经接近了奥怀希岛，就在岛屿的北边过了一夜。2日上午，我们惊讶地看到奥怀希岛的最高峰覆盖着冰雪。我们靠岸的时候，一些当地人也来到了船边。

一开始他们有点害羞，但是我们很快就吸引了一些人上船，最后说服他们回岛上，带来了我们想要的东西。他们带来了小猪和大量蔬果，我们的交易一直持续到晚上，随后升起船帆准备出发。

6日和7日，我们在当地采购了足够吃四到五天的猪肉和蔬果，然后扬帆离去。我们买了很多甘蔗，我意外地发现，在啤酒中加入蔗汁会使啤酒异常美味，于是下令酿制了许多啤酒备用。在酒桶都装满了之后，船员们却不愿意喝，我酿制这种饮料的目的是省下些烈酒以备天气寒冷时饮用。既然大家不愿意喝，我也没必要浪费功夫劝说甚至强迫他们喝了，毕竟只要我们能吃到大量的蔬果，船员们就没有得坏血病的风险。

我严令船员们不得饮酒，另一方面，我和一些军官则继续用一切材料加上甘蔗汁酿制啤酒。最后，我发现在饮料中加入一些啤酒花，会使啤酒具备一种清新的麦芽味道，我相信所有人都会觉得这是非常健康的饮料，然而，有些不知好歹的船员却宣称这种饮料会危害他们的身体健康。这些人在我们抵达乔治国王岛时，就曾经因为我让他们饮用酿制的云杉啤酒而有所怨言。我吩咐酿制啤酒是为了他们的健康着想，他们虽然不满，却从来没有公然反抗，这还是头一次，他们公然践踏我努力为他们考虑的好意。

无论是在陆地还是在船上，我的每一次创新都会受到船员们的抵触，"便携汤"和酸泡菜就曾经被说成是"非人的"食物。其他的船长都没有像我一样热衷于通过各种饮食改善船员的生活，当然，其他船长们也没有这样良好的实验环境。

我同海岸保持一定距离行驶，13日，我们顺风行驶了6里格，和前来拜访的当地人做了一些交易后再度出海。现在我决定全速前进，希望尽快到达海岛的东南端，然而从14日到18日，海上狂风大作，时而电闪雷鸣，暴雨倾盆。到了晚上，风向转变，时而吹东南风，时而吹西南风，决心号于是调整船帆适应风向，发现号紧跟在决心号后面。

此时，岛屿东南部在大船的西南偏南约五里格处，我有信心可以赶到那里。然而次日1点左右，风就停了，我们的船被东北方向的洋流冲击得摇摆不定，只得匆忙向着陆地行驶。这样一来，在天亮前，我们就看到了岸边的陆地和灯光。这时距离岸边只有一里格，夜幕漆黑，雷雨交加。凌晨3点左右突然狂风大作，大雨倾盆。黎明时分，海岸只有半里格之遥，自北向西南方向延展。然而，此时海面上波浪滔天，情况十分险恶。随后，一直吹着西风，我们只得和海岸保持一段距离行驶，不能靠得太近。

祸不单行的是主顶帆的帆缘索松开了，差点一分为二。两只上桅的绳索也松了，好悬没有掉下来。我们赶紧将其他的船帆都降了下来，接着调转船头直奔陆地。发现号在后面偏北方向行驶，两只船一时失去了联系，直到8点钟，发现号才重新出现。天亮时当地人竖起了一面白旗，我们猜测那是一种表示和平与友谊的信号。有些人冒险跟在我们船后，然而此时风还是很大，于是他们很快就离开了。当天下午，我试图向岛屿最东边行驶，尝试失败之后，我不再尝试，转而去和发现号会合。

事实上，环岛一周并非难事，因为我们可以看到小岛向东南方向延伸，这正是我们所希望看到的。根据我们从当地人获得的信息，在东南方向没有其他岛屿。但是，我们接近岛屿的东南端时，风向再次改变，我决意要向东南方向行驶，于是继续抢风行驶。

20日下午，当地人划着独木舟来了，带来几头猪和几串大蕉，但是只够我们吃一天。于是，我们继续朝着岸边行驶，距离岸边只有三四英里的时候，更多独木舟围了上来。我们从当地人处买到充足的补给之后，继续向着北方行驶。我们这一路上见过不少原始部落居民，然而从来没见过像当地人这么毫不设防的土著，他们通常大大咧咧地把带来的物品送上船来，随即自己也毫无戒心地上来，就在甲板上和我们讨价还价。

即使是塔希提岛的居民都需要我们再三邀请才肯到船上来。经过观察我们断定，当地人对待彼此的态度，甚至比塔希提岛居民更加忠实诚信，若非如此，他们就不至于对陌生人如此信任了。在日常交往中，他们果然非常诚实守信，也没有盗窃行为。

22日下午4点，在当地采购了充足的物资后，我们升帆向北行驶，在午夜抢风转向东南方向。我们以为发现号收到信号，已发现我们调转了方向，后来才发现他们根本没有看到信号。后来我们再次转向北方，直到第二天一早发现号都没有出现。此时，海上雾蒙蒙的，我们根本看不到远处，也许发现号就跟在我们船后，只是我们没有看见而已。

此时，吹起了东北风，这意味着我们不能再向北行驶，去寻找可能已经往那个方向驶去的发现号。傍晚6点左右，我们终于可以顺风向目标岛屿行驶，然而此时还是未能看到发现号。

但是此时的风向非常有利于向我们这个方向航行，因此我断定发现号很快就能从后面追上来。因此，我下令让决心号一直在岛屿东南方向游弋，直到确定发现号不可能在这个地方与我们会合。现在我猜测发现号肯定不会向岛屿北面行驶，而是去了相反的方向，希望在那里和决心号会合。

我沿着海岸线行驶，和陆地保持着大约 5 里格的距离，此时，只有一条独木舟向我们靠近。28 日，大约有十二三名当地人来访。30 日，我们开始了和当地人的交易，然而，临时集市被一场大雨中断了。此时，我们距离岸边还有相当远的一段距离，但是当时实在很难再靠近陆地，因为风力渐渐减弱，洋流奔涌，惊涛拍岸，很是惊人。

到了晚上，天气稍微好转，破晓时分却又乌云密布，新年在这一场滂沱大雨中悄然而至。大雨一直持续到 10 点多。此时，数名当地人划着独木舟，带着水果、根茎和生猪来与我们交易。我们采购了足够的物资之后，向岛屿西北方向背风的地方行驶，继续寻找发现号的踪迹。

一连几天过去，天气一直非常不稳定，时而刮风时而下雨，接下来的三天，我们一直在岛屿东南方向盘桓，晚上就停在海上休息，白天抽出一段时间和当地人做买卖，换取必需的物资。他们有时也会到我们船上来，我们现在距离岸边大约 5 里格，可能是害怕货物掉落海中或者对我们不是全然信任，这些当地人带来的物品不是很多，我们向当地人采购的主要物品是品质优良的食盐。

1779 年 1 月 5 日上午，我们终于到了岛上，那里有一个很大的村落。村民们纷纷带着他们养的猪向大船涌来。因为我已经买到了足够的盐，正准备腌制猪肉，因此我只收下那些适合腌制的生猪，小猪一律不收。然而，当地的猪很小，很少有超过五六十磅的。

幸运的是船上还有一些蔬菜，因为村民很少带蔬果来卖，不过话说回来，这地方一看就不是盛产蔬果的地方。村里随处可见火山爆发的痕迹，虽然没有对眼前这块土地造成什么毁灭性的伤害，但肉眼可见火山爆发对临近地区的破坏。

第二天早晨，当地人再次带着生猪来访。大船离岸边越来越近，我派布莱先生带领一艘小艇上岸寻找淡水。他回来报告说岛上没有河溪，只有积存在岩洞里的雨水，带着海水的微咸。这个村庄路面全是火山爆发留下的渣滓和灰烬，只有稀稀疏疏的植被。

10点半和11点之间，我们惊喜地看到发现号从岛屿的南方向我们驶来。赫勒克船长来到船上告诉我说，自从和决心号失散之后，他在附近转了四五天，实在等不到决心号才向岛屿东面行驶，然而遇上了逆风，只能距离海岸一段距离行驶，难以登陆。一名当地人一直留在他的船上，我们好言相劝他离开，可他就是不愿意下船。我们放下船帆在海上过了一夜，第二天一早继续向岸边行驶，此时我们距离岸边还有1里格。8日拂晓时分，我们发现洋流将我们带离了岸边，现在处于岛屿的西南部。

我们顺便和当地人做了些买卖，当天晚上还是像以往那样在海上过夜。凌晨4点钟左右吹起了东风，我们继续向岸边靠近，想补充点食物。接下来几天我们走走停停，一路上和划着独木舟的当地人做交易，但是采购到的食物非常有限。

16日黎明，我们终于看到一个海湾。我派布莱先生乘坐小艇去探路。此时，大船距离岸边还有3里格，独木舟从四面八方飞驰而至，10点钟左右，两艘大船周围就围满了不下一千艘独木舟。当地人摩肩接踵，带着生猪和其他物产来卖给我们。我们可以感觉到他们释放的友好，因为他们当中没有一个人随身携带武器。此时船上人多手杂，有些小偷小摸的举动也在所难免。

我们的一位访客拿走了船上的压船舵，我们发现得太晚，没有当场追回。我觉得是时候让当地人感受一下我们火枪的威力，于是我们向那窃贼的独木舟上空开了三枪。因为我无意伤人，周围的当地人是惊奇多于恐惧。晚上布莱先生回来报告说，当地有一个适合大船停泊的港湾，他还找到了新鲜的淡水。

大船入港之后，我下令修整船只，补充物资。随着夜幕的临近，船上的访客大多回到岸边。但是有些人请求我们让他们在甲板上过夜。当然，好奇心并非唯一的动机，至少对于某些人而言是这样，因为次日一早，船上再次失窃。我下定决心再也不安排当地人在船上过夜了。

中午11点左右，我们在当地人口中的凯阿拉凯夸湾港停泊，此港水深13英寻，距离东北海岸四分之一英里。当地人的独木舟把两艘大船围得水泄不通，沿途还没见过一个地方能同时聚集那么多人。

除了乘坐独木舟包围大船的当地人外，海湾的所有岸边都挤满了当地群众，还有数百人像鱼群一样在我们的船周围游来游去。我们都为眼前的情景所震撼了，现在，那些为我们未能成功找到通往北极的航道而悔恨交加的人也不再心存遗憾了吧！

去年，没能发现新航道固然令人遗憾，但是重访桑威奇群岛之后，我们有了更多新发现，其中有些是欧洲其他国家的人们都闻所未闻的。更重要的是，此次经历丰富了我们对于太平洋的认识。

库克船长在此地终结了他的航程和生命之旅。由于他抵达凯阿拉凯夸湾几周之后就遭到杀害，他的航海日记也就到此结束，此后，金先生接替撰写航海日记，并统筹船上大小事务。

凯阿拉凯夸湾坐落在奥怀希岛的西侧，位于一个名为阿孔纳的区域。海湾长约一英里，两边的陆地大约相隔半个里格。海湾北端坐落着一个叫作寇娄阿的村庄。海湾的最里面是一片高大的椰子树林，林中有个颇具规模的村落，名字叫作卡库阿村。

两个村庄之间矗立着高岩峭壁，无法从海边直达。南侧海岸内陆约一英里处景观相当粗犷，地势逐渐上升，种植着大片的椰子树。当地人口稠密，散居在椰子林中。海湾周围的陆地覆盖着黑色的礁石，在恶劣天气下登陆非常危险，除非在卡库阿登陆，因为那是一片铺满细沙的海滩。沙滩一端是当地人的墓园。

另外一端有一口小井。库克船长认为此处正适宜修理船只和补充淡水等资源，于是我们停泊在北侧距离岸边四分之一英里处。当地人看到我们下锚停泊，纷纷从岸上一拥而下，又唱又叫，还用粗野的手势表达他们的喜悦之情。

两艘船的甲板甚至索具上都挤满了当地人，没有独木舟的妇女和男孩子则在我们船边游来游去地嬉戏，没有挤上甲板的人竟然在水里游了一整天！当地最有权势的酋长是一位名叫帕利亚的年轻男子，在向库克船长自我介绍时，他声称自己是当地国王的继承人，而国王本人正领兵攻打莫唯岛，预计将于三四天内归来。

库克船长送了他一些礼物，他马上和我们一见如故起来，帮助我们约束自己的同胞，对我们很有帮助，而我们不久之后就体会到了这种约束的巨大作用。我们发现很多当地人吊在发现号一侧，导致船身严重倾斜，我们的军官根本没有办法阻止当地人蜂拥而上。库克船长担心发现号受到损害，马上向帕利亚提出来，后者立即出马帮助我们驱赶甲板上的民众和围着我们的独木舟。

从此次事件可以看出，当地酋长对于下等民众的管辖似乎是最为专制的一种。同日，船上聚集的民众太多，严重阻碍了我们修缮船只的工作，我们不得不向他们的另外一位首领卡尼纳求助。这位酋长也收了库克船长的礼物，算是和我们有些交情，听了我们的诉求后，马上命令他的同胞们立刻离开大船。那些村民们不敢违抗他的命令，纵身就往海里跳，只有一个人犹豫着不愿意跳海，卡尼纳就把他扔进海里。这两位酋长都身体强壮，身材匀称，面容英俊。卡尼纳更是相貌堂堂，韦伯先生给他绘制了一幅肖像，那是我见过的最英俊的男子之一。他大约六英尺高，表情灵动有趣，一双深色的眼眸熠熠生辉。他性格平易近人，坚毅果敢，优雅大方。

之前提到，我们觉得此岛上的居民在交易中的表现算得上相当诚实可靠，并没有小偷小摸的行为，那让我们印象非常深刻，因为当时和我们打交道的都是些渔夫和仆人之类的下等人，我们自然认为当地的上等人肯定会更加高尚。

然而现在他们却一反常态。岛民满满地挤满了两艘船，顺手牵羊之举频频发生，而且被发现的风险很低。我们人手太少，容易顾此失彼，给了他们可乘之机，即使是发现被盗，也很难追回赃物。我们把这种改变归咎于酋长们的默许和鼓励，因为当地人偷取的赃物最终是要献给某一位首领的。

决心号刚刚入港，我们的两位朋友，帕利亚和卡尼纳，带来了一名叫寇阿的男子，据称他是一名祭司，年轻时是一位勇敢的战士。寇阿是一位身形消瘦的小老头，眼睛又红又肿，身上布满白色的头屑。他被领进客舱之后，带着极大的敬意走近库克船长，并在他的肩上披了一块红布，然后，他退后几步，献上一直抓在手里的一只小猪仔，同时，口中念念有词，似乎是在宣读一篇祭文。我们在奥怀希岛逗留期间，看到当地人频繁地重复这个仪式，似乎是当地的一种宗教崇拜。我们经常看见他们的神像上披着他们献给库克船长的红布以及小猪，祭拜仪式上他们同样念念有词。

晚上，仪式结束后，寇阿和库克船长共进晚餐，把摆在他面前的食物吃得干干净净，然而，像其他当地人那样，他再也不愿意喝第二口我们的葡萄酒或烈酒了。随后，库克船长在我和贝利先生陪同下上岸。

我们刚登上海滩，就被四名男子围住，他们手里拿着木棒，棒尖点缀着狗毛，在我们面前游行一般，大声呼喝同一个短促的句子。我们只能分辨出一个单词——"龙诺"。

龙诺似乎是当地人对库克船长的代称，然而我们无法得知这个词语的确切意义。有时候，他们用这个词来指代一个无形的"住在天上"的神灵，有时候用来称呼岛上的贵人。

我们走近的时候，原本聚集在岸边的当地人潮水一般向后退去，转眼就消失得无影无踪，除了村庄边缘小屋旁匍匐在地上的几个人。在我继续描述库克船长在他的殒命之地受到的膜拜之前，很有必要描述一下当地人的墓园。

我之前已经提到过，墓地就坐落在海滩的一端，整个是一块长40码、宽20码、高14码的方形石柱，扁平的顶部精心装饰并围上木栅栏，上面摆放着为死去的酋长们献祭的人牲的头盖骨。墓园中央矗立着一栋摇摇欲坠的木屋,边上由一堵石墙和栅栏相互连接,将此地一分为二。在靠近村庄的一端,竖立着五根柱子,每根大约二十英尺高,上面放着一些不规则的支架。而在另一侧,面朝大海立着两栋小房子。

寇阿带着我们顺着一架梯子爬到柱子顶部,在入口处看到两个木雕塑像,五官剧烈扭曲。塑像由一整根木头雕刻而成,只在头部雕刻出了人像,其余部分没有加工,包裹着红布。

我们在这里见到一名留着长胡子的年轻男子,他把库克船长引到神像前面,开始吟诵一首赞歌,寇阿也和他一起念了起来。随后,他们带着我们来到墓地的另外一边,即矗立着五根大柱子的那个地方。柱子下方,十二个神像摆成一个半圆形,中间的神像前摆着一张桌子,和塔希提岛的瓦它颇有几分异曲同工之处。

供桌上摆着一头猪,猪头已经开始腐烂,还有一些甘蔗、椰子、面包果、大蕉和红薯。寇阿把库克船长带到供桌前,把那头猪献给他,而后开始飞快地念一篇冗长的祭文。念完之后,他松手让那头猪掉落地上。

然后,两人来到梯子前面,一起向上爬,有几次差点掉了下来。这时我们亲眼目睹了一场庄严仪式。两个男子出现在墓地的一侧,背着一头生猪,拿着一块红布。两人走了几步就跪下来磕头。上文提到的那位长胡子的青年男子凯历基阿接过红布,把它献给了寇阿,随即后者将红布裹在船长身上,那头猪也以同样的方式献给了船长。库克船长裹着红布站在高处,差点抓不住那摇摇晃晃的木梯子,场面十分尴尬。此时,凯历基阿和寇阿开始念诵一些什么东西,时而异口同声地吟唱,时而交替进行,持续了相当长的时间。

最后，寇阿松手让生猪掉落地面，自己和船长顺着梯子下来。

随后，他带领船长到上文提到的神像前方，每走到一尊塑像前面就停下来小声嘀咕一些什么，对着神像打个响指。最后，两人来到中间那个最高大的披着红布的神像前方，寇阿拜倒在地并亲吻了这个塑像，希望库克船长也这么做。船长只好硬着头皮去亲吻那个塑像。现在，我们被领到墓地的另外一边，那儿是一块十到十二英尺见方的空地，比周围的地面低大概三英尺左右。库克船长坐在木雕神像之间，寇阿托着他的一条手臂，让我托着另外一条。

此时，一大批当地人带着烤猪、布丁、面包果、椰子和蔬菜等物出现了。他们走上前来，凯历基阿接过烤猪，像往常那样献给库克船长，然后开始吟唱，当地人应和着祝祷起来。

我们注意到他们的祷词越来越短促直到完全停止。凯历基阿念几个词，底下人就应和道："龙诺！"整个仪式大约持续了25分钟。随后当地人坐下来切烤猪肉，料理蔬菜，开椰子，其他人则忙着制作阿瓦，制作手法基本和友谊群岛居民的方法相似，都要事先把阿瓦嚼碎。

凯历基阿开了一个椰子，把椰子肉嚼碎之后包在一块布里，用来擦库克船长的头脸手臂和肩膀等部位。然后，众人将阿瓦传了一圈，我们都吃了，寇阿和帕利亚将猪肉切成片喂到我们嘴里。帕利亚喂给我吃的肉我都顺从地吃下去了，毕竟那猪肉比起帕利亚本人来说看上去要干净得多。

当寇阿把腐烂的猪肉嚼碎了喂库克船长吃时，船长脸上的不情愿简直难以掩饰。当这最后的仪式结束后，库克船长尽可能体面地飞快离开了这片墓园。离开之前，他发给当地民众一些小铁器等玩意儿，大家都显得心满意足。

那个拿着狗毛棒的男子在前面引路，嘴里像之前那样念着祷词。我们所到之处，当地人无不匍匐下拜。我们回到船上后，脑海中还回味在岸上发生的种种奇事，心中为新朋友们的友好恭敬感到非常满意。

关于那个神秘仪式的种种，都只能揣度其含义，但是毫无疑问，当地人对接受这个仪式的人表现出无上的尊敬，他们对库克船长的态度是接近崇拜的。第二天早上，我带着8名海军陆战队的官兵再次上岸，在适当的地方搭建天文观测台，这个位置一方面可以守着淡水资源，一方面方便照应那些在岸上劳作的船员。

正当我们为此目的在村里转悠寻找适当地点的时候，随时愿意展现自己权威和善意的帕利亚提出，要把一些房屋推倒，让我们落脚。我们觉得最好还是拒绝他的提议，最后，我们在墓园边上找了一块番薯地安顿下来。祭司们为了不让当地人进来骚扰我们，用他们的狗毛神杖在这地方的围墙上绕了一圈，这样的标记叫作"禁制"，是我们在岛上逗留期间经常听到的一个词。我们意外地发现，这个禁制非常强大，没有当地人前来打扰，我们得以耳根清净了一段时间。有些人坐在墙头上，没有我们的许可，没有人敢走进禁制的范围。尽管男人们在得到我们的允许之后会带着物资走上前来，但是我们好说歹说地鼓励他们，还许诺送给他们礼物，他们还是战战兢兢；当地的女性都不敢靠近一步，帕利亚和寇阿亲自劝说也是白费功夫。

对此，她们的回答是如果她们靠近我们，他们的国王依图阿和特勒里奥布就会杀死她们。而她们在船上则毫无顾忌了，我们的船上挤满了人，其中大多数是妇女，船员们都不堪其扰，每隔一个小时就要清场一次，以便继续检修大船。船员赶人的时候，她们就嘻嘻哈哈地往水里跳，两三百名妇女成群结队地跳进水中，继续在水中嬉闹，船员刚一转身，她们又游回船上去了。

从19日至24日，帕利亚和寇阿告别我们去了特勒里奥布的住处，几天之内平淡无奇。大船两侧的捻缝锤和索具都已经检修完毕，猪肉也都腌制好了。

在天文台旁边的墓园里，祭司们进进出出，引起了我们的好奇。他们的小屋建在一个小水塘周围，在椰子林中，与海滩和村庄等地方相隔绝，使这个地方具有一种遗世独立的神圣感。

我把上述观察结果告诉库克船长之后，他决定登门拜访祭司们。他预料自己一上岸，当地人还会像上次那样为他举行仪式，还特地把韦伯先生带在身边，以便将那个场景画下来。果然，他一踏足海滩，就被人请到一间据称是"龙诺庙"的所在，在门口的一个木雕神像脚下坐下。

当地人给他裹上红布之后，再次让我托着船长的一只胳膊，凯历基阿在十二名祭司的陪同下举行了仪式，仪式完毕，把献祭的生猪扔进火堆里烤，烤猪被献给船长，放在他的鼻子下好一会儿，最后和一只椰子一起摆在他的脚下。

随即祭司们都坐了下来。当地人做了阿瓦，烤猪肉割下来喂给我们吃。我们在此海湾逗留期间，只要库克船长来到岸上，总有一名祭司在前面引路，通知民众说龙诺降临，命令人们顶礼膜拜。在水上也有祭司乘着独木舟用他的狗毛杖指挥当地人向船长行礼。当地人一见到库克船长，马上丢下船桨，伏在船上，直到船长走过去才敢起来。

我们每次在天文台附近露面，凯历基阿和祭司们马上献上生猪、椰子、面包果等食物。此时，那些小头领们通常需要得到祭司允许，才能单独向"龙诺"献祭。他们献上生猪等祭品时，脸上总是一副战战兢兢的表情。与此同时，祭司们像平常一样吟唱着祝祷词。

我们每次上岸，祭司们都献上生猪和蔬菜，因此，我们的生活颇为滋润。他们还派几条独木舟定期给船上的人员送补给，他们给我们的东西从来不要求回报，他们的举动看起来不像是因为慷慨大方，反而像是宗教上的献祭。当我们询问这一切物资是谁送给我们的，当地人回答说是凯历基阿的祖父、大祭司卡乌送的，他本人正在陪伴国王，因此没有亲自觐见。

读者想必对这个人的性格和行为都很感兴趣，因为他本人与即将发生在此地的悲剧有着千丝万缕的联系。读者应当意识到武士和祭司是完全不同的两种人。我们在与武士打交道的时候发现，他们通常自私自利，大多有偷窃的习惯。当然，小偷小摸可以说是太平洋岛国居民的共同习惯，但是这些武士们在其他方面也缺乏应有的品行。

这种状态一直持续到24日，当天我们突然惊讶地发现，岸边连一艘独木舟都看不到，当地人都留在自己的屋子里不出来。几个小时之后，我们得知这是因为特勒里奥布的到来，现在海湾也被禁制了，当地居民被严禁与我们有任何接触。因为我们没有预见到这样的情形，船上没有储备蔬菜，船员们只好断了一天的青菜。

第二天早上，船员们通过威逼利诱，千方百计让当地人到船边来，有些人受不住诱惑，划着独木舟上前，他们的头领马上试图把他们驱散。船员向那头目的独木舟上空开了一枪，他吓得飞快逃窜，于是交易如常进行。

当天下午，特勒里奥布抵达之后，乘着独木舟，带着妻儿悄然来访。他在船上盘桓到将近10点才回到寇娄阿村。第二天中午时分，国王乘坐一艘巨大的独木舟，在两名男子陪同下从村里出发，直奔大船而来。那独木舟体积庞大，外观甚是雄伟。

第一艘独木舟里坐着特勒里奥布和酋长们，身穿鲜艳的羽毛斗篷，戴着头盔，手持长矛匕首等武器。第二艘独木舟里坐着大祭司卡乌和其他祭司们，他们带着一些身披红布的神像。这些塑像大多是体积巨大的半身像，用枝条编织而成，神像上披着五颜六色的羽毛斗篷，眼睛是两只大珍珠贝，中间镶嵌着一只黑色的螺母，嘴巴里支棱着两只尖锐的獠牙。神像的五官表情都古怪地扭曲着。第三艘独木舟上装满了生猪和各种各样的蔬菜。

三艘独木舟在行进的过程中，祭司们高声唱着庄严的赞歌，船队在大船四周逡巡几圈后，却没有像我们预期的那样到船上来，而是返回岸边，直奔我们的营地而去。我一看，马上命令身边的一小队卫兵出门迎接国王和库克船长的到来。我们把他们迎进帐篷。

他们才刚刚坐下，国王就姿态优雅地站了起来，脱下自己身上穿的斗篷披在船长身上，还给他戴上插着羽毛的头盔，让他拿着一把奇怪的羽毛扇子。国王脚边还有五六件华美异常的羽毛斗篷，他的随从抬着几头大猪，以及甘蔗、椰子和面包果等物献给库克船长。

仪式的最后，双方交换了姓名。交换姓名是太平洋的所有岛民之间一种友谊的象征。正在此时，祭司们列队而至，领头的是一位年老体衰的男子，祭司们也抬着大猪、香蕉和红薯等物。从凯历基阿的神态和手势，我立刻想到，这名男子就是我们上文提到的那位大祭司，前一段时间我们一直接受着他慷慨大方的馈赠。

他手里拿着一块红布，将库克船长的肩膀包裹起来，献给他一只小猪，随后在国王身边落座。随即，凯历基阿和祭司们继续完成仪式，卡乌和酋长们纷纷配合。在场的还有国王的两个儿子，最大的才十六岁，还有国王的侄子麦哈麦哈。刚开始，我们谁也没有想到那头发上沾满深褐色糊状物和粉末、看起来脏兮兮的人是国王的侄子。他的一张脸可算是我见过的最凶悍的脸。

仪式结束之后，库克船长带着国王和酋长等人登上发现号。他们一行人得到了船员们最周到的接待。为了答谢国王送给他的羽毛斗篷，库克船长把一件亚麻衬衫披在国王身上，并将自己的一条佩带围在他身上。卡乌和十几位年长的酋长留在岸边，在祭司们的房子里歇息。

在这期间，海湾里连一艘独木舟都没有，普通民众要不留在自己的屋子里不出来，要不就匍匐在地面上。国王离去之前，船长请求让当地人的独木舟进入海湾与我们做交易，然而不知是什么原因，妇女依然受到禁制的影响，不得踏进海湾一步。

当地人这种与世无争的样子使我们逐渐放下戒心，最后一丝危机意识也消失殆尽。船员们开始结伴甚至独身一人到村里闲逛甚至过夜，而当地人无论何时都对我们礼貌备至，体贴周到。我们的人走到哪里，他们就跟到哪里，做着随时为我们提供各种援助的准备，如果我们接受他们的好意，他们就会非常欢欣鼓舞。

当地的新鲜玩意儿无时无刻不在吸引着我们的注意力，出发离开的计划就一天天延宕下去。我们在村里晃荡的时候，当地的小孩子在我们面前跑来跑去，只要地方够大，就停下来又唱又跳。我们时而站在当地人的屋檐下喝椰子奶和其他饮料，时而坐在一堆年轻姑娘中间，观赏她们的曼妙舞姿取乐。

然而，他们时不时的偷窃行为使我们很头疼，大大冲淡了我们因为他们的热情好客而产生的好感。我们对这种情况深恶痛绝，如果可以避免，实在不希望与他们发生冲突。他们当中的一些游泳好手常常从水底接近大船，用短棒石头撬船底的铁钉。

为了制止他们，我们开枪射击，但是那小偷飞快地钻到船底，躲过了子弹。于是，我们抓到一名窃贼之后，为了杀鸡儆猴，就在决心号的甲板上用鞭子抽了他一顿。同时，船员们结伴深入内陆，进一步考察当地的风物，卡乌再次抓住机会大献殷勤。船员们一离开大船，他立即派人带着丰富的食物跟在他们后面，还命令沿途居民尽最大的努力为我们提供帮助。为了使自己看起来更加大公无私，他命令所有人，包括我们所雇佣的当地人都不得接受船员的礼物。

6天后，船员们两手空空地回来了，这几天内他们才走了不到二十英里。这也许应该归咎于当地的导游引导不当，或者是因为这个村庄事实上没有值得探索的地方。

决心号的桅杆摇摇欲坠，大部分销线都松脱或者断裂了。27日，木匠把它拆下来，拿到岸上修理。同时，木匠们还在卡乌手下人的带领下，进入村里砍伐树木，修补几乎完全腐烂的头桅。28日，之前一直卧病在床的赫勒克船长首次上岸拜访特勒里奥布。他受到如同库克船长一样的礼遇,尽管他的拜访有些突然,特勒里奥布还是送了他30头大猪以及大量的水果根茎,足够发现号上的船员吃一个星期。

迄今为止,我们从来没有看到他们做运动或锻炼身体,但是在某些军官的请求下,当地人组织了一场拳击比赛来招待我们。他们的比赛与我们在友谊群岛上看到的相比,在技巧和力度上都稍微逊色,但是两个地方本来就大相径庭,这样的比较没有太大的意义。比赛尚未开始,大批当地人就聚集在我们帐篷不远处一块开阔的空地上,中间端坐着三位评委,评委们头上挂着不同颜色的布条,还有大小不一、颜色各异的羽毛。

评委示意比赛开始,两名选手出现在赛场中央。他们慢慢走上前来,高高地抬起自己的脚后跟,用手摩挲自己的鞋底,同时一脸轻蔑地从头到脚打量自己的对手,时而向观众们投来几个挑衅的眼神,时而隔着一段距离朝对方打手势。打斗正式开始的时候,他们面对面站着,双臂直伸,挡在脸前,他们用一种我们看起来十分古怪的方式撞击对方,同时通过晃动身体或者后退来躲闪对手的攻击。如果一个人被对手撞倒在地,或者意外跌倒,都算是输了。胜利者做着各种手势来逗观众们开怀大笑。

通常,胜利者会留在场上接受其他人的挑战,如果他再次获胜,则需要对应第三位挑战者,直到自己战败下场。这场拳击比赛的奇异之处在于一个规则,那就是,两个人即将开始比赛时,第三个人可以加入,选其中一人为自己的对手,此时,没被选中的那个人必须退出比赛。有时候这种情况要出现三四次才能正式开始比赛。

当比赛持续时间过长，或者出现犯规行为时，酋长就会出面，把一根棍子放在两名选手之间，叫停这一场比赛。这种做法我们之前在友谊群岛上也看见过，很是欣赏这种带着幽默感的处理方式。

由于这一场比赛是在我们的船员要求下开展的，当地人自然希望船员们也下场一较高下。但是，船员们还记得和当地人比赛被痛揍一顿的惨痛教训，对当地人的挑战装聋作哑，充耳不闻。

同日，炮手威廉·华特曼去世。他的葬礼在水手当中非常罕见，我会对此详细叙述。华特曼是一名老水手，因为对库克船长的忠诚而备受尊敬。他从1772年开始当水手，一当就是21年。他曾经追随库克船长去过南极。回来之后，在船长的帮助下进入格林威治医院，后来又为了追随船长辞去职务，重新踏上海上探险之旅。

在国王的请求下，我们决定将其就地安葬，并尽最大的努力，举行了一场庄严肃穆的葬礼。老卡乌和祭司们都出席了葬礼，在念诵悼词的时候沉默着认真倾听。我们开始填土的时候，当地人抬着一头猪和一些椰子、香蕉等物走过来，恭恭敬敬地献在坟前，念起了我们熟悉的祷词，唱起了赞歌。葬礼一直持续到次日拂晓才结束。

我们还在墓前立了一块木牌，上面刻着逝者的生卒年月，当地人承诺不会移动这块板子，无疑除非脆弱的木料自然腐烂，否则这块木牌将一直留在原地。大船的燃料即将消耗殆尽，库克船长派我去向祭司们购买墓园周围的11根木料。事实上，我觉得向他们提出这个要求不是很合理，甚至会引起当地人的震惊甚至愤怒。

然而，当地人爽快地把木料给了我们，没有索要任何报酬。可是，船员搬运木材的时候，我发现其中一人搬的是一根雕刻着神像的柱子。仔细一问，我得知他们把墓园里的木头神像都搬到了小艇上！尽管他们这么干的时候当地人也在场，不但没有怨愤不满，反而帮忙搬运木料，但是我还是跟卡乌说了这件事情。后者听了之后表现非常漠然，只希望我们把中间那个最大的神像归还，后来他把这个神像搬进一位祭司的屋子里。

特勒里奥布和酋长们一直追问我们启程离开的日期。我很好奇当地人对我们的看法以及他们对我们此行的原因与目的的看法。我努力思考上述问题，得出的结论无非是：他们以为我们来自极端贫穷的国家，来这儿的唯一目的就是填饱肚子。的确，我们的船员身形瘦削，胃口极大，对新鲜食物的渴求，以及大量购买物资的行为的确容易造成这样的错觉。最令当地人困惑不解的就是我们温和有礼的言行举止，竟然没有女人！

最荒谬的是，当地人经常拍着水手们的肚子比比画画地让他们赶紧离开，等到下一个面包果成熟的季节再来，一定能把他们喂得饱饱的。迄今为止，我们已经在海湾逗留了16天，每天都消耗大量的肉类和蔬果。如果当地人已经对此有所不满，希望我们赶紧离开也是人之常情。然而，特勒里奥布话里话外又不像有赶我们走的意思，似乎只是希望得知我们离开的确切日期，好准备一些东西让我们带走。

我们告诉他船队第二天离开，他马上下令让当地人把自家的猪和蔬果都带来，让国王献给龙诺作为离别礼物。当日，当地人在海滩上为我们献舞，他们的舞蹈风格非常独特。舞者一边跳一边扭曲着五官作出各种各样的鬼脸，看上去很是滑稽。

晚上，当地人安排了拳击比赛和摔跤，我们燃放了剩下的几个烟花作为回报。当地人看到此情此景,震惊之余对我们更加恭敬。两艘船上的木匠被派去砍伐木材,以便修补决心号的桅杆。他们一去就是三天,到现在还毫无音讯。我们开始为他们的安全担忧,马上向卡乌说了这个情况,他比我们还要着急,马上派人去找。

不久,木匠们都平平安安地回来了。据他们说,一路上没看到合用的木材,不知不觉就比预期的更加深入内陆,加上路况不好,费了好大功夫才把砍好的木材运回来。

他们大力夸奖了随行的当地向导,因为向导不仅提供食物,还非常忠厚诚恳。船员都到齐了之后,我们决定次日就离开此地。特勒里奥布邀请我和库克船长到卡乌的房子做客。我们一进门就发现地上堆着好些包裹,有用椰子树纤维绑在一起的红黄两色羽毛,还有从我们这里换走的斧头和铁器。不远处,摆着大量的蔬菜水果,和一大群生猪。

起初,我以为这些东西都是送给我们的,后来才知道这些是当地人给国王的贡品。当我们落座之后,所有的物品都放在特勒里奥布脚边,侍从们一件件向他展示羽毛和铁器。国王似乎对他们的贡品相当满意,挑选了几件铁器、一些羽毛和几件衣服放在一边,宣称剩下的都是送给库克船长和我的礼物。他们的慷慨大方使得我们非常吃惊,因为这些礼物的数量和质量,都比我们在友谊群岛和社会群岛上得到的更多更好。

我们立刻派小艇把礼物运到船上,把大猪宰了腌起来,小猪赶进船舱,把蔬菜储存起来。当天,我们离开了墓园,拆卸了天文台和相关仪器。禁制一解除,当地人就一拥而入,急切地搜刮一番,希望找到一些有价值的东西。正好我是最后一个离开的人,站在沙滩上等小艇来接的过程中，几名当地人来到我身边，让我坐下来，开始哀叹即将到来的离别。

在岛上逗留期间，船长派我在岸上驻扎，我比那些必须留在船上的同事更有机会深入了解当地人，和他们来往频繁，交情甚笃。他们的善良友好使我感怀不已，更别提祭司们与我们之间的深厚情谊。我也不遗余力地与当地人交好，赢得了他们的喜爱与尊重。

离别之际，他们强烈要求我留下来和他们在一起，我不得不借口说库克船长是不可能同意我留下来的。他们又提出，我躲进大山里面，他们来应付船长等人，等船队离开之后我再出来，这样就可以留下来了。我再三向他们解释如果我不走，船长也不可能离开海湾。特勒里奥布和卡乌以为我是船长的儿子，请求船长把我留在岛上。船长不便正面拒绝这个殷切的请求，只说现在他还离不开我，明年这个时候船队再来时就把我留下来和他们做伴。

2月4日上午，大船起锚离开海湾，当地人划着独木舟一路相送。库克船长的计划是先完成对奥怀希岛的探索再去其他岛屿，力图找出一个比我们刚刚离开的那个海湾更加优质的避风港。这个计划落空之后，他提出向东北方向航行，前往莫唯岛，因为当地人告诉我们，在那里可以找到一个很好的海港。

然而此时海上风平浪静，我们的进程非常缓慢。一大群当地人划着独木舟跟在我们身后，给我们送上大量新鲜蔬菜和猪肉。5日晚上，一阵微风吹起，转向北方，6日上午，抵达岛屿的西端，眼前是一个当地人称作托耶耶的港湾。

看到几条溪流向海湾流来，我们觉得那可能是一个深水良港，因为从外观上看确实如此，这和寇阿事先跟我们讲的一模一样。船长派人乘坐小艇前去探路。下午时分,天气变得阴沉起来,转眼间狂风大作,我们不得不将船帆都降下来。风一起,独木舟都离开了。

布莱先生回来的时候救了一名老妇人和两名男子,这些人在向岸上划的时候被大风击沉了独木舟。除了这三个可怜人之外,甲板上还有许多妇女,都是当地男子在逃生时丢下的。到了晚上,天气有所好转,我们重新把船帆升起来,然而午夜时分再次起风,把前帆和主帆都吹裂了。

7日上午,风和日丽,我们换了新帆。此时,大船离岸边有四五里格,因为天气变幻莫测,没有独木舟敢冒险出海,因此客人们只得继续留在我们船上。他们不是很乐意,因为很多人开始晕船,而且妇人们开始想念她们的孩子。当天下午,我们顶着大风向岸边驶去。在离岸三里格处看见一条独木舟,两名男子看见我们的大船之后,更是拼命向我们划来,我们一看就知道是被狂风困在海上的,于是停船把他们救上船。这些可怜的人已经筋疲力尽,船上的几名当地人跳下水把他们救了上来,船员抛下一条缆绳,他们的独木舟就拴在大船后面。他们还带着一名四岁左右的孩子,那孩子一直藏在划手座下面,只有头部露出水面。

他们告诉我们,从昨天早上开始已经有两天水米未进。医生做了基本的检查之后,船员取来食物给他们吃,孩子则交给妇女们悉心照料,这几个人很快就恢复过来了。午夜时分,狂风大作,我们再度将船帆放下了。8日早上,我们发现前桅杆再次被吹断了,这桅杆在乔治国王岛上就修过,现在上面的弹簧和零部件都必须更换,整个桅杆都需要拆下来大修。

在重重困难之下，库克船长开始思索是继续寻找深水良港停泊，还是返回凯阿拉凯夸湾。当地的海湾虽然不是很宽敞，在里面修复桅杆还是绰绰有余的，另一方面，也可以买到充足的补给。因为我们猜测凯阿拉凯夸湾地区的食物不是很充足，一旦贸然离开这个地方，在途中万一无法找到海港，那我们将面临粮食和淡水都难以为继的困境。

因此，我们继续向岸边行驶，以便送船上的男女老少上岸。中午时分，大船停在离岸边约一英里的地方，几艘独木舟来到船边，但是上面已经坐满了人，我们于是派出小艇把船上的客人送上岸。负责护送他们的军官还将顺便到海湾南岸寻找淡水资源，但后来他们两手空空地回来了。风向变幻莫测，此时吹起了北风，我们慢慢地按原路返回。9日晚上，吹起了东南风，我们不得不将顶桅降下。次日上午，我们发现大风将决心号推向了岸边，而一个大浪从奥怀希岛西北角拍过来，我们堪堪避开，鸣枪警告发现号注意前方的险况。

上午，天气稍微好转，几艘独木舟来到船边，从当地人口中我们得知，这场暴风雨造成了极大的破坏，当地人失去了几艘大型独木舟。当天剩余时间，我们迎风航行，终于在晚上抵达了凯阿拉凯夸湾。因为当时天太黑，大船没有马上入港，而是在海上过了一夜。

第二天早晨，我们把大船开进凯阿拉凯夸湾，在同一个地方下锚停泊。12日，我们将桅杆拆了下来，让木匠在岸上修理。我们发现大船的龙骨已经严重腐烂，中间破了一个大洞，可以容纳四五个椰子。好在船上有现成的木材和零件可以修理，但是整个过程大约会持续几天。

我和贝利先生带着7名海军陆战队的军官,到岸上去搭建天文台和帐篷。我们把祭司们的禁制按照原样摆好,以确保当地人不会过来打扰。修帆工也被送到岸上,去修补在大风中撕裂的船帆,他们就住在墓园旁边祭司们借给我们居住的房子里。下锚之后,我们发现自己并没有受到上次来时那样的接待,一切都静悄悄的,没有人叫喊鼓噪,更没有熙熙攘攘的人群。海湾寂静无比,偶尔有一二只独木舟出现在岸边。

也许当地人对我们已经不像初次见面那样好奇,然而考虑到我们分别时那种依依惜别的情形,我们不由得期待受到同样热情友好的招待,希望看到他们因为我们的归来而感到欢欣鼓舞。这个不同寻常的转变让我们感到非常焦虑,于是船长派小艇到岸上去打探,船员回来告诉我们,说特勒里奥布已经不在此地,整个海湾都被禁制了。

13日晚上,负责取水的船员回来报告说,他雇佣了一些当地人帮忙把装满水的木桶滚到岸边,但是几名酋长聚集在海湾附近,不让当地人靠近。他认为当地人形迹可疑,似乎是想制造混乱。在他的要求之下,我派了一名军官和他一起,让他带上自己的手枪。不久,他们回来说当地人拿着石头武器,气势汹汹地威胁他们。

我在一名军官的陪同下亲自赶到现场,他们一看到我们过来,马上扔掉了手上的石头。我向在场的一名酋长说明来意之后,酋长驱散了骚动的群众,有些人自愿留下来帮助我们把木桶装满。事故平息之后,我去见库克船长,向他报告了事情的始末,船长命令道,看到当地人有攻击的意向时要先发制人,在当地人扔石头之前就朝他们开炮。

因此,我吩咐大家将子弹都换成杀伤力更大的炮弹。回到帐篷后不久,我们就被发现号上密集的炮火惊动了,出去一看,发现号的一艘小艇在追赶一条独木舟,后者正飞快地冲着岸边逃逸。我们立刻意识到,应该是一名当地人偷了什么东西被船员们发现了。库克船长命令我和一名军官和他一起抓贼,但是那窃贼在我们到达岸边之前就逃进了村子里。我们虽然不清楚失窃的是什么东西,但是从船员们的阵势看来,一定是非常要紧的东西,于是转而去追踪逃跑的当地人。

天快黑透了,此时,我们离帐篷大约三英里。我们怀疑当地人在故弄玄虚,故意逗引我们去追,于是决定回到海滩上。我们离开期间,发生了一个更加令人不愉快的变故。驾小艇追回赃物的海员,看到库克船长和我们去追击小偷之后,自作主张地把留在岸上的一条独木舟拖走了。

而正在此时,独木舟的主人帕利亚正好在发现号的甲板上,回到岸上声称那独木舟是他的财产,啰啰唆唆地说了许多话。那名海员坚决不肯归还,两人发生了口角,继而发展成斗殴。原本在岸边等库克船长的一名军官加入混战,帕利亚的头被一根船桨打得头破血流,倒在地上。一直在安静围观的当地人愤怒了,立刻拿起石头攻击船员们。

船员们寡不敌众,只好跳入水中,游到距离岸边比较远的一块岩石上。留在岸边的小艇被当地人洗劫一空,刚刚还爬不起来的帕利亚似乎马上把头上的伤忘得一干二净,他把当地人赶走之后,向我们的海员打手势示意他会追回被当地人抢走的物品。

海员们离开之后，他划着独木舟跟在他们身后，一脸担忧地追问龙诺会不会因此降罪于他，还能不能到船上去做客？得到自己想要的答案之后，他和船员们碰了碰鼻子（当地表示友好的风俗），划着独木舟离开了。库克船长得知事情的始末之后，表现出极大的不安。我们一起登上决心号时，他说："我恐怕必须使用一些暴力手段了，千万不能让这些当地人觉得他们比我们更强大。"然而，一切都为时已晚。

船长命令船上的每一个人都离开船舱，到甲板上做好战斗的准备。我们则马上返回岸边，因为经过白天的事故，我们对当地人的信任感已经消泯殆尽。我增加了守卫人员，吩咐卫兵一见到可疑人员马上报告。晚上11点左右，一队当地人鬼鬼祟祟地从墓园下方向我们靠近。意识到自己已经暴露之后，他们马上退出我们的视线。

大约午夜时分，其中一人冒险接近天文台，我们的人立刻开枪，那人逃跑之后其余的人就不敢冒险进犯。第二天早上，我回决心号拿计时器，途中遇到发现号的船员，他们告诉我，发现号昨晚被偷了一艘小艇。我上船之后，发现库克船长在往他的双筒枪里填火药。

我向他报告昨天晚上发生的事情，他有些急切地打断我的话头，告诉我发现号小艇失窃事件，以及他打算如何追回赃物的计划。每当船上有什么重要物品失窃，船长的惯用手法就是将当地的酋长或者重要人物抓起来当人质，要当地人主动归还赃物，这种方法一直很有效。

他同时下令组织海湾内的独木舟离开，如果不能用和平的手段将小艇追回，就将这些被扣留的独木舟都销毁。两艘船的所有小艇都已经全副武装，守着海湾的各个出口，我离开决心号之前，有些船员向那些试图突破防线的大型独木舟开了火。

大约七八点钟，库克船长、菲利普斯先生和九名海军陆战队员和我一起乘坐小艇离开决心号。我从他那里收到的最后一个命令是安抚当地人，告诉当地人我们不打算伤害他们，同时将我们留在岸上的人员集中起来，守卫好天文台。

然后，我们分开了。船长进寇娄阿村，直奔国王的住处，我则回到海滩上。我做的第一件事就是命令守卫们进入帐篷中，保证枪里有充足的弹药。然后，我去拜访老卡乌和祭司们，尽可能地向他们解释我们正在做的事情，他们都感到非常震惊。我发现他们已经得知小艇失窃的事情。

我向他们保证，库克船长将会妥善解决这个问题，并严惩偷盗者，我们不会伤害无辜的村民。我希望祭司们出面解释这件事，让大家不必惊慌。卡乌急切地问我国王会不会受到伤害，我再三向他保证绝对不会，但是祭司们似乎并没有释怀。

与此同时，库克船长已经和9名军官一起登陆，进入村庄。人们见到他，仍然非常尊敬，纷纷跪下来磕头，像往常一样献上猪肉蔬果等。船长见当地人并不清楚他此行的目的，于是佯装邀请国王的两个儿子上船做客。当地人马上把两名男孩子找来，船长带着他们去国王的住所，说明了小艇失窃的事情，邀请对方到决心号上盘桓些时间，等待问题解决。

国王欣然答应前往。两名男孩子已经坐在小艇上，国王等人也已经到了岸边。两名男孩子的母亲、国王的宠妾、一位叫作卡尼·卡巴利亚的老妇人跟在他们身后，哭着哀求国王不要去登船。

同时，两名和她一同前来的酋长把国王抓住，让他坐下来。此时围在岸边的当地人听到时不时响起的枪炮声，感受到海湾里一触即发的敌意，开始有所警觉，把库克船长和他们的国王围在中央。在这种情况下，海军陆战队中尉发现军官们被人群挤到了一起，无法使用自己的武器，于是建议船长把他们引到岸边一块岩石处，因为那儿地形狭窄，人群难以聚集。

船长采纳了这个建议，当地人纷纷为他们让路。此时，老国王坐在那儿不动，脸上的表情既沮丧又惶恐。库克船长急切地敦促他跟自己走。每当国王站起来想跟他离开，他的酋长们就出手阻挠，先是好言相劝哀求，后来竟然使用暴力，强迫国王留在原地。

库克船长发现当地人已经起了疑心，试图和平地把国王带走的计划已经破产，流血冲突难以避免，于是，他命令菲利普斯先生向当地人开枪，通过武力手段把国王本人带走。此时，事情出现了一个重大而致命的转折。奉命镇守海湾出口的小艇向一艘试图突围的独木舟开火，打死了一名地位相当崇高的酋长。酋长死亡的消息传到村里的时候，当时库克船长已经放开了老国王，慢慢向海岸走去。土著妇女和儿童马上被带走，所有成年男子都全副武装，拿着他们的长矛和石头兵器。

其中一名男子一手拿着长矛一手拿着石头，望着船长作出挑衅的姿态，作势要用石头砸他。船长让他放下武器，但该名男子坚持不放，军官朝他开火，他用盾牌挡住子弹，军官们倒是一时奈何不了他。

这时，枪声仿佛成为了某种信号，当地人都骚动起来。有人向军官们扔石头，有人试图用长矛刺杀菲利普斯先生，后者灵敏地避开，用步枪猛击对手的头部将其击退。库克船长开枪杀了一名土著，军官们也频频向人群开火。

当地人猝不及防，伤亡惨重，一时群情激愤，整个海湾都回荡着他们的吼叫声，随之，场面失去了控制，陷入混战当中。4名军官受伤，不得不退回岩石上处理伤口。我们尊敬的库克船长当时正站在岸边振臂疾呼，试图让双方停止争斗。一名土著趁着他转身时，从背后举矛刺向了他！船长当即脸朝下倒在水中。

看见他倒下，当地人发出震耳欲聋的欢呼，马上把他的遗体拖到岸上团团围住。我们可敬的库克船长就这样结束了自己不凡的一生！他把一生都奉献给了航海事业，仿佛就是为了这个目标才降生到这个世界上。与其说他是为了荣耀和嘉奖而航海，还不如说他深深爱着惊险刺激的探险过程。

所有受到他非凡的航海知识和技能庇护、所有在艰难困苦中受过他的激励和安慰的船员们，都为他的死亡肝肠寸断，那种刻骨的伤痛实在难以诉诸笔端。我还是描述一下船长不幸横死之后我们无望的惊恐和绝望吧！

船长出事之后，菲利普斯中尉指挥军官们杀出重围。他后来回忆船长进村劫持人质时的情形，他说，库克船长下船之后从西北方向登陆，留下几艘小艇把守出口，以防当地人划独木舟逃逸，随即和9名军官一道进入村子。他向当地人询问国王的两个儿子（两个小孩都是决心号上的常客）的行踪，当地人毫不怀疑，爽快地把两个小孩带到他面前。

船长等人带着两个小孩去找国王，说明来意之后邀请国王等人去发现号上做客。国王欣然同意前往，一行人走到岸边时，国王的宠妾跟在后面哭哭啼啼,求他不要跟船长上船。同时两位酋长也起了疑心,拉着国王不让他离开。大家拉拉扯扯之际,围观的土著越来越多,至少有两三千人,把我们的人挤在中间,于是中尉提议让船长走到岸边的一块岩石旁边,占据有利地位。

当时,他们清清楚楚地看到当地人拿起了长矛等武器,这时候一名祭司开始高声为船长和国王唱赞歌,把他们的注意力从当地人的举动上引开了。库克船长放弃了让特勒里奥布上船的想法,当时船长是这么说的:"要把他弄到船上,非要把这些人都杀死不可。"他正要带着我们撤退,一名当地男子一手拿着长矛,一手拿着大石头,作势要攻击。库克船长朝他开了一枪,但是被那人用东西挡住了。枪声反而引起了当地人的反扑,一名武士试图用长矛偷袭菲尔普斯中尉,被中尉用枪托狠狠敲了一顿。

此时,当地人开始向军官们投掷石头,一名军官被打倒在地,船长开枪打死一人,引起当地人的疯狂反扑。船长带领着军官们开枪还击,就在中尉装子弹时,一名当地人偷袭,刺伤了他。中尉开枪杀了这名突袭者。现场一片混乱,当地人激愤的怒吼响彻海湾。这些人没有像库克船长预想的那样畏惧火枪,事实上,他们即使中了枪,也不怕死地冲锋陷阵,根本不给我们的军官重新装子弹的工夫。他们杀红了眼,一人倒下,几个人扑上来,似乎要把每一位敌人都赶尽杀绝。

中尉被撞倒之后就再也没有看见过库克船长。军官们拼命向小艇跑去,试图从海上逃生。他也拼尽全力向海边爬去,幸运的是,他躲过从背后飞过来的石头,抓住了一艘小艇逃出险地。以上是菲尔普斯中尉的回忆。当时和船长一起上岸的9个人中,有4名军官丧命。中尉逃了出来。据菲尔普斯先生回忆,当时他刚刚爬上小艇,便看到一名军官在水中挣扎,他马上奋不顾身地跳到水里抓住头发把那人拉上来,差点被一块大石头击中后脑血溅当场。军官们坐在小艇上向着当地人开火,他们眼睁睁地看着死者的遗体躺在地上,却无法将其带回来。

两名船员更加关注放在墓园旁边、只有区区六个人把守的桅杆。离村庄不到一英里,库克船长登陆的地方聚集着一大帮当地人,虎视眈眈地盯着我们,人群躁动不已,似乎随时可能群起而攻之。

当时,我们在岸上听到激烈的枪声,眼看着当地人飞梭一般在两条船之间移动,一颗心提到了嗓子眼。来自珍视人命的文明国家,我们实在不得不为眼前的惨烈景象感到震惊和恐惧。但除此之外,我想到的是库克船长在整个航程当中,在同当地人打交道的过程中如鱼得水游刃有余,这种居高临下的顺利感似乎让他产生了某种自信,而这正是我一直以来担忧的事情。我唯恐在某个危急的关头,船长这种信心反而会害了他。现在,我这个不祥的预感竟然真的成为了现实。

听到枪声,我的第一个想法就是我们所在的地方有祭司们布下的禁制,围着石墙的当地人应该不至于进来攻击我们,我需要做的是安抚当地人,绝对不能和他们撕破脸,起码要维持表面的和平。此时,赫勒克船长通过望远镜看到我们被一大群当地人围攻,立刻调了两尊大炮过来,炮声一响,当地人一哄而散。

虽然没人丧生炮口,这铁家伙无疑对他们起到一定的震慑作用。其中一颗炮弹打中一棵椰子树,另外一颗则击中一块岩石。我此前信誓旦旦地向他们保证绝对不伤害他们，为了避免食言，我马上派小艇向赫勒克船长说，我们已经和当地人缔结了和平协议，暂时不需要攻击他们，如果情势发生变化，我们需要帮助的话，将会吊起一只千斤顶为信号。

然后，我们开始了漫长而煎熬的等待。终于，我们等来了布莱先生，开始迅速拆卸帐篷，收拾留在岸上的船帆等物。此时，我们的朋友凯历基阿得到了库克船长去世的消息，来找我确认消息是否属实。得到肯定的答案后，他悲恸不已。库克船长死后，我们的船队陷入了空前的危机当中。我们随时有丧命的危险，姑且不论探险之旅是否还能继续，现在我们的船能否全身而退都成了问题。

我们在六名海军陆战队员的守卫下迅速收拾桅杆和船帆，这些物品至关重要，实在不容有半分损失。虽然当地人没有攻击我们，但是一旦消息传回村里，情况随时可能发生变化。因此，为了保险起见，我让所有人都隐藏起对库克船长的思念，并请求凯历基阿万万不要声张，生怕当地人因为恐惧我们的怨恨和报复或者因为这一次胜利而产生的好战之心，反而来攻击我们。

同时，我劝他把老卡乌和其他祭司带到墓园旁边的一所房子里，一方面是希望保证他们的人身安全，另一方面是为了利用他们的权威来震慑当地人，维持起码的和平。我把军官们带到墓园高处的有利位置，同时委托布莱先生在我离开时全权处理一切事务。随后，我乘坐小艇回到发现号上，向赫勒克船长报告岸上发生的事情。

我刚一离开，当地人马上开始骚扰留在岸上的人。我在船上听到枪声，马上动身返回岸上。岸上的情况十分不妙，当地人开始聚集在我们营地旁边，拿着武器摆出攻击的架势。他们首先躲在墙后面用石头攻击我们，发现我们并不抵抗之后越发大胆，一些人在墓园中的岩石掩护下，蹑手蹑脚地穿过海滩，突然出现在我们面前。这样做其实非常危险，很容易失足掉下悬崖。我们朝袭击者开了几枪，几名当地人掉了下去，剩下的人似乎有所忌惮，不再通过这种方法袭击。

其中一名百折不挠的偷袭者不得不提一下，那人背着同伴的尸体，在军官们猛烈的炮火下左躲右闪，不幸中弹之后，只得丢下尸体逃窜。但是过了几分钟后，他再次出现，又被打了回去。他第三次出现时，倒在地上流血不止，这时终于有人向我报告，我马上下令停火，这名男子跟跟跄跄地背着朋友的遗体回到他们自己的地盘上，然后倒在地上气绝身亡。

此时，大船派来的强大后援赶到，当地人退到墙后面。我通过祭司们对当地人说，如果他们停止攻击，我保证不让我们的人开火。双方决定停火之后，我们才得以迅速地把事先收拾好的桅杆船帆等物件搬到小艇上，在此过程中，有零星几块石头投掷过来，没有造成多大的伤害。

11点半左右，我们终于回到了发现号上。我发现所有人对今后应该怎么办都茫然无计。商量过后我们一致同意，现在的当务之急是接回库克船长等人的遗体以及追回被当地人夺去的小艇。我极力主张，如果当地人不听话，可以采取强硬的手段使他们屈服。

当然，这一方面是因为我向来尊敬爱戴的库克船长死在他们手中，另一方面更是考虑到当地人杀了我们的首领，迫使我们仓皇而逃之后可能会发生的事。这种压倒性的胜利无疑会助长他们的气焰，使他们的野心更加膨胀，从而铤而走险，攻击我们的大船，甚至抢夺我们手中的枪炮武器。

因为这种具有极大杀伤力的武器是他们从来没见过的，我可以感受到他们对武器的渴望。对我们而言，船员之中有个不成文的规定，那就是在夜间即使受到攻击，也不能胡乱开枪射击。然而，船上的军官忧心忡忡，考虑到日后的生计问题，如果当地人切断了我们的食物供应，则会使我们陷入极其不利的境地。

所以大多数人主张使用温和的手段，避免与当地人发生冲突，他们的理由是事故发生之前当地人对我们的友好有目共睹。而国王特勒里奥布根本不知道小艇失窃的事情，库克船长一提出邀请，他就答应和船长一起到船上去，还把自己的两个儿子带上了，这足以证明国王本人对我们没有任何恶意。他妻子和两名亲信之所以阻止他上船，大概是受到当时海湾里剑拔弩张的紧张气氛的影响，当地人之所以主动攻击，是因为他们爱戴的国王被我们劫持了。

另一方面，我们的桅杆和船只还需要七八天时间才能修好，春天即将过去，我们需要重新向北方进发，因为急需考虑粮食和淡水的供应问题，我们不能因为一时冲动和当地人彻底翻脸，造成更加严重的后果。赫勒克船长同意第二种观点，虽然我还是认为适当采取强硬手段更加有利于问题的解决，我的提议被众人否决了。

鉴于当地人的种种令人不齿的行为以及他们为了阻止我们上岸采取的措施，毫无疑问，我们极有可能需要通过武力来解决问题。当然，世人是否能理解我们的作为，我们就不得而知了。

即使在这个时候，当地人也没有放弃对我们的挑衅和羞辱，胆子大的甚至划着独木舟来到大船旁边叫骂。因为大多数人坚持要和平解决问题，我们不能朝他们开枪，这些独木舟都得以全身而退。后来，大家一致同意让我带着一艘小艇去和当地人议和，最好能够说服当地的酋长交还库克船长等人的遗体，即使遭到拒绝，都不能威胁报复；一旦发生冲突，只能自卫，不能主动攻击。

下午4点钟左右，我乘坐小艇靠近岸边。当地人严阵以待，妇女儿童退后，全副武装的成年男子挡在他们前面。我们还注意到，库克船长登陆的地方已经筑起了一堵石墙，当地人躲在墙后向我们扔石头。我意识到如果不能获取他们的信任，一切讲和的计划都是白费功夫，于是我让其他武装小艇停下，独自划着小艇前进，手里举着一件表示和平的白衣服。当地人发出喜悦的欢呼，立刻领会了我的意图。

妇女和儿童立刻从山的另一边返回村庄，男人们脱掉盔甲和面具，在水边坐下，放下了武器，邀请我上岸。虽然他们的行为非常友好，但是我心中难免有几分怀疑。我看到总是逞狠斗勇的寇阿跳下水向小艇游来，手里拿着一面白色的旗帜，我意识到一定不能让他觉察我对他们的不信任。于是，我把他迎进小艇里，虽然我身上带着武器，站在他身边我还是感到不舒服。

老实说，我对这个人向来没有什么好感。我的祭司朋友们老是说他是如何品行不端，胡作非为，绝对不能和他交往。久而久之，我对这个人的印象自然不好，况且在当日的混战当中，他也是扮演了极其重要的角色，因此，站在此人身边颇令我不寒而栗。他走到我身边拥抱我，挤出几滴鳄鱼泪。我镇定下来，告诉他我是来要回库克船长的遗体的，如果他们拒绝归还，我们则会马上向所有人宣战。他再三保证这件事他亲自去办，一定能令我满意。最后，他向我要了一块铁,才心满意足地跳进海里,向自己的同胞大声呼唤,传达我们的友好意图。

其余的小艇也围拢在我身边,方便与当地人交流。后来,当地人告诉我,船长的遗体已经被肢解搬回村庄,但是当时我们并不知道这个情况。寇阿迟迟不回来,我有点不耐烦,后来,一名酋长来对我们说,如果我们下船到岸上去,他们保证会把遗体交给我们带走。当他们发现不能说服我登陆之后,就以方便交谈为借口,哄骗我们将小艇绑在岩石上,这样一来,他们就可以找机会把我们的小艇都抢走。

我轻而易举地识穿了他们的诡计,拒绝和他们进行进一步的沟通。此时,一名酋长来见我们,他本人是赫勒克船长的朋友。他告诉我们说,国王派他来转告,船长的遗体已经送回村庄,明天一早就送还给我们。我问他所言是否属实,他马上弯曲食指,表示自己没有说谎,这个动作在当地习俗中表示讲真话的意思,他们轻易不会做这个动作。

我现在不确定下一步应该怎么办,于是派温哥华先生回去向赫勒克船长报告眼下发生的事情。我的观点是,当地人并不是真心与我们和解,对自己所做的事情没有任何悔过之心,相反,他们只是在争取更多时间以便进一步攻击我们。温哥华先生带来船长的口令,让我回到船上去。如果明天一早当地人不把库克船长的遗体交回,马上发动攻击摧毁整个村庄。

当他们看到我们的小艇往回撤,马上做出各种手势羞辱我们。同行的军官们说,他们看到好几名土著身上穿着我们不幸遇难的同伴们的衣服,一名酋长穿着库克船长的衣服,一个女人身上挂着他的绶带。毫无疑问，我们的求和使得他们更加骄傲自大，认为我们懦弱无能，不堪一击。我向船长提出要加强戒备，防止当地人夜袭。所有的小艇都用铁链牢牢地绑在船上，两艘船都增派哨兵，以防土著连夜割断缆绳。

当晚，我们看到村里火光熊熊，有人认为那意味着他们为我们的阵势所震慑，打起了退堂鼓，我却更倾向于那是进攻之前燃烧的战火，或许他们烧的正是我们遇难同胞的遗体。事实上，我们在一个小岛上看到当地人在决定攻打邻近岛屿之前就燃起熊熊烈火，酋长在火堆前发表演讲，点燃勇士们的斗志。在友谊群岛和社会群岛，烈火也有出征前振奋士气的作用。

然而，我们戒备了一整晚，土著们并没有如期出现，我们没有受到任何骚扰，除了持续了一整晚的哀号以及哭叫。第二天一大早，寇阿来到决心号，向我献上布匹和小猪等礼物。我之前提到过，当地人误会我是库克船长的儿子，现在他们似乎理所当然地认为，船长去世之后我就是决心号的继承人。

我来到甲板上，质问他库克船长遗体的事情。他言辞闪烁，不肯正面回答。于是，我拒绝接受他的礼物，正打算做出愤恨的表情把他打发走，赫勒克船长制止了我，认为我应该对他们更客气一些。随后，这名狡诈的当地人又絮絮叨叨地讲了许多废话，一边说话一边暗中观察船上的环境，他应该是为打探我们的防御措施而来的。

他极力劝说赫勒克船长跟他上岸会见国王陛下，说这样才能真正解决问题。但是，因为他的行迹太过于可疑，没人相信他的话，后来事实证明他在说谎，因为国王本人眼下根本不在村里。库克船长一死，他就躲进深山里，蜗居在一个岩洞里面，饮食都由手下人用绳子吊进去。

寇阿回去之后，一大群当地人围在他身边，似乎在打探他最新收集到的情报。最后，他们似乎一致认为我们打算实施早前的威胁，而他们决心血战到底。整个上午，我们听到海螺在沿海不同地区吹响，大量当地人聚集起来，漫山遍野人头攒动，非常惊人。我们把船开到北岸，占据有利位置，以防他们施以突袭。眼前的情景引发了我们激烈的辩论，最后达成共识，一方面要抵抗当地人的进攻，另一方面要加紧与他们谈判，要回遇难同胞的遗体。

同时，木匠们争分夺秒地修理前桅，其他人则各有任务。现在赫勒克船长已经接过了库克船长的指挥大权，他任命戈尔先生为发现号的船长，还重新调整了其他职务。白天，当地人没有进犯。晚上，我们照例加强戒备。果然，当晚8点左右，我们听到船桨拍击水面的声音。

随即，甲板上的哨兵看到独木舟上坐着两个人。两名当地人马上表示自己没有恶意，宣称自己带来了库克船长的东西。他们战战兢兢地上船来，拜倒在我们脚下，似乎非常害怕。虽然我们开了枪，所幸这两个人都没有受伤。

其中一个人很眼熟，因为他经常参加当地人为库克船长举办的仪式。另外一个人也是在岛上有些身份的人，他们为龙诺殒命哀叹痛苦之后告诉我们，船长的遗体已经被肢解，接着他们打开夹在胳肢下的一只小布包。布包打开的一刹那，我们都感到惊悚万分，那里面竟然装着一块十来斤重的人肉。那人说这就是龙诺的部分残骸。除了头颅和骨头，分别由国王和酋长们保管，我们眼前这一块则是新一任大祭司卡乌用于宗教仪式的部分。他将残骸偷出来送还给我们的目的是为了证明自身的清白,以及证明他仍然把我们当作朋友。

他告诉我们说,他们有17名同胞在寇娄阿被杀,其中5名是酋长,而我们的老朋友卡尼纳和他的弟弟也不幸遇难。还有三人在我们的天文台旧址被害。我们一共失去了11位朋友。他们希望我们护送他们经过发现号,以免船员开火暴露他们的行踪。我同意了他们的请求,将他们送到船边,看着他们安全登陆才回到船上。次日中午,大量当地人再度聚集起来,呜呜呜地吹着海螺,朝着我们做出各种挑衅羞辱的手势。

胆子大的就试图从山的另外一边爬过来偷袭,留在原地的人也是百般挑衅。其中一名男子先是划着小船闯进我们的射程之内,向我们扔了几块石头之后,得意扬扬地挥舞着库克船长的帽子。他的同胞们欢呼雀跃,我们的船员心中都燃烧着仇恨的烈火,许多人跪在甲板上哀求我去请求船长,允许他们去杀了这些土著,为库克船长报仇!

我向船长转达了大家的意愿之后,船长下令向当地人开了几炮,并答应各位船员,明天他们去取水的时候,如果当地人再做出类似行为,就任由船员处置。奇怪的是,当地人仅仅通过船上的骚动就判断出了我们的意图,因为他们现在纷纷退到围墙之后。尽管如此,我们还是时不时开一枪,防止当地人过来骚扰。不久之后,我们看到寇阿急匆匆地靠近大船,原来刚才我们开火时杀死了几个人,其中一人是一名酋长,还有一位国王的近亲。

寇阿抵达后不久,两名男孩子从墓园的方向游来,手里拿着长矛，嘴里吟唱着一首歌谣，龙诺这个字眼经常出现。他们手指着村庄，似乎想告诉我们，龙诺遇害之后引发了极大的灾难。他们在水里唱了大约十二或十五分钟，随后登上了发现号，放下手里的长矛。不久之后，他们就游回岸边。他们此举的目的是什么，我们始终不得而知。当晚，我们毫不放松警惕。昨天晚上连夜来拜访的两位朋友也告诫我们，他们的同胞始终没有放弃攻击我们的计划，让我们务必小心。

第二天早晨，两艘船的小艇被派去取水，发现号开近岸边以便随时照应。纵观这些岛屿，我们发现村庄边多见石墙，一开始我们以为是为了保护财产，后来才意识到这些石墙还有抵御侵略的功能。土著们能够在墙后活动，趁机发动攻击。海湾两侧有许多石头洞穴，入口处有围栏保护。

土著们躲在围栏后面朝船员们扔石头。我们不得不从船上向他们开火，迫使他们撤退。船员们只取到大约一吨水。但是炮火一停，他们又跑回来骚扰。在这种情况下，我不得不同意让船员们烧毁水井附近的几间稻草屋以儆效尤。

在发布这个命令的时候，我不得不承认，我们的人在进行冷酷的破坏行为。事实证明，船员们已经对当地人没有下限的侮辱挑衅满怀愤恨，他们为库克船长报仇雪恨之心不容小觑。同时，我也认为在这种情况下，船员们确实需要用武器保护自己。话虽如此，很快我就发现，我只让他们烧几间屋子，后来却发现整条村子都着火了，就连我们祭司朋友的房子也难以幸免。

我为自己的命令造成的严重后果感到懊恼不已，因为祭司们一直处于我们的保护之下，我愿意竭尽全力保护他们遗世独立的家园不受打扰，最后却是我们烧毁了他们的家园。几名试图逃脱的当地人被射杀，并且船员们割下其中两个人的头颅带回船上。其中一名当地人的行为可悲可叹，他当时正在水井旁边取水，船员一枪打中他的水瓢，他马上夺路狂奔，逃进一个洞穴中。他像捍卫自己家园的雄狮那样负隅顽抗，把三名军官挡在外面好一段时间才气绝身亡。我们这才意识到洞穴的真正用处。

村庄被摧毁后不久，我们看见一个人在二十几名少年陪伴下从山上下来，手里拿着白布、绿色树枝和芭蕉叶。他完全不顾我们的炮火，走到跟前来，我才发现那是我们的老朋友凯历基阿，他在我们第一次放火烧毁村庄时逃进山里，现在才回来。我们把他迎上决心号，他脸色极为难看，我竭力向他解释我们在村里放火的不得已，并为祭司们被烧毁的房子致歉。

他狠狠谴责了一番我们的忘恩负义，我们这才知道这一场火造成了多么严重的伤害。他告诉我们，他听了当晚把库克船长遗骸带给我们的两个人所传达的信息，相信我们的承诺，于是将他们所有的财产都放在墓园旁边的一间房子里。后来，他们却眼睁睁地看着我们的人放火烧了房子。他在甲板上看到同胞的头颅，大吃一惊，马上要求我们将头骨抛进海中。船长马上答应了他的请求。

那个阴郁的夜晚，我们听着岸上传来的哀号，感到非常不安，决定以后再也不能做这种事了。奇怪的是，自从被我们救起来之后就一直留在船上的女人们，看到眼前的惨剧，却表现得相当漠然，甚至还拍手叫好。

第二天早上寇阿又来了，一来就献上猪肉、香蕉等礼物。我坚决不收，警告他说如果再不交还库克船长的头盖骨，我们就杀了他。他丝毫不感到羞愧,返身回到岸上,和他的同胞们一起向取水的船员们扔石头。那天船员杀死那名逃进洞穴的年轻人后,在他身上盖了一张草席。

一些土著男子背着他的尸身,一路上唱着哀歌,现在他们才意识到我们不是没有办法整治他们,只是一直对他们手下留情而已。一名酋长带着国王的礼物向我们求和,我们拒绝了礼物,坚决要他们归还库克船长的遗骸。

我们得知,和船长一起遇难的几个人当中,军官们的遗骸已经分给了各位酋长,而库克船长本人的遗骸则做了如下处理:头颅由卡乎皮昂保管,头发分给大酋长麦哈麦哈,大腿和小腿则归国王所有。次日一早,当地人送上许多蔬菜肉类作为礼物。

19日,国王与赫勒克船长互通消息,依颇自请留在船上当人质,请求船长上岸会见国王,承诺把库克船长的腿骨还给我们。20日上午,我们继续修理前桅,鉴于绳索已经严重腐烂,这是一项非常危险的任务。10点半到11点之间,我们看到了大量的人从山上下来,每个人都背着甘蔗、面包果、香蕉等水果,其中还有两名鼓手,走到海边举起白旗后就开始敲鼓。其余的人将礼物放下后列队离开了。

不久后,依颇到了。他穿着长羽毛斗篷,非常慎重地捧着什么东西坐在岩石上,示意我们派小艇去接他。赫勒克船长猜测他带来的是库克船长的尸骸,事实证明确实如此。依颇交给赫勒克船长一只大包裹,上面覆盖着黑白相间的羽毛斗篷。

他郑重其事地打开,里面果然装着库克船长的骸骨。骸骨的其中一只手掌上有一个明显的伤疤,从虎口一直贯穿整只手掌,颅骨上的头皮已经被剥除，颊骨也不见了。剪着短短的头发，一对耳朵和臂骨都不在了，手臂上只剩下一层皮。大腿和腿骨都在，只是不见了双脚。除了双手以外，其他部位都有火烧的痕迹。双手的肉有刀子切割的痕迹，有些地方还撒了盐，显然是为了方便保存。其中有的肉上有明显的标记，并切在几个地方，用盐填满，明显是为了保存它们。头皮是从后方开始剥除的，颅骨倒是完好无损。

对于那些不见了的部分，依颇解释说已经分给了不同的酋长，国王好不容易才把大部分骸骨拼凑起来。第二天早上，依颇和国王的儿子带来了库克船长剩余的骸骨，他的枪和鞋子以及其他一些杂物。依颇煞费苦心让我们相信，国王和他自己衷心渴望和平。

他告诉我们，被帕利亚的人偷走的小艇已经被摧毁了。我们要求归还所有遇害军官的骸骨，他回答说除了国王和一些酋长保存的骨头以外，其余的都被老百姓拿走，再也追不回来了。我们要求依颇戒严整个海湾，将船长的骸骨装进棺材里，为他举行一个隆重而庄严的葬礼。葬礼上，我们在库克船长的遗骸面前宣读了悼词，所有人都不约而同地行了最正式的军礼。

22日，全港戒严了一整天，依颇来的时候，我告诉他我们很满意他的安排，希望我们走后，他们能够撤销戒严，让所有人都来祭拜供奉"龙诺"。船很快就被独木舟包围，许多酋长来到船上，表达了自己的沉痛心情，我们接受他们的慰问，双方终于达成和解。没有到场的朋友也送上大猪和其他礼物。老奸巨猾的寇阿则被拒绝参加葬礼。

出海的准备已经完成，赫勒克船长担心这个岛上发生的事情万一传到前面的岛屿，会对我们很不利，于是下令起锚。8日晚上，我们和依颇以及凯历基阿告别之后，离开了海湾。当地人夹道相送，双方友好告别之后，我们继续探险之旅的征途。

第二天，我们抵达莫唯岛，几名当地人来与我们做交易，他们已经听说了奥怀希岛发生的事情，急切地向我们打探帕利亚等人的消息。在听说了卡尼纳和他弟弟的死讯之后，他们都唏嘘不已。

28日，我们到达阿图依，并在之前的港湾停泊，然而当地人不像上次那样热情款待我们，相反，船员上岸取水时，他们反而制造了不少麻烦。其实，我们刚刚去取水的时候他们还算是友善，等我们把水桶装满，他们就开始百般刁难。我看到一名当地人抓住木桶上的浮标，要徒手把它掰断。我一走近，他就跑了，片刻之后拿着长矛和匕首回来，摆出要攻击的架势。最后，一名军官用浮标在他手臂上戳了一下，他吃痛不已，才停止了骚扰。

现在，我命令船员们轻易不能和当地人发生正面冲突，不得任意使用暴力手段。当地人的恶作剧更加变本加厉起来，他们有的人要求船员把大斧头送给他们，不然就不肯帮他们把木桶滚到岸边；有的偷走他们的帽子，故意从后面拉扯他们的衣服，故意绊倒他们，这样的小动作不断。

恶作剧一旦得逞，他们就孩子气地拍手大笑，简直是集稚气与恶意于一身，让人哭笑不得。他们甚至设计偷取库珀先生的包，但是他们最渴望拥有的是我们的武器。船员们抱怨说，他们一刻都不敢把武器放下，生怕一转眼就被偷走了。当地人对我颇为尊敬，但是有时候我也不能幸免于他们的恶作剧。一名军官曾对我说，某天他一转身，看到一名当地人拿着匕首站在我身后，像是要刺杀我。

虽然有可能是他看错了，但是我对当地人还是多了几分戒备，因为我们现在的境况十分不妙，如果不步步为营，一个小疏忽都可能是致命的。现在我们把所有东西都搬到船上，我自己和安德森先生等人在岸上扎营。不久之后就出事了，当地人突然袭击我们的营地，还拿着长矛把我们赶下海。我们匆忙爬上小艇，大声呼救，船员们开枪打中两人。当地人围着受伤的同伴，愤怒地挥舞着他们的武器。

我们离开的时候，赫勒克船长十分担忧我们的安全，因为他在和当地人对话的时候，他们频频提及库克船长的名字，这说明船长死亡的消息已经传到了他们的耳朵里。而且他们还告诉赫勒克船长说，库克船长留在奥尼希奥的山羊引发了一场战争，那些可怜的山羊已经在抢夺中被杀光了。

库克船长是英国有史以来最伟大的环球航海家。虽然其他的航海家也曾探索涉足了许多未知的地方，但是库克船长总能通过自己的实践发现他们的狭隘和谬误之处。他通过严谨细致的调查，一一更正了他们的错误。

他从来不沽名钓誉，而是将航海当作一种科学，详尽地记录自己经过的每一片海洋和每一座岛屿，记录当地的风土人情。他的航海日志可以说是民族志式的百科全书。他的光辉事迹光耀千古，激励着一代又一代的英国人。

谨以此书纪念伟大的水手、科学家和全能型航海家库克船长。

# 译者序

## 《骷髅王座》蓄势待发

不知不觉间,"魔印人"系列已经陪伴大家走到了第四部,在之前的第三部《白昼战争》的结尾,两位主人公亚伦和贾迪尔决斗未果,双双坠崖,为读者挖了一个大"坑",两个人是生是死,后来又发生了什么……很多欧美读者苦等到"魔印人"第四部《骷髅王座》发售,读了之后大喊"坑爹"……原因主要是《骷髅王座》中并没怎么写亚伦和贾迪尔这条主线,而把焦点放在了亚伦和贾迪尔离开后,解放者洼地和克拉西亚因为权力真空而发生的一系列后续事件……

我在第一时间读过《骷髅王座》的英文版小说之后,也心存一定的质疑,就这个事情我还和作者 Peter Brett 先生沟通过。作者表示,首先《骷髅王座》的剧情是为结局作了一定的铺垫,但是这是为了整个系列结局作的一些必要的蓄势;另外,由于整个系列的大纲已经写完了,留下来要交代的内容还比较多,因此之前作者的出版商曾经建议把原计划的五部曲改成六部曲出版,而处于保证出版进度的目的,第四部《骷髅王座》中也把一些"高潮"剧情后移了。不过值得庆幸的是,作者顶住了压力,已经于2017年9月出版了"魔印人"五部曲的最终篇《地心魔域》(暂译),虽然第五部的篇幅超过了该系列已出的任何一部,但是毕竟整个系列完美收官,而且我已经读

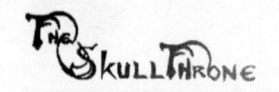

完了原版的第五部《地心魔域》，可以说中间很多章节都在为这一大结局来酝酿，《地心魔域》的情节非常紧凑，也有很多紧张的动作场面描写，难怪发行至今，《地心魔域》已经在美国亚马逊得到了读者的高度评价，大有超越第一部《魔印人》的趋势。

说起奇幻小说，这些年我林林总总读了不少了，见过了"前半部填坑，后半部挖坑，活着都没写完"的"时光之轮"系列；也正在和很多读者一样等着三部曲改五部曲，五部曲改七部曲(？)，但第六本还迟迟未出来的"冰与火之歌"系列；甚至还有不知道什么时候才能把"坑"填上的"弑君者传奇"第三部……应该说现在的奇幻小说，动辄洋洋洒洒数百万字，多卷本的时代，整个剧情有些起伏还是比较正常的，毕竟你不能要求作者始终处于创作高峰期，页页都精彩，章章都留有悬念，相比之下，作者按时按量完成了整个"魔印人"系列，我觉得还是值得大家赞许的。

总体来说，"魔印人"系列构思的时候，因为相对设定简单新颖，人物个性鲜明，动作场面紧张且刺激，博得了媒体和读者的好评。毕竟现在的史诗奇幻话痨病横行，一部书洋洋洒洒数十万字，各种配角说了一车皮，而主线情节没什么进展，这都已经成了常态，但是如果仔细品味"魔印人"系列，其实还是带有鲜明的新史诗奇幻特点的，最简单来说，作者采用了"冰与火之歌"系列带动起来的POV叙述方式。虽然本系列中POV的视角人物个数相对较少，但是也明显有别于传统的第一人称或者第三人称的叙事方式。另外，经过"魔印人"系列前几部的完善和充实，大家发现本书中绝大多数人物也并非大善大恶，而都有着自己复杂矛盾的个性。应该说在第一部《魔印人》之后，作者在按计划推进主线情节的情况下，也花了很多的功夫和篇幅来完善这个作品中的其他人物。客观地

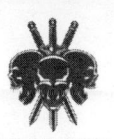

说,这也造成了部分读者对这个系列的不满,因为这样多少改变了第一部《魔印人》的既有风格,也让本书失去了一些阅读的快感;而看起来更像其他一些当红的史诗奇幻作品。我只能说,作为一个读者而言,我们都是观棋者,棋子在作者手里。至于这盘棋是好是坏,自然各有各的观点,但是无论如何,作者已经把这盘棋下完了,也希望大家能满怀期待和耐心,陪着作者看完这盘棋吧。

程栎

2017年12月于北京